제3판

교육학의 이해

박균섭

정민사

머리말

교육학은 교육활동과 교육현상에 관해 연구하는 학문이다. 교육학은 교육활동과 교육현상을 객관적으로 기술하고 타당하게 설명하고 합리적으로 예언할 수 있는 지식·이론체제라고 말할 수 있다. 그런데 교육활동이 갖는 종합적 성격을 통해 알 수 있듯이, 교육에 관한 문제를 연구하는 교육학은 다양한 학문적 원천에 대한 접근과 이해, 그리고 지원을 필요로 한다. 교육학 이론의 구성과 적용 과정에는 철학, 역사, 사회학, 심리학, 인류학, 법학 등의 학문적 접근과 논의가 뒷받침되어야 한다.

인간은 이론 없이는 삶을 숙고할 수 없다. 오랜 앎과 삶의 역사를 거치면서 교육현상과 작용과 문제에 대한 이론적 접근과 검증 시스템은 상당한 진전을 이루어 왔다. 하지만 사회구성원의 교육에 대한 접근과 대응 양상을 보면, 아직 우리의 갈 길은 멀어 보인다. 이상이 현실에, 표방이 실천에, 이론이 실제에 제대로 작동되지 못하고 있는 형국을 보면, 교육학은 이론과 실제 전반에 걸쳐 대단히 힘겨운 길을 걷고 있다고 말해야 할 것 같다.

교육학의 이해라는 포괄적 표현에서 감지할 수 있듯이, 이 책은 교육학개론 강좌를 위해 꾸며본 것이다. 이론 없이도 이론 이후를 아무렇지 않게 살아가는 세대를 향해 이론과 실제를 아우르는 교육학을 보여주고 싶은 마음에서 출발한 일이다. 논의의 과정은 여러 학문적 기반과 논점을 살피되, 교육현상과 문제와 작용을 이해하는 큰 줄기의 주제를 추려내어 이를 비교적 현실감 있게 살피고자 하였다. 교육학은 앎과 삶의 이론과 실제를 담아내는 작업이어야 한다. 이 책은 2011년에 초판이 나온 이래, 2015년에 개정증보판을, 그리고 2019년에 제3판이 나오기에 이르렀다. 교육학개론을 강의하면서 그동안의 교육이론과 실제에 관한 성찰과 논점을 보완하는 차원에서, 교육학 연구에 대한 성과를 나름대로 담아내고자 하였다.

제3판 원고를 마무리하면서 여전히 교육학의 저변을 확대하고 주변을 섭렵하는 노력은 계속되어야 한다는 생각을 한다. 한국사회를 살아가는 우리 모두는 한국교육에 관한 한 서로가 서로를 향해 가해자임과 동시에 피해자이기도 하다. 인정하고 싶지 않겠지만, 한국교육에 관한 한 우리 모두는 일정 부분 직·간접의 책임을 안고 살아가고 있다. 앎과 삶의 본연에 대한 성찰과 고민을 통해 질곡의 교육을 초극하는 과정을 거치지 못한다면 우리는 앞으로도 소모와 분열과 고통의 삶에서 헤어나지 못할 것이다. '제도교육=학교교육'이라는 사고가 교육의 전체로 인식되는 데서부터 많은 문제가 시작되기도 한다. 일반인이 아닌 교육학 연구자들도 제도교육=학교교육을 통해 의도적으로 가르치고 배우는 행위만을 교육이라고 생각하는 경우가 많다. 이는 교육과 교육학에 대한 성찰과 고민의 결여를 의미할 수도 있다. 아무쪼록 이 책이 교육문제에 대한 성찰과 논의의 단서가 될 수 있고, 우리 모두가 교육학적 사유의 지평을 넓히는 일에 조그마한 보탬이 되었으면 한다.

2019년 1월

박 균 섭

차 례

CHAPTER

1

교육의 발생, 학교의 탄생

교육의 발생,
학교의 탄생

1. 인간동물

포유동물은 일반적으로 태어난 후 수십 분 내지 1시간 이내에 일어서고 걸어 다닐 수 있다. 그러나 갓난아이는 일어서기는커녕 일어나 앉는 데도 6개월 정도가 걸리고, 서서 걸으려면 약 1년이 걸린다. 개는 1년, 말은 3년, 코끼리는 8년이면 다 자라는 데 비해 사람은 신체적으로 다 자라는 데 거의 20년이 걸린다. 더구나 여러 가지를 배우고 깨닫고 터득하는 문화적 학습과 성장을 생각하면, 인간은 평생 배우고 계속 성장해야 하는 존재이다(조화태 · 김계현 · 전용오, 2002: 204).

1797년 어느 날 프랑스 남부 아베롱(Aveyron)의 산림에서 12세 안팎으로 추정되는 야생 소년이 목격되었다. 1798년 나무꾼들이 야생 소년을 잡아서 마을로 데려왔으나, 그는 사람들의 감시가 허술해진 틈을 타서 도망을 갔다. 1799년 7월 25일 사냥꾼들이 야생 소년을 다시 붙잡아서 마을에서 돌보기 시작하였다. 마을에서는 정성으로 야생 소년을 돌보았으나, 그는 결국 8일째 되는 날 마을을 탈출하였다. 그러나 전과 달리 산림으로 돌아가지 않고 마을 근처를 맴돌며 지내다가, 추운 겨울이 되자 1800년 1월 8일 야생 소년은 다시 문명 세계로 돌아왔다(반건호 · 이연정 · 한주희, 2015). 빅토르(Victor)라는 이름을 갖게 된 야생 소년은 몇 달 동안 고아원에 수용되었다가 1800년 8월 파리로 이송되었다. 빅토르는 당시 파리 농아학교에서 일하던 청년 의사 이타르(J. Itard)의 보살핌 속에 5년 동안 교육을 받았다. 당시 빅토르의 감각 기능은 활발하지 못했다. 지능은 매우 낮았고 기억력, 판단력, 사고력도 거의 결여된 상태였다. 이타르가 빅토르를 5년에 걸쳐 헌신적으로 양육하고 교육한 결과, 감각 기능이 재생되고 사회성 발달이 촉진되는 등 상당한 성과를 거두었다. 하지만 여러 해 동안 각고의 노력을 기울이며 빅토르에게 말을 가르쳤으나 결국에는 그를 불치의 침묵 속에 남겨두고 포기했다(Ridley, 김한영 역, 2004: 239).[1)]

1920년 10월 17일, 인도 북동부 서벵골주 미드나포르(Midnapore) 정글의 한 늑대 굴에서 각각 2세와 8세 정도의 여자아이 아말라(Amala)와 카말라(Kamala)가 구출되었다.

아말라는 구출된 지 1년이 못 되어 죽었고, 카말라는 9년 후에 죽었다. 그 두 아이는 발견 당시 육체만이 인간이었고 행동 특성은 늑대와 같았다. 늑대처럼 기어 다니고 소리를 질러댔으며, 빛을 싫어하고 어둠을 찾아다녔다. 음식은 짐승의 생고기만 입으로 뜯어먹었으며, 옷을 입혀주면 찢어버리고, 인간을 두려워하여 접근을 싫어했다. 카말라가 사람다운 행동을 하기까지에는 많은 시간이 필요했으며, 결국에는 죽을 때까지 완전한 인간으로 변화하지 못하였다. 카말라가 두 손으로 그릇을 잡는 것을 배우는 데 1년 반이 걸렸고, 꼿꼿이 서는 데도 1년 반의 시간이, 그리고 인간세계에 돌아와 17세가 될 때까지의 9년 동안에 배운 언어 수준이 유아의 수준을 벗어나지 못하였다.

이타르의 야생아(Aveyron)에 관한 보고(1894), 게젤(A. Gesell)의 늑대아이와 인간아이(wolf child and human child, 1941), 싱(J. Singh)과 징(R. Zingg)의 늑대아이와 야생인(wolf children and feral man, 1942) 모두 인간은 정신적으로나 육체적으로 인간문화에 접하거나 적응하지 못한다면 이는 '인간동물'에 불과하다는 점을 공통으로 지적하였다(Malson, 1972; 박봉목, 송화섭, 2001). 여기서 특별히 이타르의 야생 소년 빅토르에 관한 관찰과 실험 결과 보고서에 주목할 필요가 있다(정영근, 2007: 104-106).

---

1) 야생 소년 빅토르의 소식이 프랑스 전국에 퍼져 큰 화제가 되자 사람들은 1800년 8월 빅토르를 파리로 데려왔다. 당시 의사였던 이타르는 마침 사람의 행동에 대해 큰 관심을 갖고 연구하던 중이어서 빅토르를 자기가 맡아 기르겠다고 자원했다. 빅토르를 문명 세계로 데려오기 위해 이타르는 우선 그를 파리 농아학교에 입학시켰다. 그 후 5년간 이타르는 빅토르에게 꾸준히 말을 가르쳤다. 오랜 훈련으로 인해 빅토르는 혼자서 옷을 입고 세수를 하고 머리를 빗는 등 많이 문명화되었으나 끝내 말은 배우지 못했다. 5년에 걸쳐 이타르가 쏟아부은 노력의 결과로 빅토르는 겨우 '우유(lait)' 또는 '오 하느님(O Dieu)' 같은 단어 몇 개를 배운 것뿐이었다. 그것조차 가끔씩 제대로 발음하지도 못했다. 마침내 이타르는 빅토르에 대한 교육을 단념하고 말았다. 결국 빅토르는 이타르의 집에서 일하던 가정부가 데려다가 길렀는데 차차 대중의 관심 밖으로 사라졌다가 1828년에 사망했다(정유석, 2003).

첫째, 자신에게 고유한 기능인 지적 능력이나 심정의 능력을 상실할 경우 인간은 오히려 다른 동물에 비해 열등하다.

둘째, 인간에게 본래 주어져 있는 것으로 생각되었던 도덕적 우월성이란 다름 아닌 문명사회의 산물이라 할 수 있다.

셋째, 기관의 형성, 특히 언어의 학습을 결정짓는 모방 능력은 출생 초기의 몇 년 동안 활발하다. 고립된 상태에 놓이거나 신경 감각을 자극하는 요인이 없을 경우 이 능력은 급격히 쇠퇴한다.

넷째, 인간의 사고와 욕구 사이의 관계는 지속적으로 형성되어 왔으며, 문화인들에게서 욕구의 증가는 인간의 정신을 발달시키는 수단이 된다.

다섯째, 현재 우리가 지닌 생리학적인 지식의 수준에서 볼 때, 교육이 나아가야 할 길은 현대 의학에 의해 조명될 수 있다. 의학은 자연과학 중에서 개별 인간이 지닌 신체기관과 정신의 변칙성을 가장 잘 판단함으로써, 교육이 개별 인간을 위해 무엇을 할 수 있으며, 또 사회가 인간에게서 무엇을 기대해도 될 것인지를 결정한다.

현대 의학은 개별 인간이 지닌 신체기관과 정신의 변칙성을 가장 잘 판단함으로써, 교육이 개별 인간을 위해 무엇을 할 수 있으며 또 사회가 인간에게서 무엇을 기대해도 될 것인지를 결정할 수 있는 원천적 의미를 갖는다. 그런 차원에서 현대 의학은 교육이 나아가야 할 길에 빛이 될 수 있다.[2)]

---

2) 하지만 이는 어디까지나 현대 의학이 제대로 된 방향을 향했을 때만 가능한 얘기이다. 오늘날의 의과학기술(biomedical science and technology)은 그런 기대에서 크게 빗나가는 행태를 보이기도 한다. 병 앓는 사람과 병 고치는 사람의 관계는 오래된 역사만큼이나 중요한, 우리의 삶에서 빼놓을 수 없는 인간관계이다. 인간관계에 개입하는 서양 의료의 관점과 기술은 단지 환자와 의사의 관계에만 국한된 이야기는 아니다. 의료인류학(medical anthropology)의 관섬에서 임신과 출산에 관련된 연구를 통해 대아 검사가 산모와 가족, 그리고 태아에게 어떤 의미로 다가오는지에 대한 지적도 있다. 초음파는 태아의 현재 상태를 가시화시킴으로써 산모와 태아의 건강에 기여한다. 하지만 존재의 생생함이 의과학기술의 단순화로 대체되면

'인간동물'의 사례를 통해 알 수 있는 바와 같이, 인간의 사회적 경험이 인간 형성에 미치는 영향은 막대하다. 특히 미성숙한 상태인 어린 시절의 초기 경험은 극히 중요하다. 이런 까닭에 어린 시절의 주된 환경을 구성하는 가정환경의 중요성이 매우 크다는 사실을 알 수 있다. 성격심리학자들에 의하면, 성격의 기본적인 틀은 가소성(可塑性: plasticity)이 가장 큰 시기, 구체적으로는 5~6세 이전에 형성된다(조화태 · 김계현 · 전용오, 2002: 58).

극소의 현실성을 갖고 태어난 아이가 극대의 가능성을 보인다는 사실을 통해 교육의 가능성과 필요성과 중요성을 알 수 있다. 인간은 동물과는 달리 학습뿐만 아니라 보호, 감독, 양육, 행동 통제, 교도, 생활지도 등 일체의 활동이 필요한 존재이다. 교육이 교수와 학습이라는 좁은 범위로 논의되어서는 안 된다는 사실과 인문교양적 능력을 중시해야 한다는 관점을 시사한다.

2. 교육: 가르침과 기름

한자에서 '교(敎)'자를 해체(破字)하면 "爻, 子, 卜, 又"로 나뉜다. 이는 각각 "效, 子, 卜, 手"의 뜻을 갖는다. 『중용』에는 하늘의 명을 일컬어 성이라 하고(天命之謂性), 성을 따르는 것을 일컬어 도라 하며(率性之謂道), 도를 닦는 것을 일컬어 교라 한다(修道之謂敎)고 하였다. 교사가 손에 막대기를 들고 어린이로 하여금 어른들의 일을

서 태아의 상태에 대한 전문 지식이 산모로부터 기기 오퍼레이터로 옮겨가고 있다. 이제 태아의 상태를 잘 알고 있는 사람은 태아의 어머니가 아닌 기기 오퍼레이터라고 말할 수 있다. 사람들은 자신이 느끼는 몸에 대한 증상만으로는 자신의 몸에 대한 권위를 인정받지 못한다. 이제 몸의 증상은 진단 기계가 수치화 · 이미지화를 통해 권위적으로 파악하도록 세팅되어 있다. 문화적 배경과 의과학기술이 충돌하면서 새로운 사회문화 현상이 나타나고 있다(김태우, 2013: 253-255).

본받게 한다는 뜻은 도를 닮는 일, 도덕성 형성 및 함양에 해당하는 것임을 알 수 있다. '육(育)'자는 "子, 肉"의 결합이며, 이는 엄마가 아이를 낳아 기른다는 뜻이다. 교(敎)는 교사의 활동(上所施)과 학생의 활동(下所效)의 결합이며, 육(育)은 엄마의 활동(출산, 육아)과 아이의 활동(성장, 발달)의 결합이다(한기언, 1982: 49-50; 김정환, 1982: 11).

응당 우리말 어원을 통해 교육의 의미를 파악할 수 있어야 한다. '가르치다'의 15세기 국어 어형은 '가르치다'이다. '가르치다'는 '가르'와 '치다'로 분석된다. '가라'는 '갈오되'(왈, 曰)와 같은 뜻에서 온 것인데 '말하다'는 의미이다. '가르치다'의 '치다'는 '양육하다'(育)의 뜻이다. 현대국어에서는 '치다'의 대상이 가축 따위의 짐승이지만 중세국어에서는 사람에게도 쓰였던 낱말이다. '가르치다'는 '가르-'(曰)와 '치다'(養育)가 결합한 것이며, 그 뜻은 '말하여 양육하다'가 된다. 즉 '말로서 키우다'라는 것이 '가르치다'의 어원인 것이다. 누군가는 '가르치다'를 '갈라서(分) 치다'라는 뜻이라고 그 어원을 설명하기도 하지만 근거 없는 이야기다. 우리가 흔히 '공자 왈 맹자 왈' 할 때의 '왈'(曰)은 큰 스승의 가르침이기 때문에 쓰는 것이다. 말하는 동작과 직접적 관련이 있는 신체기관은 '혀'(舌)이다. '혀'를 의미하는 단어로 '갈'과 유사한 낱말이 존재했음은 문헌에 증거가 있다. 고려시대의 말을 한자음으로 적은 『계림유사』에서는 '혀'를 '갈'이라 했다(舌曰蝎). '갈(蝎)'은 우리말 단어를 한자음으로 가차 표기한 것이다. 한편 문어 몽골어에서 '말하다'의 뜻으로 'kelen'이 있다. 이 낱말의 'kel'은 '갈'과 그 발음이 매우 비슷하다(백두현, 2011). 교육은 가르치는 행위이다. 교사는 가르치는 일을 맡은 전문가이다. '가르치다'의 어원은 말로써 하는 데 있다. 그 말이 무게(孔子曰, 孟子曰)를 지닐 때 말로써 하는 가르침은 절대적 중요성이 있다. 물론 가르침의 중요성을 가지고 말하자면 말이 아닌 몸으로 가르치는 것도 있다. 솔선수범의 실천이 바로 그것이다. 말로써 가르치고, 몸으로써 가르치기도 하지만, 마음으로 가르쳐야 하는 것도 있을 것이다. 참된 가르침은 '말'과 '몸'과 '마음'이 어우러져 이루어지는 것이라 하겠다(백두현, 2011).

교(敎)와 육(育)의 어원 탐색을 통해 교육(敎育)의 의미를 파악할 수 있다. '교육(敎育)'이라는 합성어가 처음 등장하는 문헌은 『맹자』이다.

> 군자에게는 세 가지 즐거움이 있는데, 천하의 임금 노릇하는 것은 여기에 포함되지 않는다(君子有三樂 而王天下 不與存焉). 부모가 모두 살아계시고 형제가 무고한 것이 첫째 즐거움이고(父母具存 兄弟無故 一樂也), 하늘을 우러러 부끄러움이 없고 사람들을 굽어보아도 부끄럽지 않은 것이 두 번째 즐거움이며(仰不愧於天 俯不怍於人 二樂也), 천하의 영재를 얻어 이들을 교육하는 것이 세 번째 즐거움이다(得天下英才而敎育之 三樂也).

삼락이라고 구분하여 말했지만 그 즐거움의 경지는 종합적 · 유기적으로 돌아간다. 부끄러움을 인간의 본성으로 파악한 맹자에 주목한다면, 가르치는 즐거움은 측은지심(惻隱之心), 수오지심(羞惡之心), 사양지심(辭讓之心), 시비지심(是非之心)이라는 선천적인 네 가지 품성을 떠나 설명될 수 없다.

공자는 남을 대할 때 자신의 감정을 안내자로 삼으라고 권하였다. 우리말 '부끄러움'에는 두 가지 뜻이 담겨 있다. 하나는 "일을 잘 못 하거나 양심에 거리끼어 볼 낯이 없거나 매우 떳떳하지 못하다"(도덕적 함의)는 의미이고, 또 하나는 "스스러움을 느끼어 매우 수줍다"(정서적 함의)는 뜻이다. 부끄러움을 모른다는 말은 사실 모욕이다. 하지만 이를 모욕으로 여기지 않는 자들이 많은 것도 부끄러움을 대하는 우리의 현실이다.

우리말의 '가르치다'와 '기르다'의 개념도 교육 현상을 이해하고 설명하는 본연의 의미를 갖는다. '가르치다'라는 말의 뜻은 '알도록 하다, 지식을 지니게 하다, 할 수 있도록 지도하다'의 뜻이 있다(이희승, 1972: 11). 원래 '가리키다'와 '가르치다는' 어원이 같다. '가리키다'라는 말은 '손가락으로 목표를 지적하다, 말이나 동작으로 무엇이 있는 곳을 알려주다'라는 뜻이다.

'가르치다'를 '갈다'와 '치다'의 합성어로 보기도 한다. '갈다'에는 '낡은 것 대신에 새것으로 바꾸다, 물건을 닳게 하기 위하여 다른 물건에 문지르다, 숫돌 같은 데다 문질러서 날이 서게 하다, 맷돌로 가루를 만들다, 문질러서 광채를 내게 하다, 쟁기나 극젱이(쟁기와 유사한 농기구) 같은 것으로 논밭의 흙을 파 뒤집다'라는 뜻이 있으며, '가려내다, 가리게 하다, 가르다'와 어원이 같다고 보고 있다. 한편 '치다'는 '세차게 움직임, 목적물에 닿도록 급한 힘을 줌, 달구어 칼 같은 것을 만듦, 떡메로 두들김, 남을 타박함, 식물의 가지나 잎을 베어냄, 고운 가루를 뽑아냄, 틀거나 엮어 만듦, 길러 번식함, 꿀을 빚음' 등의 뜻이 있다.

'기르다'는 말의 뜻은 '동물과 식물에 영양분을 주어 그것을 섭취해서 자라거나 목숨을 이어가게 하다. 육체나 정신의 도움이 될 것을 쥐어 주어 쇠해지지 않게 하다'의 뜻을 갖는다(이희승, 1972: 439; 한기언, 1982: 49-50). 이것도 어원이 '길'과 같음을 주목할 필요가 있다. '길'은 통행하는 길이며, 지켜야 할 도리이며, 목적을 향해 가는 도정이고, 반짝반짝하게 함이며, 짐승을 가르쳐 이용함이고, 어떤 일에 익숙하게 된 솜씨를 말한다.

이렇게 '가르치다'와 '기르다'에는 풍부한 내용이 담겨 있다. 그 뜻을 간추려 보면 방향 제시, 선별, 분별, 판단, 경작, 연마, 사육, 생성, 제거, 성장 등의 의미가 담겨 있다. '가르치다'와 '기르다'는 동사가 두 개의 목적격을 갖는 타동사임을 주목한다면(김정환, 1982: 13), 교육이란 교사가 학생의 내적 가능성을, 안에서 밖으로 발전하려는 힘을 도와 이끌어내는 과정으로 규정할 수 있다.

3. 파이데이아: 아동, 놀이, 교육

그리스어 놀이(paidia)와 교육(paideia)의 어원은 파이스(pais: 아동)이다. 아동, 놀이, 교육은 서로 밀접한 관계가 있다. 아동을 교육할 때 놀이의 방법을 사용할 필요가 있다는 인식은 프뢰벨(F. Froebel)과 같은 사상가들이 놀이학습(play way)을 주장하기 이전에 이미 그리스에서부터 인정된 사실이자 이론이었다. 그리스인들은 아동이 학습단계에서 놀이를 사용하여 배울 때 효과적으로 배울 수 있다고 보았다(이명준, 2001: 80).

플라톤에 의하면, 한 사람이 특정한 직업에서 자기 일을 잘하기 위해서는 어려서부터 교육을 받아야 한다. 예를 들면, 훌륭한 농부가 되기 위해서는 어려서부터 농사와 관련된 놀이를 통하여 훌륭한 농부가 될 교육을 받을 수 있다는 것이다. 아동은 놀이를 통하여 규칙에 따라 노는 것을 배워야 한다. 그래야 올바른 교육이 이루어진다. 아리스토텔레스도 『니코마코스 윤리학』*(Nichomachean Ethics)*에서 놀이를 통한 교육의 중요성에 대해 강조하였다. 놀이는 놀이만으로 존재할 때는 의미가 없다. 놀이는 일종의 기분 전환이며 휴식(relaxation)이다. 인간은 끝없이 일만 할 수 없으며 휴식을 필요로 한다. 그러나 휴식만을 위한 휴식은 아무 의미가 없다. 놀이는 교육과 생산을 위한 것이어야 하며, 놀이를 위한 놀이가 되어서는 안 된다는 것을 분명히 하였다(이명준, 2001: 168-169).

파이데이아(paideia)란 그리스어로 '어린이를 이끄는 일'이라는 정도의 의미이다. 그것이 교육이라는 의미로 쓰이기 시작한 것은 기원전 6세기경부터이다. 영어의 교육 혹은 교수법에 해당하는 pedagogy 혹은 pedagogics는 그리스어 파이데이아(paideia)와 파이다고고스(paidagogos)에서 유래한다. 고대 그리스 사회에서 파이데이아(paideia)는 아동의 양육을 의미하고 더 넓은 의미로서는 인문교양과 문화를 의미한다.[3] 파이다고고스(paidagogos)는 유아와 아동을 보호・감독

3) 파이데이아는 오랫동안 교육사에서 중심적인 교육개념으로 이해되어 왔다. 그러나 근대교육학의 창시자 코메니우스(J. A. Comenius)는 기존의 이 파이데이아 개념에 접두어를 붙여서 새로운 교육개념 '판-파이데이아(pan-paideia)', 즉 '팜패디아(Pampaedia)'라는 독특한 교육개념을 만들었고, 이 개념을 토대로 자신의 교육이론을 체계화하였다. 팜패디아는 성장세대뿐만 아니라 모든 사람, 그리고 사람마다의 전 생애를 아우르는 신앙 형성을 중시하는 교

해 주며, 나아가 아동의 행동을 통제하고 생활에 필요한 품성을 갖도록 지도·조언해 주는 노예였다(敎僕, 敎奴). 이들은 매매가 가능한 노예라는 신분적 제한이 있었지만, 일상생활을 통해 아동을 가르치기도 하고 도덕 등 여러 가지 규범의 전달과 아동을 보호해 주는 중요한 역할을 수행하였다. 단순히 키우는 것만이 아니라 이끈다는 일이 중요함을 알게 되자 파이데이아라는 말을 새롭게 교육이라는 의미로 쓰기 시작한 것으로 볼 수 있다.

교육을 의미하는 말로는 그리스어 어원의 페다고지(pedagogy)와 함께 라틴어 어원의 에듀케이션(education)이 있다. 교육이라는 용어로 영어의 education은 라틴어의 educere 혹은 educare에서 유래된 것으로 이 용어들의 엄격한 구분은 어렵다. 대체로 전자(educere)의 의미인 안으로부터의 교육(education from within)과 후자(educare)의 의미인 밖으로부터의 교육(education from without) 두 요소를 이중적으로 포함하고 있다고 볼 수 있다. 하지만 강조점과 인식은 전자에 있다고 보아야 할 것이다. 교육은 안으로부터의 교육, "속에 지니고 있는 것을 밖으로 꺼낸다"라는 뜻을 갖는다.

육을 일컫는 것으로, 파이데이아보다 더 포괄적인 교육개념이라고 말할 수 있다(최진경, 2015a). 코메니우스의 마지막 저서 『팜패디아』*(Pampaedia)*에서 특히 유의할 것은 "모든 사람들이 다듬어지고, 모든 것으로 다듬어지며, 확실하게 다듬어지는 것(OMNES homines excoli, et OMNIBUS excoli, et OMNIN excoli)"이라는 중심문장이다. 이 중심문장에는 교육대상=모든 사람(omnes), 교육내용=모든 것(omnia), 교육방법=확실하게(omnino)라는 교육원칙이 나타나있다. 코메니우스의 교육사상은 이처럼 그리스적 교양과 문화는 물론, 기독교 신앙과의 연관을 통해 이해할 수 있다(최진경, 2015b). 이는 미국에서 파이데이아센터 설립 이후 파이데이아그룹에 의해 1982년 발표된 『파이데이아 교육제안』*(PP)*에서 "모두를 위한 최고의 교육"을 주장하며, 미국의 공교육 질 개선에 초점을 두고 있는 사실과도 견주어 볼 수 있다. 대부분의 교육개혁은 국가단위에서 논의되지만, 이 파이데이아 교육제안은 민간에 의해 주도되었다. 민간에 의해 제안된 교육개혁안이라는 한계를 지니고 있음에도 불구하고 지금까지 꾸준한 동력을 얻고 있으며, 교육현장에 적지 않은 시사점을 던져주고 있다(김희주·김병주, 2017).

교육의 의미를 갖는 독일어 Erziehung의 동사 'erziehen'에는 '꺼내 키워주다'(herauziehen)와 자기 편으로 '끌어당기다'(ziehendbewegen)라는 이중적 의미가 있다(김정환, 1982: 11). 형성, 교양 혹은 도야로 번역될 수 있는 독일어 Bildung 역시 근대 이후 인간을 규정하는 중요한 개념으로 이해되어 왔다. 자율성, 주체성, 주체적 존재로서의 인간에 대한 이해는 자기 자신과 더불어 자연과 세계를 창조하는 인간에 내재해 있는 형성 능력을 전제한다고 할 수 있다. Bildung은 주로 인격을 형성하거나 개발하는 의미로 사용된다.[4] 여기서 교육은 인간의 내부적 능력을 밖으로 개발되도록 한다는 의미로서 인간의 잠재능력을 중시하는 입장과 어떤 새로운 상태로 인간을 인도한다는 의미가 있다.

4. 학교 방화사건

원시시대에는 학교가 없었다. 문자가 만들어지고 계급이 형성되고 국가체제가 갖춰지면서 학교 설립 및 교육에 관한 구상이 시작되었다. 생산적인 일에 종사하는 서민계층의 자녀는 오랫동안에 걸쳐 성인생활에 직접 참여하였으나, 상류계층의 자녀들은 성인생활에 직접 참여하지 않았고, 그리하여 그들은 시간상으로 한가했다. 이렇게 시간이 남아도는 아이들을 한데 모아 가르치는 곳

4) 교육학의 기본 개념에 해당하는 '도야(陶冶)'는 독일어 'Bildung'의 번역어로, 1870년을 전후하여 일본에서 처음 사용된 이래 일본의 교육학 교재에 등장하였고, 일제강점기에는 경성사범학교나 경성제국대학의 일본인 교수 및 그들이 사용한 교육학 교재를 통해 식민지 조선의 학생들에게 교육학의 기본 개념으로 전파되었다. 도야의 개념은 해방 후에도 한국교육학계에 교육학 용어로 수용·사용되어 왔다(이명실, 2017). 이제 도야의 개념은 소수의 학자에 의해 간헐적으로 사용되는 교육학 주변 용어로 전락하였지만, 현대 교육학의 특성 및 한국의 교육현실을 둘러싸고 있는 개념들을 점검하는 과정과 인력 양성의 관점을 넘어 교육의 본질을 성찰하는 과정에서 교육학적 사유의 심층을 보여줄 수 있다(정영근, 2004).

을 학교라고 불렀다. 중국에서는 하나라에는 '학(學)'과 '교(校: 校者敎也)', 은나라에는 '학(學)'과 '서(序: 序者射也)', 주나라에는 '학(學)'과 '상(庠: 庠者養也)'이라는 이름의 학교가 있었다고 전해지는데, 이들 학교는 '모두 인륜을 밝히는 것(皆所以明人倫也)'을 목적으로 하였다. 동양의 학교사는 조선시대의 향교, 서원, 성균관의 경우, 문묘(文廟)와 명륜당(明倫堂)을 이원체제로 하는 묘학제(廟學制)를 특징으로 한다는 것을 알 수 있다. 유교사회의 학교 공간에 주로 은행나무를 심은 것도 특징적인 장면이다.[5)]

초기 그리스어 schole 또는 skole는 여가(leisure)를 뜻한다. 이 말이 라틴어 schola와 영어 school(학교) 및 scholar(학자)가 되었다. 이 사실을 통해 여가와 학교의 밀접한 관계를 확인할 수 있다(임태평, 2010: 243). 당시의 여가는 오늘날과 같이 일과 일 사이에 가지게 되는 휴식과 같은 것이 아니라, 특수계급 사람들의 삶의 양식이며, 그들만이 소유하는 특권이기도 하고, 또한 그 상징이기도 하며, 그것은 인간의 본연적 혹은 가장 고귀한 삶의 형태라고 주장되는 이상이기도 하였다. 귀족들은 생업에 종사할 필요가 없었으므로 여가만을 소유할 뿐이었다. 그들은 생계유지에 필요한 것을 노예 혹은 시종으로부터 제공받았으므로 여가를 향유하는 것 이외에 어떤 다른 일, 특히 노역에 종사할 필요는 전

5) 공자가 학문을 가르쳤다는 '행단(杏亶)'에는 살구나무가 심겨 있었다. 그러나 중국과는 달리 우리나라에서는 향교나 서원에 살구나무가 아닌 은행나무를 심고 이를 학문의 표상으로 삼았다(김종덕, 2008). 중국의 향교나 서원에 살구나무를, 한국의 향교나 서원에 은행나무를 심었던 사실은 수목에 대한 인식의 차이가 드러난 것이다. 회화나무와 느티나무는 살구나무와 은행나무처럼 중국과 한국의 유교 혹은 성리학을 이해하는 데 중요한 나무이다. 성리학의 상징수였던 회화나무는 우리나라에 들어오면서 한편으로 회화나무로, 다른 한편으로 느티나무로 인식되었다. 회화나무는 우리나라에 자생하지 않았고 게다가 오래 살지도 못했던 반면, 느티나무는 자생하면서도 빨리 자랄 뿐 아니라 회화나무에 비해 오래 살았기 때문이다(강판권, 2014, 2015). 일제강점기에 일본식 학교교육이 진행되면서 학교공간의 상징수는 일본의 신사에나 심었을법한 향나무를 심기 시작했고, 이는 아직도 학교공간에서 쉽게 발견할 수 있다.

혀 없었다. 당시의 사회 계급은 세습적이었다. 누구든지 여가를 향유할 수 있는 계급으로 태어나거나, 아니면 생계를 유지하기 위해서 노역에 종사해야 하는 신분으로 태어났다. 중간계층이라고는 소수의 상인이나 직인들이 있을 정도에 불과하였으므로 사회는 늘 사실상 이원적 구조를 형성하고 있었다. 본래 형식적 교육은 이러한 귀족계급에 의해서 독점되었으며, 이는 후대의 교육을 특징짓는 데에 결정적인 요인으로 작용하였다. 이는 귀족을 귀족답게 하는 필수 요건이기도 하였고, 여가를 가진 사람들의 사치스러운 장식이기도 하였다 (이돈희, 1999: 44-45).

아리스토파네스(Aristophanes)의 희곡 『구름』*(Nephelai)*은 그리스시대 학교와 교육의 성격을 단적으로 보여준다.[6)]

기원전 423년, 아테네에 황당한 방화사건이 일어났다. 범인은 평범한 농부

6) 소크라테스(Socrates)를 진지한 철학자, 모범적인 지식인으로 그린 사람은, 소크라테스를 너무나도 존경한 제자 플라톤(Plato)이었다. 이는 아리스토파네스의 소크라테스에 대한 묘사와 극적으로 대조를 이룬다. 아리스토파네스의 희곡 『구름』(BC 423년)은 실제로 일어난 사건이 아닌데도 실존 인물 소크라테스를 등장시켰다. 작품 속의 소크라테스와 실제 소크라테스는 얼마나 차이가 있을까? 그로부터 24년 후(BC 399년) 70세의 소크라테스가 법정에 섰다. 멜레토스(Meletos)는 소크라테스를 상대로 "소크라테스는 옳지 못한 짓을 저질렀다. 나라가 인정하는 신들을 인정하지 않고, 다른 새로운 신들을 끌어들였기 때문이다. 또한 젊은이들을 타락시킨 것도 옳지 못한 짓이다. 이에 사형을 구형한다"고 기소했다. 처음부터 소크라테스는 아테네 시민들에게 아주 부정적인 인상을 심어주었으며, 아리스토파네스의 희곡 상연 이후에도 24년 동안 그 부정적인 인상을 개선하는 데 실패했다는 사실은 분명하다(김헌, 2010). 키에르케고르(S. Kierkegaard)는 『구름』에서의 소크라테스의 묘사를 가장 정확한 묘사로 여겼다. 크세노폰(Xenophon)이나 플라톤과는 달리 아리스토파네스야말로 소크라테스의 모순적이고 복잡한 면모를 가장 잘 이해한 인물로 보았다. 아리스토파네스의 희곡 『구름』은 소크라테스를 전통의 어떤 신도 믿지 않고 오직 구름신만을 신봉하는 이로 묘사한다. 구름신도인 소크라테스는 자신이 가진 오성과 의식과 논리만을 믿되 이러한 인식능력은 뜬구름처럼 변화무쌍하여 이해관계에 따라 시시각각 달라질 수 있는 것이고, 따라서 정론보다 사론이 더 위력적이라는 것을 수업료를 받고 가르쳤다. 니체는 『비극의 탄생』 및 그 시기의 여러 유고에서 소크라테스가 예술의 본성은 물론 진리와 삶의 본성도 이해하지 못하고 단지 거짓 논리만을 내세워 예술과 삶을 황폐화시킨 장본인이라고 비판하였다(윤병태, 2008).

스트렙시아데스(Strepsiedēs)였고 그가 불을 지른 곳은 다름 아닌 학교였다. 스트렙시아데스의 아들 페이디피데스(Pheidipidēs)는 소크라테스의 교육을 받았다. 소크라테스는 페이디피데스를 가르치고 난 후 스트렙시아데스에게 "이제 당신은 원하는 어떤 소송에서도 벗어날 수 있다"고 격려했다. 스트렙시아데스는 가슴이 터질 듯 기뻤고 아들이 자랑스러웠다. 아버지는 아들을 '쌍날의 혀를 번뜩이는 내 아들, 나의 요새, 우리 집의 구원자, 적들에겐 큰 재앙이며, 아비에겐 엄청난 불행의 해결사'라고 여길 정도로 기대가 컸다. 하지만 그 아들이 날이 선 혀로 아버지의 심기를 건드렸다. 티격태격 논쟁을 벌이다가 끝내 아버지를 사정없이 때리고 목을 졸랐다. 가관인 것은 자신의 행위가 정당하다는 아들의 항변이었다.

> 페이디피데스: "아버지도 어릴 적에 저를 때리셨지요?"
>
> 스트렙시아데스: "내가 널 때린 건, 좋은 뜻에서 널 걱정해서였다."
>
> 페이디피데스: "좋아요, 그럼 제게 말씀해 보세요. 저도 아버지를 좋은 뜻에서 때린다면, 그것도 똑같이 정당한 것 아닌가요? 좋은 뜻을 갖는 것이 때리는 것이라면 말이에요. 어째서 아버지의 몸은 맞아서는 안 되고, 제 몸은 맞아도 되나요? 저도 당당하게 자유민으로 태어났단 말이에요."

아들 페이디피데스에게 머리와 턱을 얻어맞고 짓밟히고 급기야 목까지 졸리자, 아버지 스트렙시아데스는 자식을 망친 학교를 없애버려야겠다며 불을 질렀다. 그 학교의 교사는 다름 아닌 소크라테스였다. 아리스토파네스가 보기에 소크라테스는 언어의 마법, 논쟁과 연설의 교묘한 기술을 가르치며 돈벌이를 하던 여느 소피스트들과 다를 바가 없었다. 학교는 세상을 옳게 살 수 있는 인성과 품성의 교육이 펼쳐지는 곳이어야 하는데도, 경쟁의 세계에서 남을 무참히 짓밟는 탁월한 생존의 전사를 키워내겠다는 쓸모없는 교육이 이루어지는 곳이며, 젊은이를 타락시키는 곳으로 보였던 것이다.

아리스토파네스의 희곡은 당시 아테네의 교육과 관련된 세태를 날카롭게 풍자하고 있다. 시골 농장 주인인 스트렙시아데스는 마차 경주에만 빠져 있는 아들 페이디페스를 출세시키려는 일념에 비싼 수업료를 내고 어떤 논쟁에서도 이기게 해준다는 소피스트인 소크라테스의 학교에 보냈다. 그러나 학교에 다닌 결과, 어린 시절 아버지가 아들을 때리는 것이 정당한 만큼 아들이 아버지를 때리는 것도 정당하다는 논리를 내세우는 아들로 자랐고, 그 아들에 의해 아버지가 얻어맞게 되었다는 이야기이다. 아리스토파네스도 플라톤과 마찬가지로 아이들을 씩씩하고 활달하게 키웠던 옛날 교육이 사라지고, 그들을 창백하고 작은 가슴에 무엇이 수치스러운지를 모르며 운동 대신에 몽상이나 좋아하고 말이나 많은 인간들로 만든 당시의 교육을 비판했던 것이다(양승태, 2006: 409).

5. 학교와 교육

어느 학교의 건물이나 교문에도 "여기서 교육하고 있다"라고 써 붙이지 않는다. 하지만 꼭 그런 것도 아니다. 어느 학교 앞을 지나건 간에 "여기서 교육하고 있다"는 말은 없지만, 그 대신 인재 양성, 인성교육, 전인교육, 창의성 신장 등과 같은 문구를 전시적·웅변적으로 표방하고 있기 때문이다.

학교만이 교육을 감당해야 한다는 생각은 납득하기 어렵다. 가정도 직장도 교회도 클럽도 집회도 노동조합도 다 같이 교육적인 배려 아래 움직인다. 특히 서양에서 교회의 교육적 공헌은 대단히 크다. 중세기에는 교육이라 하면 곧 교회를 연상할 정도로 교회의 교육적 기능이 강조되었고, 이러한 전통이 유럽의 사립학교, 특히 종교단체에 의한 교육사업을 번창하게 한 기초가 되었다(Spranger, 김재만 역, 1976: 59-61). 그 교회의 교육을 이제는 학교가 넘겨받았다. 학교 역시 사람을 중심에 두고 인간적 가치를 지키는 곳이어야 한다.

뒤르켐(E. Durkheim)은 교육은 아이들에게 '사회'를 불어넣는 것이라고 주장하면서, 학교의 일차적 기능은 새로운 세대를 사회화함으로써 그들을 사회의 생산적 일원으로 만드는 것이라 했다. 학교는 능력에 맞는 지위를 배분하는 기능뿐만 아니라 사회화를 통한 사회질서 유지, 긍정적·사회적 결속에 이바지한다고 주장했다(Durkheim, 1956).[7] 파슨스(T. Parsons)도 학교의 기능은 사회화를 통한 사회 안정과 질서, 통합 및 사회적 합의(consensus)의 증진에 있다고 보았다. 파슨스는 학교를 개인에게 도덕(moral)과 기술(skills)을 습득게 하는 곳으로 보았다. 어느 사회에서나 기본적으로 합의된 가치와 신념이 있게 마련이며, 이 가치와 신념을 사회적 배경에 관계없이 모든 아동에게 가르침으로써 사회통합은 물론 올바른 질서를 유지하여야 한다는 것이다. 학교는 사회질서 유지에 기여해야 하며, 이를 위해 동일한 교육 내용, 예컨대 표준어로서의 '국어', 표준 도덕으로서의 '바른 생활' 등이 교육과정으로 정당화되었다.

학교가 사회적 가치와 규범을 가르친다는 주장은 여러 면에서 공박(攻駁)을 면치 못하였다. 학교의 사회화 기능을 공박하는 사람들은 학교가 독립심을 길러주지 못하며 기존 질서를 맹목적으로 받아들이게 함으로써 창의성을 기르지 못 한다고 한다. 더욱이 학교는 인지능력을 길러줄 교육과정을 제공함으로써 복잡한 산업사회에서 제구실을 할 수 있게 한다고 하지만 주로 암기식 방법에 의존하는 수업은 인지적 능력의 제고에도 실패하고 있다는 비판도 있다. 학생

7) 뒤르켐의 관점에서 볼 때, 극심한 경쟁에 내몰린 한국사회의 청소년들은 긍정적·사회적 결속을 형성할 수 없는 갈등적·경쟁적 사회관계망 안에 놓여 있다. 이는 한국사회가 적자생존의 논리에 기초한 체계통합(사회의 물질적 재생산, 제도적 장치의 재생산)에는 성공했지만 뒤르켐적 의미의 사회통합에는 실패한 결과로 파악된다. 중·고등학교 교육과정을 거치면서 체계통합 내에서의 경쟁이 극대화되는 한국청소년들의 사회적 삶은 사회통합의 부재를 입증하는 것이기도 하다(김두환·우혜영, 2014).

들이 가르침과 배움에 자발적으로 참여하지 못 하고 수동적으로 교사의 지시만을 따르는 것이 일반적인 현상이라는 지적이다(김억환, 1987: 249-250).

부모들도 자녀들이 학교에서 독립적으로 행동할 수 있기를 기대한다. 하지만 교사들은 학생들이 독립심의 기준을 따라 학업을 수행하기를 더욱 기대한다. 예를 들어 학생들 스스로 해결해야 할 숙제를 부모가 다 해주는 경우, 이는 어찌 보면 부정행위의 성격을 갖는다(김억환, 1987: 255). 학교에서 시험을 치르는 상황이라면, 남의 것을 그대로 베끼거나 옆의 학생으로부터 도움받을 수 없는 일이다. 하지만 이러한 일들이 가정에서, 부모에 의해 아무렇지 않게 저질러지고 있다. 말하자면, 학교와 교사는 용납될 수 없는 부정행위가 일반 가정에서는 부모들에 의해 일어나고 있으며, 이 부정행위가 관심, 지도, 안내, 협동이라는 이름 아래 오히려 칭찬할 만한 행위로 여겨지기도 한다(Dreeben, 1977: 545). 부정행위를 금하는 학교규칙은 도덕적 규칙(moral standards)을 확립하는 데 그 목적이 있다. 집에서 숙제를 하는 경우에 학교는 부모가 숙제를 해주지 않기를 바라지만 이를 제재할 길은 없다. 이는 적어도 가정에서 부모가 감당해야 할 교육의 몫과 책임이다.

CHAPTER

2

도덕성, 자율성, 합리성, 창의성과 교육

1. 도덕성과 교육
2. 자율성과 교육
3. 습관, 이성, 교육
4. 창의성과 교육

도덕성, 자율성, 합리성, 창의성과 교육

1. 도덕성과 교육

도덕성(morality)은 인간 행위의 규범적 규칙과 인간 행위를 평가할 수 있는 규범적 준거를 의미한다. 교육은 생활 자체 혹은 생활의 준비라는 주장에서 볼 때 인간의 이상적 생활에 필요한 도덕적 가치를 토대로 성립한다. 따라서 생활의 가치로서 도덕적 규칙, 원리, 도덕적 판단력 등이 교육의 도덕성을 구성한다. 듀이(J. Dewey)는 도덕성에 관한 편협한 해석을 거부하였다. 도덕에 관한 편협한 도덕주의적 견해는 바람직한 모든 목적과 가치 그 자체가 도덕이라는 것을 인식하지 못하도록 만든다고 보았기 때문이다. 삶의 과정에서 드러나는 도야, 본성의 개발, 교양, 사회적 효율성 등은 모두 도덕적 특성에 해당한다. 도덕성은 형식적 도덕교육만의 문제가 아니고 교육의 통합적 · 전체적 규범으로 작용할 수 있다. 사회생활에 효율적으로 참여하는 힘을 기르는 교육은 모두 도덕교육에 해당한다. 도덕성은 추상적 · 초월적 규범으로 제시되기보다 실제 생활에서 도출될 때 의미를 갖는다고 말할 수 있다(정호표, 2002).

피터스(R. S. Peters) 역시 모든 교육은 필연적으로 도덕적인 업무임을 인식하는 것이 중요하다고 보았다. 논리적으로 말해서, 교육은 가치로운 것의 전수를 의미한다. 어떤 사람이 교육을 받았으나 바람직한 쪽으로 변화되지 않았다고 한다면, 그것은 논리적으로 모순이다(Peters, 1963b: 46-65). 피터스는 교육의 성립 조건으로 규범적 준거, 인지적 준거, 과정적 준거를 모두 충족시켜야 한다고 했다. 교육목적(규범적 준거), 교육내용(인지적 준거), 교육방법(과정적 준거)의 일관성이 가치 있는 활동을 보장한다는 뜻이다. 나아가 피터스는 인격의 특징으로 입법적 기능, 집행적 기능, 심판적 기능을 말하였다. 인격의 소유자는 자신의 도덕생활을 위해 규범을 정하며, 사회의 인습적 규범을 받아들여 내면화하든지 아니면 자신의 반성적 규범을 형성하든지 한다는 점에서 입법적이다. 그리고 인격의 소유자는 자신이 택한 규범이 명하는 의무나 선행을 수행해 낸다는 점에서 집행적이다. 이 경우 지속성 있는 습관의 형성이 중요하다. 마지막으로 인격의 소유자는 자신이 택한 규범에 따라 행동하지 못했을 때 자신에 대해 번민하고 후회하고 죄의식을 느낀다는 점에서 심판적이다(이돈희, 1983: 16).

도덕성의 발달단계이론을 주장하는 피아제(J. Piaget)와 콜버그(L. Kohlberg) 등은 모든 도덕성은 규칙의 체계를 가진 것으로 보았다. 도덕성의 구체적인 단계 구분과 이론 구성상의 차이는 있을지라도 도덕의식은 무율, 타율, 사회율 등의 단계를 거쳐 자율에 도달할 수 있다. 여기서 도덕성의 단계로서 타율과 사회율도 교육의 도덕적 목적을 확립하는 중요한 단계로 간주된다(정호표, 2002: 44-45). 사회율과 관련해서는 유교적 발상, 즉 유교를 사회율로 가져온 우리의 현실을 예로 들 수 있다. 형사법적으로도 익히 알려진 바와 같이 가족이 죄를 지었을 때 숨겨주거나 증거를 없애버려도 죄를 면하기도 하며, 증언을 거부할 수도 있게 되어 있다. 또한 가족이나 친족 상호 간에 저질러진 범죄에 대해서는 죄를 면제하거나 감경하기도 한다(김 연, 2009: 2). 그러나 자식이 부모를 폭행하거나 살해한 경우 등에는 남들 사이의 경우보다 더 무겁게 처벌하고 있다. 옛날에는 그런 범죄가 생기면 집을 뜯어 그 자리에 못을 파고, 그 고을을 강등하기도 하였다.[1)]

1) 유교적 사회율의 개입 양상을 통해 볼 때, 오늘날의 가정폭력은 비속에 의한 존속을 대상으로 하는 범죄일 경우 인륜-패륜의 개념을 덧씌워 가중처벌 대상으로 삼는다. 존속의 비속에 대한 패륜범죄에 대해서는 비속의 고소권마저 제한하고 있다. 존속-비속 간의 범죄 발생 요인은 가족 간의 사랑과 신뢰가 붕괴되면서 시작된다. 대부분의 경우에 존속의 극심한 가정폭력을 견디다 못한 비속의 누적된 분노가 폭발하는 순간 존속대상 범죄가 발생하는 경우가 많다. 이러한 경우에는 사실상 폭력가정의 최대 피해자는 존속이 아니라 비속이라 할 수 있다. 그런데 존속대상 범죄가 발생하면 범행 동기와 상관없이 도덕적 잣대로 비난하고 형벌로써 처벌한다. 이는 형법의 도덕적 성격을 지나치게 강조함으로써 개인주의에서 국가주의로, 합리주의에서 권위주의로 미끄러지는 문제현상을 갖는다(장진숙, 2012).

어느 시대, 어느 문화의 도덕체계에서건 도덕적 심성은 남에 대한 나의 정직성을 보여주는 일이라고 할 수 있으며, 도덕적 심성의 함양이 도덕훈련 또는 도덕교육의 관건이라고 말할 수 있다(정범모, 2000: 63-66). 도덕은 여러 인간관계에서 나 아닌 남을 생각하는 데에서 시작한다. 이때 남은 삼강오륜이 말하는 나와 가까운 사람이나 가족과 친지만이 아니라, 거리에서 만나는 모르는 사람들도 포함하고, 추상적인 인간이라는 개념까지도 포함해야 한다. 기실 가족주의가 강한 유교적 윤리관에는 가족, 친척, 친지 간의 윤리만 강하고, 남에 대한 윤리는 실종되었음을 문제시하는 사람도 많다.

도덕성의 중심은 정직성에 있다고 말할 수 있다. 정직성은 신의, 신용, 성실, 지조, 준법의 본질이 어우러진 종합체라고 말할 수 있다. 칸트(I. Kant)가 제안한 도덕의 제1법칙인 "너의 행위가 언제나 보편적인 입법자가 될 수 있도록 행위하라"는 뜻도 정직과 관련이 있다. 정직의 반대는 거짓이다. 거짓이 난무하는 사회는 그만큼 도덕이 없는 사회이다. 이를 행복과 의무의 관계로 설명할 수 있겠다. 칸트는 행복은 의무를 다하고 난 후에 요청하는 것이라고 보았다. 칸트의 관점에서 말하자면 진정 도덕적으로 살아가는 자만이 신과 영혼을 요청할 수 있다. 그렇다면 도덕성을 잃은 종교는 신과 영혼을 요청할 자격이 없다는 뜻이기도 하다.

도덕성은 인격의 문제이기도 하다. 인간은 모두 페르소나(persona)이다. 페르소나는 인간 누구에게나 주어진 것이며 나면서부터 존재하는 것이다. 페르소나는 호모사피엔스라는 종족의 유전적 특질을 가진 생명체를 의미하며 생물학적인 인간의 모습이자 인간의 탈을 의미한다. 반면 인격(personality)은 삶의 과정을 통해, 공부를 거치면서 처음부터 형성하지 않으면 안 되는 것이다. 나를 부단히 다듬지 않으면 인간 모두가 인격을 지니고 있다고 말할 수 없다. 인격은 인간의 자유에 의존한다(문성학, 2007: 53). 사람의 탈을 썼다고 해서 다 사람은 아니라고 했을 때, 앞의 사람은 페르소나를 일컫고 뒤의 사람은 인격을 일컫는다.

2. 자율성과 교육

어원상 자율성(autonomy)은 자기 입법에 의한 자기 통치를 말하는 것으로 독립적인 정치의 힘과 권리를 갖는 도시와 국가에 적용된 메타포이다(정호표, 2002). 자율성 개념은 고대에 어원을 두고 있지만, 개인의 권리와 인간의 존엄성을 중시하는 개념으로 제자리를 잡게 된 것은 서구 근대화 시기이다. 이 시기에 출현한 자유주의는 자율성을 인권을 확립하고 민주주의를 확립하는 데 근간이 되는 개념으로 생각하였다(김석수, 2010).

인격의 세 가지 특징인 입법적 기능, 집행적 기능, 심판적 기능은 인간이 자율성을 행사하는 존재임을 전제하지 않으면 성립하기 어렵다. 칸트는 도덕성과 인격성과 자율성을 동일한 지평에서 고찰하였다. 자율성은 자기 입법에 의한 자기 통치를 말하는 것으로, 자율성의 본질은 자유의 통제와 제한에 있음을 말해준다. 사회주의는 자유를 무단적 · 직접적인 방식으로 억압했다면, 자본주의는 자유를 문화적 · 간접적(조작적) 방식으로 억압하고 있다. 이 양자의 차이는 무단적 · 직접적인 방식으로 억압될 때 인간은 자신이 억압된다는 사실을 인식하게 되지만, 문화적 · 간접적인 방식으로 억압될 때 인간은 자신이 억압된다는 것을 인식하지 못한다는 데 있다.

인간의 자유를 신의 간섭으로부터의 해방이라고 소극적으로 이해한 근세 초와는 달리 칸트에 이르면 인간의 자유는 인간의 자기규제 즉 자율이라고 적극적으로 이해되기에 이른다. 칸트에게 자유는 곧 자율이다. 그리고 윤리학은 인간의 자기관계에 대한 학문으로 정립되면서, 신에 대한 인간의 관계에 관한 학문으로 이해되던 중세적 사고와, 한 인간의 다른 인간과의 관계에 관한 학문으로 이해되던 계약론적 윤리관을 넘어선다. 근세 초기에 사람들의 마음을 지배했던 에토스는 신으로부터의 해방이었으나, 그 해방에다가 '이성의 자기입법'이라는 방향성을 제시함으로써 칸트는 자율의 개념을 전면에 부각시켰다(문성학, 2007: 245).

자율성과 도덕성의 관계는 상충하는 것으로 볼 수 없다. 자율성은 그 의미상 외적 제한에서 벗어난 자기결정을 가리킬지라도 칸트의 주장처럼 보편적 입법의 원리에 타당해야 한다. 자율성은 도덕성의 구성 단계 가운데 최고에 해당될 수 있다. 비록 자율성과 도덕성이 이율배반적이라는 주장이 있을지라도 자율성이 도덕적 판단력을 형성하는 요소와 단계인 이상 자율성과 도덕성을 별개의 것으로 고찰하기 어렵다. 외부 통제에 의한 자유의 제한보다는 내적 통제에 의한 자유의 보존으로 가야 한다(정호표, 2002).

자율성은 자유의 확대와 독립적 생활이라는 교육의 전체적 목적에 비추어 타당한 규범이다. 듀이가 전통적 교육방법의 특징이었던 학생의 수동성에 반대하여 학생의 적극성과 동기를 강조했던 것도 이와 무관하지 않다. 교육개혁가는 누구나 전통교육의 수동성에 대해 비판하는 입장을 취한다. 듀이는 1938년 시점의 교육 문제를 지적하면서 여전히 옛교육 중 많은 부분이 행해지고 있으며 새교육 중 많은 부분이 상당히 빗나간 방향으로 전개되고 있다고 불만을 나타낸 일이 있다(Dewey, 1938). 듀이의 불만을 들여다보면 결국 학생의 적극성과 자율성을 잠식하는 당시의 교육 현실에 대한 문제제기였다고 볼 수 있다.

한국은 그동안 국가 권력을 절대화하고 개인의 권리와 자유를 유보하였던 독재 시대를 청산하며 민주화를 이루어왔다. 특히, 1987년 6월 민주항쟁 이후 개인의 자유와 지방의 권한을 새롭게 확립하는 계기를 마련하였다. 그러나 이 자율성 개념에는 양면성이 있다. 자율성은 자유와 권리의 확립이라는 긍정적인 역할도 하지만, 차별과 소외의 심화라는 부정적인 역할도 한다. 특히, 정부의 자율성 정책은 자율성을 도구주의적 관점에서 접근한 서구 자유주의의 자율성 개념에 치중함으로써, 이른바 자율성을 경쟁력을 기르는 효율성의 측면에서 접근함으로써 자율성의 부정적인 면이 더욱 확대되기도 한다. 자율성의 이런 문제점을 개선하기 위해서는 공동체주의나 페미니스트가 강조하는 연대성의 원리, 인정의 원리, 배려의 원리를 수용하여야 할 것이다(김석수, 2010).

3. 습관, 이성, 교육

합리성(rationality)을 강조하는 맥락을 보면 인간의 저급한 능력이 이성적 사유 능력의 저하와 관련이 있다는 판단이 작용하고 있음을 알 수 있다. 합리성이 떨어지는 인간의 이해 양상으로는, 어떤 사람이 가지고 있는 특성에 비추어 그 사람을 이해하는 것(trait attribution), 그 사람이 속한 집단이나 지역에 비추어 이해하는 것(stereotyping), 그리고 나와의 유사성을 가정하여 이해하는 것(assumed similarity) 등을 들 수 있다. 이러한 상식적 이해는 합리성을 어긴 이해이고 오류의 가능성이 높은 인간 이해 방식이다(조화태 · 김계현 · 전용오, 2002: 245–246).[2)]

합리성은 모든 다른 규범성의 준거가 될 수 있으며 행위와 활동의 정당화를 위한 근거가 될 수 있다. 합리성은 서구 근대사회를 지배한 최고의 가치로 여

2) 합리성의 우위를 확신하는 자들에게서도 합리성이 떨어지는 앎과 삶의 작용을 쉽게 접할 수 있다. 그것은 욕망의 표현체로서의 우월감 내지는 착각 정도로 규정할 수 있다. 예컨대 콜럼버스의 신대륙 발견에 관한 얘기를 통해서도 우월감 내지는 착각이 상황에 대한 오인과 오판을 부른다는 것을 알 수 있다. 콜럼버스는 1492년에 그토록 고대했던 인도가 아니라 오늘날의 바하마와 도미니카 공화국, 쿠바 등이 있는 카리브해 연안의 섬들에 도착했다. 카리브해의 타이노(Tainos)족 원주민들은 바다에서 길을 잃고 이질, 설사에 걸려 고생하다가 육지에 다다른 유럽인들을 환영했고 집으로 데려가 휴식을 취하게 하였으며, 음식과 선물을 주면서 극진히 대접했다. 콜럼버스 일행이 대륙을 발견한 것이 아니라 대륙의 원주민들이 길을 잃고 헤매는 아사 상태의 유럽인들을 발견한 것이었다. 이방인들을 극진하게 대접하는 것은 인디언들의 전통이었지만 유럽인들은 이를 전혀 간파하지 못한 채, 이들이 자신들을 신으로 여기고 있다고 착각할 정도였다. 탐험대원들은 원주민들이 어떤 종교도 갖고 있지 않고 우상숭배도 없다는 점이 무엇보다도 반가웠다. 하지만 이 역시 잘못된 판단이었다. 원주민들은 다양한 형태의 토착신앙과 토템숭배, 조상숭배 의례를 행하고 있었다. 콜럼버스는 1492년 10월 23일자 일기에서 "나는 오늘 쿠바 섬을 향해 출발한다. 그들이 가르쳐준 섬의 크기와 막대한 부를 생각해 볼 때 쿠바는 지팡구(일본국)임에 틀림없다"고 썼다. 콜럼버스는 인도를 발견한 데 이어서 마침내 마르코 폴로의 『동방견문록』에서 신비한 황금의 나라로 묘사된 지팡구를 찾았다고 생각한 것이다. 이처럼 콜럼버스의 항해는 상상의 세계와는 동떨어진 전혀 다른 대륙에서 벌어지고 있었다(이태주, 2011: 85–86).

겨져 왔으며, 모든 담론에서 이성을 절대시하고 이에 따른 보편적·절대적·객관적 기준을 제시하는 것으로 생각되었다. 교육받은 사람은 곧 합리적인 사람을 의미하고 교육과정은 합리적 활동이어야 한다. 합리성은 이상적 인간과 사회의 기본 가치가 되고 인간의 지향점이 된다는 의미에서 교육이 추구해야 하는 하나의 규범적 가치로서 인정된다. 합리성은 도덕성과 자율성의 원리를 정당화시키는 토대가 될 수 있다(정호표, 2002: 47-49).

교육에서는 이성적 자율성을 추구해야 하고 그와 동시에 정신/인격을 위한 습관 형성도 도모해야 한다. 분명히 습관 형성은 이성적 자율성을 달성하기 위한 하나의 조건이다. 피터스(R. S. Peters)는 습관이 어떻게 이해되느냐, 또한 몇 살 때에, 그리고 어떻게 습관이 형성되느냐가 중요하다고 말한다. 어떤 사람의 행동을 습관이라고 말할 때, 그 사람이 전에 이러한 행동을 한 적이 있으며, 앞으로도 아마 이러한 행동을 또다시 할 것이라고 생각한다(Frankena, 이원재 역, 1989: 43). 칸트는 인격 형성에는 도야를 통한 습관이 요구된다는 점을 확인하였다. 자유는 제약이 일체 없는 방임 상태가 아니고, 인격 형성의 요소로서 올바른 습관 형성을 포함하기 때문에 자유로운 상태(인격 형성)에 도달하기 위하여 도야를 강조하고 있다. 그러나 습관 형성은 두 가지 특징을 지닌다. 하나는 습관 형성이 성격상 어떤 형식을 취하더라도 외부 부과(external laden) 방식을 취하지 않을 수 없다는 점이다. 다른 하나는 외부적 부과 방식에 따른 습관의 형성은 칸트가 강조한 자율성과는 달리 타율적이라는 점이다. 칸트 스스로가 제약 없는 자연 상태에서 나쁜 습관을 형성할 수 있기 때문에 제약이 수반되어야 한다는 점을 인정하는 순간 칸트의 자율은 타율을 전제하는 것이기도 하다(김정래, 2010: 36-37). 어떤 이는 민주주의의 교육에서 주입(indoctrination)은 그 용어 자체가 모순이라고 생각하는 이가 있다. 민주주의는 교수활동과 학습활동의 자유를 포함하기 때문이라고 주장한다. 하지만 그것은 잘못된 것이다. 제퍼슨(T. Jefferson)은 자치 능력은 인간의 본래적인 능력이 아니라는 점을 강조한 바 있다. 자치

능력은 오랜 세월의 훈련과 습관의 결과이다(Kneller, 정건영 역, 1998: 138).

아동이 일정한 연령이 되기까지는 이유를 설명해 주는 교육이 효과를 거의 갖지 못한다. 어른이 해주는 설명은 어린이의 행동에 거의 영향을 주지 못한다. 반면에 명령은 아동기 초기에 영향력이 있다. 합리적인 행위규범이나 다양한 활동의 언어가 아동의 이해 능력 밖에 있다는 점을 감안한다면 아동은 습관과 인습이라는 안마당을 통해서 이성의 궁전으로 들어갈 수 있도록 하는 교육이 필요하다(Peters, 1963b: Phillips & Soltis, 백종억 역, 1990).

피터스는 아리스토텔레스와 마찬가지로, 아동들은 현장중심의 도제제도를 통하여 바람직한 삶을 점차적으로 습득할 수 있다고 본다. 스피노자(B. Spinoza)의 표현을 빌면 축복이란 올바른 삶을 삶으로써 얻는 보상이 아니라, 올바른 삶 그 자체가 축복이다. 또한 우리가 올바른 삶을 즐거워하는 것은 욕망을 억누름으로써 그런 것이 아니라, 올바른 삶 그 자체를 즐거워하기 때문이다. 현대심리학의 전문용어로 말하자면, 합리적 규범과 가치로운 활동이 내적으로 동기화되었다고 말할 수 있다(Peters, 1963b). 아리스토텔레스는 『니코마코스의 윤리학』*(Nicomachean Ethics)*에서 어릴 적부터 어떤 습관을 형성한다는 것은 절대적으로 중요하다는 사실을 다음과 같이 지적하였다.

> 덕에는 지적인 덕과 도덕적인 덕 두 가지가 있다. 지적인 덕은 주로 교육에 의하여 생겨나고 성장하며, 따라서 시간과 경험을 요한다. 한편 도덕적인 덕은 습관의 결과로 생긴 것이니, 그렇기 때문에 '에티케'(도덕적, 윤리적)란 명칭은 '에토스'(습관)란 말과 연관되어 만들어진 것이다. 이렇게 보면 도덕적인 덕은 어느 것이나 본성적으로 우리들 안에서 생기는 것이 아님이 분명하다. 왜냐하면 본성적으로 존재하는 것은 아무것도 그 본성에 반대되는 습관을 형성할 수 없기 때문이다. 예컨대 그 본성상 아래로 떨어지려는 경향을 가지고 있는 물은 아무리 여러 번 위로 던져 보아도 결코 위로 향하도록 훈련시킬 수는 없으며, 또 타오르는 불을 거꾸로 타도록 훈련시킬 수도

없다. 어느 것이나 그 본성상 일정한 방향으로 움직이는 것은 다른 방향으로 움직이도록 훈련시킬 수는 없다. 그렇다면 도덕적인 덕은 본성적으로 우리 속에 생기는 것도 아니고 본성에 반하여 생기는 것도 아니다. 사실은 우리가 본성적으로 그것들을 받아들이도록 되어 있지만 그것을 완전하게 형성하는 것은 습관인 것이다.

또 본성적으로 우리에게 생기는 모든 것에 있어, 우리는 먼저 그 능력(가능성)을 얻고 그 뒤에 그것을 활동(현실성)으로 옮긴다. 이것은 여러 가지 감각을 통해 잘 알 수 있다. 우리는 보는 활동과 듣는 활동을 되풀이함으로써 시각이나 청각을 가지게 되는 것이 아니라 오히려 이와 반대로 보고 듣는 활동을 하기 이전에 이미 시각이나 청각을 가지고 있었던 것이다. 즉 우리는 시각이나 청각을 사용한 결과로 그것들을 가지게 된 것이 아니다. 그러나 도덕적 덕은 기술의 경우와 마찬가지로 먼저 그것을 실천함으로써 얻게 되는 것이다.

우리가 할 수 있기 전에 먼저 배워야 할 것들은 우리가 먼저 그것을 해 봄으로써 배우게 된다. 예컨대 건축을 해 봄으로써 건축가가 되며, 하프를 탐으로써 연주자가 된다. 이와 마찬가지로 우리는 올바른 행위를 함으로써 올바르게 되고, 절제 있는 행위를 함으로써 절제 있게 되고, 용감한 행위를 함으로써 용감하게 된다. 우리가 어릴 적부터 어떤 습관을 형성한다는 것은 가볍게 여길 것이 아니다. 이것은 절대적으로 중요하다.

아이들 특히 초기 영유아기 교육은 사회에 비해 폐쇄적인 공간인 가정에서 관습적·관행적으로 이루어진다. 따라서 아이들의 성격(ēthos)은 습관(ethos)화의 방식을 통해 자연스럽게 형성되는 것이다. 그리고 성격과 습관이 자연스럽게 형성되어 나타나는 것을 윤리(ethos)라고 부르게 된다. 성격, 습관, 윤리가 모두 같은 어원에서 출발하는 것은 시사하는 바가 크다. 도덕적 행동의 습관화나 도덕적 감정의 함양이 이성적 차원의 도덕교육보다 우선시되는 것이 바람직하다.

유치원 교육과정에서 영유아기 교육의 주된 흐름을 인성교육과 도덕적 특성의 습관화에 두는 것도 이러한 관련을 갖고 있다(장지원, 2014: 75-76). 흔히 습관이 습관적으로 행해진다고 하는 사실은 경험적으로 맞는 말이다. 삶의 실제에서 습관적으로 하는 일들은 너무도 많다.[3] 하지만 도덕교육의 관점에서 볼 때, 어느 연령에, 어떤 식으로 그러한 습관을 형성시킬 것인가, 특히 어떤 상황에서 특정 행동을 가르칠 것인가 하는 것은 대단히 중요하다. 이에 대해 피터스는 철학자들보다는 심리학자들이나 현장의 교사들이 할 말이 많을 것이라고 말한다. 그동안의 도덕교육은 이론상의 역설이었고 이론적으로만 해결하려 했기 때문이다. 피터스는 베이컨(F. Bacon)을 인용하여 "철학자들의 강의는 마치 별과 같다. 그 별은 너무 높이 있기 때문에 거의 빛을 비춰주지 못 한다"고 말하고, 그러나 "그 별을 지구 가까이 가져온다고 해도, 그 별은 오직 경험적 연구가 이루어질 필요가 있는 곳을, 그리고 실제를 참고로 한 판단이 이루어져야 할 곳을 밝혀줄 수 있을 뿐이다. 철학은 그러한 연구나 판단을 대신해 주는 것이 아니다"는 점을 분명히 하였다(Peters, 1963b).

합리성은 수치화한 척도와 경계를 중시한다. 인류는 근대로 접어들면서 객관적 이성을 중시했다. 명백하게 선을 그었고, 생활을 규제하는 시간을 만들고, 모든 사물을 객관화하기 위해 계량화 작업을 시도했다. 수치화-계량화 작업은 삶의 영역 전반에 걸쳐 나타나는 문제이며, 이는 치료 영역에서도 '질병의 수치화=심화된 형태의 언어화 현상'으로 나타나고 있다. 환자가 경험하는 질병

3) 그런데 극단적인 경우이긴 하지만 강박신경증 환자의 경우는 습관의 힘이 너무 강하여 이성적인 활동을 저해하고 그 후의 삶을 망쳐놓게 된다는 것도 사실이다. 단정함이나 청결함은 일반적으로 건전한 도덕적 습관이라 할 수 있다. 그러나 만일 어떤 여자가 이와 같은 습관에 너무 얽매여 어린아이의 육아실이나 침실을 병원의 수술실과 마찬가지로 청결하게 만들려고 한다면, 그 여자는 자신의 습관 때문에 가정의 행복을 망칠 뿐만 아니라, 이성적인 적용능력과 즐길 가치가 있는 그런 것들을 즐길 수 있는 역량이 저해 받을 수 있다(Peters, 1963b).

은 수치화되지 않는 삶이라는 점을 유의한다면, 환자 자체보다는 환자의 상태를 수치화하는 서양의료의 환원주의는 지나친 점이 있다.[4)]

그런데 근대 이후 사람들은 근대의 모습을 갖춘 듯하지만 그것은 내면화하지 못한 외형적인 변화에 치우쳤고, 이성적 근대문화의 규범이 일상생활 전반에 스며들지 못했다. 일상생활에서도 합리성을 추구하기란 극히 어려운 일이다. 합리성이 필요한 곳에 정(情), 의리가 등장한다. 정치 역시 이성 아닌 감정에 호소하여 이익을 챙기려는 경우가 많다.

포퍼(K. R. Popper)는 오류가능성에 대해 분석적 비판을 시도한 바 있다(Popper, 1959). 포퍼는 어떤 명제가 과학적인 명제로서 참이려면 새로운 증거에 의해 수정될 수 있는 오류가능성이 열려 있어야 한다는 점을 지적하였다. 예를 들어 "순수한 물은 1기압에서 섭씨 100도에 끓는다"라는 명제를 생각해 보자. 이 명제는 오류가능성이 있다. 왜냐하면 그것이 틀렸다고 주장하려면 어떻게 해야

4) 질병의 언어화 현상은 서양의료의 숫자에 대한 지대한 관심을 예로 들 수 있다. 서양의료는 존재의 앓음을 숫자로 환원하는 경향을 과도하게 드러낸다. 병원 진료실에서 쉽게 관찰되는 환자와 의사의 엇갈린 시선 방향(환자는 의사를 보고, 의사는 컴퓨터 모니터를 보고)은 서양의료의 환원주의에 의해 만들어지고 있는 의사와 환자의 엇갈린 관계를 반영한다. 서양의료가 개입하는 의료적 대상은 환자라는 인간 존재보다는 진단 기계가 제시하는 숫자이다. 의료사회학이나 의료인류학에서는 의료행위와 관련된 여러 입장의 사람들(의사, 간호사, 환자, 환자 가족)이 어떤 질병에 대하여 요해하는 각각의 방식(모델)을 일컫는 설명모델(explanatory models)을 제안한다. 의사, 간호사, 영양사 등의 서양의료의 공급자들은 다양한 연구와 시험을 통해서 자신들의 설명모델이 효능을 가지고 있다는 확신을 가지고 있다. 하지만 자신들이 제시하는 설명모델을 통해서 환자가 당뇨병을 관리하게 하려면 환자들과 자신들의 설명모델의 간극을 좁히는 것이 필수적이다(김태우, 2013: 252-253). 모든 의료체계에서 의사와 환자의 설명모델 사이에는 간극이 존재한다. 하지만 현대 서양의료가 제시하는 설명모델과 환자들의 설명모델 사이의 간극은 특이하게 멀어 보인다. 그 벌어진 간극 사이에 서양의학의 인간 존재에 대한 환원주의가, 특히 물질적인 대상을 의료의 대상으로 간주하는 관점과 그 물질적 대상에 대한 수치화가 자리 잡고 있다. 환자가 경험하는 질병은 수치화되지 않는 삶이다. 환자가 경험하는 실제와 수치화로 대표되는 환원된 의학적 대상이라는 간극이 서양의료의 의사와 환자 관계 이슈의 중심에 놓여 있다(김태우, 2013: 253).

하는지가 분명하기 때문이다.[5] 또 다른 예로 역사 설명모형에 변증법적 해석을 적용한 마르크스(K. Marx)의 진술은 자연과 사회, 생물과 무생물 할 것 없이 모두 어떻게 발전하는지를 보여주는 과학적인 진술이라고 주장되었다. 그러나 마르크스는 자신의 진술에 반대되는 어떤 경험적인 증거도 인정하지 않았기 때문에 그런 진술은 오류가능성이 없는 것이며, 따라서 이는 과학적으로 타당한 진술이 아니다(Brent, 윤팔중 역, 1989: 109–110).[6]

---

5) 포퍼가 제시한 오류가능성의 준거를 전적으로 받아들이기는 어렵다. 예컨대 "모든 사건은 원인이 있다"라든가 "똑같은 시간에 두 물체가 똑같은 공간을 차지할 수 없다"라는 등의 진술은 이에 반대되는 증거를 생각할 수 없으며, 따라서 오류가능성이 없다고 말할 수 있다(Brent, 윤팔중 역, 1989: 111).

6) 마르크스의 역사적 법칙에 관한 진술은 물리학적 법칙에 관한 진술과 표면상 서로 비슷한 면을 지니고 있으면서 변증법의 원리를 따르고 있다(Marx & Engels, 1848). "계급 탄압(正)이 일정한 수준에 도달하면 반드시 프롤레타리아 혁명(反)이 일어난다"는 마르크스의 진술은 다음 두 나라(A국, B국)의 예를 통해 반박될 수 있다. A국(1974년 영국)은 무주택자, 자살자, 실업자가 증가하고, 생활수준이 떨어지며, 통화량이 줄어드는 매우 불안정한 상태에 처해 있어서 식량 부족이 심각하고 모든 물자 공급이 불균형 상태에 있다. 그러나 그곳에서는 프롤레타리아 혁명은 일어나지 않으며, 오히려 노동조합은 통화 팽창을 막기 위해 임금 동결을 받아들인다. 누군가가 이 나라엔 프롤레타리아 혁명이 왜 일어나지 않았느냐고 묻는다면, 마르크스주의자들은 계급 탄압이 아직 충분한 수준에 도달하지 못했기 때문이라고 답변할 것이다. B국(1919년 러시아)은 모든 것이 평화롭고 풍요롭다. 농부들은 농업이나 관광업을 통해 별로 힘들이지 않고도 충분한 생활수준을 누리며 즐거운 마음으로 노동하고 합리적으로 의식주를 해결하고 있다. B국도 A국처럼 파업이나 소란 또는 불안정한 사태가 거의 없다. 그러나 어느 날 밤, 일단의 군인들이 궁전을 장악하고서는 그것이 프롤레타리아 혁명이라고 주장한다. 이 경우엔 마르크스주의자들은 계급 탄압이 충분한 수준에 이르렀기 때문에 프롤레타리아 혁명이 일어났다고 억지를 부릴 것이다. 이처럼 역사적 법칙은 물리학의 법칙과는 달리, 모든 역사적 상황에 임의로 끌어다 맞출 수 있으며, 순수한 물이 어느 온도에서 끓는다는 진술의 경우와는 달리, 그와 상반되는 어떤 증거도 허용되지 않는다(Brent, 윤팔중 역, 1989: 110). 베를린장벽의 붕괴(1989)와 소비에트연방의 붕괴(1989)는 한 시대의 종말, 즉 냉전시대의 종말을 표시한 사건이다. 일부 사람들은 이것을 두고 자본주의와 사회주의 간의 이데올로기 전쟁이 끝났고, 자본주의의 최종 승리를 의미한다고 주장하였다(이데올로기의 종말). 일부 사람들은 더 확대시켜 해석한다. 이들은 소비에트연방과 동유럽의 붕괴는 자본주의가 사회적 · 경제적 체제의 궁극적이고 최종적 형태라는 증거라고 보았다. 자본

이성을 신뢰하는 것도 중요하지만 이성의 한계를 아는 것은 더 중요하다. 최소한의 도덕성이 통용되고, 상식이 통하는 사회, 그것이 바로 이성에 대한 기대이기도 하다. 해방 이후 지금까지 남북한 어디서든 활개를 치고 있는 것은 몰상식과 비이성이었다. 그만큼 우리에게 합리성은 아직도 충분히 필요한 대상으로 우리 앞에 놓여 있다고 보아야 한다.

양비론(兩非論)이 작동되는 현실 또한 합리성을 중시하는 사회적인 모습이 아니다. 양비론은 맞서서 내세우는 두 말이 모두 틀렸다는 주장이다. 양비론은 나름대로 유용하게 쓰이기도 한다. 하지만 양비론은 분쟁에서 누구의 책임이 더 큰지를 가려내는 일을 피하고, 대립하는 상황 자체를 비난함으로써 합리적 판단과 결정, 나아가 사회발전을 가로막는다. 대립하게 만든 쟁점을 생각하기 전에 먼저 대립 자체에 대해 짜증을 낸다. 대립의 원인을 제공한 쪽을 비판하는 것이 정상인데도, 대립 자체를 비판하면서 불신을 강화한다. 양비론은 생활 전반에서 활개 친다. 우리는 누구나, 어떤 일이든지 양비론적인 적당주의에 물들어 있다. 양비론이 잘 먹혀들 수 있는 상태를 살고 있는 것이다. 우리에게는 너그러움에 가치를 부여하고, 시비를 가리려는 태도(智: 是非之心)를 쫀쫀하다고 비

주의 이외의 다른 체제, 혹은 더 나은 체제란 없으며, 따라서 역사가 더 나아갈 다음 단계란 존재하지 않는다. 따라서 우리에게 남겨진 과제는 우리가 가지고 있는 것을 개선하는 일뿐이다. 한마디로 "이제 끝났다"가 그들의 주장이다(역사의 종말). 많은 사람들은 심지어 좌파들조차도 1989~1991년에 한 시대가 끝났다는 것에 동의한다. 그러나 그들은 이러한 시대의 종말이 자본주의의 궁극적 승리를 알리는 신호탄이고, 그리고 더 이상 자본주의 이외의 다른 대안이 존재하지 않는다는 주장에는 동의하지 않는다(Cho, 심성보 · 조시화 역, 2014: 160-161). 홉스봄(E. Hobsbawm)은 사회주의와 자본주의는 모두 실패했고, 그리고 미래는 공과 사가 혼합된 방식의 경제(혼합경제론)에 있다고 주장한다(Hobsbawm, 2009). 여기서 주의할 것은 그가 사회주의나 자본주의의 이론을 지적한 게 아니라는 점이다. 홉스봄은 이론으로서의 사회주의와 자본주의의 실패를 지적한 것이 아니며 20세기에 인류가 실험했던 현실로서의 사회주의와 자본주의를 거론한 것이었다. 홉스봄은 미래를 위한 대안은 공과 사가 어떤 식으로든지 함께 묶여진 혼합경제(mixed economy)에 있다고 보았다. 공과 사를 어떻게 묶을 것인가는 앞으로 우리가 풀어야 할 과제이다(Cho, 심성보 · 조시화 역, 2014: 219-220).

난하는 경향이 있다. 하지만 시비를 가리려는 태도야말로 합리적인 사회를 만드는 지름길이다.

합리성의 결여를 보여주는 장면으로 여러 예를 만날 수 있다. 인종과 문화, 종교가 같거나 비슷해도 민족 내지 국민으로 엮이지 않는 상대를 향해 상대 집단의 민족성 내지 국민성을 공격하는 경우를 만나기 어렵지 않다. 독일은 영국인을 향해 이기적·타산적·비문화적이라는 부정적 이미지를 만들기 위해 노력했고, 영국은 독일인을 무조건적 복종에 익숙한 기계적 인간 또는 천부적 전쟁광으로 규정했다. 영미권이나 프랑스에서의 증오 교육은 문화부터 외모까지 별반 차이가 없는 독일인을 상대로 행한 것이었기에 덜 성공적이었다고 볼 수 있다. 그러나 문화와 외모가 완전히 다른 상대 집단에 대한 증오 유발은 대개 크게 성공했다. 제국주의 국가들은 식민지 정복을 합리화하기 위해 사회 구성원에게 인종주의적 이데올로기를 내면화하려 했다.

제국주의란 머나먼 영토를 지배하는 제국의 태도와 이론과 실천을 말한다. 제국주의의 결과로서의 식민주의란 머나먼 영토에 이주하여 직접 정착하고 통치하는 것을 말한다. 백인들은 문명인들이고 지배자이자 통치자였으며, 원주민들은 보호해야 하는 어린아이들이고 무지하고 미개하여 계몽하고 개종해야 하는 자들이었다. 아프리카에서 팔려온 노예들은 최하위층으로 인간 취급을 받을 수도 없는 격리된 자들이었다. 식민지 시기에 만들어진 인종 간의 질서가 완성되면서 인종에 대한 편견과 차별은 정당화되었고, 현재까지도 이러한 인종의 위계는 암묵적으로 지속되고 있다(이태주, 2013).[7] 전쟁사에서 인종적 증오

7) 인종주의가 영화와 문학 작품 등을 통해 백인의 도덕성과 결부되기도 한다는 점에 유의해야 한다. 예를 들면 영화 〈인도로 가는 길〉, 〈아웃 오브 아프리카〉, 〈부시맨〉과 같은 작품들은 백인들의 식민사회를 우아하고 질서 있게, 낭만적으로 묘사하고 있는데, 백인들에게는 일종의 제국주의적 향수를 자극하는 작품이다. 이러한 제국주의적 애수와 향수어린 분위기에서 인종적 지배는 마치 매우 순수하고 사심 없고 인간적인 것처럼 보인다. 그리고 제국주

는 전쟁의 정신적 윤활유나 다를 바가 없었다. 인종적 증오는 인간적 양심과 근대적 이성을 모조리 마비시켰던 것이다.

4. 창의성과 교육

교육에서 하나의 규범성으로 인식되고 있는 창의성(creativity)은 교육영역만이 아니라 문학, 예술, 과학, 기술 등을 망라하는 모든 학문영역과 인간활동에 적합성을 갖는 개념이다(정호표, 2002: 49). 창의성은 공적·사회적 사고에 의해 평

의자들의 향수는 문명화된 국가가 야만적인 국가들을 부양하고 고양시킬 의무가 있다는 백인 특수의 사명감(whiteman's burden)과 함께 일어난다(Rosaldo, 2000: 96; 이태주, 2011: 95-96). 과연 그럴까? 거의 모든 비서구 문명사회들이 유럽인들과의 접촉과 침탈 과정에서 사라져갔다. 168명의 오합지졸을 거느린 에스파냐의 피사로가 페루의 고산지대에서 강력한 잉카제국을 건설하고 있던 아타우알파 황제와 그의 8만 대군을 상대로 쉽게 승리할 수 있었던 것은 다름 아닌 쇠칼과 같은 철기 무기들과 총, 기마병과 말이었다. 원주민들은 처음 보는 기마병의 요란한 소리와 총소리에 놀라 혼비백산하였다. 원주민들은 말을 처음 보았기 때문에 사람과 말을 한몸으로 생각하여 무시무시한 네 발 달린 괴물로 생각했을 정도였다. 물론 철제 무기들과 소총도 본 바 없었으며 그 요란한 소리에 두려워했다(Diamond, 김진준 역, 1998: 94-114). 원주민들에게는 총과 철기 외에 전혀 면역성이 없는 질병과 병원균도 원주민 사회를 붕괴시킨 주요 요인이었다. 천연두, 홍역, 인플루엔자, 발진티푸스, 페스트를 비롯한 유럽인들의 전염병은 다른 대륙의 많은 민족을 몰살시킴으로써 유럽인들의 정복에 결정적인 역할을 했다. 학자들의 연구에 의하면 원주민들은 전쟁과 약탈에 의해서보다 더 많은 인구가 질병에 감염되어 죽어간 것으로 파악하고 있다. 유럽인들은 가는 곳마다 원주민들에게는 없는 박테리아와 병원균을 옮기고 다녔다. 면역성이 전혀 없는 원주민들에게 천연두와 같은 질병은 무섭게 확산되었고, 결핵, 독감, 홍역, 나병, 성병 등에 의해서도 원주민들은 집단적으로 사라져갔다. 유럽인들은 아프리카에서 신대륙을 개척하기 위한 노예들을 공급하기 위해 무차별적인 노예사냥에 나섰다. 유럽인들은 가족들을 도둑맞은 아프리카 사람들의 저항과 방어행위를 종족 폭동과 종족 간 학살 행위라고 서술하였다. 탐험의 시대를 지나 유럽은 비서구사회를 본격적으로 지배하는 제국주의와 식민주의 시대를 열었다(이태주, 2013: 89-93).

가되고 사고의 범위와 내용에 제한적일 수 있다는 점에서 합리성과 유사하다. 그러므로 무제약적인 환상과 일탈을 창의성으로 보기 어렵다. 창의성은 높은 지적 능력, 독창적 사고, 독립적 판단력, 개방적 사고방식, 미적 감정 등을 기초로 하여 개발된 것이다. 학교에서 하는 창의적 활동에 대해 그 개념적 애매성을 주목할 일이다. 5세 된 아동이 네모난 암소, 목 없는 엄마나 아빠를 그린 그림에 대해 창의적이라고 말하는 경우를 예로 들 수 있다(Lytton, 1971: 3). 그러한 자기 표현 속에는 내재적 가치가 없으며, 오히려 아동의 표현이 정해진 표준과 적절성, 진리, 그리고 도덕적으로 올바른 것에 맞아야 비로소 가치롭다는 것을 가르쳐주어야 한다(Barrow, 박재문 · 서영현 역, 1987: 146-147).

교육활동에서 자유와 개방성은 창의성 발현의 선결 조건이 될 수 있다. 학생들에게 평가와 비판을 허용하는 일은 스스로 의미를 발견하도록 조력하여 독창적 사고를 기르는 데 기여할 것이다. 메이(R. May)는 사물을 새롭게 탄생시키는 과정을 일컬어 창의성이라 하였으며, 창의성의 본질을 정신분석에 의거하여 설명하였다. 창의성의 근원은 갈등에 있고, 갈등의 기저는 무의식에 있기 때문에 창의적인 능력은 무의식의 작용에 영향을 받는다. 따라서 창의적 활동도 갈등에서 생기는 불쾌한 감정을 방출하는 작용에 의존한다고 볼 수 있다.

또한 창의성과 정신병리와의 관련성을 주장하기도 한다(박숙희, 2011). 창의적인 천재들의 정신병리적 현상에 관한 최초의 관심은 아리스토텔레스가 쓴 『난제들』*(Problemata)* 중에서 철학, 정치학, 시, 예술 분야에서 탁월한 사람들은 우울증의 경향을 가지고 있다고 기록한 것으로부터 시작되었다. 선행연구들에서는 주로 화가, 조각가, 건축가, 작가, 음악가, 배우 등의 예술가들은 비예술가들에 비해 충동성, 불안, 정서적 예민성, 적대감, 온정적이지 않음 등의 정서적 특성을 가지고 있으며, 알코올중독, 약물남용, 정신분열증, 우울증, 양극성장애 등의 정신병리적 문제와 좀 더 많이 관련되어 있는 것으로 보고하였다. 선행연구 분석 결과 창의성과 정신병리는 서로 관련되어 있으며, 창의성은 정신병리적 문제를 가진 개인이 적응을 향한 욕구와의 관계에서 역동적으로 상호작용한 결과라고 결론지었다. 그러나 선행연구들에서는 주로 소수의 예술가 집단을 대상으로 한 것이어서 결과의 일반화에는 한계가 있다(박숙희, 2011).

학교는 아동·학생이 자아를 건강하게 계발할 수 있도록 분위기를 조성해야 한다. 실존철학적·현상학적 기반을 갖고 있는 인본주의자들에 의하면 학교의 기본적인 목적은 지식의 완벽한 학습에 있는 것이 아니라 개체의 성장과 자아의 실현에 있다. 경험, 상상, 꿈을 개방적으로 허용하는 일은 권장할 만한 일이다. 언제나 일차적인 관심은 학습 프로그램에 주어져야 하는 것이 아니라, 학습자인 아동·학생에게 주어져야 한다. 거기에서 창의성은 발현될 수 있다. 창의성은 결코 몇몇의 소수에게만 부여된 것이 아니다. 오히려 창의성은 누구나 가지고 있는 가능성이다. 창의성을 낳는 바탕이 되는 요소는 몰두, 호기심, 상상력, 의아심 등이며, 학교는 이러한 가능성의 성장을 자유롭게 할 수 있도록 장려해야 한다. 교사는 개체의 성장을 촉진시키는 위치에 있다. 교사는 탐구에 요구되는 기술과 도구만이 아니라, 분위기를 조성해 줌으로써 독창성과 창의성의 계발을 촉진시킬 수가 있다(이돈희, 1983: 275).

길포드(J. P. Guilford)는 적성에 의한 접근으로 창의성의 지적 특성을 설명하였다. 길포드는 지력 모형에서 발산적 사고(divergent thinking)를 창의적 적성(창의적 사고)의 특성으로 생각하여 창의적 사고에 관련되는 적성인 사고의 유창성(fluency), 사고의 융통성(flexibility), 사고의 독창성(originality)을 창의성의 특징으로 제시하였다.

수렴적 사고의 과잉은 발산적 사고(창의성)를 도리어 퇴화시킬 수도 있다(김종서, 이영덕, 정원식, 1988; 정범모, 2000). 창의력은 여러 동반하는 정신적 특성을 요구한다. 남다른 호기심, 자유로운 공상과 상상력, 고집스럽지 않은 사고의 탄력성 등이 이에 속한다. 이러한 정황에 비추어 볼 때, 한국의 학교교육과 가정교육은 도리어 창의싱 죽이기 교육일 가능성이 높다.

창의성의 원동력은 전적 집중에 있다. 남다른 집중, 몰입, 몰두, 전심, 열중

없이는 창의성은 싹트지 않는다. 창의성은 집중 틈틈이 전적 이완의 기회가 자주 주어져야 한다. 집중 다음의 한가로움은 거의 무의식적으로 여러 생각이 자유분방하게 재조직되는 시간이다. 아르키메데스(Archimedes)의 목욕탕에서의 경험, 뉴턴(I. Newton)의 사과나무 아래에서의 경험이 이에 속한다. 창의성의 싹은 일정한 정신풍토에서 잘 자라나고 그렇지 못한 풍토에서는 도리어 시든다. 홀트(J. Holt)가 아동의 창의성을 저해하는 요인들을 지적했던 것도 사실상 풍토의 문제였다(Holt, 1964). 창의성은 부동의(부동조)의 자유가 있는 풍토, 획일보다는 다양성의 풍토, 집단주의 풍토보다 개성과 개인차가 존중되는 풍토, 금지나 억제작용이 덜한 풍토, 각종 폐쇄성보다 개방성으로 특징되는 풍토에서 발휘된다. 불행하게도 한국의 가정, 학교, 기관, 나아가 일반적인 사회 풍토는 그런 창의성 신장을 위한 풍토와는 반대의 성격을 갖고 있다(정범모, 2000: 60).

창의성은 인간의 중요한 지적 능력이기도 하다. 비록 지능이 차지하는 비중이 대단히 크다는 것을 부인할 수 없으나 지능이 인간의 지적 능력을 전부 대변해 주지는 못한다. 종래의 창의성은 지능과 유사한 능력으로 생각되거나 또는 지능의 일부로 생각되어 왔다. 그러나 여러 연구결과에 의하여 그것이 지능과는 다른 성질의 능력이라는 점이 밝혀짐에 따라 창의성에 대한 새로운 관심이 집중되었다.

특히 겟젤스(J. W. Getzels)와 잭슨(P. W. Jackson)은 지능과 창의성 사이에 현저한 차이가 있음을 입증하였다(전체 집단 학생 수=449명/고지능집단 학생 수=28명/고창의성집단 학생 수=24명). 그들은 지능과 창의성 점수를 근거로 하여 지능은 높지만 창의성이 높지 못한 고지능집단과 창의성은 높지만 거기에 상응하여 지능이 높지 못한 고창의성 집단을 실험집단으로 선정하여 두 집단의 여러 가지 특성 및 상태를 비교하였다(Getzels & Jackson, 1962). 고지능집단은 지능의 상위 20% 이상에 해당하는 학생들로 구성된 집단이며, 고창의성집단은 창의성 검사에서 상위 20% 이상에 해당하는 집단이다.

〈표 2-1〉 고지능집단과 고창의성집단 비교

	전체 집단 (학생 수=449명)	고지능집단 (학생 수=28명)	고창의성집단 (학생 수=24명)
지능	132	150	127
학업성취도	50	55	56
성취동기	50	49	50
교사평정	10.2	11.2	10.5

위의 〈표 2-1〉을 통해 몇 가지 중요한 사실을 알 수 있다. ① 두 집단 간의 지능 차는 현저하나 학업성취도는 거의 동등하며, 이것은 전체 집단의 평균에 비하여 월등하게 높은 점수이다. 학교 성적은 지능에 의해서만 좌우되는 것이 아니라 창의성에 의해서도 좌우된다. ② 성취동기는 두 집단 간에 사실상 차이가 없다. 전체적 조건을 반영한다면 고창의성집단의 학습동기가 높다는 가정이 성립한다. ③ 교사는 창의성이 높은 학생보다 지능이 높은 학생을 더 좋아하는 경향이 있다. 이는 창의성이 높은 학생이 대체로 동조적이지 못한 행동 특성과 경향을 보이기 때문에 나타나는 현상이라고 말할 수 있다. 이 연구에 대해 일부 반론도 있지만, 현재 사용하는 지능검사는 지적 능력을 포괄적으로 측정하지 못하고 있으며, 따라서 지능이 지적 능력을 대변하지 못한다는 것은 분명한 사실이다(김순택, 1982: 69-70; 김종서 · 이영덕 · 정원식, 1988: 172).

겟젤스와 잭슨의 연구와 관련, 창의성이 지능만큼 학업성취를 설명할 수 있는가에 대한 비판적 논의에 유의할 필요가 있다. 겟젤스와 잭슨의 발표-연구를 분석하고 비판하여 교육심리학 교재에서 오해되고 있는 몇 가지 사실을 바로잡으려는 연구가 있다(이신동, 2005). 겟젤스와 잭슨에 의하면, 두 피험자 집단(고창의성집단과 고지능집단)은 23점의 IQ 차이에도 불구하고 학업성취가 유사하였다. 이 결과를 근거로 이들은 창의성도 지능과 동일하게 학업성취를 설명하고 예언하는 구인이 될 수 있다고 주장하였다. 하지만 겟젤스와 잭슨의 연구를 분석하여 창의성과 지능의 독립 가정, 지능의 질적 차이, IQ와 학업성취의 직선적 정적상관, 논리적 혼돈, 집단 선정, 창의성 검사, 종속변인, 월러치(M. A. Wallach)와 코건(N. Kogan)의 비판, 일반화 등의 문제 등을 놓고 볼 때, 창의성이 지능만큼 학업성취를 설명할 수 있다는 것은 지나친 논리의 비약이라는 결론을 얻을 수 있고, 따라서 교육심리학 교재에서 겟젤스와 잭슨의 연구에 근거하여 창의성도 지능만큼 학업성취를 설명하는 구인이라고 말하기는 어렵다(이신동, 2005).

창의성이 무엇이며, 어떻게 길러지는가에 대해서는 잘 알려져 있지 않다. 다만 창의성은 단순한 능력요인이라기보다는 새로운 아이디어나 새로운 문제해결 방법을 창안하는 데 작용하는 성격, 능력, 동기 등이 복합적으로 작용한다는 사실에 동의한다(이경섭 · 이홍우 · 김순택, 1982: 131).

창의성 교육을 강조하는 사람들은 창의성을 큰 창의성과 작은 창의성으로 구분하여 논의하기도 한다(김인, 2017). 큰 창의성이 아인슈타인처럼 창의적인 사람이 이룩한 업적을 가리키는 것이라면, 작은 창의성은 학생들이 문제 상황에 직면하여 자신의 지식과 경험을 기초로 새로운 해결책을 제시하는 창의적 과정을 뜻한다. 이들은 작은 창의성이라는 개념을 근거로 학생의 학습 과정이 창의적이라고 주장한다. 그러나 작은 창의성에서의 창의성은 창의성의 개념적 준거에 비추어볼 때 적절한 용어가 아니다. 다시 말해 학생이 학습과정에서 새롭고 독특한 생각과 표현을 한다고 해서 그것이 곧 창의적인 것은 아니라는 것이다. 창의성 교육에서 주장하는 것과는 달리, 창의성은 누구나 지닌 기성의 능력이 아니라 교육의 결과로 획득되는 것이다. 창의성 교육의 범람 속에서 그 구호를 무비판적으로 수용할 것이 아니라 창의성 교육이 과연 타당한 것인지, 학교교육의 가장 중요한 가치가 무엇인지를 분명히 할 필요가 있다(김인, 2017).

일반적으로 창의성은 긍정적 의미를 함축하고 있지만 창의성은 잠재적으로 오용될 가능성이 많다. 창의자의 의도와 관계없이 창의적 산물과 아이디어가 부정적으로 사용되기도 하고 고의적으로 타인이나 다른 집단에게 피해를 주기 위해 창의성이 활용되기도 한다. 창의성은 자아실현과 사회 발전을 위해 계발되어야 할 특성이지만, 부정적 혹은 악의적 창의성을 간과할 경우 창의성은 사람과 세상을 파멸로 이끌 수 있다. 따라서 창의성 교육 과정에는 창의성의 어두운 면에 대한 충분한 이해와 더불어 창의성의 사회적 역할, 창의적 인물의 사회적 책임감, 도덕적 민감성 등과 같은 인성교육이 강조되어야 한다(최병연, 2017).

CHAPTER 3

유전과 환경

1. 문화적 · 사회적 환경과 인지능력
2. 지능과 지능검사
3. 유전, 환경, 지능

유전과 환경

1. 문화적 · 사회적 환경과 인지능력

인간은 태어나는가 아니면 만들어지는가에 대한 논쟁이 20세기를 풍미했다. 이를 흔히 본성-양육 논쟁 또는 유전-환경 논쟁이라고 일컫는다. 20세기는 본성의 군대와 양육의 군대가 100년 동안 전쟁을 치른 시대라고 규정할 수 있다. 본성과 양육을 논쟁하던 사람들은 한쪽 명제가 옳으면 반대쪽 명제가 틀리다는 잘못된 등식에 빠져 상대방을 인정하지 않았다. 이렇게 모든 현상을 본성과 양육 또는 유전과 환경의 스펙트럼 위에 1차원적으로 분포시키는 것은 모순이다. 본성 대 양육(nature vs. nurture)이라는 대립 구도가 아닌 양육을 통한 본성(nature via nurture)이라는 틀을 설정할 필요가 있다(Ridley, 김한영 역, 2004).

교육에서 유전과 환경의 어느 측면만을 강조하는 일은 적절하지 못하다. 유전적 영향 자체를 부정할 수는 없으나, 지나친 유전론은 개인의 능력에 대한 개발 범위를 축소시키는 경향이 있으며, 지나친 환경론은 유전적 능력이 교육에 미치는 영향을 과소평가하기 쉽다.

환경이 인간 형성에 끼치는 영향도 매우 크다. 모든 인간은 지리, 물리, 사회, 문화, 심리적 환경 속에 존재한다. 심리학의 연구 결과에 따르면 가정과 학교에서 지적 발달에 필요한 문화적 환경의 제공이 중요하며, 성격까지도 문화적 · 심리적 환경에 영향을 받는다는 사실을 알 수 있다. 듀이는 본능적 충동까지도 획득된 습관의 형태로 보았다. 유전보다 환경이 인간 형성에 많은 영향을 끼친다는 사실에 주목한 것이라고 말할 수 있다(정호표, 2002: 57-58).

블룸(B. S. Bloom)에 따르면, 가정환경이 인지적 발달의 정도를 결정하고 이것이 지능과 학습에 영향을 많이 끼친다. 인지적 발달은 초기 단계의 경험에 크게 의존하기 때문에 학교에 입학하기 전의 가정환경이 중요하다. 콜만(J. S. Coleman)의 연구 결과에 의하면, 아동의 문화적 · 사회적 환경이 초기 단계의 인지적 능력을 결정하고 성장의 속도에 영향을 끼치는 것으로 나타나고 있다. 따라서 학교에서 경험할 문화적 환경과 가정에서 경험한 문화적 환경의 격차를 해소시키기 위해, 학교는 노력해야 한다.

문화적 · 사회적 환경이 초기 단계의 인지적 능력을 결정한다는 사실은 다음의 관찰사례를 통해서 극명하게 드러난다. 어느 미개사회의 민족은 산술을 알지 못할 뿐만 아니라 이를 싫어한다. 수가 3 이상이 되면 손가락으로 보여주는 것도 그만두고 "많다"고 말해버린다. 그러면서도 그들은 사냥에 나갈 때 말에 타면 곧바로 주위를 둘러보고 그 많은 개 중에서 한 마리라도 보이지 않으면 이를 금방 알아차린다. 수를 세는 것도 안 되면서 이렇게 많은 개의 무리 중에서 개 한 마리의 존재 유무를 그 자리에서 알아차리는 것이다.

아무르강의 유목민은 천 마리의 양을 모두 구분하여 알 수 있다. 아프리카 원주민도 저녁 무렵이 되면 집으로 돌아오는 소와 양의 무리를 보고 마리 수가 부족하면 곧바로 그 사실을 알아차린다. 그들은 수를 세는 것이 거의 불가능하다. 잠시도 멈춰 있지 않는 천 마리에 가까운 짐승의 수를 세는 것은 특수한 공부를 요하는 상황이랄 수밖에 없다. 하지만 그들은 한 마리의 소나 양이 없어져도 마리 수를 세지 않고도 금방 알 수 있다(田浦武雄, 1983: 90-91). 그들은 그만큼 뛰어난 개체 식별능력을 갖고 있다. 바로 이러한 인간의 능력은 하나의 사회적 산물이다. 수를 세는 능력은 인류 보편이고, 어느 민족이나 공통으로 갖고 있다고 생각하기 쉽지만 그렇다고 말하기 어렵다. 매우 조잡한 수적 체계밖에 갖지 못한, 그리하여 많은 수를 세지 못하는 민족은 이 지구상에서 얼마든지 존재한다. 하지만 그들은 한 마리 한 마리의 양이나 소의 특징을 알아차리는 아주 뛰어난 능력을 갖고 있다.

인간에게는 개발되기를 기다리고 있는 많은 가능성이 있으며 이 가능성을 전개시키는 과정이 교육이다. 교육의 무한한 가능성은 인간이 가소적 · 가변적 · 중립적 유기체라는 사실에 의해 더욱 뚜렷하다. 어떤 인간사회에서는 어떤 행동유형이 보편적이며, 다른 어떤 행동유형은 전혀 나타나지 않는다는 것이 인류학적으로 드러난 사실이다. 이는 인간의 잠재가능성 가운데 어떤 가능성은 그 사회환경에 의해 적극 개발되며 어떤 가능성은 억제되어 개발되지 않는다는 사실을 알 수 있다. 가치중립적인 잠재가능성은 이렇게 교육의 가능성에 대한 또 다른 이름이라고 말할 수 있다. 듀이의 주장에 의하면 교육은 사회적 과정이다. 사회적 과정이 존재하는 한 교육의 가능성은 성립한다. 그런데 교육의 가능성은 의미상 교육의 한계를 내포하고 있다. 그 한계는 지능에 관한 논의와 관련이 깊다.

2. 지능과 지능검사

지능(intelligence)은 심리학 연구의 초기 단계부터 심리측정이론의 핵심 문제였다. 지능은 유전과 환경 사이의 상호작용의 결과이며, 따라서 불변적이라기보다는 변화가능성을 갖고 있다. 지능검사는 그 내용이 서로 다르나, 공통된 내용은 인지(recognition), 기억(retention), 언어와 수적 상징체계(verbal and numerical symbols)를 다룬다. 따라서 지능검사가 측정하는 것은 추상적 사고력과 문제해결능력이다. 지능검사 점수는 학업성적과 관련될 수밖에 없다. 개인의 지능검사 점수는 동거 여부에 관계없이 부모의 지능검사 점수에 가깝게 된다는 견해도 있다. 이는 환경보다는 유전적 요인을 중시하는 입장이라고 말할 수 있다. 지능은 유전과 환경적 요인의 결합으로 보는 것이 일반적이다. 헌트(J. M. Hunt)의 실험은 지능과 환경에 대한 고민을 반영한다.

헌트는 환경이 학습에 미치는 중요성을 쥐의 미로(maze) 실험을 통해 제시하였다. 13대를 거쳐 확실히 유전적으로 동일하도록 교배한 영리한 쥐들과 둔한 쥐들이 세 가지 각기 다른 환경(풍부한 환경, 자연적 환경, 제한된 환경)에서 주어진 과제에 대해 얼마나 오류를 범하는지를 점수화하여 다음과 같은 결과를 얻었다(Hunt, 1961).

〈표 3-1〉 환경별 오류점수의 차이

구 분	환 경		
	풍부한 환경	자연적 환경	제한된 환경
영리한 쥐	111.2	117.0	169.7
둔한 쥐	119.7	164.0	169.5

풍부한 환경이란 쥐를 넣은 통(cage)을 비탈지게 하거나 그네 같은 것을 장치하거나 공이나 터널 같은 기구를 그 안에 집어넣은 환경이며, 자연적 환경은 통에 아무런 생소한 것이 없는 보통의 환경이며, 제한된 환경은 통에 최소한의 먹을 것과 물만 넣어주고, 인간이나 다른 쥐들과의 접촉을 제한한 환경이다.

세 가지 서로 다른 환경 속에서 실험된 오류점수(error scores)는 둔한 쥐의 경우 자연적 환경에서 164.0의 오류점수를 냈으나 풍부한 환경에서는 119.7의 오류점수를 냄으로써 큰 격차를 보였다. 이 오류점수의 차이는 둔한 쥐라도 좋은 환경이 제공된다면 오류를 범하는 횟수가 줄어든다는 의미로 읽을 수 있다(김억환, 1987: 183–185).

문제는 환경이냐 유전이냐의 양극론보다는 얼마만큼 환경이 지능에 영향을 주는가를 알아내는 것이다. 하지만 이 문제는 쉽지가 않다. 지능검사를 할 수 있을 때쯤에는 이미 알게 모르게 환경적 요인이 작용했을 것이기 때문이다. 덧붙여 비록 유전적 요인보다는 환경적 요인을 더 강조한다 해도 빈곤한 하류계층의 환경은 지적 능력 발달을 절대적으로 제한시킨다는 주장이 있는가 하면, 빈곤한 환경은 다른 종류의 능력을 촉진시킨다고 보면서, 그 다른 종류의 능력은 지능검사를 통해 잴 수 없는 것이며, 학교에서 중시하는 능력도 아니라는 점을 지적하기도 한다(김억환, 1987: 185).

비네(A. Binet)는 최초로 지능검사를 만든 사람이다. 비네는 프랑스 정부로부터 정상적인 교육을 받기 곤란한 아동을 가려낼 수 있는 검사 개발을 위촉받고 동료 시몬(T. Simon)과 함께 1905년 지능검사를 개발하였다. 이 비네–시몬 지능검사는 언어적 추리와 정보의 조작을 요구하는 문항들로 구성되어 있고, 학교 학습의 수행을 비교적 잘 예측하였다. 비네-시몬 지능검사의 가장 큰 특징은 정신연령(MA: mental age)이라는 개념을 도입한 점이다.

비네-시몬 지능검사는 미국에 도입되어 스탠포드대의 터먼(L. Terman)에 의해서 개정되었다. 이 검사는 1916년 스탠포드-비네 지능검사(Stanford-Binet Intelligence Scales)라는 이름으로 처음 출판되었다. 스탠포드-비네 지능검사의 가장 큰 특징은 지능지수, 즉 IQ의 개념을 도입한 것이다.

① 1905년: 비네(A. Binet)와 시몬(T. Simon)의 지능검사
② 1908년: 개정판. 정신연령 척도 고안
③ 1911년: 개정판
④ 1912년: 스턴(W. Stern), IQ 개념 제안(IQ = MA / CA × 100)
⑤ 1912년: 오티스(A. S. Otis), 제1차 세계대전 징집병사 배치를 위한 집단검사 개발 착수. 1917년에 군대 알파검사(Army α) 개발. 후속으로 문맹자용 비언어성 검사인 군대 베타검사(Army β) 개발[1)]
⑥ 1916년: 터먼(L. Terman), 스탠포드-비네 지능검사 출판. 1937년 개정

터먼은 지능을 추상적으로 사고할 수 있는 능력으로 정의하였다. 웩슬러(D. Wechsler)는 유목적적으로 행동하고, 합리적으로 사고하며, 환경을 효과적으로 다루는

1) 미국에서 지능검사가 본격적으로 활용되기 시작한 것은 제1차 세계대전 때이다. 미국 정부는 군에 입대한 다양한 배경의 병사들을 신속히 분류해서 그들을 적재적소에 배치해야 전쟁에서 승리할 수 있다고 생각했다. 그래서 1917년에 특별위원회를 설치하여 알파검사(Army α)와 베타검사(Army β)를 제작했는데, 알파검사는 영어 해득이 가능한 군인을 대상으로 만들어진 언어 검사였고, 베타검사는 영어 해득을 못하는 군인을 대상으로 만들어진 비언어 검사였다. 수많은 군인들의 능력을 가능한 한 빨리 파악해 내기 위해 사용된 군대 알파검사와 베타검사는 지능검사의 발전에 큰 획을 그었다. 두 검사는 성인을 대상으로 하는 최초의 지능검사인 동시에 집단을 대상으로 하는 최초의 지능검사였기 때문이다.

개인의 종합적 능력이라고 정의하였다. 지능의 구조에 주목하는 자들은 지능 구성 요인으로 지능은 한 개의 일반요인(g-factor)과 여러 개의 특수요인(s-factor)으로 구성되어 있다는 주장(Spearman)과 7개의 특수한 기초 정신능력(primary mental ability)으로 구성되어 있다는 주장도 있고(Thurstone, 1941), 더 나아가 120개의 요소로 구성되어 있다(Guilford, 1959)는 주장도 있다(김종서 · 이영덕 · 정원식, 1988: 168). 특히 길포드의 주장에 따른다면 종래의 지능검사에 의한 지능 측정은 상당히 많은 요인이 측정에서 제외되는 오류를 범한 셈이다.

지능검사 도구 개발은 가히 모든 개인을 그가 가진 정신능력을 기준으로 하여 한 줄로 정렬시킬 수 있게 된 획기적인 사건이었다. 이러한 평가도구의 영향을 받아 학교의 모든 정규 교육은 아이들의 지능을 계발하기 위하여, 그리고 그 결과에 따른 사회선발을 위하여 모든 사람을 똑같이, 공정하게 취급하는 교육과정을 제안하기에 이른다(Gardner, 문용린 · 유경재 역, 2007). 이른바 과학적 교육과정 운동은 이러한 경향에 발맞추어 일어난 것이다. 이 교육과정은 생산의 원리를 그대로 교육에 적용한 것이라고 볼 수 있다(최은순, 2014: 121-122).

가드너(H. Gardner)는 다중지능이론(multiple intelligences theory)을 주창하였다. 지능의 개념은 한 가지가 아니라 여러 가지 능력으로 구성된다는 사실에 유의하여 창안된 이론이 다중지능이론이다(최은순, 2014: 121-122). 다중지능은 지능지수(intelligent quotient)의 대안으로 출현한 개념이라고 볼 수 있다.

가드너는 인간에게는 상호 독립적인 여러 가지 능력이 있다고 말한다. 가드너는 셀 수 없는 것을 세려고 한, 명백히 사고상의 오류를 범했다. 이 오류는 개념상 구분되는 것을 사실상 분리되는 것으로 격상시키는 오류, 즉 실체화의 오류(fallacy of reification)의 전형에 해당한다(최은순, 2014: 123).[2] 종래의 지능이론에

---

2) 지능이란 무엇이며, 어디에 쓰는가 하는 것은 여간해서 합의를 이끌어내기 어려운 개념 중의 하나이다. 가드너에 따르면, 지능은 하나가 아닌 복수이다. 음악, 운동, 수학, 언어, 공간,

서는 배제되었던 많은 능력이 새로운 지능의 의미에 포함되는데, 그러한 지능들은 ① 음악 지능(musical intelligence), ② 신체운동 지능(bodily-kinesthetic intelligence), ③ 논리수학 지능(logical-mathematical intelligence), ④ 언어 지능(linguistic intelligence), ⑤ 공간 지능(spatical intelligence), ⑥ 대인관계 지능(interpersonal intelligence), ⑦ 자기성찰 지능(intrapersonal intelligence) 등이 그것이다(Gardner, 문용린 · 유경재 역, 2007). 게다가 가드너는 자연 지능, 실존 지능, 도덕 지능 등의 추가적인 출현 가능성을 언급하였다. 가드너에 의하면 비범성(extraordinariness)은 어떤 영역을 의미 있게 변화시키는 능력을 의미한다. 가드너는 비범성을 대가(master), 창조자(maker), 내관자(introspector), 지도자(influencer)로 유형화하였다(Gardner, 문용린 · 유경재 역, 2007). 가드너는 찰스 다윈, 아인슈타인, 프로이드 등과 같은 학자, 피카소, 모차르트, 마사 그레이엄 등과 같은 예술가, 그리고 교황 요한 23세, 마틴 루터 킹 목사, 마가렛 대처 등과 같은 종교-정치지도자 등에 관심을 보였다. 가드너에 의하면 아인슈타인은 물리학계를 변화시켰고, 피카소는 미술계를 변화시켰으며, 마틴 루터 킹 목사는 미국의 정치적 시위와 관행을 변화시켰다. 이를 두고 이제는 "누가 비범한가"가 아니라 "어디에 비범성이 있는가"를 물어야 한다고 주장한다(최은순, 2014: 123-124).

교육과 직업의 관련에 관한 가드너의 주장은 직업세계는 다름 아니라 다중지능(또는 그것을 계발하는 활동으로서의 교육)의 맥락에 해당한다. 이러한 이론에서 직업세계, 다중지능, 교육내용은 서로 면밀한 대응관계를 이루고 있다. 교과학습

대인관계, 자기성찰 지능 등이 그것이다. 이런 유형의 지능은 각기 다른 강점을 가지며, 다소간 상호 독립적이다. 사람에 따라 한 지능이 더 우세하고 다른 지능은 활성화되어 있지 않을 수도 있다(고선주, 2014: 190). 골맨(D. Goleman)이 정서지능(EQ)과 사회적 지능(SQ)의 중요성을 말한 이후, 최근에는 쿠퍼(R. Cooper)가 지능이란 두개골 속의 뇌에만 있는 것이 아니라 심장(heart)과 내장(gut)에도 있다고 수장한다. 우리의 직접 경험은 내장과 신경망을 먼저 거쳐 뇌로 간다. 내장 신경체계는 두개골의 뇌와 독립적이며 상호 연결되어 있다. 그러므로 우리는 흔히 본능에 따라 먼저 반응하게 된다(고선주, 2014: 191).

을 통하여 길러진 지능은 다양한 직업의 분야에서 유용하게 활용가능한 것이다. 개인이 가지는 능력은 역량(力量, competences)으로 규정되며, 역량을 보유한 개인은 직업세계에 유용한 인적 자원이 된다. 이러한 관점에서 보면, 교육은 개인의 역량을 강화하는 일이며, 개인이 가지는 흥미와 역량에 알맞게 그를 직업세계에 배치시키는 일로 규정될 수 있다. 다중지능을 기르는 일은 개성의 신장을 의미하며, 그것은 사회적 필요를 충족시키는 일과 결코 별개의 일이 아니다(최은순, 2014: 125).

3. 유전, 환경, 지능

유전-환경 논쟁은 오랜 쟁점이지만, 일반적으로는 유전적인 요인이 지능 발달의 생물학적 한계를 결정하되, 그 한계 내에서 환경의 작용이 결정적이라고 보는 유전-환경 상호작용론으로 귀결되고 있다. 지능상의 개인차가 학업 성적상의 개인차를 의미하는 것으로 해석할 수 있다는 생각은 위험하기 짝이 없다. 실제로 블룸(B. S. Bloom)의 완전학습(mastery learning)을 비롯한 학생의 개인차를 고려한 교수방법들은 지능이 낮은 학생들도 얼마든지 좋은 성적을 거둘 가능성이 있음을 보여준다(이경섭 · 이홍우 · 김순택, 1982: 132).[3)]

3) 완전학습은 학급 내의 약 95%의 학생이 주어진 학습 과제의 약 90% 이상을 완전히 학습해 내는 학습을 일컫는다. 완전학습 이론가들은 전통적인 집단수업 절차를 수정하여 학습 수준에 따라 더 많은 학습시간을 제공하고 형성평가 결과에 따라 적절한 보완적 수업을 받을 수 있도록 하면 완전학습이 달성된다고 믿는다. 그러한 관점에서 개발된 것이 개별화 처방 수업 프로그램(individually prescribed instruction)이다. 이와 같은 완전학습은 다음과 같은 특징을 갖는다. ① 기존의 적성-학습 인과설을 부정한다. ② 학업 성취의 정상분포를 거부한다. ③ 기존의 학업 성취를 예언 · 연구하는 교육이론을 수긍하지 않는다. 제대로 가르쳤다면 능력이 부족한 아동 · 학생들도 목표를 거의 달성할 수 있을 것이기 때문이다(윤기옥, 2002: 107).

사회화는 형식적 학교교육만으로 이루어지지 않으며 모든 사회집단에 요구되는 과제이다. 모든 사회화집단은 그 집단의 관점에서 개인이 추구해야 할 역할을 결정하고 그 역할에 대한 적합한 습관, 태도, 동기 등의 획득을 기대한다. 여기서 사회화자(socializers)로서의 주요 기관과 집단이 지향하는 사회화 기능이 독특하거나 상충할 때 사회화 결과에 대한 통합이 어렵다. 예컨대 가족집단에서 추구하는 역할과 기대가 학교의 학급집단에서 요구하는 역할과 기대와 차이가 날 때 아동에게 갈등이 나타나고 교육과 학업 성취에 영향을 끼친다(정호표, 2002: 64).

가정의 분위기, 양육방법, 배경 등은 교육과 학업 성취에 중요한 요인으로 작용하며, 아동기의 동료집단에 의한 영향도 크다. 번스타인(B. Bernstein)에 의하면, 가정의 문화적 배경과 경험에 의해 결정되는 언어유형(linguistic codes)의 차이와 규범적 가치체계의 차이가 학교교육에 많은 영향을 끼친다. 이는 교육이 가족의 문화적·사회적 배경에 의해 영향을 받으며, 이것이 학교교육의 사회화 기능과 교육의 성취를 제한할 수 있음을 보여준다(정호표, 2002: 64).

진화심리학은 그간 고정관념으로 여기고 대수롭지 않게 넘겼던 사회현상을 색다르게 풀이하는 입장을 견지한다. 런던정경대학(LSE)의 가나자와 사토시가 보여주는 진화심리학은 환경에 맞춰 신체가 진화하듯 심리 또한 생존을 위해 가장 유리한 쪽으로 변화한다는 학문적 견해를 제시한다.[4] 진화심리학에서 말

4) 진화론의 논리와 부합하는 결과들이 쏟아지고 있다. 진화심리학자들은 인간의 진화 역사를 바탕으로 가설을 세우고 진화 문제를 설명해 왔다. 진화심리학자들은 진화의 논리가 발견법(heuristics)으로서 커다란 역할을 했다고 보는 경우가 많다. 하지만 많은 경우 이들의 발견법은 그리 인상적이지 않다. 진화심리학에서는 임시 방편 가설(ad hoc hypothesis)을 만들어내서 기존의 자신의 이론에 잘 들어맞지 않는 현상을 설명한다. 이것은 진짜 설명이 아니라 사이비 설명이다. 이런 식으로 가설들을 양산하다 보면 가설이 현상을 예측하는 일은 별로 없다. 반대로 새로운 현상이 발견될 때마다 가설이 새로 만들어진다. 그리하여 옷이 해어질 때마다 기운 옷처럼 이론은 누더기가 된다. 예컨대 남자들은 예전에 주로 사냥을 했고 여자

하는 얘기들은 진화에 관한 불편한 진실이 될 수도 있다. 예컨대 "예쁜 외모는 아들보다 딸이 물려받을 때 더 유용해서 진화심리학적으로 보면 아름다운 여성이 잠재적으로 딸을 택할 가능성이 커지는 것"이라는 주장, 아들을 둔 남성의 이혼 확률이 낮다는 주장, 진보주의자가 보수주의자보다 똑똑하다는 주장 등을 대표적인 예로 들 수 있다.

남성은 사회·경제적 지위에 따라 배우자로서의 능력을 평가받는 반면 여성에게는 젊음과 신체적 매력이 중요하다는 것이고, 아버지는 아들에게 세상살이에 유용한 지위를 물려줄 수 있으나 딸에게 신체적 아름다움을 물려주기는 어렵다는 주장이다. 이 때문에 아들을 둔 남성이 가정을 지키려는 본능을 더 강하게 느낀다는 해석이 가능하다. 진보주의자가 보수주의자보다 똑똑하다는 사회적 통념에 대해서도, 인간은 태생적으로 보수적이지만 타고난 능력으로 해결할 수 없는 문제를 극복하기 위해 새로운 상황을 이해하려는 쪽으로 진화해 왔으며, 이 때문에 머리가 더 좋은(더 진화한) 사람일수록 진보적일 가능성이 크다는 해석도 있다. 이 진화심리학은 인간의 행동양식이 주위 환경의 영향이 크지 않고 인류의 진화의

들은 주로 채집을 했다. 따라서 남자는 사냥을 잘 하도록 진화했고, 여자는 채집을 잘 하도록 진화했을 것이라고 예측할 수 있다. 진화심리학자들은 이런 생각을 바탕으로 가설을 만들었다. 연구 결과 실제로 남자들은 움직이는 물체와 관련된 공간 지각력에서 여자보다 나았으며, 여자들은 여러 위치를 기억하는 것과 관련된 공간 지각력에서 남자보다 나았다. 이런 생각은 상식에도 없었으며 기존 심리학에서도 전혀 고려하지 못했던 것이다. 진화심리학자들이 뽐내는 예들 중 상당수가 상식적으로 사람들이 이미 알고 있었던 것을 체계적으로 연구한 사례들이다. 환경결정론에 사로잡혀서 대중들의 상식을 무시했던 학자들과는 달리 진화심리학자들은 대중들의 상식을 진지하게 고려했을 뿐이다. 그들은 상식이 진화론의 논리와 부합하는 것처럼 보일 때 그 상식을 과학적으로 검증하려고 애썼다. 해밀턴의 규칙(Hamilton's rule)에 따르면 손해 볼 것이 별로 없는 동물은 친족을 더 사랑하는 경향이 있다. 따라서 늙은 부모가 자식을 사랑하는 정도가 자식이 늙은 부모를 사랑하는 정도보다 더 클 것이라고 예측할 수 있다. 하지만 이것 역시 그리 인상적인 예측이 아니다. 부모가 자식을 사랑하는 것만큼 부모에게 효도하는 자식이 별로 없다는 현상은 이미 널리 알려져 있다(이덕하, 2010).

산물이라는 개념으로 설명하는 체계라는 점에서 인간 이해의 새 지평을 보여준다고 하겠다.

인간은 사회적 동물로서 진화해 왔다. 사회에 비적응적인 개체들은 여러 가지 방법(추방, 폭력, 사형)에 의해 생존과 번식에 제약이 가해졌다. 그래서 인간은 약속을 지켜야 하고, 도움을 받았으면 도움을 줘야 하는 등의 사회 적응적 심리를 가지게 되었다. 이런 사회 적응적인 심리를 가지지 못한 개체들은 생존과 번식에 제약이 가해져 후손들을 생산하지 못했다. 인간은 갈등 상황이 있었을 때 공감을 많이 받지 못하면 사회적 적응도가 떨어지고, 이는 추방, 폭력, 사형 등에 의해 생존과 번식의 적응도도 떨어지게 된다. 이렇게 적응도가 떨어진 개체들은 생존과 번식을 상대적으로 하지 못했고 후손을 남기지 못했다. 그래서 인간은 공감을 얻으려는 개체들만 살아남게 된다는 것이다.

진화심리학은 사회생물학과 일반적인 진화이론들에서 유래되어 지난 10년 동안 큰 발전을 이루어 왔다. 진화심리학은 심리학을 위한 새로운 메타(meta)이론(심리학의 다양한 연구들을 하나로 묶을 수 있는 이론)을 제시하고 있다(최광선, 2006: 160). 진화심리학자들은 인간의 뇌가 진화한 환경적인 조건에 초점을 맞추어서 연구한다. 인간은 홍적세 시대(대략 2백만 년 동안 지속되었으며 만 년 전에 끝남) 동안 소집단으로 생활한 사냥꾼 또는 수렵꾼으로서 진화 역사의 99%를 소비하였다. 진화심리학은 이 종족이 직면한 중심 적응 문제—육식동물이나 기생충 피하기, 음식 모으고 교환하기, 짝 찾고 유지하기, 건강한 아기 키우기—를 밝히기 위하여 진화생물학의 풍부한 이론적인 틀을 활용하였다. 초기 인간이 직면한 이러한 적응문제를 확인한 후에, 진화심리학자들은 이러한 문제들을 해결하기 위해 진화되어 온 정신 과정, 또는 심리적인 적응에 대한 추론을 일반화하였다. 심리학에서 진화론적 관점은 육체적인 능력이 진화한 것처럼 정신능력도 특별한 적응의 목적을 이루기 위해 수백만 년에 걸쳐 진화하였다고 주장한다. 진화심리학의 중심 해석 원리는 전적으로 진화의 오랜 과정에 초점을 두었는데, 이것이 다른 관점과의 근본적인 차이점이다. 예를 들어, 진화심리학자들은 남녀의 다른 성역할 이해를 동시대의 사회적인 압력의 산물이라기보다는 진화의 산물로 간주한다. 진화심리학자들은 변화하는 진화 절차를 실험할 수 없기 때문에 그들 이론에 맞는 증거를 제시하기 위해서는 특별히 독창적이어야만 한다 (Gerring, 박권생 외 역, 2004).

CHAPTER

4

인간관과 교육

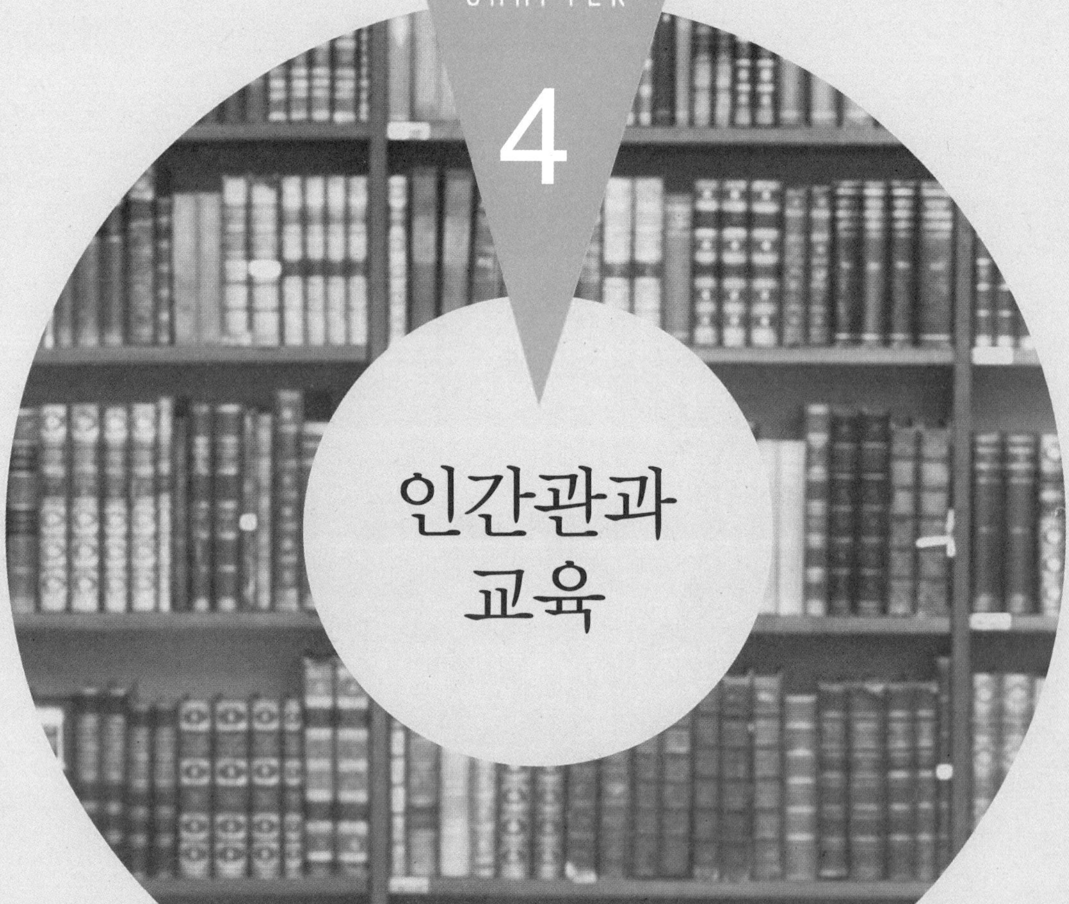

1. 행동주의적 인간관과 교육
2. 정신분석학적 인간관과 교육
3. 현상학적 인간관과 교육

인간관과 교육

1. 행동주의적 인간관과 교육

(1) 파블로프의 개, 왓슨의 영아

행동주의(behaviorism)동물보다 그 정도가 더 복잡한 기계로 보고 있다. 행동주의는 논리실증주의의 검증원리를 수용한다. 논리실증주의는 과학적 검증이 불가능한 진술을 과학의 세계에서 제외해야 한다는 입장이다. 인간에 대한 이해는 외현적 행동에 대한 관찰을 통해 해석될 수 있다. 인간의 모든 행동은 관찰 가능한 것이며 적합한 훈련을 통해 획득된다고 본다. 따라서 행동주의 심리학자들은 관찰 및 측정 가능한 행동을 선별한 후 이에 필요한 기술을 훈련시키면 된다는 입장이다(정호표, 2002: 75-76).

행동주의 심리학은 동일 문화권 내에서의 사고와 행동의 공통성을 인정하고, 그 해석의 객관성을 추구한다. 자연현상이 자연과학의 법칙에 의해 예측되고 통제될 수 있는 것처럼 인간현상도 예측과 통제의 과학적 법칙에 지배될 수 있다는 입장이다. 행동주의 심리학은 인간의 행동을 자극과 반응의 연결로 설명하였다. 상과 벌, 반복, 욕구충족, 강화, 조건형성 등은 모두 학습을 효과 있게 할 뿐만 아니라 바람직한 행동을 도출한다고 하였다. 학교교육에서 널리 사용되는 프로그램학습, 학습기제의 이론도 행동주의 심리학에 바탕을 두고 있다. 그러나 이 관점에서는 인간 행동에 관련되는 의도, 동기, 정서, 상상 등과 같은 정신현상은 과학의 연구범위 밖으로 밀려난다는 점에서 연구 대상을 지나치게 축소시킨다는 문제가 있다.

손다이크(E. L. Thorndike)는 어린이들이 학습할 때 학습 그 자체가 성공적이고 기쁨을 주는 것이면 그 행동은 반복된다고 하였다. 왓슨(J. B. Watson)은 이보다 더 극단적으로 환경적 영향을 강조하였다. 왓슨은 유기체의 의지, 동기, 선호 등이 학습을 결정하는 것이 아니라 행동의 반복 정도 및 자극의 생소성 등이 습관 형성을 결정한다고 보았다. 이러한 왓슨의 견해는 유기체를 전적으로 수동적 존재로 보는 것이다. 인간은 자신에게 주어지는 환경적 자극에 본능적으로 반응하면서 습관 형성 및 학습을 해나간다는 것이다.

왓슨은 파블로프(I. P. Pavlov)의 조건반사실험[1)]이 학계에 알려진 후, 자신의 이론에 더 확신을 갖게 되었으며 극단적인 환경론자가 되었다. 왓슨의 영아 연

---

1) 파블로프는 원래 심리학자가 아니라 생리학자였다. 파블로프는 개의 소화계에 대한 생리학적 연구로 1904년에 노벨상을 수상하였다. 개의 소화계에 관한 실험 도중 그는 음식물을 주지 않았는데도 개가 침을 흘리는 이상한 현상을 발견하고는 왜 그런 현상이 일어나는지 탐구하기 시작하였다. 관찰 결과 실험실의 개는 음식을 갖다 주는 실험조교만 보면 그가 음식을 가지고 있지 않아도 침을 흘리는 것이었다. 파블로프는 개가 침을 흘리는 반응은 음식 자체가 아니라 음식을 주는 사람이 자극을 주었을 수 있다는 가정을 하고 실험을 고안하였다. 그 실험을 통해 밝혀진 조건형성원리를 고전적 조건형성(classical conditioning)이라고 부른다. 파블로프의 고전적 조건형성은 인간에게도 자주 발생하는 학습기제이다. 예컨대 어린아이들은 부드러운 털을 가진 인형을 좋아한다. 그런데 아기가 인형을 만지고 있을 때 커다랗게 쾅 소리를 내면 아기는 소스라치게 놀라며 인형 만지기를 중단한다. 그런데 이런 일이 몇 차례 더 발생하면 아기는 아예 부드러운 털을 가진 인형만 보아도 놀라거나 울음을 터뜨리는 반응을 보인다. 학급 학생들에게 셰익스피어의 작품을 읽으면서 교사가 화가 나서 소리 지른다면 셰익스피어의 작품은 미래의 원수처럼 피하게 될 것이다. 자라 보고 놀란 가슴 솥뚜껑 보고 놀란다는 속담은 이런 고전적 조건형성에 잘 들어맞는다. 고전적 조건형성은 조절이 불가능한 행동(불수의적 반응)으로 이루어진다. 반면에 손다이크와 스키너(B. F. Skinner)로 대표되는 조작적 조건형성(operant conditioning)은 조절이 가능한 행동(수의적 반응)에 관한 학습기제이다. 손다이크와 스키너는 조작적 조건형성이란 점에서는 같지만 서로 다른 점이 있다. 미로학습을 하는 쥐를 예로 든다면, 손다이크의 실험에서라면 쥐가 미로를 해결하고 최종지점에 도달해야 강화를 받도록 되어 있다. 그러나 만약 이 미로가 상당히 복잡한 것이라면 그 쥐는 영원히 그 미로를 해결하지 못할 수도 있다. 그래서 스키너는 쥐가 미로 해결에 약간 근접한 행동을 했을 때 강화를 줌으로써 그런 행동을 점차로 조형(shaping)해 나가고자 한 것이다. 그렇게 함으로써 쥐는 보다 효율적으로 복잡한 미로를 학습할 수 있다. 스키너의 행동 조형 연구는 쥐에게 미로학습뿐만 아니라, 이보다 훨씬 복잡한 문제해결력을 요하는 연쇄행동을 학습시키는 실험(예: 쥐가 사다리를 타고 2층으로 올라간 후 줄을 당겨서 그 사다리를 3층으로 올리고 다시 그것을 통해 3층으로 올라가는 행동)까지 성공시켰다. 그리고 스키너의 연구에 이용된 비둘기들도 당초에는 상상할 수 없었던 행동들을 학습할 수 있었다. 예컨대 8자 형태의 모양을 정확히 그리면서 걷는다든지 소형자전거 페달을 밟아서 자전거를 탄다든지 하는 행동을 학습할 수 있었다(Phillips & Soltis, 백종억 역, 1990: 59; 조화태 · 김계현 · 전용오, 2002: 75–76).

구(1917: Johns Hopkins University)는 1928년에 양육서로 발간되었다. 왓슨의 양육서 발간 목적은 이상적인 아동(dream child)을 키워내는 데 있었으며, 어린이들은 부모라는 환경에 의해서 만들어지기 때문에 어린 시절의 양육, 특히 3년 동안의 부모의 양육에 의해 그들의 성품과 정서가 결정된다고 하였다(Watson, 1928).[2] 왓슨은 행동주의 심리학의 만능론을 다음과 같이 말한 적이 있다.

> 건강하고 온전한 갓난 아이 열두 명을 나에게 보내주세요. 그리고 그들을 내 나름대로 기를 수 있는 장소를 제공해 주세요. 그러면 어느 아이나 마음대로 골라서 내가 원하는 어떤 전문가든지 만들어낼 것을 보장하겠습니다. 그의 본래 재질, 기호, 성향, 능력, 직업, 인종에 관계없이 의사, 변호사, 상인, 심지어 거지나 도둑으로도 만들겠습니다.(Watson, 1924: 82)

행동주의 심리학의 문제는 인간과 동물을 같은 선상에서 논한다는 점에 있다. 이는 한마디로 파블로프의 개에 대한 실험과 해석을 조심스럽게 가져가지 못한 문제라고 볼 수 있다. 파블로프의 개는 자극(stimulus)에 대해 기계적으로 반응(response)하지만, 인간은 자극과 반응 사이에서 사유(thinking)한다. 이때 사유란 데카르트적 성격과 의미를 갖는다. 파블로프의 개는 그 행동을 S-R모델로 설명할 수 있지만, 인간은 S-R 모델로 설명하기 어렵다. 하지만 그 가능성을 무

2) 프로이드가 부모의 양육태도에 대해 모호성을 갖고 이론을 전개하였다면 왓슨은 객관적·체계적으로 구체성과 명확성 있는 이론을 제시하였다. 부모들은 행동주의적 양육이론을 제대로 따른다면 자녀들을 이상적으로 키워낼 수 있다는 확신을 갖게 되었다. 왓슨의 이론은 프래그머티즘과 단순성을 선호하던 미국 부모들의 호응을 얻었다. 우리나라에도 왓슨의 양육지침이 소개되었다. 1978년까지 사용되었던 중학교 3학년 가정 교과서를 보면 갓난아이는 울어도 안아주거나 업어주지 않아야 버릇이 잘 들게 된다고 설명하고 있다(이원영, 1985: 96). 하지만 왓슨은 극단적인 환경론자가 된 후에는 많은 지지자들을 잃게 되었다. 자극-반응기제가 단순한 것에서 복잡한 것으로 바뀌면서 학습이 일어나게 된다는 이론은 지나치게 기계적이라는 비판이었다.

시했다는 점에서 행동주의 심리학의 근본주의를 읽을 수 있다.

행동주의자들은 인간을 환경 자극의 피동적인 수용체라고 보는 입장에서 자극-반응 관계(S-R relationship)에서 인간 행동을 파악함으로써, 모든 행동의 원인을 환경 자극의 함수로서 파악하는 기계적인 환경환원론에 빠지고 말았다. 물론 신행동주의(neo-behaviorism)에서 유기체 변인(organismic variable)을 삽입하여 S-O-R 관계의 연구로 그 입장을 변경시키기는 하였지만, 궁극적으로 환경 자극에서 인간 행동의 원인과 근거를 찾으려 했다는 점은 같다(조긍호, 1998: 419).

(2) 자유와 존엄을 넘어

스키너(B. F. Skinner)는 개별 인간에 대해, 하나의 기능적으로 통합된 반응체제(a functionally unified system of response)라고 하였다. 인간은 조작과 통제에 의해 만들어지는 존재이다. 수업의 목적은 학생으로 하여금 기대되는 반응을 유발시키는 데 있다. 어떤 기대되는 반응이 유발되었을 때 칭찬이나 점수 등으로 즉시 보상하고 그것이 자신의 행동 내용이 될 때까지 강화하고, 그렇지 못한 반응을 보이면 강화를 중단한다. 이런 식으로 인간 행동은 통제되며 품행과 성격도 조형된다(이돈희, 1983: 266).

스키너의 행동주의 심리학에서는 사람의 어떤 의식, 심성, 마음가짐 따위를 가정하거나 인정하지 않고, 막바로 B=f(E), 즉 행동은 환경조건에 따라서만 결정되는 것으로 보아야 한다고 주장한다. 이런 주장은 통상적인 관념과 배치되지만 그럴만한 근거는 있다. 예컨대 준법'정신'은 결국 준법적 '행동'으로 미루어 추정되는 것이고, 애국'심'은 애국적인 '언동'으로, 정직'성'은 정직한 '언동'으로 추정될 수밖에 없기 때문이다. 따라서 따로 사람 속에 준법정신, 정직성, 애국심 등 어떤 의식이나 정신이 '있다'고 가정할 필요가 없다는 것이다(정범모, 2000: 271). 위의 공식을 수학에서처럼 적용하면 P=f(B · E), 즉 사람의 심성, 의식, 정신(P)은 어떤 환경(E)에서 어떤 행동(B)을 함으로써 길러지고 변화해 간다는 공식을 얻을 수 있다. 사람의 마음가짐은 강조나 설교를 통해 바뀌는 것이 아니다. 결국 환경조건을 바꾸고 그 환경조건과 상호작용하면서 어떤 행동을 함으로써만 바뀐다. "정직해라, 정직하자"는 구호만으로 사람들이 정직해지지 않는다. 정직을 요구하는 환경 속에서 정직한 행동을 하고 손해 보지 않고 이득을 보는 경험이 필요하다(정범모, 200: 272).

스키너는 가장 극명하게, 극단적인 이론적 전제를 취하면서 강화이론을 제시하였다. 스키너의 이론은 정신, 의식, 의지, 특성 등의 정신적 실체를 부정한다. 인간의 자유와 존엄성이라는 것도 하나의 환상이라고 본다(Skinner, 1971). 스키너의 이론은 현실적으로 아주 강력한 학습방법을 시사한다. 그중에서 아마도 스키너의 학습이론이 보통 사람에게 던지는 가장 중요한 시사점은, 많은 사람이 학습(행동형성)에서 상과 벌이 중요한 역할을 한다는 것을 알고 있고 또 실제로 상벌을 행사하기도 하지만, 그 상벌 행사방법이 본래 행사되어야 할 모습의 정반대일 정도로 전도되어 있다고 지적하고 있다는 점이다. 칭찬해야 할 때 안 하고, 칭찬하지 말아야 할 때 칭찬이 되는 짓을 하고, 때로는 칭찬에 인색하고 때로는 칭찬이 헤프고, 벌 준다고 생각하는 것이 실은 상이 되고, 무시해버려야 할 때 벌을 주는 등 상벌 행사가 영 체계가 없다는 것을 스키너는 충고한다. 스키너는 통상 부모들이 아이가 옳은 일을 했을 때 칭찬하지는 않고 그릇된 일을 했을 때 매를 때리는 것을 지적하면서, 이는 부모들이 강화를 적절히 사용하는 데 아무런 생각이 없는 것이라고 지적하였다(정범모, 2000: 288-289).

행동주의 심리학에서 주목하는 상벌체계는 부모가 자녀를 훈육하는 과정에서 일정한 해석의 영역을 확보할 수 있다. 훈육은 부모가 자녀에게 할 수 있는 직접 통제이다. 훈육은 주로 상벌의 형태로 나타나는데 부모의 적절한 처벌과 자녀의 문제행동 사이의 관련성은 의미 있는 양상을 보인다. 부모가 합리적으로 자녀를 가르치고 그것을 어겼을 경우 적절하고 효과적으로 처벌을 한다면 처벌이 아동의 문제행동의 발생을 억제한다. 특히 부모가 일관성이 있고 합리적으로 훈육을 사용하고, 또한 엄격한 체벌과 같은 훈육을 사용하기보다는 설명과 이해에 기초하여 행동 기준의 내면화를 통해서 훈육한다면 자녀의 반사회적 행동에 대한 통제효과를 지닌다고 할 수 있다. 그러나 반대로 부모가 적절하고 효과적인 처벌을 하지 못할 때는 문제행동이 증가한다. 부적절한 훈육방식의 구체적 예로 먼저 부모의 방임이나 방치를 들 수 있다. 방임은 자녀를 너무 자유롭고 분명한 한계 없이 마음대로 행동하도록 방치함으로써 문제성 있는 행동이 증가하도록 만든다. 부모의 과도한 신체적 체벌도 자녀의 비행을 유발하는 요인으로 작용한다. 가정에서 부모가 신체적인 체벌을 많이 할수록 자녀에게서 공격적인 행동이 많이 나타난다. 부모의 체벌은 당장은 자녀를 순종적으로 만들지만 행동 기준의 내면화가 이루어진 것은 아니다. 그들은 부모의 애정을 잃는 것이 두려워서 잠시 통제에 따르는 것일 뿐 장기적으로는 비행성을 증가시키는 결과를 낳는다. 나아가 부모의 일관성 없는 훈육 역시 자녀 비행의 배경으로 지적될 수 있다. 평소에 야단을 치지 않아 자녀가 마음대로 행동하게 내버려둔 부모가 자기 기분에 따라 아이들의 사소한 행동에도 심한 처벌을 가하게 될 때 자녀가 문제행동을 일으키기 쉽다. 일관성 없는 훈육의 대표적인 사례로는 부모가 상황과 기분에 따라 종잡을 수 없이 화를 내는 경우, 자녀의 동일한 행위에 대해서 때에 따라 벌을 주기도 하고 무시하기도 하는 경우 등을 들 수 있다(김준호 · 안호용 · 김선애 · 김선업, 2002: 236-237).

하지만 행동주의 심리학에서 말하는 상벌체계를 제대로 가지고 간다고 해도 그것이 온당한 접근인지에 대한 고민이 필요하다. 『서경』에서는 "덕을 힘써 기르는 사람에게는 관직을 주어 격려하라[德懋懋官]. 공을 세운 사람에게는 상으로 격려하라[功懋懋賞]"고 하였다. 공을 세운 사람에게 관직을 주지 말고 상으로만 격려하라는 얘기는 상벌체계의 성격과 한계를 분명히 알고 대응하라는 주문이다. 상벌체계에 입각한 생활예절 교육은 예의바른 인간을 만들어 낼 수 있을지는 모르나 거세된 수퇘지 같은 인간을 양산하는 것이 될 것이다. 거세된 수퇘지는 양순하여 주인이 다루기는 쉽지만 생산능력(창조성)은 없다. 그것은 본질적으로 예의바른 기계일 뿐이다(문성학, 2007: 58).[3)]

스키너는 인간에게 의지의 자유가 없음은 과학적 탐구의 결과로 밝혀진 것인 듯이 주장하고 있다. 하지만 "과학의 방법을 인간 행동의 연구에 적용하기 위해서는 인간은 자유롭지 않다는 가설이 필요하다"고 말함으로써, 인간에게는 의지의 자유가 없음이 과학적으로 증명된 이론이 아니라, 인간 행위의 탐구를 위해 편의상 도입된 자의적인 가설임을 인정하고 있다.[4)]

---

3) 스키너의 모델은 플라톤이었다. 플라톤의 『국가론』(*The Republic*)은 플라톤 자신의 역사적 현실에 대한 해석이 반영된 편견이다. 플라톤은 여러 훌륭한 말로 성취해야 할 국가의 모습을 찬양하였지만, 결국은 전쟁의 기술, 풍족한 식량, 이것이 그의 이상국가가 성취 하고자 한 전체였다. 플라톤의 『국가론』 이후 그를 모방한 이상국가론은 여러 번 나왔지만, 그 중에서도 스키너의 『월든 투』(*Walden Two*)와 『자유와 존엄을 넘어』(*Beyond Freedom and Dignity*)는 주목할 만하다. 현대판 『국가론』의 말로는 흔히 비관적으로 그려지기 마련이지만, 스키너는 이를 낙관적으로 그렸다. 어쩌면 스키너는 자기 자신을 플라톤 같은 천재라고 착각했는지도 모른다. 그러나 그의 작품이 그린 세계는 아무리 아름답게 표현되어 있다고 해도 결국은 『국가론』처럼 인간의 본성을 말살함으로써 국가 질서를 유지하려는 전체주의적 철학의 반영일 뿐이다. 인간 없는 국가, 생명을 가졌으되 개성과 자유와 존엄을 상실한 채 피동적으로 조작되는 인간들만으로 질서를 유지하는 국가의 설계도일 뿐이다(김인회, 정순목, 1982: 104). 브라멜드(T. Brameld)는 사회재건을 위한 접근법으로 행동과학(behavioral sciences)을 요청하였다. 행동과학의 방법론적으로 새로운 점은 수리과학적 수법의 도입을 들 수 있다. 기업 간의 경합과 국가 간의 이합집산 문제를 문학적으로 접근하는 것이 아니라 계량적으로 취급하는 것이 큰 특색이다. 물론 행동의 주체에는 개인 차원의 것도 있고, 또 그것은 행동과학의 커다란 연구영역인데 거기에는 대단히 넓은 의미의 행동, 즉 의식적 · 무의식적인 것을 억지로 배제하지는 않는 유연한 태도가 채용된다. 이런 의미에서 언어상으로는 비슷하나 심리학상의 한파인 행동주의(behaviorism)와는 같은 뜻이 아니다. 하지만 재건주의의 카운츠(G. Counts)가 교육을 통한 새로운 사회질서 건설을 위해 강제(imposition)와 주입(indoctrination)의 사용을 두려워하지 말고 오히려 이를 더욱 적극적으로 사용해야 한다고 했던 사실에 주목할 일이다(Counts, 1932). 행동과학과 행동주의가 같은 뜻은 아니지만 그들의 지향에 닮은 점이 많은 것도 분명한 사실이다.

4) 여기서 스키너의 가설은 그것이 정당하기 때문이 아니라, 그 가설로 설명되지 않는 사례를 배척한다는 특징을 갖는다. 말하자면 가설은 그것이 가설로 세워지는 순간에 확증된 이론이

극단적 행동주의자들은 과학적인 방법으로 설명할 수도 없고 통제할 수도 없는 내면적 자의의 결정을 뜻하는 자유의 개념을 부정하고 있다. 인간은 자극의 체계적 통제를 통해 조건형성을 일으키며 이러한 조건형성에 의해 사고방식과 태도와 내면적 성향도 만들어질 수 있는 존재라고 보는 것이다. 이들의 관점에서 보면 내면적 자기선택이나 자기결정은 공허한 개념이 되고 만다. 이러한 인간관에 의하면, 교육은 오직 행동 주형의 과정이라고 할 수 있고 학습자는 오직 피동적이고 타율적인 존재일 뿐이다. 인간은 마치 장인의 손에 의해서 변화되는 재료와 같을 뿐이다(이돈희, 1983: 357). 자유는 도덕 법칙의 존재 근거이며, 도덕 법칙은 자유의 인식 근거이다. 자유의 개념은 모든 경험론자들을 엎어지게 하는 돌이지만, 비판적인 도덕론자들에게는 가장 숭고한 실천 원칙에 도달하는 열쇠이다. 스키너의 인간관과 교육관은 자유의 개념 앞에 좌초된 전형적인 사례라고 말할 수 있다.

(3) 문제행동과 행동수정

파블로프의 고전적 조건형성이론과 스키너의 조작적 조건형성이론을 기본원리로 삼는 행동수정이론이 있다. 행동수정이론은 인간의 의식과 무의식의 세계에 대한 이해를 기본으로 하는 다른 상담이론과는 달리 객관적으로 관찰이 가능하고 측정이 가능한 행동만을 논의의 대상으로 삼는다. 행동은 학습된 것이기 때문에 학습원리의 적용으로 그 행동은 예언, 통제, 수정할 수 있다고 보는 것이다.

행동수정이론의 주요 개념은 강화이다. 내담자 자신보다 학습과정에 중점을 두어 강화에 의하여 구체적으로 바람직하지 못하고 문제가 되는 행동을 소거

되어버리는 자폐적 속성을 갖는다(문성학, 2007: 45). 이때 가설은 이미 가설이라기보다는 차라리 하나의 고집이라고 할 수 있다.

시키고 바람직한 행동을 새롭게 재학습시켜 가는 것이다. 이 이론을 직접적으로 상담 장면에 이용하기 위해서는 상담자의 적극적인 개입과 지시적인 조정의 역할이 필요하며, 동시에 내담자의 협조와 문제를 해결하고자 하는 강한 동기가 있어야 한다. 상담자는 상담 초기에 내담자와 함께 바람직한 행동 목표를 정하게 된다.

문제행동을 겨냥한 상담기법으로는 ① 공포와 불안을 체계적으로 제거하는 단계적 둔화(systematic desensitization), ② 대인관계의 문제를 해결하도록 역할행동의 연습을 통해 이루어지는 자기표현훈련(assertive training), ③ 고통스런 혐오자극을 가하여 문제행동을 소거시키는 혐오치료(aversive therapy), ④ 바람직한 행동에 대한 정적 보상으로 행동을 강화시켜 가는 긍정적 강화(positive reinforcement), ⑤ 다른 사람의 행동을 하나의 본보기로 삼아 간접적으로 학습할 수 있게 하는 모방학습(modeling), ⑥ 여러 단계로 나누어 점차적으로 강화시켜가면서 목표행동에 접근해 가도록 유도하는 행동조성(shaping), ⑦ 어린이와 정신지체아의 훈련에 많이 이용되는 것으로 실제 강화물(예: 장난감, 사탕, 학용품 등)과 교환할 수 있도록 약속된 대체 강화물(예: 스티커, 카드, 토큰 등)을 바람직한 행동에 대한 보상으로 제공하는 대리경제체제(token economy) 등이 있다(손인수 · 정태범 · 이병진 · 권이종 · 권낙원 · 단현국, 1989: 240-241).

2. 정신분석학적 인간관과 교육

(1) 성적 충동과 정신구조

정신역동이론－정신분석학(psychoanalysis)의 인간관은 프로이드(S. Freud)에 의해 주장되었다.[5] 프로이드에 의하면 인간의 행동은 원욕(id), 자아(ego), 초자아(superego)의 역동적 상호작용의 결과이다. 인간이 행동하는 데 필요한 힘은 욕망에서 나온다. 이때 인간의 자유의지보다는 무의식인 욕구와 충동이 행동을 결정한다. 정신분석학 체계에서는 인간 행동의 원인을 전적으로 무의식적인 생물적 욕구에서 구함으로써 기계적인 생물학적 환원론에 빠지고 말았다(조긍호, 1998: 419). 보통의 경우 사람들은 공간 은유에 의존해 무의식의 위치를 설명한다. 무의식은 의식 아래에 있다거나, 무의식이라는 보다 큰 그릇의 위에 또는 속에 의식이 위치하고 있다고 막연히 말한다. 정신분석학적 인간관에서는 인간의 잠재의식인 원욕을 강조한다는 점에서 성악설의 변형으로 볼 수 있다(정호표, 2002: 78).

성격의 발달단계를 처음으로 이론화한 사람은 프로이드이다. 프로이드에 의하면 발달단계는 생후 5년 동안이 가장 역동적이고 유동적이다. 이는 인간의 행동 및 성격 체계는 5~6세경까지의 욕구충족 양상에 의해 결정된다는 과거 결정론에 해당한다고 말할 수 있다. 생후 5년은 성격 형성의 결정적 시기에 해당한다. 성격의 발달단계는 크게 ① 5세 이전의 역동적 시기인 전성기(前性期=전기생식기: pregenital period), ② 5세 이후의 조용한 시기인 잠재기(latency period), 그리고 ③ 생식기(genital period)로 나뉜다. 전성기(전기생식기)는 다시 구강기, 항문기, 남근기로 나뉜다. 잠재기는 전기생식기와 생식기 사이의 심리적 에너지가 작용하지 않은 조용한 시기로 보았기 때문인지, 프로이드의 성격발달단계를 구

5) 문화적 관점(cultural perspective)을 취하는 심리학자들은 행동의 원인과 경과에 대한 비교문화적(cross-cultural) 차이를 연구한다. 문화적 관점은 심리학 연구가 너무 인간 본성에 관한 서구적 관념에 기초하고 있고, 피험자들이 특정 집단(예: 미국의 백인 중류층 집단)에 치우쳤다고 주장하는 비판가들의 입장이다. 문화적 영향력은 같은 국가 내의 다른 두 집단을 비교할 때도 적용될 수 있다(예: 미국 내 백인 10대 집단과 흑인 10대 집단). 문화적 관점은 다른 관점에서 도출된 결론에 대해 직접적으로 도전하기도 한다. 그 대표적인 사례로 문화적 관점에 입각한 연구자들은 프로이드의 정신역동이론의 많은 관점들이 프로이드가 살았던 비엔나(Vienna)와는 다른 문화에 적용될 수 없다고 주장한다. 이러한 관심은 문화인류학자 말리노브스키(B. Malinowski)에 의해 이미 1927년에 제기되었다(Gerring, 박권생 외 역, 2004).

분할 때에는 구강기, 항문기, 남근기, 생식기만 구분하는 경우도 있고, 생식기는 사춘기, 성인기로 구분하는 프로이드학파도 있다.

프로이드는 어린아이의 성적 충동은 생득적인 것이기 때문에 도리어 성에 관심을 갖지 않는 것은 비정상이라고 하였다. 빅토리아시대의 어머니들이 자랑처럼 여겼던, 성에 관심을 갖지 않았던 사실이 20세기 초반부터는 문제현상으로 여겨지기 시작하였다(이원영, 1985: 95). 프로이드에 따르면 아동의 초기 조작활동 혹은 탐구활동은 성적 충동의 변용이며 아동은 지적 이해보다는 성 공격성 등과 같은 잠재된 의식의 표현에 의해 정서적으로 발달되어 간다. 그러므로 교육은 아동의 무의식적 · 성적 욕구를 적절하게 해소 · 발산시킴으로써 추후에 심리적 · 사회적 적응을 용이하게 하도록 해야 한다는 것이다(정호표, 2002: 78).

(2) 구강기, 항문기, 남근기

프로이드는 출생 후부터 생후 1년이 될 때까지의 기간을 구강기(oral period)로 규정하였다. 이때 음식을 먹거나 깨물거나 씹는 등의 구강활동이 입술이나 입 언저리를 자극하여 이것이 모두 성격 형성에 영향을 준다고 보았다. 이를 구강적 특성(oral traits)이라 하는데 입술－손가락 빨기, 과식, 과음, 줄담배 피우기 등이 이에 속한다. 구강활동을 하는 동안 성격의 여러 경향성이 자리잡게 되는데 만일 구강활동에서 얻는 기쁨에 집착하게 되면 성격 형성 과정에서 대치가 일어날 수 있다. 예컨대 무엇이나 잘 먹는 사람은 지식이나 소유물을 획득하는 기쁨 대신에 구강적 기쁨에 집착한다. 깨무는 활동이나 구강적 공격성은 후에 빈정대거나 논쟁을 즐기는 형태로 대치될 수도 있다.

프로이드는 아이들이 2세 무렵부터 항문기(anal period)에 접어든다고 말하고, 이들은 본능적 충동을 제어하려는 외부적 간섭을 경험하게 된다고 지적하였다. 대소변 가리기에 관한 어머니의 감정과 대응에 따라 어린이의 성격과 가치관이 형성된다고 하였다. 어머니의 훈련방법이 엄격하고 억압적이면 어린이는 보유적인 성격, 즉 수전노적인 인색한 성격이나 수집광적인 성격이 되기 쉽다. 극단적인 경우 어린이는 마음대로 배설을 못하는 분노를 잔학성, 파괴성과 같은 가장 바람직하지 못한 방식으로 발산할 수도 있다. 반대로 어머니가 대소변 가리기 훈련을 즐겁게, 적절하게 해준다면 어린이는 생산성과 창의성의 기본을 갖출 수 있게 된다고 보았다.

3세경의 아이들은 시기적으로 남근기(phallic period)에 속한다고 말하고, 이를 설명하기 위해 외디푸스 콤플렉스(Oedipus complex)라는 개념을 제시하였다. 그리스 신화에 나오는 테베의 영웅 외디푸스의 이름을 차용한 것이다. 프로이드는 외디푸스 콤플렉스를 약 3~5세 아동들의 특징으로 보았다. 외디푸스 콤플렉스를 느끼는 아들은 어머니를 소유하고 아버지를 제거하고자 하며, 반대로 딸은 아버지를 소유하고 어머니를 제거하고 싶어 한다. 이성에 대한 태도, 권위 있는 사람에 대한 태도는 대부분 외디푸스 콤플렉스에 의해 결정된다고 보았다. 남자아이들은 질투하는 아버지가 자신의 성기를 거세할지도 모른다는 거세 불안(castration anxiety)을 갖게 된다. 이 거세 불안으로 인해 아들은 어머니에 대한 성적 충동 및 아버지에 대한 적개심을 억누른다고 말한다. 여자아이들은 남자아이들이 갖고 있는 성기를 갖지 못했다는 비참한 발견(traumatic discovery)과 함께, 그 책임이 어머니에게 있다고 믿게 되고, 그리하여 아버지를 대신 사랑하게 된다. 여아들은 남근 선망(penis envy)의 경향을 보인다고 한다(유안진, 1982: 257).

남근기의 여아는 자신의 어머니에게 살해 욕망을 품게 된다. 이를 융(C. G. Jung)은 엘렉트라 콤플렉스(Electra complex)라고 명명했다. 엘렉트라 콤플렉스는 프로이드의 외디푸스 콤플렉스의 여성형이라 일컫는다. 엘렉트라가 보여준 아버지(남근)에 대한 집념과 어머니에 대한 증오는 외디푸스의 근친상간, 부친살해와 정확한 대칭을 이루고 있는데, 융은 이에 주목하여 엘렉트라 콤플렉스라는 개념을 만들어 냈다. 엘렉트라 콤플렉스가 융의 용어이긴 하지만, 이론을 세운 것은 프로이드라 할 수 있다. 프로이드는 아버지가 가지고 있는 남근(phallus)이 자신에게는 없다는 사실을 깨닫고 이를 부러워하는 한편 자신에게 남근을 주지 않은 어머니를 원망하는데, 이와 같은 여아의 남근 선망(penis envy)이 여아로 하여금 콤플렉스를 갖게 하는 근본적인 원인이 되며, 이는 여아가 성장함으로써 어머니의 여성성과 자신을 동일시하는 한편 초자아가 형성될 때까지 지속된다. 엘렉트라 콤플렉스는 외디푸스 콤플렉스와 대비되기는 하지만 그만큼 중요시되지는 않는다. 여아에게는 거세 불안으로 인한 거세 콤플렉스의 형성이 불가능하기 때문이다. 이 때문에 프로이드는 두 개념이 대칭적이지 않다고 보았으며, 부모 중 하나를 사랑하고 동시에 다른 하나를 경쟁자로서의 증오의 대상으로 보는 것은 남아뿐이라고 주장했다. 하지만 프로이드의 이러한 주장은 프랑스 여성 이론가들의 이론에 의해 거부되고 극복된다. 노벨문학상 수상자 유진 오닐(Eugene O'Neil)의 『상복이 걸맞은 엘렉트라』*(Mourning Becomes Electra, 1931)*는 가족 내의 사랑과 지배에 관한 프로이드적 억압을 딸의 어머니에 대한 증오, 곧 엘렉트라 콤플렉스를 통해 보여주는 대표적인 작품으로 평가받는다(한국문학평론가협회, 2006).[6] 아동이 남근기에 고착되면 남근적 성격(phallic

6) 외디푸스는 아버지를 살해하고 어머니와 혼인한 인물이다. 프로이드는 일반적으로 어린이에게는 이성의 부모에게 성적으로 끌리면서 동성의 부모를 질투하거나 증오하는 이중적 성향이 인류 보편적으로 존재한다고 보았다. 프로이드는 인류사회에 존재하는 다양한 금기에 대해 관심을 가졌다. 그는 특히 인류사회에 거의 보편적으로 나타나면서 매우 강력한 근친상간 금기에 주목했다. 프로이드는 편집적인 노이로제 환자들과 근친상간 금기를 준수하는 사람들 사이에는 많은 유사성이 있다고 보았다. 이를테면 모든 사람은 근친상간 금기를 표면적으로 준수했지만 잠재적으로는 근친상간의 욕구를 지니고 있었고, 심지어 그중 일부는 근친상간을 저질렀다. 프로이드는 이러한 이중적 심리가 무의식을 지배하는 심리적 조건을 나타낸다고 생각했다. 강력한 금기는 금기의 대상에 대한 강력한 심리적 욕구를 반영하는 것이며 태초의 인류가 심리적으로 뚜렷하게 각인될 수밖에 없었던 매우 격렬한 사건을 시사하는 것이라고 보았다. 프로이드는 금기와 무의식으로부터 태고에 인류에게 벌어졌넌 역사적 사건을 재구성하려고 시도했다. 프로이드는 외디푸스 콤플렉스의 의미를 확대해서 근친상간 금기의 기원과 연계시켰고, 그것이 인류문화가 기원하는 심리적 단초가 되었다고 주

character)을 갖게 되고, 이로써 과시적이고 거만하고 방종적이 되거나 오만하면서 지나치게 겸손한 어른이 되기도 한다(유안진, 1982: 257).

프로이드의 승화(sublimation)란 억압된 리비도(libido)가 비성욕적(사회적 · 문화적) 가치와 목표로 발전하는 과정을 말한다. 성적 욕구를 있는 그대로 만족시키는 대신에 널리 사회로부터 승인받을 수 있는 활동에 대치시켜 성욕의 긴장을 발전적으로 해소시키려 한다. 프로이드에 의하면 승화란 성적 원천으로부터 생기는 과도한 흥분이 다른 영역으로 유출되어 응용되는 길이 열리고 그 결과 작업 능력에 적지 않은 향상이 이루어진다. 또한 여러 가지 지적 · 창조적 활동은 인간의 기본 욕망과 충동의 승화를 의미하는 것이며 예술활동의 한 원천으로 볼 수도 있다. 이 같은 이론은 성욕이 억압되면 예술적 · 과학적 · 종교적 작용으로 전환되어 널리 사회적으로 용납되고 일정한 가치를 갖는다는 점에서 특히 청년기에 이루어지는 성의 승화는 교육의 방향 설정에 중요한 의미를 갖는다(민영순, 1975: 325-326).

행동의 이해는 심층적인 무의식의 세계를 통찰할 때 가능하다고 본다. 정신치료나 상담은 환자나 피상담자에게 파묻혀 있던 어떤 동기나 억압되었던 정신적 충격을 드러내 보여줌으로써 이루어진다고 생각한다. 자아(ego)는 반응하

장했다. 프로이드는 인류가 초기에 원초적 무리를 짓고 살았으며, 그 무리는 한 명의 성인 남성과 여러 명의 여성 배우자, 그리고 그들의 어린 자녀들로 이루어진 일부다처제 조직이었다고 추측했다. 프로이드는 그런 무리의 어린 남자아이들에게 외디푸스 콤플렉스(Oedipus complex)가, 어린 여자아이들에게 엘렉트라 콤플렉스(Electra complex)가 존재했을 것이라고 추정했다. 질투와 증오는 그렇게 시작되었다. 프로이드는 아버지를 살해한 것이 인간의 가장 큰 원죄이며, 인간의 종교 또한 거기서 비롯한 죄책감과 회오의 감정이 집단적으로 확대된 결과라고 생각했다. 나아가 프로이드는 말년에 종교가 판타지에 불과하며 인류가 더 정신적으로 성숙한다면 그런 환상에서 벗어날 수 있을 것이라고 예견했다. 그렇지만 프로이드의 이론은 결코 검증될 수 없는 가설에 불과했다. 그것은 19세기 후반기 문화의 원형이나 기원을 추적한 인류학자들이 수행한 사변적 인류학(armchair anthropology)의 극치였다(김용환, 2009: 66-68).

는 기관이며, 그 자체는 아무런 힘도 갖지 못한다. 욕구의 구조는 불변하기 때문에 미래는 기껏해야 목적의 방향 전환이 있을 뿐 변형이란 있을 수 없다. 이렇게 프로이드의 인간관은 인간 고유의 창의적인 인지능력과 미래에 대한 새로운 의식 현상과 변형된 자아의식에 대한 배려가 결여되어 있다. 인간 행동은 무의식과 비합리적인 것에서 유래된다는 결정론적 이론이다. 자기가 한 일에 대하여 책임질 수도 없다는 문제가 제기되기도 한다.

프로이드의 이론만큼 부모의 양육태도를 바꾼 이론은 없다. 프로이드의 이론으로 인해 엄격한 훈련이나 강제적 방법보다는 어린이들의 행동을 이해하는 것이 중요하다고 생각하였다. 하지만 프로이드만큼 여러 비평과 도전을 받은 이론도 없다. 프로이드가 다윈(C. Darwin)의 진화론에 영향을 받기는 하였으나 대부분은 19세기의 낙후된 과학적 자료에 근거하여 이론을 전개하였다. 지나치게 예정론적으로 심리상황을 설명한 반면, 가정 및 문화의 영향에 대한 고려는 하지 않았다. 특히 프로이드 자신이 글을 많이 썼던 반면 자신의 이론을 총정리해서 통합적이고 명확한 이론으로 정리한 적이 없었다.

프로이드는 부계중심의 가족관계와 가부장적 질서와의 연계과정을 외디푸스 콤플렉스라는 모티브를 통해 개연성 있게 설명하고, 가족 안에서 이루어질 수 있는 다양한 관계의 대립과 갈등 양상 그리고 극복과정을 흥미롭게 보여주었다. 그러나 프로이드의 이론을 현대가정에 적용하기에는 많은 무리가 따른다. 현대사회는 남성과 여성으로 이루어진 보편적인 가족의 틀이 깨지고, 다원화된 가족의 출현으로 지금까지 볼 수 없었던 다양한 가족 형태가 인정되고 있기 때문이다. 그런 의미에서 프로이드의 주장은 다가올 미래에는 단지 고전이라는 이름으로만 남을 가능성이 크다(백미경, 2014).

(3) 프로이드학파의 서로 다른 계승

프로이드가 성을 중심으로 정신분석학을 논했다면, 융(C. G. Jung)은 원시적 사고형태(archetype=primordial image=racial memory)를 중심으로 정신분석학을 설명했다. 1907년 프로이드와 융의 만남은 그리 오래 가지 못했다. 둘은 1913년에 결별했다. 갈림길은 프로이드의 성이론이었다. 융은 "성욕 없는 치유, 남근 없는 분석"을 행하는 분석심리학을 창시했다. 융은 무의식은 꿈을 통해 우리에게 조언한다고 말한다(김서영, 2010).[7)]

융은 집단무의식을 주장한 사실로도 유명하다. 인간의 행동은 의식뿐만 아니라 무의식의 힘에 의해 크게 결정되는데, 그렇게 작용하는 무의식 중에는 그가 속해 있는 민족 집단의 태고 때부터의 경험에서 길러진 정신적 심성들이 포함되어 있다는, 약간은 신비주의적인 주장이다. 한국에 태어난 아이들은 아득한 옛날 조선, 고려, 고구려, 그리고 더 옛날 단군시대의 정신구조를 사람마다 무의식의 일부로 이어받고 있다는 말이다. 그러나 그런 집단무의식이 있다면,

7) 프로이드와 융은 현대 심층심리학의 개척자들이다. 그들은 정신의학이 막 태동하려던 20세기 초 인간의 정신에는 의식뿐만 아니라 무의식의 작용도 있다는 사실을 발견하고 사람들을 괴롭히는 정신질환의 정체를 규명하려고 했다. 그러나 융은 프로이드의 범성욕설을 비판하면서 독자적으로 연구를 진행하여 결국에는 프로이드와 달리 분석심리학이라는 새로운 분야를 개척하였다. 프로이드와 융 사이에는 크게 보아 리비도와 집단무의식에 대한 견해의 차이가 있다. 프로이드가 인간의 생각이나 행동의 근본적인 추동력이 되는 리비도가 성욕이라고 주장한 데 반해서, 융은 리비도가 성욕이라는 하나의 특성만 가진 질적 개념이 아니라 그 어떤 특성도 가질 수 있는 에너지 자체라고 하면서, 리비도는 하나의 에너지로서 성욕이 될 수 있고, 종교열도 될 수 있으며, 예술성으로도 될 수 있다고 보았다(김성민, 2016). 프로이드는 무의식은 의식과 함께 있을 수 없는 정신적 내용들이 모여서 만들어진 것이라고 생각했지만, 융은 무의식에는 의식과 무관하게 인류가 태초 이래 살았던 모든 기록들을 보관하고 있는 층(집단무의식)도 존재한다고 보았다. 융에 의하면, 무의식은 프로이드가 생각한 것처럼 부정적인 작용만 하는 것이 아니라 긍정적인 작용도 할 수 있다. 그래서 융은 모든 증상을 없애야 할 것으로만 보지 않았고, 그 안에서 정신을 통합하려는 목적적 의미까지 보면서 치료하고자 하였다(김성민, 2016).

그 역시 어떤 생리적 유전인자에 의해서가 아니라 긴 세월 대를 이어 반복된 어떤 일관성 있는 육아방법에 의해서 이어져 내려왔으리라는 가설도 생각해 볼 수 있다(정범모, 2000: 90–91).

프로이드학파는 아동의 발달 과정이 지적 이해의 대상으로 설명되지 않고 정서상의 문제가 발달에 영향을 끼친다고 본다. 여기서 부모와 같은 성인과의 관계가 결정적 역할을 하며, 아동의 성격은 각각의 단계에서 갈등을 해결한 결과로 생긴 것이다. 인간성의 형성에는 영유아기 때 부모와의 인간관계와 초기의 정서적 안정과 균형이 중요하며 지나친 훈련과 통제는 성격상의 문제를 일으킬 수 있다고 주장한다. 이 이론은 인간의 성격과 행동의 원인을 원초적 정서와 밀접히 관련지우고 있다. 이는 인간의 수동성과 인간정신의 비합리적 결정을 강조하는 측면이 있다(정호표, 2002: 77–78).

프로이드는 인간의 성 에너지를 중심으로 한 생물학적 충동은 각 발달단계를 따라 그 수준에 맞게 만족스럽게 경험되어야 하며, 이때에 충족되지 못한 생물학적 충동과 자극은 억압이 되고, 이 억압된 자극과 충동이 바르게 처리되지 못하고 쌓이게 되면 신경증적 증상으로 나타나 정서적인 문제를 일으키게 된다고 한다.

프로이드 초기의 심리학은 무의식을 대상으로 하는 심층심리학이었으나 후기의 심리학은 자아를 대상으로 하는 심리학으로, 이를 심층심리학과 구별하여 자아심리학(ego psychology)이라고 부른다. 자아는 불안이나 심리적 갈등에 근거하여 형성되는 것이 아니고, 이와 관계없이 형성되는 자율적인 것으로 보았다. 그러나 이러한 자아에 대한 견해가 프로이드 심리학의 정통인가 아닌가에는 문제가 있다. 자아심리학에 대해 적응만을 고려하는 심리학이라는 비판도 있다.

프로이드의 계승자임을 자임했던 라캉(J. Lacan)은 정신분석가가 되려면 철학, 문학, 예술, 논리학, 수학 등의 분야에 대한 지식을 두루 갖추어야 한다고 생각했다. 라캉은 프로이드의 딸인 안나 프로이드(A. Freud)가 발전시켰던 자아심리학을 비판하였다.[8] 정신분석학의 지파인 자아심리학자들은 스승 프로이드가 이드와 무의식을 편애한다고 보고 자아와 더 긍정적 관계를 구축함으로써 프로이드의 세계를 이탈했다는 것이다(김서영, 2010).

라캉은 미국적 정신분석학이라고 일컫는 자아심리학을 통렬히 비판했다. 자아심리학자들 혹은 이에 영향받은 사람들은 프로이드의 정신분석학을 이해하기 쉽게 만들었고, 그럼으로써 정신분석학을 상식적인 세계관에 통합시켰다. 자아심리학에 의하면 치료란 환자의 자아를 강화하여 그를 사회에 보다 잘 적응시키는 것이다. 이들의 견해에 따르면 치료란 환자 혹은 환자의 보호자가 원하는 상태로 회복시켜 사회에 신속히 적응하도록 돕는 것이다. 하지만 프로이드의 정신분석학은 한 걸음 더 나아간다. 프로이드는 치료를 사회적응의 문제로만 보지 않았다. 만약 환자가 적응해야 한다고 기대되는 사회 자체가 문제투성이라면 환자가 사회에 적응해야 할 것이 아니라, 오히려 거꾸로 사회가 환자에게 적응해야 한다. 정신분석학적 치료란 단순히 테크닉이나 기교의 문제가 아니라는 것을 알 수 있다. 정신분석 치료는 주체와 타자의 관계에 대한 총체적 재구성을 의미한다.

---

8) 뉴욕시립대의 로고(A. A. Rogow)는 1970년 당시 정신과의사와 정신분석가들에게 가장 뛰어난 동료를 추천하는 설문조사를 실시하였다(Rogow, 1970; 반건호, 2011: 83 재인용). 언급된 109명 중 두 집단 모두 가장 많이 추천한 사람이 바로 자아심리학을 발전시켰던 안나 프로이드였다. 정신과의사 집단은 에릭슨(E. Erikson)이나 프롬(E. Fromm)을 제치고 안나 프로이드를 일순위로 꼽았고, 정신분석가 집단 역시 에릭슨(E. Erikson)을 제치고 안나 프로이드를 일순위로 추천했다. 안나 프로이드에 대한 관심은 "의사도 아니고 정신과 의사는 더더욱 아니고, 심지어 여성(대부분의 정신과의사와 정신분석가는 남성)인 안나 프로이드"를 그토록 높이 평가한 이유는 무엇인가에 대한 질문으로부터 출발한다(반건호, 2011).

3. 현상학적 인간관과 교육

(1) 아우구스티누스적 질문

매슬로(A. Maslow)는 행동주의적 인간관이나 정신분석학적 인간관에서 과감하게 벗어나 현상학(phenomenology) 혹은 실존주의(existentialism)라는 제3의 입장을 견지하였다. 이를 제3세력의 심리학이라 일컫는다. 현상학 혹은 실존주의의 인간관은 원인과 결과의 관계만으로 설명하는 인간・이해의 법칙성을 부정하고 인간을 동물과 비슷하게 생각하고 조작가능성의 존재로 보는 견해에 반대하였다.

현상학적 인간관에서는 개별 인간의 특성에 지대한 관심을 갖는다. 관심사는 인간의 존재와 성장에 있다. 인간은 역동적인 생체이며, 각기 독특하게 성장하는 과정을 가지는 특수체이다. 현상학적 인간관에서는 인간의 위치를 자연 속에서 규명하려는 아리스토텔레스적 질문이 아닌 나는 누구인가라는 아우구스티누스적 질문에 바탕을 두고 있다. 인간은 "나는 누구인가"라는 의문을 통해 살아가는 존재이다. 아우구스티누스는 최초로 인간학적 물음을 제기한 사람으로 인정받고 있다. 그의 저서 『고백록』(*Confessions*)에는 인간의 본질에 대한 물음이 등장한다. 인간의 본질에 대한 물음은 신의 본질에 대한 물음과 마찬가지로 신학적인 물음이다(Arendt, 이진우・태정호 역, 1996: 59). 인간은 진・선・미와 같은 가치를 추구하는 끊임없는 마음의 움직임, 즉 가치의식이 항상 작용하는 특성이 있을 뿐만 아니라, 그 과정과 결과로 드러나는 문화를 향유하는 존재이다.

행동주의 심리학도 정신분석학도 인간 행동의 원인을 과거에 두고 있다. 양자 모두 개인의 미래 의식현상과 자유의지를 무시하는 입장에 있다. 반면 현상학적 인간관에서는 과거보다도 미래가 중요하다는 견해를 갖는다. 인간의 현재 행동은 선행조건에 의해 결정되는 것이라기보다는 그가 지닌 이념, 목적의식, 가치체계에 의해 이루어진다고 보았다.

(2) 야스퍼스, 사르트르, 하이데거

야스퍼스(K. T. Jaspers)는 실존적 심리학의 입장에서 자기의식의 중요성을 강조하였다. 인간 행동은 무의식이나 필연적인 인과관계의 산물이 아니고 개인의 의지, 가치, 신념에 따라 모든 상황에서 자유롭게 선택할 수 있는 존재라고 본다. 사르트르(J. P. Sartre)는 인간의 표현된 행동에 대한 외적 설명체계는 관찰자와 피관찰자를 분리시켜 특수한 개인을 일반적 · 추상적 법칙에 적용시키는 잘못을 범하게 된다고 비판하였다. 요컨대 주체적 인간에 대한 이해와 실존의 독립성을 인정하는 관점이 필요하다는 주장이다. 개별 인간은 그의 행동이 다른 사람에 의해 설명되기보다는 자기의식의 확인에 의해 의미 있게 파악될 수 있다.

사르트르는 글을 통해 세상을 향한 적극적인 말 걸기를 시도했으며, 작가의 기능은 아무도 이 세계를 모를 수 없게 만들고, 아무도 이 세계에 대해서 "나는 책임이 없다"고 말할 수 없도록 만드는 데 있다고 강조했다. 사르트르는 『침묵의 공화국』(*La Republique du Silence*)이라는 에세이에서 나치의 지배를 받던 시절이 가장 자유로웠다고 말하였다. 모든 권리를 박탈당하고 매일 정면으로 모욕을 당할 때 올바른 사고를 할 수 있었다고 술회한 것이다. 절박한 상황 속에서 몸짓 하나하나는 참여(앙가주망)의 무게를 지녀야 했고, 그것이 바로 자유라고 보았다(Pappenheim, 1959: 29-30).

의지, 가치, 신념, 주체적 인간, 자기의식의 확인 문제는 하이데거(M. Heidegger)의 인간 규정인 "죽음을 향한 존재(Sein zum Tode)"를 통해 설명될 수 있다. 하이데거가 인간을 죽음을 향한 존재로 이해했을 때, 그것은 인간이 미래의 시간에 언젠가는 죽게 되어 있는 존재라는 뜻이 아니다. 인간은 본질구조상 매순간 죽음을 의식하고 죽음을 극복함으로써만 살아갈 수 있는 존재임을 말한 것이다. 인간의 현존재는 그 본질에 죽음이 낙인찍힌 존재이다. 죽음은 순간순간마다 인간의 현존을 위협한다.[9] 이때 인간의 죽음은 역설적으로 삶을 위한 죽음이 된다. 삶이 죽음에 종속되어 있는 것이 아니라 거꾸로 죽음이 삶을 위해 봉사한다는 얘기이다. 그 사람이 무엇을 위해 죽고자 하는가를 안다면 그 사람을 온전히 이해할 수 있다(문성학, 2007).[10)]

현상학에 의하면 인간 행동의 비합리성을 인정해야 하며 인간은 주관적 감정과 주관적 가치판단의 영향을 받게 된다. 인간이 동일한 환경에 직면할 때도 이에 대한 주관적 체험과 의미 규정은 얼마든지 달라질 수 있다. 환경의 의미는 주관적으로 지각되는 데 따라 결정되기 때문에 과학적인 인과관계로 어떤 환경과 어떤 행동을 대응시킬 수는 없는 일이다.

(3) 현상학적 접근과 인본주의 심리학

인본주의 심리학자들은 기존의 심리학을 지배해 왔던 입장을 행동주의와 정신분석학(심층심리학)이라고 보고, 이 두 세력이 모두 기계론적 환원론에 입각하

---

9) 누가, 무슨 이유로 그 사람을 죽였는가. 그 범인은 '죽음'이다. 죽음은 죄인을 색출해서 심판하고 처형하는 공포스러운 권력자다. 하이데거는 이 죽음이라는 범인=권력자=처형자의 복면을 벗겨내는 방법을 우리에게 귀띔해 준다. 후기 하이데거 사유에서 인간은 더 이상 세계-내-존재가 아니라 사방-내-거주자로, 죽음을 향한 존재(Sein zum Tode)가 아니라 죽을 자(Sterblich)로 해석된다. 죽음은 피할 수 없는 운명이라기보다 오히려 존재가능 혹은 죽을 자의 능력으로 이해된다. 사람을 사방-내-거주자로 이해하는 하이데거 후기 사유의 독창성이 발휘되는 지점은 이렇게 죽음을 능력으로 파악하는 것이다. 데리다는 "꽃은 스러지고 개는 뻗어나자빠질(crever) 뿐이다. 오직 사람만이 죽는다"고 지적하였다. 죽음이라는 범인=권력자=처형자의 입장에서 볼 때, 처형된 존재들의 죄는 "사람이면서 개처럼 살았다"는 데 있다. 누가 그 사람을 죽였는가. 죽음이 그 사람을 죽였다. 이유는 무엇인가. 사람이면서 개처럼 살았기 때문이다(이왕주, 2011).

10) 하이데거가 1930년대에 공개적으로 히틀러의 정당을 지지한 것은 명백한 사실이다. 1933년 5월 그의 프라이부르크대학교 총장 취임 연설은 전례가 없을 정도로 당과 당 지도부를 고무시켰다. 사르트르는 하이데거의 친나치 행적을 두려움과 출세주의, 순응 탓으로 돌렸으며, 하버마스는 하이데거의 정치 참여가 철학적 토대를 가진 것이었다고 말한 바 있다. 자리보전을 위한 일시적인 타협이었다는 의미도, 당시의 정황으로 볼 때 이해할 수 있는 부분이 있다는 의미도 담겨 있다. 우리라면 어떻게 대처했겠는가라는 질문이 자연스럽게 따르는 문제이기도 하다(Collins, 이경현 역, 2004).

여 인간을 이해하려는 오류에 빠져 있다고 지적한다(조긍호, 1998: 419). 행동주의와 정신분석학이 이러한 기계론적 환원론에 빠지게 된 것은 인간의 반성적 능력을 인정하지 않았기 때문이라고 볼 수 있다. 인본주의 심리학자들은 인간과 동물의 근본적인 차이를 인간만이 반성적 능력을 갖추고 있다는 데서 찾는다. 인간이 반성적 능력을 갖는다는 것은 내적 자유(행위의 주체성)를 지닌 존재라는 뜻이기도 하다.

인본주의자들이 그들의 상담이론과 교육방법적 원리를 개발하는 과정에서 기반으로 삼는 철학적 사고는 실존철학적 · 현상학적 사상이다. 로저스(C. R. Rogers), 올포트(G. Allport), 매슬로(A. Maslow) 등은 후설(E. Husserl), 사르트르(J. P. Sartre), 키에르케고르(S. Kierkegaard), 카뮈(A. Camus) 등을 자주 언급하였다. 그것은 철학적 논의의 형식으로서가 아니라 심리학적 해석의 형식으로서이다(이돈희, 1983: 274-276).

인본주의 심리학자들이 지금-여기(here and now)에서 경험하는 주관적 체험을 강조하면서 스스로 인간이 되는 것, 스스로를 형성하는 것(becoming)을 교육의 중요한 원리로 삼은 배경에는 실존철학이 자리잡고 있다. 사르트르는 지금-여기라는 실천의 원칙을 통해 삶의 문제를 논한 인물로 잘 알려져 있다. 실존의 중심은 인간일 따름이며 결코 진리나 법칙이나 원리나 본질이 아니다. 인간은 결정론적으로 설명되는 운명에 얽매이지 않으며 결단과 의지와 선택의 삶을 특징으로 삼는다. 실존철학자들은 감정과 정서에 대해서도 인간의 파토스적 특징을 제시한다. 느낌이 있어야 할 때 느낌을 가지지 못하는 것은 색깔을 분별하지 못할 경우에 색맹이라고 하는 것처럼 느낌의 무능을 뜻한다. 느낌은 세계를 인식하는 한 방법이다(이돈희, 1983: 274).

현대 실존철학의 영향을 받은 인본주의 심리학자들 중에서 자아의 지각을 교육의 기본 원리로 생각하는 것을 볼 수 있다. 그들에 의하면, 인간은 단지 외부로부터의 자극을 받아들이는 수동적인 존재가 아니라, 스스로의 삶을 전개하는 생동적인 의지와 결단의 주체이다(이돈희, 1983: 166). 로저스, 올포트, 매슬로 등의 자아개념을 중시하는 현상학적 접근방법을 기본으로 하여 인간중심이론이 등장하였다. 로저스, 올포트, 매슬로 등은 개체 인간의 유일성을 개발하는 데 집중적인 관심을 두었다. 그들은 지혜, 진리, 아름다움 등의 가치는 인간의 마음 밖에 절대적인 것으로 존재하지는 않는다고 믿는다. 로저스는 이러한 자아상을 완전기능인(a fully functioning person)의 개념을 사용하여 표현하였다. 완전기능인이란 어떤 상태나 지위에 도달한 사람이라기보다는 오히려 어떤 과정 혹은 변화의 도상에 있는 사람이다.

로저스는 인간은 미래지향적인 존재이며 자기실현의 의지를 가지고 선하게 태어났으며 자기의지의 실현과 이에 대한 인지는 독창적이라고 보았다. 자아라고 하는 것은 다양한 양상을 띠고 있다. 본성(nature)을 강조하는 자아("I am"), 능력(capacities)을 강조하는 자아("I can"), 가치체계(value)를 강조하는 자아("I should or should not"), 삶의 열망(aspiration)을 강조하는 자아("I want to be") 등이 있다(손인수 · 정태범 · 이병진 · 권이종 · 권낙원 · 단현국, 1989: 240).

인본주의 심리학과 실존주의적 철학은 이론의 논리적 엄격성을 결여하고 있다는 점이 지적되기도 한다(이돈희, 1983: 275-276). 내용은 모호하고 구체적인 실천적 지침을 제공하지 못하는 문제점도 안고 있다. 인간과 세계와 교육에 대한 강한 정서적 표현을 담고 있어서 정열을 보이기는 하지만, 그들의 원리에 의한 교육실천의 엄격한 평가가 실제로 어렵다. 그 교육정신을 강조하다 보면 냉철한 사고와 엄격한 판단과 예리한 분별 등의 능력을 외면해버릴 수도 있다. 그러나 인간의 가치, 특히 자아와 그 자유의 가치를 교육의 장에서 강조함으로써 도덕적 호소력을 가지고 있으며, 개성과 경험의 의미를 교육적으로 풍부하게 하는 데 기여하고 있다.

CHAPTER

5

사회관과 교육

1. 상호작용론과 통합적 관점: 개인과 사회
2. 프래그머티즘의 사회관과 교육
3. 포스트모더니즘의 사회관과 교육

사회관과 교육

1. 상호작용론과 통합적 관점: 개인과 사회

교육학은 쟁점을 기피하는 경향이 있다. 교육학이 이러한 성향을 갖게 된 이유는 교육의 과정을 조화와 화합으로 이루어 보려는 희망에 기인한 듯하다. 그러나 개인 간 및 집단 간 조화와 화합에 대한 기대와 교육현장에서 일상적으로 일어나는 현상을 정확히 파악하려는 작업(교육학)은 분리되어야 한다. 조화와 화합을 이루기 위해서라도 현실사회에 퍼져있는 다양한 유형의 대립과 갈등을 정확히 직시하고 그 원인을 규명할 필요가 있다. 교육학의 하위영역 가운데 교육사회학이 쟁점을 가장 많이 다루고 있다. 교육사회학에서 다루는 쟁점은 여러 양상으로 표출되지만, 대체로 이항대립의 구조물로 등장한다. 대표적인 쟁점으로는 개인 대 사회, 구조 대 의식(하부구조 대 상부구조), 점진 대 급진, 개량 대 혁명, 결정론 대 주의론 등을 들 수 있다(오욱환, 1999b: 103).

개인주의자들의 사회관에는 부분은 전체에 선행한다는 가정이 들어 있다. 개인주의의 방법론에서 보면, 이상사회 건설의 선결 요건은 사회를 구성하는 기본 단위인 개인을 먼저 이상적으로 만들어야 한다는 결론이 나온다. 반면 전체론자들의 사회관에는 전체는 부분에 선행한다는 전제가 들어 있다. 전체론자들에 의하면 인간이 사회를 이룩하는 것이 아니라 사회가 인간을 형성해 준다. 개인주의자들이 개인실재론·사회유명론의 입장이라면, 전체론자들은 사회실재론·개인유명론의 입장이라고 말할 수 있다(문성학, 2007: 133-134).

평등사상의 인간학적 기초는 바로 개인에 있다. 개인은 우주적 무게를 가진 나눌 수 없는(in-dividual) 존재이다. 개인이란 말은 분할될 수 없는 것이란 뜻의 라틴어 인디비둠(individuum)이라는 단어에서 유래한 말이며 그리스어로는 아톰(atom)과 같은 뜻이다. 그래서 고대나 중세에는 원자(atom)라는 말과 동의어로 쓰이기도 했다. 아톰은 현대 물리학에서 말하는 원자로서 더 이상 쪼갤 수 없는 궁극적인 것을 뜻하는데, 결국 개인은 더 이상 쪼갤 수 없는 최소한의 단위라는 것임을 알 수 있다. 개인주의자의 관점에서 보면, 사물은 그 궁극의 요소인 원자들의 집합이듯이, 사회는 그 궁극의 기본 단위인 개인들의 집합에 불과하다. 이런 이유로 사람들은 서구의 개인주의를 종종 원자적 개인주의라고 부른다.

사회변화나 세상사를 바라보는 사회학(sociology)만큼이나 사회 구성인자인 개인의 의미를 살피는 생물학(biology)이 중요하다고 말한다. 세상이 발전했다고 말할 수 있으려면 그 발전이 개개 사람들이 실감할 수 있는 것이어야만 참 발전이라는 뜻이다. 이와 같은 맥락에서 보면, 생물학은 인간성 발휘를 집중 탐구하는 인문학과 멀리 떨어져 있지 않다. 기본적으로 개인중심의 교육은 개성의 신장, 개별적 성장 발달, 개별 아동・학생의 요구와 흥미, 자아실현과 자아주체성 확립, 자기결정과 선택 등을 교육의 중요 가치로 본다(정호표, 2002: 115).

자유주의 체제에서 개인중심의 관점이 우세하고, 독립된 개인을 원자로서 취급하여 개인의 주체의식의 발달을 강조하는 사상이 지배할 때 교육도 이러한 방향으로 전개될 것이다. 일반적으로 인간성의 조화로운 발달과 개별 인간의 행복에 중심을 두려는 교육목적이 고대 아테네 사회, 근대의 인문주의 시대, 18세기 자연주의와 그 이후 심리적 개발주의 등의 교육사조에 의해 발전하게 되었다. 특히 낭만주의와 진보주의의 교육사상가들은 발생적 결정론을 믿고 개인의 발달이 외부의 도움 없이 내적으로 가능하다고 주장했다(정호표, 2002: 115).

하지만 사회의 생명과 정신이 병들어 있으면, 그 사회 속에서 유기적 연관성을 맺으면서 살아가는 개인은 아무리 도덕적 자기수양을 부지런히 해도 병들게 된다. 그러므로 전체론의 관점에서 보면, 개개인의 도덕성 함양을 통해 이상사회 혹은 바람직한 사회를 건설하려는 접근 방법은 길을 잘못 들어선 것이다. 전체론의 관점에서는 사회를 독특한 집단의식을 소유한 유기적 전체로 파악한다.[1] 개인은 더욱 높은 자아인 사회의 규범에 복종함으로써 사회적 자아

1) 전체론(holism)의 관점을 취하는 자들은 사회를 떠난 개인은 있을 수 없다고 말한다. 사회로

실현이 가능한 존재라는 견해이다. 이 입장에서는 개인의 의지를 사회의 의지에 복종시키는 데서 교육의 목적을 찾는 사회중심의 교육을 표방한다(정호표, 2002: 118). 사회중심의 교육은 사회나 국가가 최고의 중요성을 갖고 있는 것으로 보고, 개인의 가치보다 집단의 가치를 더욱 존중한다. 목적론적 국가주의자는 개인의 주관적 정신에 대해서는 소극적이며 전체 집단의 정신에 대해서는 적극적이다. 칸트의 철학적 후계자인 피히테(J. G. Fichte)와 헤겔(G. W. F. Hegel)은 국가의 으뜸가는 기능은 교육에 있다는 주장을 폈다. 국가주의 교육에 관한 공통의 언어는 국가 이익의 확대를 최우선 과제로, 그리고 교육을 목적 달성을 위한 최선의 도구로 삼는다는 데 있다.

독일은 유럽 선진국 가운데 민주화의 비율이 가장 낮은 나라에 속한다. 일본 정치의 모델이 독일이었다는 것도 특기할 일이며, 제국주의 시대 일본의 군국주의(전쟁주의)와 가장 주파수가 잘 맞는 나라도 독일이었다. 독일은 초등학교에서 대학에 이르기까지, 공적 · 보편적 · 의무교육체제를 수립하고, 모든 사립교

부터 분리 · 독립된 개인은 추상적으로만 상상될 수 있을 뿐이고 현실적으로는 불가능한 존재이다. 반면 사회는 그 자체의 발전 논리와 정신과 인격을 갖고 있다. 이러한 전체론적 사회관은 스펜서(H. Spencer)에 의해 대표되는 사회유기체설을 통해 분명하게 드러난다. 사회유기체설은 사회를 살아있는 생명체와 유사한 것으로 보는 사회실재론의 고전적 형태이다. 사회유기체설에서는 사회가 진정한 실재이며, 사회를 떠난 개인이란 하나의 이름 혹은 하나의 명목에 불과하다는 입장이다. 가장 선명하게 전체론적 입장을 취했던 낭만주의자 마르크스에 의하면, 자본주의 사회는 자본주의 정신에 의해 움직이는데, 자본주의 정신은 곧 이기주의와 경쟁과 약육강식의 정신이기 때문에 자본주의 사회를 살아가는 개인은 자본주의 정신과 유기적으로 연결되어 있지 않으면 도태되어버린다. 그러므로 자본주의 사회의 개인은 생존을 위해서 이기적이고 경쟁지향적이고 양육강식적이지 않으면 안 된다. 자본주의라는 제도 자체가 병든 제도이기 때문에, 그 속에서 살아가는 사람들도 필연적으로 병들게 된다. 마르크스는 자기 시대의 자본가들이 이기적이었던 이유를 개인적 차원이 아닌 사회구조적 차원에서 찾았고, 그 처방도 구조 개혁에서 찾았다. 마르크스는 지본주의를 이 지구상에서 세거하면 인간의 이기심도 사라질 것으로 기대했다. 그는 낭만주의자였으며 낙관론자였다(문성학, 2007: 134-135).

육기관을 엄격한 국가 통제와 관리하에 둔 최초의 나라가 되었다(Dewey, 1916). 사회를 독특한 집단의식을 소유한 유기적 전체로 파악한 점은 뒤르켐(E. Durkheim)도 동일하다.[2] 개인은 더욱 높은 자아인 사회의 규범에 자발적으로 복종함으로써 사회적 자아실현이 가능하다.

극단적인 개인중심적 교육목적이나 극단적인 사회중심적 교육목적은 교육본질과 인간성에 비추어 볼 때 인정되기 곤란하다. 교육이 지향하는 이상 자체가 개인적 측면과 사회적 측면을 함께 가지고 있으며, 인간도 하나의 개별적 유기체임과 동시에 사회적 존재로서 양면성을 가지고 있다. 인간은 개인적 필요와 사회적 필요의 두 가지 모두 충족하면서 생활한다. 개인과 사회는 상호작용하면서 상호 규제된다. 그러므로 교육목적을 개인과 사회의 어느 한 쪽에 치중하여 설정하기 곤란하다. 개인과 사회가 상호작용적 관점에서 고찰될 때, 사회는 개인의 공유 경험에 의해 결합되는 지역사회(community)의 의미를 갖게 된다.

지역사회는 개인에게 규정적 역할을 강요하기보다는 개인의 공유 경험을 존중하는 협동적 조직체를 말한다. 지역사회는 사회적 자본으로서 중요한 신뢰를 사소한 문제로 여기는 문제를 넘어서야 한다. 듀이에 의해 강조된 지역사회의 개념은 사회적 공동선과 개인의 자아실현을 동시에 충족하는 사회를 지향한다. 개인과 사회의 공통적인 선이 가능하다고 주장하고 병행적 발전을 시도하는 것이다.

개인과 사회의 통합적 관점에 대한 논의 과정에서 플라톤의 의견은 대비효과를 보여준다. 플라톤의 생각에는, 변화나 변경은 무질서한 혼란의 증거요,

2) 사회실재론자인 뒤르켐(E. Durkheim)은 사회는 부분들의 총화보다 크고, 그것들과 구별되는 하나의 총체 즉 하나의 대상물이라고 생각한다. 뒤르켐은 사회의 독자적 실재성을 인정하는 것이 과학적 사회과학의 제1의 전제조건이며 필수불가결한 전제조건이라고 말한다. 뒤르켐은 이 제1의 전제 조건으로부터 사회과학의 제2의 전제조건을 도출해 낸다. 사회적 사실은 외부에서 그리고 객관적으로 연구되어야 한다는 것이 제2의 전제조건이다.

진정한 실재는 불변하는 것이었다. 플라톤에게 삶의 궁극적 목적은 고정되어 있었다. 국가에서는 아무리 사소한 세부사항이라 하더라도, 변경되어서는 안 된다. 그런 변경을 허용하면 사람들의 마음에 변화의 아이디어를 심어주고, 따라서 사회가 와해되고 무법의 상태로 된다는 것이다. 플라톤 철학의 파탄은 그가 교육의 점진적 개선으로 좀 더 나은 사회를 건설할 수 있고 또 그 사회가 다시 교육을 개선해 나가고 하는 식으로, 교육과 사회가 끝없이 개선되어 나간다는 것을 믿지 않았다는 데서 역력히 드러난다(Dewey, 1916).

2. 프래그머티즘의 사회관과 교육

(1) 진화론과 프래그머티즘

듀이의 사상에 영향을 끼친 헤라클레이토스(Heracleitos)는 만물은 유전(流轉)하며 변화하는 것이라고 하면서 유일한 진리는 만물이 변화한다는 사실뿐이라고 하였다. 만물이 유전하는 까닭에 아무것도 고정된 상태로 있을 수 없다. 세상의 모든 것은 끊임없는 변화 상태로 존재할 뿐이다. 이처럼 만물은 잠시 지나쳐가는 것이며, 현상계에 있는 것은 그 어느 것도 참으로 존재하지 않는다. 이와 같은 헤라클레이토스의 변화의 사상은 진화론을 거쳐 프래그머티즘의 원천을 이루었다.

듀이가 태어난 해인 1859년에 다윈의 『종의 기원』*(The Origin of Species)*이 출판되었다. 다윈의 『종의 기원』이 자연과학 발달의 신기원을 이루었다는 것은 일반인들에게도 잘 알려져 있는 사실이다. 이설도 있지만 다윈이 신의 창조설에 타격을 가한 것만은 분명하다. 하지만 다윈은, 진화론 논쟁의 참된 의미는 과학 대 신학의 논쟁이 아니라, 과학 대 과학, 즉 다윈주의와 반다윈주의의 논쟁에 있다고 보고, 신학적인 강렬한 항의에는 처음부터 아예 관심을 두지 않았다

(김무길, 2005: 36).[3] 다윈은 고정적이고 완전하다고 간주되던 형식들을 발생과 소멸의 메커니즘으로 취급하였다. 결국 진화론에 따르면 지식의 논리도, 도덕, 정치, 종교의 논의 방식도 변형된다는 것이다.

진화론적 생물학은 듀이 철학에도 영향을 끼쳤다. 듀이는 인간의 생각하고 배우는 능력도 진화의 과정을 거친다는 사실을 받아들였다. 생각하는 일과 배우는 일은 적극적으로 환경과 상호작용하는 현실에서 실용적인 능력이 된다는 것이다. 활동이 더 복잡해질수록 지능은 점점 더 두드러진 역할을 하게 되는데, 그 이유는 예견하고 계획해야 할 더 큰 폭의 미래가 존재하기 때문이라는 것이다(Dewey, 1916). 듀이는 진화론적 견지에서 교육을 논하는 것을 주저하지 않았다(Phillips & Soltis, 백종억 역, 1990: 87-91). 듀이는 학습자들이 교사에 의해 정보를 제공받을 수 있다는 사실을 부정하지 않았다. 그러나 학습자가 문제의식을 가지고 개인적으로 노력하지 않는다면 그 정보는 생명력이 없고 암기하도록 강요받는 종류의 것이 되고 만다고 하였다. 듀이는 이를 정적 지식, 냉장 지식이라고 불렀으며 학생들이 문제 해결과 활동에 그 정보를 이용할 기회를 갖지 못한다면 그것은 아무런 가치가 없는 것이라고 주장했다. 사고활동으로부터 분리된 정보는 죽은 것이며, 마음을 산산조각 내는 무거운 짐이 된다고 하였다(Dewey, 1916).

3) 갈릴레오 재판이 상징하는 것과는 달리 과학과 종교의 관계는 결코 갈등이나 전쟁이라는 단순한 구도로 축약될 수 없다. 뉴턴은 만유인력이 있다는 사실에서 신의 편재를 감지했다. 다윈의 진화론은 다양한 자연신학적 해석과 접목되어 왔다. 그 당시 오늘날의 창조론 대 진화론 논쟁에서 드러나는 이분법적 구도는 없었다. 과학과 기술의 관계에 대해서도 우리는 인식의 오류를 갖고 있다. 과학-기술이라는 합성어가 함의하는 것과는 달리 과학과 기술의 관계 역시 19세기까지 그리 가깝지 않았다. 역사적으로 과학과 기술은 교육 배경이 서로 다른 사회 집단에 의해 수행되었으며 그 둘을 결합하려는 다양한 시도가 있기는 했지만, 그것을 가로막는 오랜 전통의 벽은 쉽게 극복되지 못했다(Henrie, 강유원 · 서민우 · 손세정 · 양유성 · 이명훈 · 지주형 역, 2006: 129).

듀이가 진화론을 통해 교육철학을 제시한 점을 감안한다면 진화론적 사회관 역시 듀이의 철학과 맥락을 함께 할 것이라고 단정하기 쉽다. 하지만 진화론과 프래그머티즘의 구분과 대비적 이해를 위해서는 양자의 차이를 분명히 해둘 필요가 있다. 스펜서(H. Spencer)를 중심으로 주장된 진화론적 사회관은 경쟁과 도태의 원리를 강조하고 사회적 불일치와 대립을 사회진화의 힘으로 간주한다는 점에서 프래그머티즘적 사회관과는 그 결을 달리한다(정호표, 2002: 85-86).

프래그머티즘(pragmatism)에 들어 있는 그리스어 프라그마(pragma)라는 말은 영어의 행위(action)나 실행(practice)을 뜻하는 말로 해석되지만, 사실상 참여 또는 실천으로 해석되어야 한다. 예컨대 『사도행전』*(Praxeis Apostolwn)*에서 행전이라는 말은 praxeis의 번역어로서 전도의 참여를 뜻하는 말이다. 따라서 프래그머티즘은, 관례적으로 실용주의나 행동주의라는 말을 쓴다고 하여도, 그 의미는 실천주의 또는 참여주의라는 말에 더 가까운 뜻을 가지고 있다고 보아야 한다. 또한 프래그머티즘은 많은 사람의 생각처럼 미국의 고유사상이 아니라, 퍼스(C. S. Peirce)가 칸트를 연구하는 과정에서 나온 말이다. 퍼스는 칸트의 실천적 믿음(pragmatische glaube)이라는 말에서 프래그머티즘이라는 말을 시사받았다(김무길, 2005: 39-40). 사실상 프래그머티즘이라는 용어 자체가 철학계에 정착된 것은 제임스(W. James)가 1907년에 그의 저서 『프래그머티즘』*(Pragmatism)*을 저술하면서부터라고 알려져 있다. 제임스는 과학의 실험적 입장과 종교적 요구를 조화시키고자 하였다. 이러한 제임스의 의도는, 1890년 이래 과학적 사고방식과 종교적 생활신조 사이의 상극에 직면한 미국의 일반 대중에게 받아들여져서, 그가 만든 말 프래그머티즘이 미국의 철학으로 발전하게 되었다.

프래그머티즘에 따르면 인간과 사회는 상호작용적이다. 인간의 경험은 사회적 경험이며 인간의 성격도 사회적 산물이다. 사회는 개인에 독립하여 존재하는 별개의 실체가 아니며 개인의 타당한 목적을 실현하는 데 기여할 때 사회의 가치가 인정된다. 사회생활은 항상 변화하는 경험의 연속적 재구성이다. 프래그머티즘의 사회관은 사회진화를 자연적·사회적 경쟁 과정에서보다는 협동적·지성적 상호작용의 결과로 본 점에서 진화론적 사회관과 구별된다. 그리고 사회적 실재의 보존을 강조하지 않는 점에서 보수주의적 입장과 구별된다. 프래그머티즘의 사회관은 사회문화 가치의 보존을 통한 사회계승도 거부하며, 경쟁에 의한 사회도태의 원리도 거부한다. 결과를 중요시하는 프래그머티즘의 철학을 발전시킨 미국 사람들이 능률과 속도를 사랑하는 것은 당연하다. 하지만 프래그머티즘의 개인과 사회에 대한 논점은 분명하다. 사회는 사회현상 유지에 기여하는 개인에 의해 발전되지 않으며, 사회변화와 발전이 사회 자체의 진화에 의해 일어나지 않는다. 사회와 개인의 협동적·지성적 상호작용에 의해 사회와 개인이 함께 발전하게 된다.

프래그머티즘에 의하면 교육은 실험적·지성적 정신을 가진 개인을 개발해야 한다. 따라서 개인의 지성적 능력을 개발할 수 있도록 계속적 개조와 변화에 개방되는 사회를 조성해야 한다. 열린 마음과 열린 사회에 의해 개인과 사회는 계속적으로 성장할 수 있다. 듀이는 정치와 경제, 특히 교육 문제에 관심을 많이 기울였고, 구체적인 상황에서의 문제 해결에 비중을 더 두었다. 문제 상황에서 무엇보다 경험을 중시하였는데, 그것은 영국 경험론에서 말하는 수동적 심성에 머물러 있지 않다. 탐구활동을 통해 확인할 수 있듯이 그것은 능동적 심성을 일컫는다.

(2) 해방 후 한국사회와 프래그머티즘의 교육

해방 후 한국사회의 가장 큰 충격은 적어도 남한의 경우 미국문화의 수용이라 할 수 있고 그 사상적 배경인 프래그머티즘의 도입이라 할 수 있다. 통일신라와 고려시대의 사상계를 불교가 지배하였고, 조선시대의 사고방식을 유교가 주도했던 것처럼 프래그머티즘은 분단시대 한국사회를 규정하는 힘을 발휘할 수 있게 되었다. 그러나 불교와 유교가 일종의 이론체계로서 먼저 도입되었던 것과는 달리, 프래그머티즘은 GI문화의 도입과 함께 생활태도나 사고방식으로 먼저 들어왔다. 형식주의와 허례허식과 공리공담을 떠나서 실질과 실천과 실용을 강조하는 무실역행의 철학이 필요하다는 인식과 함께 미국의 프래그머티즘은 이러한 견지에서 우리가 깊은 관심을 가지고 연구하고 또 배워야 할 사상의 하나라는 지적이었다(한국철학회, 1974: 207). 우리의 사고방식의 결함을 시정해주는 많은 요소를 프래그머티즘에서 찾을 수 있다는 주장이다.

그러나 이러한 필요의 절박성에 비해서 프래그머티즘 연구가 포괄적이고도 심층적으로 이루어진 것은 아니다. 오히려 해방 후 철학계를 비롯하여 사상계 전반을 압도한 것은 실증주의적 과학정신과 실존주의·현상학적 반과학정신이었으며, 민족 분단의 현실을 극복하려는 문제의식을 가지고 마르크시즘에 대한 탐구가 산발적으로 이루어진 정도였다. 우리나라에 프래그머티즘이 본격적으로 소개된 것은 주로 교육학자들이 듀이의 신교육(newer education) 이론에 관심을 쏟았기 때문이었고, 이들의 번역물이 잇달아 출간되자 사상계에 보편적인 관심사로 등장하였다(한국철학회, 1996: 332-333).

프래그머티즘은 이론체계로서는 거의 듀이의 사상을 의미하는 것이었고, 그 중에도 진보교육이론이나 사회개혁이론을 의미하는 것이었다. 듀이의 사상체계에서는 실험적 방법과 사회이론이 중요한 비중을 차지한다. 권위주의와 절대주의를 배격하는 듀이의 가치론과, 과학을 존중하는 듀이의 합리주의적 신념, 의사소통을 위한 듀이의 개방적 태도, 피교육자의 자주성을 강조하는 듀이의 진보적인 교육이론은 프래그머티즘의 본질을 포괄하는 것이다. 20세기 전반에 세계적으로 그 위세를 떨쳤던 진보주의 교육에서는 교사중심 교육으로부터 아동중심 교육으로, 서적중심 교육으로부터 경험중심 교육으로, 지식중심 교육으로부터 생활중심 교육으로 전환되어야 한다는 점이 강조되었다. 개인을 떠난 사회가 추상의 산물이듯이, 사회를 떠난 개인도 추상의 산물이다. 구체적 개인은 언제나 사회의 한 성원으로 존재해야 한다. 그러나 실제로 실시되고 있는 교육은 사회를 떠난 추상적 개인의 욕구와 흥미를 충족시키는 단계와 현실을 초극하지 못하였다.

공산주의 이론가들은 일반적으로 프래그머티즘을 미제국주의의 부르주아적 자본주의 교설이라고 공박해 왔다. 북한은 프래그머티즘에 대해 미제국주의의 공식철학이며 썩어빠진 미국식 생활양식을 변호하는 현대 부르주아적 관념론이라고 규정하고, 미제의 강도적인 사고방식과 생활신조의 철학적 표현이라고 규정하였다(한국철학회, 1996: 346). 프래그머티즘=미국이라는 등식에 집중하다 보니 프래그머티즘의 본질을 제대로 파악하지 못하는 한계를 드러냈다고 말할 수 있다. 남한의 경우도, 프래그머티즘=실용주의라는 섣부른 규정을 통해 실용에 대한 통상적 · 피상적 이해에 치우치다 보니 프래그머티즘의 협동적 · 지성적 상호작용을 제대로 간취하지 못하는 한계를 드러내고 말았다. 그리하여 진화론적 사회관에 머물러 있으면서도 이를 실용주의(프래그머티즘)라고 잘못 설명하는 경향을 쉽게 접할 수 있다. 이제, 프래그머티즘은 현실을 직시함으로써 그것을 철학화하고, 또다시 그것을 현실화한 실천학이어야 한다(한국철학회, 1996: 347).

3. 포스트모더니즘의 사회관과 교육

(1) 문화논리, 사상체계, 사회운동

20세기 후반 이래 지구촌 사회는 이데올로기 중심 사회에서 탈이데올로기적인 문화 중심의 사회로 바뀌었다. 이데올로기 대립구도 속에서는 진보, 해방, 역사와 같이 크고 웅대한 주제의 담론만이 정당성을 인정받는 대신, 삶의 실제와 관련이 많은 작은 주제의 담론은 무시되었다. 그러나 이데올로기 대립구도가 붕괴된 이후 거대담론은 사람들의 관심에서 사라지고, 대신 정작 거론하고 싶었지만 거대담론에 가리어 거론할 수 없었던 작은 주제들, 예컨대 여성, 환경, 레저, 건강, 패션, 성 등에 관련된 담론들이 널리 거론되고 시민들의 관심사가 되었다.

포스트모더니즘(postmodernism)은 20세기 후반의 생활양식의 변화를 설명하고 정당화하기 위하여 등장한 문화논리이자 사상체계이며 사회운동이다(조정호, 2004: 83-85). 그들은 사고방식과 생활방식의 차이를 권유한다. 보편적 진리란 근거 없는 해체의 대상이라는 포스트모더니즘에서 볼 때, 고급문화와 저급 대중문화의 구분은 무의미하다. 그들에 의하면 차이의 인정과 존중이야말로 시대가 요구하는 삶의 방식으로, 포스트모더니즘은 서로 다른 다양한 생활양식이 인정되고, 정당화되어 혼재하는 문화적 다원주의이다.

포스트모더니즘은 탈이데올로기 사회, 후기 자본주의적 소비사회, 디지털 영상정보사회, 신중간계급 사회, 신과학(new science)사회의 문화적 패러다임이라고 말할 수 있다. 포스트모더니즘은 모더니즘(modernism)을 비판·극복하고자 하면서도 동시에 모더니즘의 일부 특성을 계승하고 있다. 포스트모더니즘은 반합리주의, 인식론적 상대주의, 탈정전화, 유희적 행복감 향유 등을 지향한다. 포스트모더니즘에 의하면 총체성과 역사성에 대해 관심을 가질 필요가 없다. 역사적·도덕적 중압감을 벗어나 행복을 향유한다. 모더니즘은 극단의 구별, 이항대립의 자폐적 그림만을 우리들에게 강제로 주입하였다. 문제는 이러한 모더니즘의 잔재가 포스트모더니즘에도 내재해 있다는 데 있다. 모더니즘이 남성, 이성, 백인을 표방했다면 포스트모더니즘은 여성, 감성, 유색인종을 추켜세운다. 이렇게 포스트모더니즘이 중심주의에 대한 철저한 해체만을 내세운다면 문제 해결의 장에 들어서는 일은 그만큼 어려워질 수 있다.

(2) 포스트모더니즘의 성격

포스트모더니즘의 특징을 일괄하여 규정하기는 어렵다. 포스트모더니즘은 그 개념이 포괄적일 뿐만 아니라 대상에 대한 정형화를 거부하기 때문이다. 포스트모더니즘에 대한 시각을 데리다(J. Derrida)는 해체이론(deconstruction)으로 이끌었고, 리오타르(J. F. Lyotard)는 거대서사의 소멸로 규정짓고 있다. 포스트모더니즘의 사회는 다양한 언어게임, 즉 다수의 담론양식이 혼재하고 있는 사회라고 보았다. 포스트모더니즘의 사회에서는 하나의 기준 아래 이질적인 담론의 양식을 획일화할 수 없다는 주장이다(강신임, 2003: 142). 포스트모더니즘의 특징으로는 반합리주의, 인식론적 상대주의, 탈정전화, 유희적 행복감의 향유 등을 들 수 있다(목영해 · 박균섭 · 송도선 · 강기수, 2009: 115-118).

첫째 반합리주의를 들 수 있다. 합리성은 근대인에게 요구되었던 사고와 행동의 전형이다. 근대사회는 이성적이고 주체적인 자아를 추구하였다. 그런데 포스트모더니즘에서는 이성적 · 주체적 자아라는 것은 일반인을 속박하기 위해 만든 허구의 것이라고 규정한다. 아동 · 학생을 향해 용감성을 말하거나 모범성을 강조하는 것에서 볼 수 있듯이, 자아란 언술의 산물이다. 한 대상을 향해 건네는 말은 서로 다르고 모순적이다. 자아 또한 우연적 · 타율적 · 분열적 · 모순적이므로, 자아는 결코 합리적 사고와 행동의 주체일 수 없다. 그럼에도 불구하고 합리적으로 사고하고 행동하기를 기대하고 요구하는 일은 부당한 속박에 지나지 않는다. 포스트모더니즘 시대의 인간이 합리성에 집착할 필요가 없는 까닭이다.

둘째 인식론적 상대주의를 들 수 있다. 서양의 전통적인 지식관은 플라톤의 이데아와 같은 고정불변의 실재를 전제하고, 이 실재를 인간은 합리적 사고를 통하여 인식할 수 있으며, 인식 결과는 보편타당하다는 견해를 갖는다. 이 지식관은 근세 이후 교양 있는 사람이라면 누구나 관심을 가져야 하는 보편적인 주제라고 여겨지는 진보, 해방, 복지와 같은 큰 주제를 중심으로 거대서사(meta narratives)를 이루어 학문활동을 비롯한 삶의 양식을 규정한다. 그러나 포스트모더니즘에서는 보편타당한 지식을 추구하는 지적 탐구활동의 기초란 없으며, 모든 인식활동은 인식자의 주관에 따른 상대적인 관점에서 이루어질 수밖에 없다고 주장한다. 불변의 실재와 그것에 대한 합리적 인식은 허구일 뿐으로, 인식은 맥락에 따라 상대적으로 이루어진다. 이들의 지적에 따르면 지식이 보편적이라고 주장하는 것은 특정 담론과 삶의 양식을 타인에게 강요하기 위한 권력적 속성을 가지고 있다. 포스트모더니즘에서는 거대서사 대신에 분과적이고 지엽적인 소서사(little narratives)를 강조한다. 소서사는 더 이상 체계적인 해석을 도출하려는 의도로 읽힐 수 없는 텍스트의 불연속성, 개방성, 무작위성, 아이러니, 성찰성, 비일관성, 다의성 등을 유희적으로 강조한다(강신임, 2003: 141).

셋째 탈정전화(脫正典化)를 들 수 있다. 각 사회는 문화활동에 관한 정전(올바른 전형)을 갖고 있다. 정전은 여러 문화활동의 중핵이자 평가 준거이다. 근대 서구사회에서 문화적 정전은 보편적인 진리와 가치를 반영하고 있다는 점에서 정당화되었다. 그리고 정전에 부합하는 생활양식은 교양 있는 고급문화라는 꼬리표를 붙여 사회구성원으로 하여금 인정, 수용, 계승하게 하고, 이 정전에 부합되지 않은 생활양식은 천박하고 저급한 대중문화라는 꼬리표를 붙여 천시하였다. 근대사회에서 문화적 정전으로 간주된 것은 백인, 남자, 성인, 중앙(중심, 수도권)의 생활양식이었다. 반면, 포스트모더니즘의 사회에서는 이러한 정전을 벗어나는 몸짓을 그 특징으로 삼는다. 포스트모더니스트들은 문화의 보편성, 생활양식의 동일성을 추구하지 않을 뿐만 아니라 오히려 보편성과 동일성을 거부한다. 차이나는 것을 차이나는 것 그대로 두자는 데리다의 주장은 보편성이나 동일성이 더 이상 이 시대 문화양식에는 적절하지 않음을 지적하고 있다(강신임, 2003: 144).

넷째 유희적 행복감의 향유를 들 수 있다. 포스트모더니즘 사회의 대중은 고수해야 할 주체적 자아란 없고, 보편적 진리도 없으며, 고급문화와 대중문화의 구분조차도 없다. 대중은 주체적 자아의 확립이나 보편적 진리의 습득과 같은 문제로 긴장하거나 갈등할 필요가 없다. 역사 또한 의미의 끝없는 유희 장소이자 텍스트에 지나지 않으므로 포스트모더니즘 사회의 대중들은 굳이 총체성이나 역사성에도 관심을 가질 필요가 없다. 사람들은 자신과 자기 주변에 대한 실험적 · 유희적 · 감성적 접근 태도를 갖는 것이 오히려 바람직하다. 역사적 · 도덕적 중압감에서 벗어나 유희적 행복감을 향유하는 것이 자연현상과 인간의 본질에 부합하는 바람직한 삶의 모습이라는 것이다.

이상의 특성을 고려할 때 포스트모더니즘은 상반되는 두 가지 속성을 지니고 있다. 합리성, 주체성, 문화적 정전으로부터의 해방을 추구한다는 특성에서 볼 때 포스트모더니즘은 유토피아적 인본주의의 속성을 가지고 있다. 반면, 대중으로 하여금 사회적 모순에 대한 총체적 인식과 사회 개혁에 대한 의지 형성을 포기하도록 하는 대신, 무엇이든 좋다는 강한 상대주의적 속성과 상품 소비가 주는 가벼운 행복감을 유희적으로 즐기게 한다는 특성에서 볼 때 포스트모더니즘은 상업적 · 보수주의적 성격을 가지고 있다.

(3) 포스트모더니즘, 다문화 교육론, 구성주의 교육론

포스트모더니즘 현상의 대표적 특징은 문화상대주의에서 찾을 수 있다. 문화상대주의는 인류학적 접근과 해석의 토대를 갖고 있으며 거기에는 제국주의 권력이 개입되어 있다. 다양한 문화적 유산을 일구어 낸 수많은 소수민족들은 지배와 피지배의 역사적 흐름 속에서 사라져갔고 지금도 소멸의 위기에 처해 있다. 그러나 인류학자들은 그들이 관찰하고 기록한 객관적인 사실은 오직 해당 사회와 문화를 이해하는 데 도움을 주는 것이어야 한다는 입장을 취해 왔다. 이러한 인류학자들의 현학적 관점은 문화상대주의라는 인식론적 도구를 통해서 강화되었다. 문화상대주의는 원래 문화의 다양성을 생물학적 결정론을 통해 이해하려는 시도에 반발해서 생겨난 문화결정론에 기초를 둔 것이다. 인류학자들은 문화결정론을 발판으로 삼아 문화의 다양성에 대해 자의적 서열화를 도모한 19세기의 문화진화론에 반발했다. 문화진화론자들의 자민족중심주의의 편견을 불식하고 타문화에 대한 올바른 이해를 구하려고 노력한 것이다.

이런 배경에서 만들어진 문화상대론은 20세기 미국 문화인류학을 주도하는 패러다임으로 자리잡았고 다른 지역의 인류학계에도 널리 파급되었다. 문화상대주의는 문화에 대한 가치판단을 부정함으로써 원천적으로 문화비평의 가능성을 차단했다. 문화상대주의 관점에서 볼 때 문화의 개혁이나 발전은 연구 테마가 될 수 없었다. 또한 문화상대주의는 인식론적으로 타문화의 완전한 이해가 불가능하다는 극단적 불가지론에 빠지기도 했다. 결과적으로 그것은 문화의 객관적 비교를 저해했고 문화보편소(cultural universals)를 통한 인간 본성의 탐구 정신을 약화시켰다는 사실에 유의할 필요가 있다(김용환, 2009: 230).

포스트모더니즘은 긍정적 · 부정적 속성을 동시에 가지고 있지만 이와는 상관없이 대부분의 한국인은 이미 포스트모더니즘에 입각한 생활양식에 젖어 있으며, 특히 학교교육의 대상인 청소년들의 경우 이러한 생활양식이 이미 주류를 이루고 있다. 청소년에게 적합한 교육이론의 수립 및 그 실천적 전개를 위해서는 포스트모더니즘을 교육학에 도입하는 것이 불가피하다. 포스트모더니즘을 교육에 도입 적용할 수 있는 가장 우선적인 부문은 생활지도이다. 교사나 학부모는 청소년의 외모, 사고방식, 말투, 행동을 잘못된 것이라고 판단하여 이를 통제 · 억압하려는 한편, 전근대 · 근대적 관념의 교사 및 학부모의 생활양식을 따르도록 강요한다. 그 결과 기성세대와 청소년세대 간에는 서로 대립하고 갈등하며 대화는 사라진다. 그 과정에서 교사나 학부모가 학생 및 자녀들에 대하여 가지는 통제력은 약화되며, 그 결과로 드러난 현상 중의 하나가 교실 붕괴이다. 교실 붕괴는 교사가 수업에서 학생에 대한 통제력을 상실했다는 것을 의미한다.

수업이 제대로 진행될 수 있는 최소한의 질서마저 무너지는 교실 현장에 대한 충격적인 언론 보도를 계기로 교실 붕괴라고 불리는 학교교육 문제가 사회적 관심을 모으게 되었다. 교실 붕괴는 교수-학습 과정을 포함하는 교실상황에서 교사와 학생 간의 상호 존중과 이해의 몰락 혹은 인간적인 관계의 총체적인 파괴현상으로 파악된다. 학생에게 교사는 기계적으로 학교행정을 수행하며 비합리적인 잣대로 학생들을 차별하는 존재이며, 교사에게 학생들은 경박하고 이기적이며 교사의 정체감을 위협하는 낯선 불특정 다수로 존재한다. 이러한 교사-학생 갈등으로 인한 교과지도와 생활지도의 실패는 학교교육의 기능적 효용성에 대한 한계의식과 공교육체제에 대한 총체적 불신을 불러일으키고 있다. 학교가 제 기능을 다하지 못한다는 문제의식은 항상 있었지만, 교실 붕괴 현상이 야기하는 위기의식은 그 심각성에 있어 이전과 분명히 구별된다(김민, 2000; 황규호 · 양은주 · 전영국 · 허희옥, 2001). 좋은 교육은 교사가 학생을 이해하는 일로부터 시작한다. 기성세대인 교사 및 학부모가 자신과는 다른 청소년세대를 이해하는 일이 매우 중요한 바, 교사와 학부모가 청소년을 이해할 수 있도록 도와주는 이론적 틀이 바로 포스트모더니즘이다. 포스트모더니즘에 입각하여 보면 나쁘다고만 생각되던 청소년의 튀는 행동도 이해할 수 있다. 생활지도의 대상이 되는 비행인가, 아니면 감성과 창의적 변신으로 볼 수 있는 행동인가에 대한 구분과, 이에 따른 지도는 교육현장의 중요한 문제로 등장하였다.

포스트모더니즘이 학생 생활지도 과정에서 어떠한 의미를 갖느냐 하는 것은 비교적 명백하다. 상대적 가치관과 개성을 존중하는 경향에 맞추어 지도가 이루어져야 하며, 마음 내키는 대로 생활하는 경향, 좀 튀더라도 하고 싶은 대로 행동하는 성향에 대해 이해하는 가운데 지도가 필요하다고 하겠다. 하지만 사회적 합의 · 약속이라 할 수 있는 예절에 대해 소홀히 여기는 문제는 배려와 교양의 차원에서 지도가 이루어져야 할 것이다.

생활지도와는 달리 포스트모더니즘이 학습지도 측면에서 어떠한 의미를 갖느냐 하는 점에 대해서는 아직 명백하지 않다. 일부 학자들이 포스트모더니즘의 관점에서 교육과정론을 제시하고 있기는 하지만, 어떠한 교육목적 아래, 어떠한 교육내용을 가지고, 어떠한 방법의 교육을 실시해야 하는가 하는 것이 명백하지 아니한 것이다. 학습지도 측면에서 포스트모더니즘의 교육학적 전개는 포스트모더니즘의 교육론이라는 이름으로 직접 전개되기보다는 다문화 교육론이나 구성주의 교육론이라는 이름으로 전개된다. 다문화 교육론의 이론적 토대가 되는 문화상대주의는 포스트모더니즘 현상의 대표적 특징 중의 하나이며, 구성주의는 포스트모더니즘의 인식론이기 때문이다(목영해 · 박균섭 · 송도선 · 강기수, 2009: 119).

다문화 교육론과 구성주의 교육론의 기반과 전제로 서로 다르다는 사실을 정당한 것으로 인정하는 다원화된 문화민주주의가 요청된다(강신임, 2003: 148). 서로의 차이를 인정하는 다원화된 민주주의는 다문화주의를 실현하는 필수적인 조건이라 할 수 있다. 그런 의미에서 문화상대주의는 한 문화가 다른 문화의 활동에 대해 "저속하다"거나 "고상하다"고 판단할 절대적인 기준이 없음을 인정한다. 예를 들면, 티베트 신전 앞에서 동물을 죽이는 티베트인의 의식은 살생을 즐기는 것이 아니라 축생의 업을 끝내고 내세에 극락왕생을 기원하는 일종의 성스러운 의식이다. 또한 시신을 새들의 먹이로 던져주는 의식은 열악한 자연환경으로 인한 자연발생적인 장례의식이다. 문화상대주의는 자기 집단과 다른 집단이나 사회를 다룰 때 선입견이나 판단을 보류할 것을 요구한다. 자신의 규범이나 자기 집단의 규범을 다른 개인이나 집단에 적용하기 전에 한 번 더 숙고해야 한다는 것이다.

문화상대주의의 기본적인 정치적 입장은 전체성(totality)에 대한 혐오이고 거대 담론(meta-narratives)에 대한 어느 정도의 불신을 드러낸다. 어떤 의미에서는, 이것은 우리의 의식과 감성에 있어서 하나의 진보라고 볼 수 있다. 이질성의 인정은 유럽 중심주의나 유럽 중심적 보편주의에 대한 현명한 해독제일 수 있다. 문화상대주의가 강조하는 차이와 타자성(otherness)에 대한 민감한 인정은 민주적 원리를 진전시킬 수 있다. 하지만 이는 반국가적 전략의 형태를 띤 실천을 유도할 수 있다. 차이의 존중과 반국가 전략이 지닌 문제는 그것이 강력한 글로벌 자본주의에 대항할 수 있는 적절한 태도가 아닐 수 있다는 점이다.

차이의 존중은 실제 신자유주의적 글로벌 자본주의를 심화시키는 데 작용하고 있다. 물론 세계화가 전 지구의 동질화를 가져온 것은 사실이다. 우리는 대중문화의 세계화, 즉 음악, 의복, 영화, 기타 대중 미디어를 목격하고 있다. 그것을 세계 문화의 캘리포니아화 또는 할리우드화라고 부를 수 있다. 그렇지만 세계화는 또한 파편화도 불러왔다. 종족 정체성의 고조와 종족 갈등의 심화가 그 한 사례이고, 종교적인 근본주의와 세속적인 근본주의의 등장은 또 하나의 예이다. 지구의 일부분, 특히 아프리카는 글로벌 네트워크에서 더욱 주변화되고 있다. 글로벌 자본주의는 부유한 나라와 가난한 나라 사이의 간격을 더욱 확대함으로써 더 심한 양극화를 초래하였다. 이것은 포스트모더니즘 현상이 경제적 자본주의의 야만성이 강력하게 작용하는 저개발국가에는 잘 맞지 않는 이유이다. 다문화 교육론과 구성주의 교육론에 글로벌 자본주의의 처참한 물적 현실을 충분하게 포함시키지 못한다면, 그것은 단지 공허한 지적 실험이 될 수도 있다(Cho, 심성보 · 조시화 역, 2014: 101–103).

다문화주의(multiculturalism)는 다원주의(pluralism)에서 발전한 이론이다. 한국의 다문화주의 이론이나 정책은 이민자집단의 문화를 보장하는 방식이라기보다는 동화정책의 성격에 가깝다. 동화정책 내지는 문화제국주의로 변질되지 않도록 세심한 배려 속에 시민사회의 차원에서 문화적 · 사회적 통합을 도모하는 작업이 이루어져야 한다. 다원주의가 각 문화를 인정하되 각 문화가 알아서 스스로를 존중하라는 다소 방관자적인 태도를 취한다면, 다문화주의는 문화 간의 적극적인 존중을 중시한다. 색스(J. Sacks)는 지역 혹은 종교 공동체가 사회보다 우위에 서고 국가 정체성이 약화되는 시대는 야만과 암흑의 시대라고 지적하였다(Sacks, 서대경 역, 2009). 다문화주의는 오히려 사회의 통합이 아닌 분리를 야기시켰다는 점, 차이를 줄이는 대신 극대화시킨다는 점에서 유효성을 상실했다. 그렇다면 단일문화주의로 회귀해야 하는가? 하지만 이 또한 불가능하다. 색스가 다문화주의 사회를 호텔로서의 사회라고 비유한 데서 그 답을 모색할 수 있다. 투숙객들은 호텔에 대해 아무런 애착을 느낄 수 없다. 그곳에 뿌리 내릴 수도 없다. 어떤 주류문화도, 어떤 국가 정체성도 없는 사회이다. 그런 사회를 벗어나야 한다. 그것은 바로 우리가 함께 만들어가는 세상(the home we built together)이어야 한다. '함께 만들어가는 세상 모델'은 모든 사람이 외부인으로 전락하는 '호텔 모델'과는 달리 구성원들이 소속감을 느낄 수 있는 곳이며 인종적 · 종교적 배경과 상관없이 구성원들이 책임의식을 갖고 공동 목표에 기여하는 사회이다(Sacks, 서대경 역, 2009).

(4) 포스트모더니즘의 종언

이글턴(T. Eagleton)은 기독교가 지나치게 국가 이념화되었다는 사실이 갖는 의미를 지적한 바 있다. 역사적으로 가난한 자의 복음이었던 기독교가 이미 오래전에 부유하고 공격적인 사람들의 편으로 돌아섰다는 얘기이다. 이글턴이 기독교에 대해 주목하는 바는 정치범으로 몰려 사형당한 예수가 보여준 인간 해방을 위한 통찰이다.

이글턴은 포스트모더니즘을 정치적 패배주의로 비판하면서 데리다(J. Derrida), 푸코(M. Foucault) 같은 학자들은 어떻게 윤리를 마련할지 해답을 제시하지 않았다고 지적하였다. 이 시대의 통설인 포스트모더니즘이 아무런 전망도 저항도 만들어내지 못하는 불임의 이념이라는 얘기이다. 이를 문제로 제기하면서 이글턴은 포스트모더니즘의 종언을 선언하였다(Eagleton, 이재원 역, 2010).

1960년대에 제3세계 민족해방운동, 베트남전쟁 반대운동의 물결을 타고 격렬해진 서구 학생운동이 문화이론을 낳았다. 당시 학생운동은 자본주의 지배체제에 복무하는 인문학을 거부하였고, 그 과정에서 인문학이 전면적인 자기 성찰을 감행했으며, 그 결과로 태어난 것이 문화이론이었다. 문화이론의 황금기는 1965년부터 1980년 사이 15년이었다. 이 문화이론을 수놓은 사람들로 라캉(J. Lacan), 레비스트로스(C. Levi-Strauss), 푸코(M. Foucault), 데리다(J. Derrida), 하버마스(J. Habermas) 등을 들 수 있다.[4] 문화이론은 1980년대에 들어와 소비주의가 만연하고 신자유주의가 득세하면서 몰락해버렸다. 그 이론의 폐허 위에 깃발을 꽂은 것이 포스트모더니즘이다.

포스트모더니즘이라는 지적 흐름은 총체성, 보편적 가치, 거대한 역사적 담론, 인간 실존의 튼튼한 기반, 객관적 지식의 가능성을 거부한다. 또 진리, 통일성, 진보에 회의적이다. 요컨대 영원한 보편적 진리도, 보편적으로 타당한 가치도, 인간 실존의 굳건한 토대도 없다고 보는 것이 포스트모더니즘이다. 모든 것이 가변적 · 부분적 · 상대적이어서, 거기서 진리나 보편을 찾는 것은 무의미하다는 것이다.

그런데 이글턴은 바로 이러한 포스트모더니즘의 주장은 모두 틀렸다고 단호하게 말한다. 이글턴이 예로 드는 것이 규범이다. 포스트모더니즘은 규범적인 것을 억압적인 것과 동일시한다. 그런데 규범에 대해 억압적이라고 규정하는 것은 문제가 있다. 어떤 규범은 억압적일 수 있지만 규범 자체가 억압적이라고

4) 자본주의 지배체제에 복무하는 인문학을 거부하고 인문학의 전면적인 자기성찰의 결과로 태어난 것이 문화이론이다. 레비스트로스(C. Levi-Strauss, 1908~2009)에 의하면 사회적 세계의 형태는 인간 정신의 구조에 의해 결정되며, 인간의 정신은 언제 어디서나 이항대립적으로 사고한다. 남성 대 여성, 현존 대 부재, 말하기 대 쓰기, 건강한 사람 대 병든 사람 등의 구분이 그것이다. 이는 장단, 대소, 음양 등 아예 한 단어로 이항대립을 표현하는 중국어 문화권의 사람에게는 아주 일상적이고 익숙한 개념이 아닐 수 없다(고선주, 2014: 122). 데리다(J. Derrida, 1930~2004)는 탈구조주의적 해체를 제안한다. 데리다에 의하면 이항대립은 첫 번째 말에, 예를 들면 여성보다는 남성에 특권을 부여하고 있다. 이를 남근-로고스 중심주의라 하는데, 로고스는 의미가 어떤 식으로든 저기 바깥에 존재하여 우리의 진술이 참임을 보증한다는 잘못된 믿음을 갖게 했다. 여성의 조건은 자연적인 것이 아니라 구성된 것이며, 남근-로고스 중심주의를 해체하는 비판을 통해서만 폭로될 수 있다. 데리다는 문학이나 철학의 확고한 본질을 부정한다. 그에 의하면, 문학과 철학이라는 범주가 안전하고 당연한 것으로 보이는 까닭은 그 범주들이 강력한 합의에 의해 지배를 받기 때문이다. 이때 합의는 토대에 기반한 사고에 전제되어 있는 것이지, 문학과 철학의 경계가 결코 확고할 수는 없다. 텍스트는 자기들끼리 서로 공유하는 특색과 성격이 있다. 그리고 문학 텍스트는 철학, 법률, 정치 텍스트와 그 성격의 일부를 공유할 수 있다(Derrida, 1978; 고선주, 2014: 123).

말하는 것은 맞지 않다. 규범이 없다면 유아살해범을 처벌할 수도 없고 홀로코스트를 규탄할 수도 없다. 규범이 늘 우리를 구속한다고 믿는 것 자체가 낭만적 망상이다. 이글턴은 포스트모더니즘이 가장 강력하게 주장하는 "진리는 도그마이다"라는 명제에 대해서도, 이 명제야말로 우리의 행동을 옭아매는 가짜 명제라고 단언한다. "인종차별주의는 악이다"라는 명제는 인종차별주의의 희생자들에게만 진리인 것이 아니다. 판단과 행동의 근거로서 진리는 존재한다. 그런 진리를 옹호할 수 없다면 여성이 억압받고 있다든가 기업의 탐욕이 지구 생태계를 망치고 있다는 주장마저도 할 수 없게 된다.

결국 모든 영역에서 점차 경계가 사라지고 있는 포스트모더니즘의 시대에도 이성은 제 자리를 찾아야 한다. 이성과 감성의 경계가 무너지고 조화를 이루려면, 이성과 합리성 또한 제 자리에 건재해야 할 터이다. 우리 사회 전체가 합리적인 방향으로 나아가야 한다는 기본을 존중할 때 포스트모더니즘의 본의를 드러내는 일도 가능할 것이다.

CHAPTER

6

교육목적론

1. 교육목적과 학교교육
2. 학교급별 교육목적

교육목적론

1. 교육목적과 학교교육

(1) 교육의 내재적 목적과 외재적 목적

교육목적에 대한 쟁점의 하나로, 교육은 그 자체가 가치 있는 것으로서 다른 무엇을 위한 수단일 수 없다고 생각하는 입장(교육의 내재적 목적)과, 교육은 그 무엇을 위한 수단에 불과하다고 생각하는 입장(교육의 외재적 목적)이 있다.

듀이(J. Dewey)는 교육의 과정은 그 자체를 초월한 어떤 목적도 가지지 않으며 교육은 그 자체가 목적이라고 하였다. 교육은 곧 생활이며 생활은 성장의 과정이므로 교육은 곧 성장의 과정이라고 말할 수 있다. 그렇다면 듀이에게는 교육을 일컬어 미래를 위한 준비 과정이라거나 교육 외적 목적(정치적, 종교적, 경제적 목적)의 수단이라거나 하는 생각은 용납될 수 없다. 듀이는 교육은 그 자체를 초월한 어떤 목적도 없으며, 교육의 목적은 더 많은 교육에 있을 뿐이라고 주장하였다. 듀이는 교육활동 자체의 절차와 과정을 무시한 교육목적의 외적 결정을 비판하였으며, 삶과 유리된 외재적 목적이 교육과정을 지배할 때 교육이 삶의 실제와 분리된다고 지적하였다(Dewey, 1916). 듀이의 교육이론은 현대사회의 민주주의 이념에 입각하여 일상의 실천과 교육적 실천 사이의 구분을 없애고자 하였고, 이론 교과에 우월적 지위를 부여해 온 교육적 전통을 부정하고자 하였다. 듀이의 교육이론은 삶과 교육의 가치 기준을 오로지 현재의 실제적 문제해결활동에 두는 경우에만 타당성을 갖는다고 보았다(차미란, 2011).

피터스(R. S. Peters)도 듀이처럼 교육의 목적 혹은 목표가 무엇이냐고 묻는 것은 바로 도덕의 목적 혹은 목표가 무엇이냐고 묻는 것과 같이 어색한 질문이라고 지적하면서 교육의 내재적 목적을 강조하였다. 교육을 입문(initiation)으로 보는 그는, 교육방법상 진보주의와 전통주의 교육을 모두 비판하였다(조용태, 2002: 210-211). 진보주의는 교육이 가치 있는 것을 의도적으로 전달해야 한다는 점을 간과하고, 전통주의는 아동의 자발성을 무시했다는 것이다. 교육목적에 대해서는 듀이와 같은 입장을 취하여 교육이 목적을 갖는다는 견해에 부정적으로, 교육이 하나의 수단이 되는 외부적 목적을 가진 활동이나 과정이라는 생각에 반대하였다. 피터스는 교육의 목적이나 목표가 무엇이냐고 묻는 질문에 대한 답변은 기껏해야 '지성' 혹은 '인격의 도야'와 같이 교육에 내재하는 어떤 가치 있는 것을 지적하는 것에 불과하다는 것이다(Peters, 1972).

듀이나 피터스와는 달리 그린(T. Green)은 교육은 하나의 도구와 같아서 인간이 택하는 어떤 목적으로도 이용될 수 있음을 말하였다. 교육은 야만인을 기르는 데나 문명인을 기르는 데나, 혹은 인간의 영웅적 가능성을 발휘하게 하는 데나 비겁자로 만드는 데나 이용될 수 있다는 것이다(Green, 1968). 그린처럼 교육은 정치적 · 경제적 · 군사적 · 문화적 발전의 수단일 뿐이라고 이해될 수도 있다. 교육이 이처럼 이해될 경우에는 교육, 그것이 바로 교육의 본질적 모습이므로, 거기에는 본질적 · 수단적 기능의 구별은 사실상 아무런 의미가 없게 된다. 교육의 기능을 본질적 · 수단적인 것으로 구분하는 것은 단지 교육은 그 자체의 목적을 가진다는 내재적 목적을 인정하는 교육관에서만 의미가 있기 때문이다(이돈희, 1983: 156).

교육의 내재적 목적은 교육의 본질적 측면에 해당하고 교육과 목적 간에 필연적 관련을 갖는다고 말할 수 있다. 반면 교육의 외재적 목적은 교육의 비본질적 측면에 해당하고 교육과 목적 간에 우연적 관련을 갖는다고 말할 수 있다. 일반적으로 교육 개념 그 자체에 함의된 교육목적으로서 교육의 내재적 목적을 중시하고 있으며, 교육의 외재적 목적의 성취를 위해서는 훈련이 적당하다고 주장하기도 한다. 개인의 성장, 잠재능력의 개발, 인격의 발달, 인간적 가치의 실현 등의 교육목적은 내재적인 것이 되며, 교육이라는 활동 그 자체 속에 내재해 있지 않는 정치발전, 경제성장, 직업의 획득과 같은 교육목적은 외재적인 것이 된다.

교육의 내재적 목적과 외재적 목적의 어울림은 쉽지 않다. 하지만 인간의 어떤 활동이든지 간에, 그것이 지니는 내재적 가치와 외재적 가치의 구분은 단지 논리적 구분에 불과한 것이며 그 활동이 동시에 지니고 있는 양면적 특성이다(이돈희, 1999: 146). 그리고 내재적·외재적 가치의 구분은 가치론적 위계를 결정하는 것과 반드시 일치하는 것도 아니다. 즉 내재적 가치는 언제나 더 가치 있고, 외재적 가치는 격이 낮은 가치라고 할 수 있는 것이 아니라는 말이다.

(2) 헌법 제31조, 교육기본법 제2조

교육이 추구하는 많은 가치 있는 활동은 그 자체의 가치와 함께 여러 수단적 가치로도 사용된다. 또한 수단적·외재적 목적의 가치도 본질적·내재적 가치를 달성하는 데 기여할 수 있다. 내재적 목적과 외재적 목적을 엄격히 구분하기는 어렵다는 것을 알 수 있다. 교육의 외재적 목적이 교육의 실질적 가치를 증진시키며 개인으로 하여금 교육을 받게 하는 동기를 크게 부여할 수도 있다.

국가적 차원의 교육목적론, 우리나라 교육의 일반적 이념은 헌법의 관련 조항과 교육기본법에 나타나 있다. 헌법 제31조는 교육의 이념적 지향에 대해 아래와 같이 제시하였다.

> 제1항: 모든 국민은 능력에 따라 균등하게 교육을 받을 권리를 가진다.
> 제2항: 모든 국민은 그 보호하는 자녀에게 적어도 초등교육과 법률이 정하는 교육을 받게 할 의무를 진다.
> 제3항: 의무교육은 무상으로 한다.[1]

1) 우리나라는 중학교까지 9년간을 의무교육기간으로 정해놓았다. 의무교육이라고 점잖게 번역하지만 그것은 발생사적으로 강제교육(compulsory education)에 해당한다. 의무교육은 법에 의한 취학의 강제성, 독·서·산을 중심으로 하는 초등교육성, 재정·경영의 공공지원성, 정치적 중립성의 원리 위에 서있다(김정환, 1982: 79). "의무교육은 무상으로 한다"(헌법

제4항: 교육의 자주성, 전문성, 정치적 중립성 및 대학의 자율성은 법률이 정하는 바에 의하여 보장된다.[2)]

제5항: 국가는 평생교육을 진흥하여야 한다.

제6항: 학교교육 및 평생교육을 포함한 교육제도와 그 운영, 교육재정 및 교원의 지위에 관한 기본적인 사항은 법률로 정한다.

제31조 제3항)는 말에 대해서는 수업료뿐만 아니라 국가재정이 허락하는 한 교과서, 학용품, 급식의 무상 제공까지도 포함한다는 것이 헌법학계의 다수설이다(김철수, 1998: 513). 그런데 현행 초·중등교육법은 수업료 면제만을 규정하고 있다(초·중등교육법 제12조 제4항). 현실을 말하자면 국민에게 현실적인 강제력을 갖는 것은 헌법이 아니라 법률이다. 법률(초·중등교육법)에 교과서, 학용품, 급식의 무상을 규정하지 않는 것이 위헌이라는 헌법재판소의 결정이 내려지지 않는 한, 현행 법률에 따르는 것이 마땅하다고 말할 수 있다.

2) 대한민국 헌법 제31조 제4항에는 교육의 자주성·전문성·정치적 중립성 등이 규정되어 있다. 대한민국의 경우, 교육의 정치적 중립성에 대한 기존의 논의는 정치적 중립성을 교육의 자주성과 같은 맥락으로 보면서 교육과 정치의 영역 관계에 치중한 결과 정작 '중립성'의 실질적인 의미를 간과하였다. 교육의 정치적 중립성을 교육영역에서 '정부의 중립성'이라는 실체적 측면에 주목할 필요가 있다(조석훈, 2015). 일반적으로 교육의 정치적 중립성이란 교육이 특정 정파적 이해관계나 영향력으로부터 떨어져 중립적인 입장에서 이루어져야 한다는 것을 의미한다. 그러나 우리 현실에서는 교사의 정치적 중립성은 지나치게 강조되는 반면, 교육행정의 정치적 중립성은 공법 영역에서 제대로 다루어지지 못하였다. 특히 정치적 중립성을 막연히 교사의 정치적 활동 범위의 제약으로 이해할 것이 아니라, 교육행정의 정치적 중립성을 제고하는 방향으로 제도화될 필요가 있다(정상우, 2015). 교육의 정치적 중립성을 규정한 헌법 제31조 제4항의 규정취지에 비추어 보면, 감수성과 모방성 그리고 수용성이 높은 초·중등학교 학생들에게 교사가 미치는 영향은 매우 크고, 교사의 활동은 근무시간 내외를 불문하고 학생들의 인격 및 기본생활습관 형성 등에 중요한 영향을 끼치는 잠재적 교육과정의 일부분인 점을 고려하는 등의 이유로 초·중등학교 교육공무원의 정당가입 및 선거운동의 자유를 제한하는 것은 헌법적으로 정당화될 수 있다고 하였다(헌재 2004.03.25., 2001헌마710, 전원재판부). 그러나 헌법재판소에서 제시된 다수의 합헌 의견은 공무원과 교사에 대한 정치적 기본권이 포괄적으로 제한되고 있음을 전혀 고려하지 않고 있다는 점에 문제가 있다. 이는 독일과 프랑스 등 외국의 입법례에 비추어보더라도 지나친 것이다. 헌법재판소는 공무원과 교사의 정치활동 등의 금지에 대하여 공무원의 정치적 중립성 등 설득력이 부족한 논리로 공무원과 교사의 정치적 기본권을 전면적으로 부정하고 있다. 이는 앞에서 열거한 이유로 현대 민주주의 국가에서는 납득할 수 없는 일이다(문병효, 2015).

대한민국 헌법 제31조 제1항에서는 "모든 국민은 능력에 따라 균등하게 교육을 받을 권리를 가진다"고 규정함으로써 모든 국민에 대하여 교육의 기회균등을 보장하고 있다. 문화국가·복지국가에서 차지하는 교육의 중요성을 감안하여 우리 헌법은 교육을 받을 권리를 모든 국민의 권리로 규정함과 동시에 그것은 곧 국가와 국민의 공동의무임을 명백히 밝히고 있는 바, 교육권 실현의 구조는 학생의 학습권을 중핵으로 하는 교육을 받을 권리를 중심으로 하고 국가, 교사, 학부모 등의 교육권은 학습권의 실현을 위하여 교육을 받을 권리의 외곽을 이루는 구조라고 할 수 있다(이종근, 2012). 헌법과 법률이 국가, 교사, 학부모 등의 교육 관련 주체에게 교육과 관련하여 일정한 권한을 부여하는 경우에도 이들에게 부여된 권한은 자기목적적인 것이 아니라 궁극적으로 학생의 학습권 실현을 위한 것이다. 교육의 운영과정에는 국가, 지방자치단체, 학교설립자, 교사, 학부모, 학생 등 여러 주체가 관여하지만, 교육제도 전반에 대한 규율은 헌법 제31조의 교육을 받을 권리의 개념으로부터 출발하고, 교육관계의 핵심 주체는 학생이며 교육을 받을 권리의 핵심 내용은 학생의 학습권이기 때문이다. 결국 교육권을 회복하고 보장해야 한다고 목소리를 높이는 이유는 올바른 교육을 통하여 학생의 학습권 보장과 학부모의 자녀교육권의 실현을 위한 것임을 인식할 필요가 있다(이종근, 2012).

현행 헌법은 "모든 국민은 그 보호하는 자녀에게 적어도 초등교육과 법률이 정하는 교육을 받게 할 의무를 진다"(헌법 제31조 제2항)고 규정함으로써 자녀에 대한 교육은 제1차적으로 그 부모와 보호자의 의무라는 점을 명백히 밝히고 있다. 그러나 부모와 보호자의 이 같은 의무는 국가가 이에 상응하는 적절한 교육시설을 마련하는 경우에만 비로소 그 실효성을 나타낼 수 있다고 하는 특징을 가지고 있다. 현행 헌법이 무상의무교육제도(제31조 제3항)를 비롯한 여러 가지 교육여건을 갖추어야 하는 국가의 교육책임을 강조하고 있는 것도 '교육을 받게 할 의무'에 알맞은 교육제도를 마련하는 것이 입법권자의 가장 시급한 과제라는 것을 인식한 때문이라고 말할 수 있다. 따라서 '교육을 받게 할 의무'와 국가의 교육책임을 강조하는 헌법정신에 맞는 교육제도를 마련하는 일이야말로 국가의 중요한 당면과제가 아닐 수 없다(허영, 2005: 598).

헌법 제31조는 이렇게 교육의 권리와 의무, 의무교육의 무상, 교육의 자주성, 전문성, 정치적 중립성 및 대학의 자율성, 평생교육의 진흥, 교육제도의 운영과 교원의 지위 등에 대한 규정을 두고 있다. 교육활동은 당파적 편향이나 특정 이데올로기에 기반한 교육을 배제하는 것이어야 한다. 피교육자는 선전, 세뇌의 대상이나 주입의 용기가 아니다. 그들은 다양한 사고방식과 입장, 논쟁 주제에 대해 다른 견해를 객관적으로 제시받을 권리를 갖고 있다. 여기서 교육의 중립성은 특히 교육에 직접 책임을 갖는 교사에게 요청된다. 교사는 피교육자에게 가치 있는 것, 선한 것을 가르치는 사람이다. 가치나 선을 절대적인 확신을 갖고 특정적으로 강요할 수 없다. 특히 가치관 형성에 관해서는 교사가 가능한 한 겸허해야 하고 금욕적이어야 한다. 그리고 교육의 중립성과 관련하여, 교육활동은 정치·당파적 세력에 의한 지배력의 행사나 부당한 간섭, 압력, 영향 등을 벗어나 이루어져야 한다.

덧붙여, 오늘날 의무교육과 관련하여 종교, 부모의 교육관, 자녀의 특성 등을 이유로 의무교육기관 이외의 장소에서 자녀를 교육하고자 하는 시도가 적지 않게 행해지고 있다. 그런데 문제는 우리 교육관계법상 취학강제규정이 있어서 의무교육을 받지 않을 경우 법률위반으로 처벌될 수밖에 없다는 데 있다. 하지만 이런 법률상 취학강제규정은 헌법상 보장되는 아동의 학습권, 부모의 교육권 침해문제와 헌법 제31조 제2항의 '교육을 받게 할 의무' 규정에 관한 위헌가능성 문제가 제기될 수 있다. 왜냐하면 우리 헌법은 제31조에서 교육을 받을 권리(제1항)를 보장하고 있고, 의무교육제도(제2항, 제3항)는 교육을 받을 권리를 실질화하기 위한 규정으로 해석되기 때문이다. 헌법사상사적 기준에 입각하여 우리의 의무교육제도가 종래 절대주의적 의무교육제도, 복지주의에 입각한 의무교육제도, 인권사상에 근거한 의무교육제도라는 세 유형 중 어디에 해당하는지에 대한 검토와 함께 헌법 제31조 제2항에 규정된 '교육을 받게 할 의무'가 과연 취학강제를 의미하는지의 여부에 관하여 검토하는 작업이 요망된다(안주열, 2016).

1949년 12월 31일, '교육법'이라는 명칭의 독자적인 법이 제정되었다. 이 교육법은 1997년 12월 13일에 교육 및 교육제도에 관한 기본사항을 정한 법률인 '교육기본법'이 제정되면서 바로 폐지되었다. 1949년에 제정한 교육법 제1조는 1997년의 교육기본법에서 제2조로 이동하였다. 당시의 교육법 제1조=교육기본법 제2조는 다음과 같다.

> 교육은 홍익인간의 이념 아래 모든 국민으로 하여금 인격을 완성하고, 자주적 생활능력과 공민으로서의 자질을 구유케 하여, 민주국가 발전에 봉사하며 인류공영의 이상 실현에 기여하게 함을 목적으로 한다.

1949년 12월 31일에 제정된 교육법은 홍익인간의 교육이념을 담은 조항 이외는 거의 미국과 일본의 관련 법률을 준용한 셈이었다(김규원, 2017: 169). 단군신화에 대한 상징 해석을 통해 홍익인간의 교육이념을 규명하는 일도 중요한 것이지만, 해당 조항마다의 표현은 현대적인 언어 감각으로는 받아들이기 어려운 부분이 많다. 이에 2007년 12월 21일에 교육기본법의 해당 조항의 전문을 현대적인 의미를 살려 개정하였다. 개정된 교육기본법 제2조는 다음과 같다.

> 제2조(교육이념) 교육은 홍익인간의 이념 아래 모든 국민으로 하여금 인격을 도야하고, 자주적 생활능력과 민주시민으로서 필요한 자질을 갖추게 함으로써 인간다운 삶을 영위하게 하고 민주국가의 발전과 인류공영의 이상을 실현하는 데에 이바지하게 함을 목적으로 한다.

1946년 조선교육심의회는 많은 논란 끝에 "우리가 지향해야 할 교육은 흐려진 국가 관념을 강력히 고취하는 민족적 성격을 띤 것이어야 한다"는 취지로 홍익인간을 교육이념으로 선택하였다. 4년 뒤 대한민국 정부 최초의 교육법을 제정할 때 국회 심의과정에서 홍익인간 교육이념에 대한 문제점이 다시 제기되었으나 초대 문교부장관(1948년 8월~1950년 5월) 안호상 박사의 노력으로 정착되었다(김규원, 2017: 168-169). 당시 홍익인간의 교육이념은 다섯 가지 교육실천 원칙(cardinal principle)을 갖고 있었다.

1. 민족적 독립자존 기풍과 국제우호・협조의 정신이 구전(具全)한 국민의 품성을 도야함.
2. 실천궁행(實踐躬行)과 근로역작(勤勞力作)의 정신을 강조하고, 충실한 책임감과 상호애조의 공덕심(公德心)을 발휘하게 함.
3. 고유문화를 순화앙양하고 과학기술의 독창적 창의로써 인류문화에 공헌을 기함.
4. 국민체위의 향상을 도(圖)하며, 견인불발(堅忍不拔)의 기백을 함양하게 함.
5. 숭고한 예술의 감상과 창작성을 고조하여, 순후원만한 인격을 양성함(오천석, 1964: 401).

홍익인간의 이념 아래 강조된 다섯 가지 교육실천의 원칙은 교육심의회에 참여했던 미군정청 인사들과 미국 교육관계자들에게 괴이한 일로 인식된 바 있다. 미군정청이 생각했던 한국교육의 재건과 한국측 교육전문가들이 생각했던 한국교육의 중흥 사이에는 상당한 격차가 있었기 때문이다. 미군정청 교육관계 인사들은 한국측 개혁자, 교육전문가, 인사들이 제시했던 다섯 가지 교육실천 원칙은 교육재건・복구를 겨냥하고 있지 않다고 판단하였다. 단지 정치적인 입장에서 민족주의(nationalism)의 발흥을 도모하는 이념적 열기로 해석하거나 교육에 대해 대단히 추상적인 처방전을 제시한 것이라고 파악하였다(한준상, 1990: 298-299).

(3) 홍익인간의 이념

한국의 교육기본법에 명시된 홍익인간의 이념이 구체성을 결여하였다는 지적이 있다. 한국교육십년사 간행회(1960)의 판단에 따르면, 홍익인간의 이념은 추상적 · 초시간적인 개념이었다. 추상적 · 초시간적인 개념으로서의 홍익인간의 이념은 시 · 공적인 제한 없이 교육계를 지배할 수 있었다. 그러나 바로 그 성격 때문에 홍익인간의 이념은 한국 교실현장에 적용되기에는 모호할 수밖에 없었다. 또한 구체적인 처방을 의도적으로 기피하는 기이한 모습들이 나타날 수도 있었다(한준상, 1990: 290).

홍익인간의 교육이념은 교육의 본연에 대한 통념과 상식이면서도 우리의 현실을 꾸짖는 중대한 경고이기도 하다. 그것은 결코 "널리 인간을 이롭게 한다"는 뜻이 아니다. 홍익인간의 '인간'은 '사람'이 아니라, 이 '세상'이다. 그것은 현재의 문제인 생태 · 환경문제를 규정하는 힘을 갖기도 한다. 인간 행위 또는 인간 완성의 당위 규범인 인의(仁義)의 핵심은 조화와 질서의 추구에 있다. 부자 · 형제 등 가족관계에서 인의의 근거인 조화와 질서를 찾고, 나아가 인의의 궁극적 실현을 인민(仁民)과 애물(愛物)에서 찾는 것은 가족이라는 좁은 관계에서 뿐만 아니라, 모든 사회관계에서 자연적인 조화와 질서의 추구를 인간 행위의 전범으로 보고 있기 때문이다.

데카르트(R. Descartes)의 "나는 생각한다. 그러므로 나는 존재한다"(Cogito ergo Sum)는 말은 신에 대한 인간의 독립선언문이었다. 서양윤리를 지배해 온 에토스에 공통된 하나의 특징은 자연에 대한 인간의 우위를 강조하는 사고방식이다. 대체로 자연은 기계적인 것이었다. 자연이라는 기계를 잘 이용하기 위해서는 그 기계를 지배하는 법칙을 충분히 파악해야 한다. 자연이 기계로 간주되는 한, 자연에 대한 인간의 도덕적 의무란 존재할 수 없다. 도덕의 본질이 행복(최고선)의 추구와 실현에 있건, 중세처럼 신이 명한 것을 행하는 것에 있건, 계약론적 윤리설처럼 사회가 명령하는 것을 행하는 것에 있건, 아니면 칸트처럼 이성이

명하는 것을 행하는 것에 있건 간에, 서양에서는 윤리학의 영역에서 자연의 위상이 무엇인가 하는 물음이 심각하게 제기된 적이 없었다(문성학, 2007: 245). 그러나 동양적 관점에서 보면, 자연은 인간이 이용하는 기계라기보다는, 인간이 그 안에서 태어나고 살고 죽어야 하는 거대한 생명체이다. 자연과 인간의 생명이 연대해 있음을 아는 일, 그것은 바로 홍익인간의 이념이기도 하다.

미래 인류의 생존이 문제시되고 자연이 우리의 책임의 대상이 되어 있는 오늘날에는 두려워할 줄 아는 것 자체가 책임 윤리의 첫 번째 과제가 된다. 희망의 원리라는 낙관주의에 도취된 현대인들은 미래에 대한 두려움을 상실했다. 현대인들에게 요구되는 것은 두려움의 발견술(Heuristik der Furcht)이다. 요나스(H. Jonas)는 "네 의지의 격률이 언제나 동시에 보편적 입법의 원리가 될 수 있도록 행위하라"는 칸트의 정언명법을 "자신의 행위 결과가 미래 인간의 지속적인 독립이나 활동과 일치할 수 있도록 행위하라"는 생태학적 정언명법으로 변경시킨다. 요나스는 신생아의 존재야말로 "우리의 책임의 원형적 대상"(Urgegenstand der Verantwortung)이라고 말하였다. 우리 모두가 그랬던 것처럼 갓 태어나 그저 내쉬는 아기의 숨소리는 세상을 향해 자기를 받아달라는 가장 직접적인 요구이며, 이에 대해 우리 모두는 거부할 수 없는 어떤 책임감을 느끼게 된다. 이 책임감이 모든 책임감의 존재론적 근거이며 원형이다. 이는 지금-여기-사실적으로-확실하게 현존하는 하나의 존재(신생아)에 의해 발생하는 당위이다(문성학, 2007: 253-254).

칸트는 적의가 있는 본성과 인간 자신의 파괴적인 성향들로 인해 인간의 불행은 끝이 없다고 생각했다. 칸트는 『판단력 비판』*(Kritik der Urteilskraft)*에서 다음과 같이 말한 바 있다.

> 자연은 인간을 특별히 소중한 것으로 간주하지 않았다. 또한 인간을 다른 동물들보다 더 소중히 여기지 않았다. 오히려 자연의 파괴적인 작용들-

> 페스트, 기아, 수해, 서리, 크고 작은 동물의 습격 등―이 일어날 때, 다른 동물들과 마찬가지로, 자연은 인간에게 거의 인정을 베풀지 않았다.

인간은 단순히 자연의 일부가 아니다. 인간은 욕구와 성향을 가진 생물이다. 또한 인간은 성향이 원하는 것이 아니라 이성이 명령한 것을 자유롭게 선택할 수 있는 합리적인 존재이기도 하다. 이성을 발휘하는 습성이 몸에 밴 것을 일컬어 덕이라고 한다. 덕이란 이성을 따르기 위해 자연적인 성향들을 극복하려고 노력하는 것이다. 적의가 있는 본성 또한 역경을 극복하기 위해 우리가 도전하는 데 도움이 된다. 적의가 없다면, 인류의 탁월한 성향들은 영원히 정지되거나 발달하지 못할 것이다. 인간은 편하고 안락하게 살기를 원한다. 그러나 자연은 인간이 무기력과 수동적인 만족에서 벗어나 꾸준히 일하도록 만든다 (Degenhardt, 성기산 역, 1987: 70).

인간은 단순히 자연의 일부가 아니며 욕구와 성향을 가진 생물이다. 하지만 인간은 이성이 명령한 것을 선택할 수 있는 합리적인 존재이기도 하다. 자연, 환경, 세상은 이제 우리가 감당해야 할 책임 윤리의 대상이다. 정치사회적 관점에서 말하자면, 소득 불평등이 심할수록 친성장·반환경적 투표 행태를 보인다는 견해가 있다. 선거에서 가장 중요한 중간소득자들은 소득이 낮을수록 더 잘 살기 위해 투표를 하는 경향을 보인다는 것이다. 그만큼 자연, 환경, 세상에 대한 우리의 책임을 감당하기 어려운 현실이라는 것을 말해준다. 홍익인간의 교육이념을 실현하는 과정은 환경적·생태적 재앙을 제거하는 일이기도 하다. 그것이 바로 '인간만'이 아닌 '인간 세상'을 널리 이롭게 하는 일이 될 것이다.

2. 학교급별 교육목적

(1) 유아교육

유아교육은 공간적 측면에서는 가정에서 비형식적으로 이루어진 경향이 강하며 유아교육을 담당했던 주체들은 주로 유모들로 이들은 어머니만큼이나 유아교육에서 큰 역할을 담당했다. 유모(trophos)는 양육(trophē)과 같은 어근(trephō)의 단어이다. 양육은 원래 음식이라는 뜻으로 아이가 음식을 먹고 잘 성장하도록 하는 활동을 의미한다. 유아(乳兒)들에게 가장 필요한 음식을 제공하는 사람이 바로 유모였던 셈이다. 유모는 처음에는 젖을 주는 사람의 역할만을 수행하지만 시간이 지나면 그 아이의 보호자로서 보육을 담당하고 옛날이야기를 들려주며 아이의 기초적인 양육과 교육을 책임지면서 아이들의 삶에 적잖은 영향을 끼친다. 아이들은 유모를 신뢰하고 유모와 강한 애착관계를 형성하며 이 신뢰의 관계는 아이가 성인이 되어서도 쉽게 바뀌지 않는다. 자연스럽게 유모는 아이들의 양육자이자 교사의 역할을 맡게 된다. 그리스의 교육에서 유모가 차지하는 위상은 매우 높았다. 그러나 유아교육은 보육, 양육, 훈육의 관점만을 의미하지는 않으며 조기교육과 준비교육의 성격 또한 갖고 있다. 아테네에서는 스파르타의 유아교육 방식과 스파르타 출신의 유모가 인기 있었다. 아테네 귀족 계층에서 스파르타 출신 유모들을 고용하기 위해 노력한 것은 스파르타 출신 여성들의 강인한 체력에도 이유가 있지만 스파르타의 전사 양성 방식을 체득한 이들의 습관과 생활방식이 아테네에서 훌륭한 시민으로 인정받는 데 매우 유용했고 이를 자식들에게 조기교육하는 데 매우 유리했기 때문이다(Cartridge, 이은숙 역, 2011). 스파르타의 유모들은 잘 훈련받은 숙련된 여자들이었다. 이들은 자신이 기르는 아이를 포대기로 싸는 대신에 아이의 사지와 몸 전체를 완전히 자유롭게 놔두었다. 유모는 아이들이 식성 까다롭지 않고 어둠을 겁내지 않으며 고독을 두려워하지 않고 사소한 변덕과 울음을 참을 수 있는 아이로 길렀다(Flacilière, 심현정 역, 2003). 아테네 역시 시민들의 군사적 역량이 매우 중요한 사회였던만큼, 군인 양성 교육에 더욱 적합한 스파르타의 유아교육 방식이 인기를 끌었다. 이러한 일련의 경향과 흐름을 통해 당시의 현실은 가장 훌륭한 폴리스의 완성과 유지를 위한 핵심 수단으로 교육을 강조하는 플라톤의 이상과는 판이했음을 알 수 있다(장지원, 2014: 71–73).

안데르센(H. C. Andersen)의 동화 『헨젤과 그레텔』*(Hansel and Gretel)*은 어린이에 관한 일이 사회적으로 우선순위에서 크게 밀려났던 문화적 궤적을 단적으로 보여준다. 기근이 들어 헨젤과 그레텔의 계모와 아버지가 아이들을 산 속에 버리기로 한 것은 저자의 상상에서 비롯된 것이 아니라 예전 유럽의 곳곳에서 일어났던 삶의 현실을 근거로 한 것이다. 16세기 전후에 유럽에는 길에 버려진 아이들이 많아서 길을 걸을 수 없을 정도였으며 이는 그 당시의 심각한 사회문제이기도 하였다. 또 미성숙한 어린이들을 보살피는 것은 대단히 어려운 일이었으므로, 어린이를 낳은 부모와 양육하는 성인이 따로 존재하였다.

15세기 프랑스에서는 동네 사람들이 모유로 아이를 키우는 것을 보고 이를 야만스럽다고 여겼으며, 남편들도 모유로 키우는 습관을 요상한 습관이라고 싫어하였다. 모유로 어린이를 키우지 않는 습관은 코메니우스(J. A. Comenius), 루소(J. J. Rousseau) 시대에도 있었다. 코메니우스는 『유아학교』*(The School of Infancy)*에서 상류계층의 어머니들이 자신의 아이를 먹이는 일을 지루하게 여겨 다른 여인의 젖을 빨며 기르도록 내주는 일에 대해 신과 자연의 섭리에 어긋나며, 어린이들에게 해로우며, 어머니 자신에게 나쁘고, 가장 고차원적인 유기로서 인간에게 불명예스러운 일이라고 지적한 바 있다. 가정의 사회적 지위가 높을수록 자녀는 어머니가 아닌 다른 사람이 키우는 것으로 되어 있었다(이원영, 1985: 15). 1780년 프랑스의 기록에 의하면 그 해 21,000명의 어린이가 출생했으나 700명만이 어머니에 의해 길러졌다고 되어 있다. 우리나라의 경우도 양반계급의 가정에는 반드시 젖어멈 또는 유모가 있었음을 누구나 알고 있다. 루소도 『에밀』

*(Emile)*에서 모유로 어린이를 키우지 않는 당시의 관습을 비판하였다.

> 어머니들이 그 첫 번째 의무를 소홀히 하여 자기 자식에게 젖먹이는 것을 꺼려 자식을 돈으로 사들인 유모에게 맡긴다. 유모는 남의 자식의 어머니이기 때문에 혈연의 애정이라고는 조금도 없이 오직 수고만 피하려 든다. 아기를 자유롭게 놓아두면 계속 그를 보살펴주어야 한다. 그러나 잘 묶어서 한 구석에 밀어두면 울음소리에 시달리지 않아도 된다. 유모의 태만이 눈에 드러나지 않고 유아의 팔, 다리가 부러지지만 않으면 아기가 죽거나 평생을 허약하게 지낸들 무슨 상관이겠느냐는 식이다. …… 어린아이가 조금만 성가시게 굴어도 어린아이는 헌 보통이처럼 벽의 못에 매달리고 유모는 태평하게 자기 할 일이나 한다. 이런 상태에 놓인 아이들은 모두 얼굴빛이 보랏빛으로 변하고 가슴이 눌려 혈액순환이 좋지 못해 피가 머리로 올라가 있다. 그쯤 되면 아이는 울 힘조차 없어 참을성 많은 아이처럼 그저 조용히 있다. 나는 어린아이가 그런 상태에서 몇 시간 동안이나 죽지 않고 버틸 수 있는지는 모르겠지만 그저 오래 견디지는 못하리라고 본다.

유럽의 유아교육은 오랜 역사를 갖고 있으며 여러 형태로 전개되었다. 17세기의 감각적 실학주의 교육사상가인 코메니우스(J. A. Comenius)가 말한 모친학교, 즉 어머니무릎학교는 어머니에 의한 가정교육을 교육의 1단계로 설정한 것이다. 교육에서 가정의 영향은 매우 크다. 코메니우스의 이론은 새로운 별도의 유아교육기관의 설립보다 가정에서 어머니에 의해 수행되는 유아교육의 중요성을 강조한 것이다. 코메니우스는 『대교수학』*(Great Suggested Didactic)*에서 교육단계를 ① 0~6세: 어머니 학교(The School of Mother), ② 6~12세: 국어학교(The Vernacular School), ③ 12~18세: 라틴학교(The Latin School or Gymnasium), ④ 18세 이후: 대학 및 여행(The University and Travel)으로 나누어 말하였다.

『대교수학』에서 코메니우스는 0~6세까지의 교육에 대해 잠깐 다루었으나 그 중요성을 감안하여 따로 책을 저술하였다. 『대교수학』에서는 0~6세까지의 교육은 어머니에 의해 이루어져야 한다는 뜻에서 어머니학교(The School of Mother)라고 이름을 지었으나 1633년 이에 대한 지침서를 저술할 때에는 유아학교(The School of Infancy)[3)]라고 하였다. 유아학교는 어머니의 무릎이 최초의 가장 중요한 학교라는 개념에 근거하고 있으며 6세까지의 어린 자녀들은 어머니에 의해 교육받아야 한다는 것을 강조한 것이다. 유아교육의 중요성과 이에 기여하는 부모의 영향을 강조하는 요즘, 코메니우스의 이론은 당연한 것으로 여겨지지만

3) 태어나서 약 1년 반까지의 시기를 유아기(乳兒期)라 부른다. 유아(乳兒: infant)에 대한 라틴어 어원(infans)은 "말을 못 한다"는 뜻이다. 물론 1년 반경이 되면 말을 배우게도 되지만, 이 시기가 주로 수유(授乳)와 이유(離乳)를 중심으로 양육이 이루어지는 시기라고 말할 수 있다(유안진, 1982: 196). 정신분석학의 정통파(프로이드파)에서는 성인의 성격을 구강적 성격(oral character), 항문적 성격(anal character), 요도적 성격(urethral character), 남근적 성격(phallic character), 생식기적 성격(genital character) 등으로 나눈다. 그 중에서도 구강적 성격의 성인에 대해 설명하자면, 이들은 지나치게 의존적이며 억압된 상태를 이겨내기 위하여 음식, 술, 담배, 키스 등에 관심이 크다. 페니첼(O. Fenichel)은 구강기의 아이가 지나친 구강적 만족을 얻게 될 경우에는 낙천주의와 자신감을 갖게 되며, 지나친 구강적 불만을 경험했을 경우에는 비관주의와 가학적 태도를 갖게 된다고 주장하였다. 어렸을 때의 구강적인 경험이 후에 자라나면서 어떤 영향을 주느냐는 상당히 많이 논의의 대상이 되었다. 특히 유아교육 분야에서 그동안 많은 견해가 제시되었다. 그러나 모유를 먹이느냐 우유를 먹이느냐(breast feeding versus bottle feeding), 규칙적으로 먹이느냐 먹고 싶어 할 때 먹이느냐, 젖을 일찍 떼느냐 늦게 떼느냐 등에 관한 실험적·인류학적 비교연구에 의한 확실한 결론을 얻지는 못하였다. 젖을 먹이고 떼고 하는 것과 자란 후의 성격 사이에 직접·간접의 관련을 붙인다는 것은 너무 단순한 생각이고, 부모의 아동을 대하는 태도, 문화, 가치관 등의 상호관계를 무시하기 쉽다. 골드만(R. Goldman)은 구강적인 성격과 젖을 떼는 시기 간의 상관관계를 제시하였다. 115명의 남녀에게서 19개의 구강적 특징(oral trait)을 얻고 난 후 이를 소극적인 특징(비관, 수동)과 적극적인 특징(낙관, 사교)이라는 극단의 경우로 배치하였다. 이를 젖을 떼는 시기와 관련지은 결과 4개월 이전에 일찍 젖을 뗀 아이와 비관주의 사이에, 늦게 젖을 뗀 아이와 낙천주의 사이에 상관[비관주의에서는 r=.27, 난관주의에서는 r=.31]이 있다고 하면서도 이들 자료만 가지고서는 상관관계를 확립할 수 없다고 지적하였다. 상관관게가 낮은 수준에 머문 것은 그만큼 다른 미지의 요소가 작용하고 있다는 것을 암시한다(윤태림, 1964: 76-96).

당시로서는 혁신적인 것이었으며 받아들이기 힘든 이론이었다(이원영, 1985: 34).

일찍이 플라톤도 『국가론』에서 어린이는 그들의 안녕을 위해 부모와 떨어져서, 어린이들을 기르는 기술을 습득한 보모의 손에서 자라야 한다고 강조한 바 있다. 플라톤 시대부터 코메니우스 시대에 이르기까지 사상가들은 가정에서 유아를 교육하는 것은 효과가 없는 것으로 보았다. 그러한 사회적 분위기에서 어린이의 교육은 어머니에 의해 가장 효과적으로 이루어질 수 있다는 코메니우스의 주장은 그야말로 용감한 이론이었다. 하지만 코메니우스의 용감한 이론은 그가 30년 전쟁(1618~1648)의 고비를 겪으면서 만들어낸 교육론이라는 점을 감안해야 한다. 『대교수학』이 30년 전쟁이 한창이던 1628년에 발간되었음에 유의할 필요가 있다. 코메니우스의 범지론(Pansophism)=범지학 사상(Pansophic ideas)을 관통하는 핵심 개념은 평화이다. 코메니우스의 평화 개념과 평화사상의 특징을 통해서 삶의 기초, 관계의 회복, 실천적 삶을 논할 수 있어야 하고, 전쟁과 폭력과 갈등 상황에서 평화의 의미를 읽을 수 있어야 한다.[4] 또한 코메니우스의 전체적이고 통전적인 기독교 평화이론을 통해 시대의 문제를 근원적으로 볼 수 있는 눈과 분석의 틀을 갖출 필요가 있으며, 이는 코메니우스의 교육론을 파악하는 중요한 정신적 기반이라고 말할 수 있다(김기숙, 2013). 코메니우스는 범지론=범지학 사상을 통해 교육을 자신의 덕과 타인의 유익을 성취하기

---

4) 코메니우스의 범지론은 사람의 타락으로 인하여 파괴된 신과 사람의 관계, 사람과 사람의 관계, 그리고 자연과 사람의 관계를 개선하는 것을 목적으로 하기 때문에 이는 평화의 개념과 뗄 수 없는 관계에 있다. 코메니우스에게 평화는 단순히 국가와 국가 간의 전쟁 없는 상태를 의미하는 것만이 아니라 온 세상, 즉 신과 사람과 자연 전체가 하나의 생명공동체로서 조화와 일치를 이루는 상태를 의미한다. 따라서 범지론의 목적은 평화라고 할 수 있으며, 그가 지향하는 교육은 그 자체로 평화교육이다. 코메니우스는 세상에 평화를 이루는 것은 사람으로부터 시작되어야 하는 바, 타락으로 잘못된 자리에 있는 사람을 밖으로 인도하여 내어서(e-ducatio), 다시 제자리에 앉히는(in-stitutio) 일이 필요한데, 이것이 바로 교육이라고 하였다. 코메니우스는 특별히 그러한 평화교육 원리로 '모든 사람에게(omnes)', '모든 것을(omnia)', '온전하게(omnino)'의 원리를 제시하였다(양금희, 2016).

위해 주어진 과제로 보았다는데 이는 향상과 빠른 기술변화에 그 초점을 맞춘 오늘날의 교육적 지향과는 그 결을 달리한다(Hezinova, 2005).

루소가 에밀을 위한 4단계 교육에서, 첫 단계로 유아기를 부모가 중심이 되는 가정교육의 시기로 규정한 것은 주목할 일이다. 하지만 루소 역시 다섯 아이를 직접 기르지 못해 고아원에 넘겼다. 루소는 내가 자식들의 앞날에 대해 더 무관심했더라면 아이들을 응석받이로 만들 애들 엄마가 기르도록, 아니면 괴물로 만들 외가식구가 기르도록 맡겼을 것이라면서, 아이들을 가장 덜 위험하게 양육할 수 있는 곳이 고아원이라고 생각해서 그곳에 보냈다고 고백한 바 있다(Rousseau, 지경자 역, 1994).

19세기의 심리적 개발주의 교육사상가들에 의해 유아교육의 중요성이 더욱 주목받았다. 페스탈로치의 학교도 엄격하게 그 단계를 구분할 수는 없으나 유아교육을 그의 학교에서 중요하게 생각했다. 프뢰벨은 1840년에 유아교육장에 유치원(Kindergarten)이라는 명칭을 처음으로 부여했다.[5)] 코메니우스와 프뢰벨은 크게 다르다. 코메니우스는 자신의 이론을 교육현장에 적용해 볼 기회를 갖지 못했던 반면, 프뢰벨은 실제로 이론을 실험해 볼 수 있었다(Lawrence, 1952: 15). 프뢰벨은 어린 시절의 어머니의 역할은 대단히 중요하다고 여겼다. 이러한 사고의 바탕은 루소나 페스탈로치의 영향을 받은 것이다. 유럽의 유아교육은 유희와 은물을 자기활동과 자기표현의 가장 가치 있는 형식으로 강조한 프뢰벨과, 유아에 대한 실험심리학적 연구에 의해 유아에게 적합한 실생활중심과 감각위주의 교육계획과 실제 방법을 개발한 몬테소리(M. Montessori)에 의해 발전되

5) 프뢰벨은 1837년부터 은물(gifts)과 작업(occupation) 시리즈를 만들었으며 이 놀이도구를 부모들에게 알려주기 위해 독일 전역을 돌아다니며 순회강연과 전시활동을 행하였다. 미국의 건축가 라이트(F. L. Wright: 1867~1959)는 자서전에서 어릴 때 어머니가 사온 프뢰벨의 은물을 가지고 노느라면 신비한 모양이 나타났으며 건축 설계에 대한 아이디어의 기본이 은물을 가지고 노는 동안 이루어졌다고 회고한 바 있다(이원영, 1985: 48-49).

어 왔다(Standing, 1962).

극단적인 환경론자였던 왓슨(J. B. Watson)은 어린이들을 위해서 개별적인 가정이 꼭 있어야 하는지, 또 어린이들이 자신의 부모를 꼭 알아야만 하는지는 늘 심각한 의문이라고 표명했다. 어린이들을 보다 세련되고 행복하게 키우는 데는 분명 더 과학적인 방법이 있다는 지적이었다. 왓슨의 견해는 가정 무용론과 유아교육기관의 필요성을 부각시키는 계기로 작용하였다. 미국의 경우, 왓슨의 견해를 심각하게 받아들이지 않았다. 그 대신 이른바 부모교육과 유아교육이라는 타협안이 채택되었다. 가정이 불필요하기 때문에 가정을 없애자는 경향으로 생각하는 대신 유아교육기관에서 어린이를 교육해야 한다는 생각을 하게 된 것이다(이원영, 1985: 106-107).

유아교육기관은 취업 여성을 위한 유아양육의 역할을 대신해 주는 데서 의의를 찾기도 한다. 여성이 다른 사회활동을 잘 할 수 있도록 유아를 맡아두는 탁아의 기능도 갖고 있다. 물론 이는 부차적 기능으로 인정될 수는 있으나 유아교육의 본질적 목적이 아니다. 유아교육법은 대한민국의 법률로 제정되어 있다. 법률 제7120호(2004. 1. 29.)에 의해 제정되었으며, 2005년 1월 30일부터 시행에 들어갔다. 유치원은 국가교육과정을 이수하는 엄연한 학교에 해당한다. 우리나라의 유아교육은 덕혜옹주가 일본계 유치원에 들어가면서 시작되었다. 유치원이라는 명칭도 그때 만들어졌다. 과거 일본학자들이 독일어 킨더가르텐(Kindergarten)을 유치원으로 번역했고 우리나라는 이를 그대로 사용하고 있다. 정부에서 유아교육에 관심을 갖게 된 것은 얼마 되지 않는다. 1976년에 처음 공립유치원이 생겼다. 우리나라 유아교육은 사립 의존도가 매우 높다고 할 수 있다.

유치원은 유아들이 학생의 역할(student role)과 학교의 의식(rituals of school)을 익히는 입문(initiation)의 공간에 해당한다(Light & Keller, 1979: 404). 유아교육법 제2조에 "유치원은 만 3 · 4 · 5세 유아들이 다니는 학교"라고 명시되어 있다. 아이들에게 가장 영향을 미치는 사람은 우선 엄마 · 아빠이다. 그 다음이 생애 처음 만나는 유치원 교사이다. 아이들에게 어릴 때부터 자율성을 강조하고, 책임감을 길러주고, 스스로 뭔가 할 수 있다는 것을 일깨워 주고, 기본 생활습관을 익힐 수 있게 도와주는 것이 유치원 교사의 역할이다. 우리나라 교육은 일단은 눈에 보이는 대학 우선이다. 유아교육이 중요하다고 얘기는 한다. 하지만 정작 행정적 · 재정적 지원은 별도의 얘기가 되고 만다. 초저출산 문제, 육아휴직제도, 만 3세부터 초등학교에 가기 전까지는 완전 무상교육을 제공하는 등 유아교육복지를 실현해야 한다.

(2) 초 · 중등교육

공교육제도와 관련, 호레이스 만(H. Mann)의 교육활동은 주목할 만하다. 미국교육의 선구자인 호레이스 만은 최초의 사범학교 설립, 교사양성학교와 공립중등학교의 설립과 보급에 노력한 사람이다. 그는 정치적으로 성공할 수 있는 길이 열려 있었지만, 법학보다 교육학에 더 관심을 가진 인물이었다. 법학과 교육학의 차이를 말하여 법학의 이점(의뢰인의 이익)은 교육학의 이점(다음 세대의 이익)에 비해 적다고 대답했다.

호레이스 만은 교육을 학교와 가정에서 수행되는 모든 학습으로 생각했으며 가정이 학습장으로서는 부적절함을 깨달았다. 교육의 기능은 사회적 덕을 교수해야 하는 사회의 임무로 생각하여 학교중심의 공교육을 강조했다(정호표 · 김병희, 2001: 186). 호레이스 만은 "교육은 우리의 유일한 정치적 안보이며, 이 방주(方舟)의 밖에는 홍수만이 있을 뿐이다"라고 말하였다. 그리고 "공립학교제도는 인간이 발견한 것 가운데 최대의 것이며, 다른 사회적 조직은 사회적 질병을 치유하고 교정하는 기능만을 수행할 뿐이나, 학교는 예방도 하고 교정도 한다"고 하였다.

호레이스 만은 교육의 개선을 위해 한결같이 헌신적으로 일했다. 1837~1848년 캘리포니아주 교육위원회 서기장으로 재직하면서 공립학교 교육을 위한 여러 개혁에 참여하였다. 공교육제도 및 공교육 행정조직을 확립하였으며, 특히 1837년에 주(州) 교육위원회를 창설하여 서기장이 된 후로는 주의 교육사정에 대한 조사·보고를 12권의 연보(annual report) 형식으로 간행하였다(Cremin, 1970). 이처럼 공교육의 가치나 여러 문제에 대하여 널리 대중을 계몽한 업적이 크다. 호레이스 만은 진보적 교육의 수호자로 여긴다. 그는 학생을 다루는 방법에 대한 고민과 함께 학생-교사 관계에서 학교의 인격적·인간적 분위기를 중시했다. 무엇보다도 호레이스 만은 민주적 생활방식(공화주의적 자치제도)의 존속을 위해서는 무상의 공교육제도가 절대적으로 필요하다고 강조했다(Cremin, 1970; 이돈희, 1992).

미국에서 1840년대부터 1880년대까지 공립학교 체제가 도입된 이래, 학교는 모든 사람에게 평등하고 공정한 기회를 제공해 주는 업적주의(meritocracy) 제도로 여겨졌다. 이는 학교를 위대한 평등장치(great equalizer)로 보는 것으로 일명 평등장치 명제(equalizer thesis)라고 일컫는다. 학교교육을 통해 학생들은 가족 배경의 차이에 상관없이 학교에서, 나아가 사회에서 성공할 수 있는 동등한 기회를 갖는다는 것이다.[6)]

6) 대부분의 사람들은 학교가 경제·정치·문화·종교·사회제도와 비교하여 평등한 제도라고 생각한다. 그럼에도 일어나는 학교교육의 불평등한 결과에 대해서는 보수파(the conservative)와 자유진보주의자(the liberal)의 해석이 다르다. 보수파는 불평등한 결과는 피할 도리가 없는 것이며, 자연스럽고 심지어 바람직하다고 본다. 자유진보주의자는 이런 불평등은 예외적인 현상일 뿐이고, 전체 학교체제는 여전히 평등과 업적주의에 기반을 두고 있다고 본다. 하지만 1840년대 이후 교육의 기회가 점점 더 많은 사람들에게 주어진 건 사실이지만, 모든 사람에게 평등한 교육의 기회가 주어진 적은 미국 역사상 한 번도 없었다. 비교적 동등한 기회가 주어졌을 때도, 타자들(others)이라고 간주되는 일부 아이들을 차별하는 여러 가지 기제—예를 들어 계열화(tracking)—가 학교 내부에 있다는 점을 유의해야 한다. 학교는 평등장치일 수도 있고 분류장치(sorting machine)일 수도 있다. 학교는 모든 사람에게 평등한 기회를 제공하지 않을 뿐만 아니라, 기존의 불평등을 재생산·확대하고, 그 재생산을 정당화하는 이중의 기능을 수행해 왔다는 지적에도 유의해야 한다(Cho, 심성보·조시화 역, 2014: 40-45).

미국 교육의 선구자 호레이스 만에 의해 확립된 공교육 체제와 미국식 민주주의와 교육은 미국이라는 영역을 벗어났을 때는 어떤 해석과 논의의 대상이 될 수 있는가는 미국의 필리핀에 대한 식민지정책을 예로 들어 파악할 수 있다. 미국은 필리핀 식민지에 대한 공교육 도입정책(1898~1902)을 실시하였다. 스페인이 시행한 필리핀 지배정책의 핵심수단이 가톨릭이었다면, 미국의 필리핀 통치정책의 중심 매개체는 미국식 공교육이었다. 미국이 필리핀 식민지에서 공교육 체제를 도입한 목적은 일면적이지 않고 복합적이지만, 대표적인 관점은 미국식 민주주의 훈련을 통해 필리핀을 문명국으로 성장토록 한다는 것이었다. 영어의 보급과 미국식 교육의 전파가 필리핀인들에게 호응을 얻었고 민주주의 발전에 긍정적 영향을 미친 것도 어느 정도는 사실이다. 하지만 미국은 자치능력을 보유한 필리핀인들을 야만적 이미지로 조작하였고 그들의 물리적·평화적 저항에 대해 철저히 탄압하였다. 미국의 민주주의 교육이란 미국식 사고방식을 전파하는 미국화 교육이었으며, 식민 통치를 합리화하고 장기적 식민지배로 나아가려는 목적을 위장하는 효과적인 수사에 가까운 것이었다(양두영, 2017).

유럽에서 공교육제도가 확립되기 전에 초등교육은 서민의 자녀에게는 최종 교육기관으로 간주되었다. 현대 대부분의 초등교육에서는 3Rs(읽기, 쓰기, 셈하기)의 전통이 남아 있으며, 다음으로 일상생활 문제의 기본이 되는 원리와 개념을 이해하는 데 관심을 기울이고 있다.

초등교육은 지적 성취의 인간보다 조화적 인간을 기르기 위해 교육환경, 교육방법, 교육절차 등의 개선에 더욱 관심을 경주해야 한다. 초등학교의 교육목적에 대한 초·중등교육법의 규정은 다음과 같다.

> 초·중등교육법 제38조: 초등학교는 국민생활에 필요한 기초적인 초등교육을 하는 것을 목적으로 한다.

전통적인 복선형(dual track)의 교육제도는 일반서민을 위한 초등교육과 특권계층을 위한 중등교육이라는 구분에 근거했다. 특히 미국에서는 중등교육을 중간 수준의 과도기적 단계로 생각하였으며, 그리하여 다음 단계의 교육을 위한 준비에 크게 관심을 두었다. 미국 중등학교의 교육목적에 대한 가장 총괄적인 것은 미국교육협회의 중등교육 7대 원리를 들 수 있다. 이는 건강, 기본적 과정의 숙달, 가치 있는 가정생활, 직업, 시민성, 여가선용, 윤리적 품성 등으로 구성되어 있다.

중등교육은 고등교육을 위한 지적 적응보다는 심리적 · 사회적 적응을 강조함으로써 지적 내용의 심화보다는 집단활동에 적합한 풍부한 경험 제공, 생활적응 등에 관심을 두어야 한다. 그러나 기본 능력의 저하에 의해 중등교육에서 수월성을 강조하는 경향이 강하게 나타났다. 고등학교의 교육목적으로 학구적 능력의 개발을 강조하는 경향도 강하다(정호표, 2002: 152). 중학교, 고등학교, 그리고 특수학교의 교육목적에 대한 초 · 중등교육법의 규정은 다음과 같다.

> 초 · 중등교육법 제41조: 중학교는 초등학교에서 받은 교육의 기초 위에 중등교육을 하는 것을 목적으로 한다.
>
> 초 · 중등교육법 제45조: 고등학교는 중학교에서 받은 교육의 기초 위에 중등교육 및 기초적인 전문교육을 하는 것을 목적으로 한다.
>
> 초 · 중등교육법 제55조: 특수학교는 신체적 · 정신적 · 지적 장애 등으로 인하여 특수교육을 필요로 하는 자에게 유치원, 초등학교, 중학교 또는 고등학교에 준하는 교육과 실생활에 필요한 지식 · 기능 및 사회적응교육을 하는 것을 목적으로 한다.

고등학교 교육은 중학교 교육의 연장선상에서 교육을 실시함을 목적으로 한다. 이는 중등교육의 완성 과정이며 기본 교육의 마무리 과정에 해당된다. 사회생활에 필요한 능력과 중견국민으로 살아가는 데 필요한 자질을 기른다. 그리고 확고한 국가사회관을 정립하고 건전한 비판정신을 함양시키는 데 중심을 둔다(정호표, 2002: 144).

대부분의 학교에서는 초 · 중등교육의 이상과 지향을 상징하는 나무로 교목을 지정하였다. 전근대의 경우 성균관, 향교, 서원 등에는 은행나무, 회화나무, 느티나무 등을 심었으나, 일본의 식민교육을 거치는 동안 신도사상과 깊은 연관이 있는 향나무가 학교 조경의 중심을 차지하는 경우를 쉽게 볼 수 있다. 그리고 이에 대한 집단무의식은 아직도 계속되고 있다.[7)]

중등학교에서 최상위권을 차지했던 학생들이 장기간에 걸친 입시경쟁체제 안에서의 학습을 통해 형성한 아비투스가 중등학교 이후 인생의 진로 결정에 영향을 끼친다. 입시경쟁체제에서 이들이 형성한 아비투스는 공부와 자신의 철저한 분리, 시험을 통한 권력 추구, 전략적 사춘기 회피가 서로 긴밀하게 연결된 '시험형 인간'으로 드러나게 된다. 이러한 시험형 인간이라는 아비투스는 대학입시가 끝난 후에도 사라지지 않고 확대 · 재생산되기 마련이다. 대학서열체계의 정점에 있는 대학에 입학한 경우, 이들은 중 · 고등학교 시절의 시험을 통해 차지했던 권력을 계속 향유하고자 한다. 그 권력 향유는 앎과 삶의 분리를 특징으로 삼는 것이라고 말할 수 있다(최선주 · 한숭희 · 이병훈 · 이정희 · 장성연, 2012).

7) 교목의 지형도를 통해 학교 상징수에 대한 인식 양상을 확인할 수 있다. 한 예로, 청주시 소재 초등학교의 조경수목 식재 현황을 보면 청주시 8개 초등학교에 식재되어 있는 조경수목의 총 식재량은 1,480그루였으며, 향나무(Juniperus chinensis)가 149그루로 가장 많이 식재되어 있다. 그 다음으로 잣나무(Pinus koraiensis) 147그루, 소나무(Pinus densiflora) 124그루, 은행나무(Ginkgo biloba) 109그루 등의 순이었다. 8개 초등학교의 교목 지정 현황을 살펴보면, 향나무(Juniperus chinensis), 잣나무(Pinus koraiensis), 소나무(Pinus densiflora), 주목(Taxux cuspidata) 등으로 선행연구들을 통해 조사된 다른 지역 학교들과 유사한 경향을 보였다(박봉주 · 김세창 · 이현정, 2012).

(3) 고등교육

신분, 계급 등에 의해 위계적으로 구조화된 사회에서 시행된 제도교육에는 질서의 개념이 관련되어 있다. 구조적 불평등 사회에서 표방되는 사회질서는 묵시적으로 현상의 유지와 발전을 의미한다. 이 사회에서 학교교육은 지배계급에서 표방한 사회질서를 정당화하는 데 이용된다. 기능론자들은 제도교육이 하위 단계에서 상위 단계로 순차적으로 발전한 것으로 설명하지만, 사실은 그렇지 않다. 제도교육의 발전 순서는 상식적 예상과는 다르게, 대학교육부터 먼저 제도화되었으며, 대학교육의 발달수준과 비교할 때 하위 수준의 교육은 훨씬 뒤늦게 제도적 모습을 갖추게 되었다(오욱환, 1999a: 7). 사회구성원들의 요구에 부응하여 교육이 제도화되었다면, 초등교육부터 출현한 후 교육적 욕구가 상승함에 따라 점차 상위 단계의 학교가 출현하는 것이 자연스러울 것이다. 그러나 초등교육보다 고등교육이 먼저 체계화되었다는 사실은 제도교육이 시민, 백성, 평민 등으로 일컫는 피지배계급의 교육 욕구에 부응하기 위한 것이 아님을 증명한다. 대학교육이 먼저 체계화된 이면에는 지배계급이 자신들의 지배를 정당화하고 재생산하려는 의도가 숨겨져 있다. 학교교육(schooling)이 그리스어로 여가(schole=leisure)를 의미함을 상기할 필요가 있다. 초등교육과 중등교육의 취학률에 비해서 고등교육의 취학률이 크게 낮은 까닭은 엘리트 수를 의도적으로 제한하기 때문이다. 일부 국가에서 고등교육 취학률이 엘리트교육이라고 보기 어려울 정도로 증가하고 있지만, 이 경우에도 고등교육 내부에는 질적 격차가 엄존한다는 사실을 간과해서는 안 된다. 고등교육이 대중화 단계에 들어선 국가에서도 연한(2년제와 4년제), 질적 수준, 설립유형 등으로 대학이 차등화되어 있다(오욱환, 1999a: 7-8).

한국의 경우도, 서양의 경우도, 도리어 오늘의 대학에 해당하는 고등교육기관이 먼저 생기고, 거기에 들어가는 준비를 위한 중등교육기관, 한국의 향교나 서양의 리세, 짐나지움 등이 다음에 생기고, 초등교육기관은 훨씬 뒤에 생긴 것을 알 수 있다. 대학은 그 기원을 중세에서 찾을 수 있으며, 현대대학도 그 원래의 설립 이념과 구조를 계승하면서 중세대학의 고유한 전통적 특성을 보존하고 있다. 중세대학은 연구, 교수, 학문 등의 목적을 위한 동업자들의 조합(guild)으로 시작하였다.

오늘날 대학의 기원은 서양 중세대학에서 찾는다. 이탈리아의 대학은 학생들의 단체로, 프랑스의 대학은 교수들의 단체로 출발하였다. 중세대학은 배우고자 가르치고자 하는 사람들의 열정의 집합이었다(Huchins, 1964). 교수와 학생의 조합(단체)으로 출발한 초기의 중세대학은 근대의 연구중심 상아탑적 대학으로, 그리고 현대의 다목적 대학(multiversity) 또는 공동체대학(communiversity)으로 발전하면서 그 기능도 초기에는 '(자유)교육', 근대에는 '연구', 그리고 현대에는 '교육'과 '연구'뿐만 아니라 '봉사'에 이르기까지 확대되었다(임태평, 2010: 259).

현대대학의 모형은 훔볼트(F. W. von Humboldt), 피히테(J. G. Fichte) 등에 의해 1810년에 창설된 베를린대학교[8]로 이 대학에서 고급 학문의 연구와 탐구, 독자적 연구를 위한 학습의 자유와 교수의 자유 개념이 강조되었다.[9] 하지만 현대

8) 초기 중세대학의 이념은 연구와 가르침의 자유를 통한 대학의 자율성 확립이었다. 이러한 대학의 이념은 나중에 유럽 대학개혁의 모델이 된 베를린대학교를 설립 운영하면서 독일 근대 대학개혁의 기수가 된 훔볼트에게서 찾을 수 있다. 훔볼트의 이념은 자유에 근거한 연구와 가르침의 일치를 지향하는 것이었다(이상오, 2006: 96).

9) 피히테는 1807년 겨울에 베를린의 학술원에서 〈독일국민에게 고함〉이라는 주제의 강연회를 가졌다. 나폴레옹의 침략과 지배가 있기 전까지만 해도 피히테는 당시 다른 사상가들과 같이 세계시민주의자였고, 여러 분리된 민족들이 하나의 거대한 유럽국가로 결성되기를 기대하였다. 당시 유럽대륙에서는 프랑스가 모든 면에서 선진국이었다. 프랑스 문화가 물밀듯이 대륙을 휩쓸었다. 러시아 귀족들은 앞을 다투어 프랑스에 유학했고 그들은 러시아어보다 프랑스어를 생활의 자랑스러운 언어로 자긍할 정도였다. 독일의 대표적인 인물들도 프랑스를 점령한 나폴레옹에 대해 존경심 비슷한 호의를 갖고 있었다. 괴테도 『젊은 베르테르의 슬픔』(*Die Leiden des jungen Werthers*)의 애독자 나폴레옹이 바이마르에 침입해 들어왔을 때 서로 기대감을 갖고 만난 일이 있었다. 헤겔도 예나에서 군대사열을 하는 말 위의 나폴레옹을 보고 훗날 말 위에 앉아 있는 세계정신을 보았다고 경의를 표한 적이 있다. 그러나

대학은 베를린대학교의 상아탑(ivory tower)적인 대학 개념을 그대로 이어받지는 못하고 있다. 과학과 기술 중심의 사회구조와 지식산업의 보편화, 대학인구의 증가 등은 대학을 엘리트를 위한 특권적 기관에서 대중교육기관으로 변화시킨 계기가 되었다(정호표, 2002: 154). 상아탑으로서의 대학을 꿈꾸던 초기 중세대학의 이념으로 회귀하는 것이 대학의 본질을 회복하는 것은 아닐 것이다. 왜냐하면 상아탑으로서의 대학은 역사적으로도 사회적 질문에 거의 무감각하였으며, 심지어 무관하기까지 했기 때문이다. 물론 과거 상아탑 대학에서처럼 연구와 가르침이 자율적이고 자유롭기 위해서는 대학에서 자유와 고독(Freiheit und Einsamkeit)도 필요하다. 그러나 슈프랑거는 대학이 사회적 질문에 대답해야 하는 막중한 사명을 가지고 있는 사회제도라고 보았기 때문에 상아탑으로 격리되어야 한다는 (신)인문주의적 대학론을 거부하였다. 비록 순수하게 연구하는 학자들의 집합체로 시작된 전통적 의미에서의 대학이라고 할지라도, 오늘날에는 시대가 요청하는 노동훈련 즉 노동시장을 위한 직업교육의 과제 역시 떠맡아야 한다. 슈프랑거는 목표로부터의 자유(Zweckfreiheit)를 주장한 신인문주의자 훔볼트의 대학론에 반대한다. 왜냐하면 훔볼트가 주장한 대학의 자유는 엄밀하게 말하면 '목표로부터의 자유'가 아닌 '직업으로부터의 자유'를 의미하기 때문이다. 훔볼트는 대학이란 사회적 요청으로서의 계획적인 직업교육으로부터

피히테는 독일의 현실과 미래에 대한 생각이 달랐다. 나폴레옹의 침략 전쟁은 피히테를 민족주의자로 변신케 하였다. 독일이 유럽의 한 국가로 거듭나기를 주장하였고 독일의 순수성과 전통을 하나의 계통으로 정리하여 문명사회를 주도하는 면모를 갖추어야 한다고 생각하였다. 이러한 이상을 실현하기 위하여 도덕적 결속이 따라야 했고 교육은 바로 이를 위한 불가결한 수단이었다. 피히테는 교육만이 프랑스의 지배로부터 독일을 자유롭게 할 수 있다고 생각하였다. 피히테는 강연 후에 명성이 더욱 높아져 훔볼트와 함께 베를린대학교 창설계획에 참여하였고 1810년에 이 대학이 개교되자 교수로 임명되었다. 1811년에는 초대 총장으로 공식 선출되었다. 피히테는 총장 역임 후인 1813년에 종군목사를 지원했다가 거부당했고 병사로 출전코자 했으나 이마저 뜻을 이루지 못했다. 그 후 부인과 함께 부상병 간호에 힘썼으나 도중에 장티푸스로 사망하였다(교육고전문헌연구회, 1973; 이돈희, 1999).

벗어나서 오로지 최정상의 일반도야(Allgemeinbildung)를 목표하는 문화교육의 전당으로서 자율성을 수호해야 한다는 것이었다. 이러한 신인문주의적 관점에서는 대학과 직업시장이 연계된 산학협력의 개념은 대학교육의 장에 설 자리가 없다.[10)] 슈프랑거의 직업교육론은 일반도야와 직업도야 간의 반목 및 이분법을 제거하고, 두 영역의 화해를 촉진하려는 데 주력하였다(이상오, 2006).

김성식이 해방 직후의 혼란, 정치적 불안의 시기에 대학사를 저술했던 것은 특별한 의미가 있다. 김성식은 당시 불길같이 일어나던 한국의 대학 설립 운동에 주목하였다. 대학의 정신은 사회 · 정치적 독립성, 학문 발표의 자유성, 지혜 향유의 낭만성, 진리 탐구의 선구자적 지도성을 근간으로 한다(김성식, 1950).[11)] 이

10) 슈프랑거는 이러한 훔볼트의 입장이 대학에서 직업세계와 비직업세계 간의 구분만 남게 한다고 꼬집었다. 직업세계와 비직업세계를 다른 삶의 영역으로 보는 것은 이분법적 사고의 전통 때문인데, 이러한 사고유형이 대학에서도 그대로 적용되어 왔다는 것이다. 이분법적 사고는 우리 인간의 삶과 교육도 모두 이분법으로 파악하도록 만든다(이상오, 2006).

11) 그런데 김성식(1950)의 주장처럼, 해방전후사에서 사회 · 정치적 독립성, 학문 발표의 자유성, 지혜 향유의 낭만성, 진리 탐구의 선구자적 지도성을 근간으로 하는 대학의 정신을 허심탄회하게 말할 수 있었는지는 의문이며, 이에 대해서는 심층 논의가 필요하다. 일제강점기와 미군정과 자유당정권을 거치면서 드러난 정치사회적 맥락을 보면 그 역시 치열한 경쟁의 무대였다는 점을 유의하지 않으면 안 된다. 일제강점기에는 조선총독부에서 요구하는 조건을 충족시켜야만 출세할 수 있었다. 조선총독부는 식민통치의 효율화를 위해 일본어를 구사할 수 있고 일본문화에 익숙한 한국인들을 공직에 충원하였다. 한국인들은 제한된 기회를 쟁취하기 위해서 경쟁하지 않을 수 없었다. 하층민 출신이라도 학교교육을 통해서 출세할 수 있었으며, 실제로 그러한 사례들이 속출하면서 교육출세론이 시대적 신화로 퍼져나갔다. 당시 한국인과 일본인들에게는 교육기회, 교육내용, 교수방법, 교육을 통한 취업기회 등 모든 분야에서 철저히 분절된 통로가 각각 주어졌다. 그러나 조선총독부는 제한된 범위에서였지만, 한국인들에게 교육을 통한 출세의 길을 열어줌으로써 정치사회화 목적을 달성하기도 하였다. 이러한 상황에서 일제강점기에도 한국인들의 마음속에 학력이 출세의 지름길로 새겨지게 되었다. 미군이 조선총독부를 접수함에 따라 정책 결정과 집행의 고위직은 미군들이 차지하였다. 그러나 미군정 당국은 미국인을 한반도에 이주시키지 않았기 때문에 한국인들은 일본인들이 차지하고 있었던 자리를 두고 경쟁할 수 있는 기회를 갖게 되었다. 일본인들의 귀환에 따라 비워진 자리는 사회적으로 선호되는 것이었던 만큼 그 자리를 획득하기 위한 경쟁은 치열하였다. 미군정 당국은 소련의 남하 위협, 남한에

념적으로 볼 때 대학교육은 직업적 요구와 인문적 요구를 함께 반영하여 전문직업교육과 교양교육의 조화를 지향하고 있으나 실제로는 객관적 지식, 과학적·기술적 지식의 전당 기능에 치우쳐 인문교양교육의 기대를 충족시키지 못하고 있다. 우리의 대학교육에서 목격하는 것처럼 교양과목과 전공과목이 단절되어 있는 경우는 양분된 지식세계의 대표적 사례에 해당된다. 그러나 이들의 이분법적 논리는 지식의 전체성 또는 삶의 전체성과 거리가 멀다. 야스퍼스는 대학에서의 지식은 반드시 전체성(das Ganze)을 추구하는 지식이며, 전체성을 추구하기 위해 모인 전문가 집단이 바로 대학(Universitas)을 만든다고 보았다. 야스퍼스에 의하면, 대학의 어원이 우주(Universitas)인 것처럼 우주라는 전체를 향한 지식이 대학에서 추구되어야 한다(Jaspers, 이수정 역, 1997). 대학이 지금처럼 자연과학과 사회과학이 뚜렷이 양분되는 과학의 전당이어서도 안 되고 교양과 전공이 구별되는 교육과정의 공간이어서도 안 된다. 산학(연)협력이나 SCI 전략, 고시전략, 자격증 전략, 학점 관리전략 등을 빌미로 학문 연구(진리 탐구)가 희생되고 심지어 왜곡되고 조작될 수 없는 일이다. 한마디로 오늘날 대학의 정체성은 삶의 전체성을 파악하고 이에 접근할 수 있는 전체성의 과학의 수립에서 비롯된다.[12] 슈프랑거의 과학론은 마치 라이프니츠(Leibniz)와 비코(G. B. Vico)가 데카르

만연된 사회주의 사상, 한국사회에 대한 정보 부족 등의 이유로 남한을 통치하는 데 어려움이 많았다. 이러한 상황에서 미군정 당국이 취한 조치는 과감한 개혁보다는 현재 상태를 유지하는 것이었다. 이 과정에서 일제강점기의 한국인 지배집단이 재차 등용되고 친미성향의 인사들이 새로운 지배집단으로 등장하였다. 신구 지배집단의 공통점 중의 하나는 높은 학력이었다. 이 때문에, 교육은 이 시대에서도 출세의 결정적 도구로 굳어졌다. 특히 친일 경력의 고학력자가 과거의 잘못에도 불구하고 지배집단으로 존속함으로써, 교육에 면죄부의 효과까지 추가되었다. 일제강점기의 일본 유학과 미군정시대의 미국 유학 학력이 출세의 지름길이 됨으로써 한국사회에서는 교육출세론이 확산되면서 신화가 철칙으로 굳어지게 되었다(오욱환, 1999a: 16-17).

12) 우리 사회에서는 사회적 질문에 대답해야 한다는 말이 잘못 인식되는 바람에 산학(연)협력이란 반드시 기업체(산업현실 또는 사회적 욕구)의 구미에 맞도록 진행되는 것이 원칙이라고

트와 베이컨에 맞서는 신과학(New Scientika)을 주장한 것과 비슷한 의미로서, 삶의 전체성을 포괄할 수 있는 새로운 과학의 개념이라고 할 수 있다(이상오, 2006: 95-109).

> 고등교육법 제28조: 대학은 인격을 도야하고, 국가와 인류사회의 발전에 필요한 학술의 심오한 이론과 그 응용방법을 교수연구하며, 국가와 인류사회에 공헌함을 목적으로 한다.

현 사회에서 대학의 기능이 변화되고 있을지라도 대학교육 목적은 심오한 학문의 연구와 교수에 의해 전문적인 지식을 전수하고 국가와 인류사회에 기여할 수 있는 지도자 양성에 있다. 대학을 통해 학문과 지식이 형성되고 문화가 창조되는 성격을 감안한다면 대학은 사회발전의 원동력이라고 볼 수 있다. 고등교육기관의 소명은 최고 수준의 전문교육을 실시하는 데 있다는 것을 말해준다(정호표, 2002: 144-145).

한국의 현대식 대학교육은 해방 이래 아메바처럼 증식되어 왔다. 1945년 12월 말 현재, 한국사회에 존재했던 고등교육기관은 약 20개 미만이었다. 20개의 고등교육기관에서 가르치던 교원은 753명이었다. 학생은 줄잡아 8,000명 미만이었다. 이들만이 한국사회를 이끌어 나갈 것 같은 지도자 교육을 받고 있었던 셈이다. 한마디로 이들에게는 미래의 지도자라는 꿈이 있었을 것이다. 그러나 해방 이후 40여 년이 지나는 동안 꿈은 변색되어 1980년대의 지성인들에게는 꾸밈만이 남게 되었다. 영재답게 보여줄 장식품을 갈구하는 인재들로 변신하였고 변신의 모습은 양적으로 부각되기 시작했다. 한국교육사에서 자취를 감

오해되고 있다. 이는 대학이 나가야 할 정도(왜곡되지 않은 과학)가 산학협력이라는 명분 앞에서 무참히 짓밟히는 대표적인 경우일 것이다. 이럴 경우 대학은 지식의 전당으로서 더 이상 권위를 가질 수 없다(이상오, 2006: 109).

춘 고등교육기관도 있었고 새로 탄생한 대학기관도 있다. 한 마디로 해방 이래 사회·정치적 처방에 면역이 생긴 대학교는 끈질기게 생존할 수 있었다(한준상, 1990: 1).

대학에 대한 기업 후원이 증가하면서 대학 연구자들이 기업 논리에 종속되는 현상이 나타났다. 1980년대와 1990년대에 펜실베이니아대학교, 미시간대학교, 오하이오주립대학교, 플로리다주립대학교의 일부 경영학 교수들은 논문과 언론 기고를 통해 담배 광고와 흡연 사이에는 아무런 관련이 없다는 주장을 펼쳤다. 이들은 담배 제조업체로부터 연구비를 후원받고 있었다. 이공계 대학의 경우 대학 연구실이 대기업의 상품 테스트 부서로 전락하는 현상도 일어났다. 연구의 상업화가 과도하게 상업적 가치를 중시함으로써 연구비를 제공하는 기업의 이익에 따라 연구 결과가 왜곡되고 공개가 지연되는 부정적인 현상을 초래했다.

대학의 상업화, 기업화, 상품화라는 표현은 시장논리가 대학에 스며드는 것을 걱정하고 불신하는 부정적 수사의 성격이 짙다. 연구의 상업화로 인해 대학의 기능이 비영리에서 영리 추구로, 대학의 조직과 구조는 진리와 지식 탐구를 중시하는 학문적 지향에서 경제적 효율성을 중시하는 기업조직으로, 그리고 대학 교수는 진리의 수호자에서 학문노동의 상품화 대행자로 변질되고 있다는 지적도 있다. 영리를 목적으로 하는 대학은 사이비대학(the Pseudo University)이라는 폄하, 그리고 이윤 추구를 목적으로 하는 다국적 대학주식회사(Campus Inc.)들은 고등교육기관이라기보다는 전문화된 훈련기관에 불과하다는 지적도 있다. 상업화로 인해 대학이 오랫동안 지켜온 지식과 진리 추구라는 학문적 도그마가 붕괴되고, 대신에 돈이 교수와 교육프로그램의 성공과 가치를 평가하는 핵심이 되고 있다고 지적한다. 연구 주제와 관심이 학자들의 학문적 호기심이 아니라 곧바로 유용하게 써먹을 수 있는 상업적·군사적·기술적·행정적 결과들에 초점을 맞추고 있으며, 이러한 일련의 활동이 대학을 지적 공동체보다는 정부와 기업경영주들의 의도에 따라 움직이는 도구적 공간으로 추락시켰다고 비판한다. 대학이 기업적 국가(the corporate state)의 요구에 오염되고 있다는 것이다(손준종, 2004: 103–104).

학문분야별로 각각의 연구방법이 다르다. 예컨대 자연과학은 실험, 역사학은 사료, 고고학은 발굴에 의한다. 그런데 그 실험과 사료 해석과 발굴 과정에 조작 · 날조의 가능성은 항상 존재한다. 개인적인 욕망과 사회국가적 관심과 압력이 교섭 과정을 거치면서 학문영역은 자유로운 사고와 비판정신을 잃을 수도 있다. 근대 이후의 교육체계에서 이 문제에 가장 노출될 수 있는 곳이 고등교육기관, 특히 대학이다. 학문이 자유로운 사고와 비판정신을 잃었을 때 드러나는 부작용은 심각하다. 일례로 일본에서 후지무라 신이치(藤村新一)라는 고고학자의 구석기 유물 날조 사건을 들 수 있다. 일본의 언론 · 사회계가 환호하기 시작했고, 고교 교과서에도 발굴 결과를 실었으며, 특정 대학에서는 이를 입학시험에도 출제했다. 그러나 그것은 전부 조작된 것이었다.[13)]

한국 대학의 문제를 논하는 과정으로 해방 이전부터 지금까지 교양교육의 수용의 역사를 고찰하면, 한국 교양교육의 역사는 일본식 교양교육을 도입한

13) 외견상으로는 후지무라 개인의 범죄이지만, 그 근저에는 우익화 · 군국주의로 가는 일본학계와 일본사회의 흐름이 연결되어 있다. 실제 후지무라의 발굴 성과는 일본 우익계열에 의해 일본의 우수성을 뒷받침하는 이론적 근거로 활용되었다. 일본의 대표적 극우단체인 새역사교과서를 만드는 모임의 니시오 간지(西尾幹二) 회장이 대표 집필한 『국민의 역사』(國民の歷史)는 후지무라가 발견한 유적을 첫머리에 내세우며 이집트와 메소포타미아 문명보다 연대가 앞선 문명이 일본에 존재했다고까지 주장하며 일본을 세계 4대 고대문명 가운데 하나로 기술하였다. 실제로 후지무라의 발굴에 의해 일본의 역사시대가 70만년 전까지 올라간 것은 1990년대로서 거의 최근의 일인데도, 짧은 시간 안에 학문적으로 성과를 인정받고 일본사 교과서에까지 실린 것은 일본 문부성이 이런 경향을 부추겼다는 방증이다. 일본 학계에서도 후지무라가 발굴한 유물의 신뢰성에 의문을 제기하는 학자들이 있었지만 일본 내 우파들과 문부성은 이를 일사천리로 인정하였다. 학문적 비판정신과 자유로운 사고가 국익을 넘어설 수 없었던 것이다.

해방 이전과 미국식 교양교육을 수용한 해방 이후로 나눌 수 있다. 근대 초기 일본의 교양교육은 국민교양을 규율하는 통제수단이자 서구적 근대지식을 섭렵하는 교양주의로 굴절되었다. 일본의 교양교육은 1924년 경성제국대학의 설립과정에서 처음으로 도입되어 잘못된 토대를 구축했다. 일본식 교양교육과 미국식 교양교육이 혼재된 미군정기부터 1960년대 초반까지는 교양교육 경시 풍조가 더욱 고착되었다. 1970년대 실험대학의 자유교양교육은 유신독재의 이데올로기를 주입하는 수단으로 활용되었다. 1990년대에는 배분 이수제를 도입했고, 2000년대에는 선진형 교양교육의 실현이라는 방침 아래 중핵제, 필수선택, 일반선택 등 다원적 체계를 채택하였다. 그러나 모든 대학이 서로 비슷한 형태를 유지하는가 하면, 기업에서 요구하는 기초능력 향상에 초점을 두는 한계를 보였다. 한국의 교양교육의 수용과정은 일본식 교양교육이라는 그림자의 유령(phantom of the shadow)과 미국식 교양교육이라는 원본의 유령(phantom of the original)에 사로잡혀 있는 식민성의 건축물이라고 말할 수 있다(이정옥, 2015).

한국 대학들의 교양과정은 해방 후 지속적으로 미국의 영향을 받아 왔다. 오늘날 일반교육(과정)이라 불리는 미국 대학들의 교양과정은 기본적으로 미국에 이식된 유럽의 자유교육 전통이 미국적 상황과 조건에 맞추어 적응과 변용을 거듭해 온 소산이다(Harvard Committee, 1945, 1978; 박연호, 2010; 최미리, 2017). 현대사회의 급격한 변화는 대학교육 전반은 물론 교양교육의 새로운 방향 모색을 요청하는 배경으로 작용하였다. 교양교육의 변화를 선도하고 있는 일련의 하버드 교양교육보고서(Harvard Committee, 1945, 1978; Harvard University FAS, 2005, 2007)는 교양교육의 이상으로서의 자유교육 아이디어를 단순하게 적용하기보다는 현대의 시대적 · 사회적 맥락에서 재해석 · 재검토를 시도했다는 점에서 특징적이다(정철민 · 유재봉, 2016).

세계 대학의 경향을 말하자면, 미국의 대학은 세계 수준의 연구중심대학으로 고등교육의 세계적 흐름을 주도하고 있다.[14] 한국의 대학이 선진 대학의 모델로 삼고 있는 것도 미국의 대학이다. 하지만 미국 대학은 오래전에 장사판이 되었고, 미국 대학의 기업화 현상은 이미 한국 대학의 현실이 되었다. 한국의 대학은 1990년대 중반 이후 기업화 현상이 드러나면서 기업화의 길을 걷고 있다. 교수들의 연구 역시 한국 고등교육의 희생과 불행을 감소·제거하는 데 적극 공헌했던 것만은 아니다. 보이지 않는 압력 아래 이루어지는, 정부 및 외국 원조기관에서 얻은 연구비에 의해 진행되어 왔던 대학교수들의 연구는 대학의 학문연구풍토 조성에 도움이 될 수는 없었고, 도리어 일부 교수들은 청부학자로서 진리 탐구와는 관계가 없는 사람으로서 비난의 대상이 되는 일이 허다했다(한준상, 1990: 5).

14) 미국 대학이 세계 수준의 연구중심대학으로 고등교육의 세계적 흐름을 주도할 수 있게 된 계기를 19세기 독일 대학과 20세기 나치시기 미국 망명 독일 학자들의 영향에서 찾기도 한다. 훔볼트의 대학이념과 개혁에 힘입어 새롭게 단장한 19세기 독일 대학들은 학문적 명성과 과학의 우수성으로 많은 미국 지식인들의 선망의 대상이 되었다. 그 당시 독일 대학에서 유학한 많은 미국 지식인들은 고국으로 돌아와 독일 대학의 이념을 미국적인 연구중심대학으로 탈바꿈시켰다. 그 전형이 바로 대학원 중심 연구대학으로 새롭게 문을 연 존스 홉킨스 대학교이다. 독일 대학의 전성기는 히틀러 등장 이후 막을 내리고, 나치 박해를 피해 미국으로 망명한 독일어권 지식인들이 미국 대학과 학문의 발전에 다시금 결정적인 기여를 하게 되었다. 미국 대학의 학과에 소속되거나 다양한 연구소를 설립하여 활동을 펼치면서 망명학자들은 물리학, 생물학과 같은 자연과학 분야는 물론 철학, 심리학, 사회학과 같은 인문·사회과학 분야에서도 탁월한 족적을 남겼다. 역사적 아이러니 중의 하나는 19세기 독일 대학을 전형으로 미국의 연구중심대학이 탄생하였음에도 불구하고, 21세기 독일연방정부의 대학개혁 화두는 어떻게 미국의 '하버드'와 같은 '엘리트 대학'을 창출할 것인가에 관심이 쏠려 있다는 사실이다(손승남, 2013).

CHAPTER

7

발달이론과 교육

발달이론과 교육

1. 성숙과 발달

성숙(maturity, maturation)은 교육학이나 발달심리학에서 특수한 의미로 사용되고 있다. 성숙은 유전인자가 어떤 정해진 방향으로 발달하는 현상을 의미한다. 성숙은 교육이나 환경의 영향을 받지 않아도 부모로부터 물려받은 유전적 메커니즘, 유전에 의한 프로그램에 따라서 일어나는 변화를 일컫는다. 성숙은 신체적 변화와 내적인 기능의 변화로 볼 수 있다. 생물적인 성장과 유사한 의미로 사용되기도 한다. 그래서 흔히 성숙은 주로 생물학적 성장의 결과로 나타나는 변화를 가리킨다. 이는 자연적인 것으로 외부적인 환경의 영향을 거의 받지 않는 것으로 볼 수 있다.

미국의 두 인디언 종족 연구를 통해 아주 어린 아동들의 행동의 순차성은 마치 시간표와 같다는 사실이 밝혀진 바 있다(김종서 · 이영덕 · 정원식, 1988). 한 종족의 아동들은 하루 한 시간 이상씩 등에 업혀서 걷기 연습을 할 기회가 없었고, 다른 한 종족의 어린이들은 온종일 일어서고 걷고 하는 연습을 할 수 있었다. 그러나 이 두 종족의 아이들이 거의 같은 나이에 걷기 시작한다는 사실을 발견하였다. 초기의 신경근육의 성숙은 유기체 내의 요인에 의해서 조절된다는 결론을 내릴 수 있다. 신체적 · 정서적 결손이 극도에 달하지 않는 한, 아주 어린 아이의 성장 속도는 환경의 영향을 그리 많이 받지 않는다.

하지만 개인의 성숙에 미치는 여러 요인을 과소평가하는 경향은 문제가 있다. 성숙의 과정에서 환경의 종류는 언제, 어떻게 성숙하느냐를 부분적으로 결정한다. 개인의 성숙을 사회적 맥락에 의해 고려하지 않고 완전히 자연적인 것으로 보고, 이를 교육활동의 준거로 할 때 오류에 빠질 수 있다. 아주 어린 아이들과는 달리 고등학교 학생의 경우에는 행동의 주요 결정 요인으로 환경이 성숙보다 중요한 역할을 한다. 가령 15세의 고등학교 학생이면 그의 생활범위가 엄청나게 넓고 수많은 사람과 접촉하게 된다. 그의 감정, 태도, 가치관 등은 대단히 복잡하다. 더구나 그의 신체발달의 계열은 이미 완성기에 들어서기 때문에 성숙 요인은 거의 영향을 미치지 못한다. 환경이 이처럼 복잡하고 다양하며 유전적으로 결정된 시간표는 이미 큰 영향을 미치지 못하기 때문에 사춘기 학생들의 행동은 성숙의 지배를 받는 아동들의 행동에 비해 변화가 심하며 따라서 예언이 어렵다.

발달(development)은 인간의 심리적 · 정서적 · 인지적 · 행동적 · 신체적 측면에서 일어나는 질서정연한 변화를 일컫는다. 발달은 유전, 신체 상태, 타고난 기질, 뇌의 발달 등 보이지 않는 자연의 계획(생물학적 시간표)이라는 생물학적 요소를 한 축으로 하고, 육아 경험, 부모와의 관계, 형제 수, 경제 · 사회적 여건, 학교경험 등 개인이 처한 환경에서 얻어진 경험이라는 환경적 요소가 결합한 산물이라 할 수 있다. 영유아의 발달은 풍선이 부풀듯이 여기저기가 고루 같이 성장하는 것이 아니다. 신체 발달은 머리부분이 꼬리부분보다 훨씬 먼저 발달하는 두미형 발달(top-to-bottom development) 과정과 중심부에 가까운 부분이 먼 부분보다 먼저 발달하는 중심말초형 발달(inner-to-outer development) 과정을 거친다. 그래서 태아는 머리부터 커지고 잉태 6주엔 머리 크기가 나머지 몸 크기와 비슷해진다(유안진, 1982: 197). 또 머리 돌리기, 몸통 돌리기를 할 수 있게 될 때에도 중심에서 먼 손과 손가락은 물건 쥐기는 아직 하지 못한다. 아동기에서 사춘기, 청년기에 접어들면서 특히 청년 초기에는 먼저 주로 동체(胴體)가 커지고 후기에 사지(四肢)가 커진다. 빨리 커서 빨리 성장을 멈추는 조숙한 아이가 사지보다 동체가 큰 몸매(땅딸보 형)가 되기 쉽고, 늦되어 뒤늦게 크는 아이가 동체보다 사지가 긴 몸매(8등신 형)가 되기 쉬운 것도 이와 관련이 있다(정범모, 2000: 83).

특히 두뇌부터 발달한다는 사실은 한편으로는 인간에게 두뇌작용이 얼마나 중요한 것인가를 방증한다. 두뇌 속에 훗날 모든 귀한 인간적 특성들—감각, 지각, 정서, 언어, 사고, 지능, 창의력, 도덕성 등—온갖 마음가짐들이 깃들이게 된다. 그 기초인 두뇌가 먼저 급속하게 발달하는 셈이다. 이는 특히 두뇌 발달에 어릴 때의 경험이 결정적으로 중요하다는 사실을 시사한다(정범모, 2000: 77).

성장(growth)은 발달과 동의어로 혼용되긴 하나, 성장은 주로 신체적 측면에서의 양적 증가를 의미한다. 그렇다고 해서 성장의 의미가 성숙의 의미와 크게 겹치는 것은 아니다. 교육활동은 개인의 성숙과 발달의 잠재성을 단계적으로 외부로 표출하도록 돕는 데 있다. 그러나 아동의 성숙을 단지 식물의 성장처럼 비유하는 것은 문제가 있다. 아동은 자연적인 생물학적 성숙 못지않게 아동 자신의 목적을 지향하는 자신의 의지와 선택에 더욱 영향을 받을 수 있다. 건강한 아이들은 성장과 발달, 새로운 기술, 능력, 힘의 획득을 더 즐긴다는 것을 알 수 있다. 이러한 사실은 프로이드 이론과 정면으로 배치된다. 프로이드 이론에 의하면 아동은 변화를 꺼려하고 싫어하기 때문에 그들이 선호하는 편안하고 비활동적인 단계에서 새로운 갈등상황으로 그들을 계속적으로 내몰아야 한다(Maslow, 1954, 1968).

발달과업(developmental tasks)이란 인생의 각 발달시기에 학습해야 할 과업으로서 이 학습에 성공하면 장래 생활의 행복 및 후기 발달과업의 성취를 기약하며, 이에 실패하면 개인의 불행, 사회적 부적응, 후기 발달과업 학습에 곤란을 가져온다.[1] 이와 같은 발달과업의 개념은 헤비거스트에 의하여 발전되었다(Havighurst, 1948). 헤비거스트는 인간 발달을 유아(乳兒)·유아(幼兒)기(0~6세), 아동기(6~12, 13세), 청년기(13~18세), 성년초기(18~30세), 중년기(30~60세), 노년기(60세 이후)의 6단계로 구분하고 각 발달단계에 반드시 학습해야 할 과업을 설정하였다.

발달과업은 평생교육의 교육과정 구성 과정에도 중요한 내용이 될 수 있다. 헤비거스트의 발달과업은 그가 1948년에 내놓은 책이 『발달과업과 교육』(*Developmental*

1) 이를 적기성이라 일컫는다. 피아제의 인지발달 단계설, 콜버그의 도덕발달 단계설, 에릭슨의 성격발달 단계설 등 인간발달에 관한 여러 단계설에 적기성의 원리가 함축되어 있다. 적기성이란 특정 경험, 학습, 과업을 앞서 무리를 하거나 또는 반대로 뒤늦어 기회를 놓치면 효과가 없거나 적다는 것을 말한다.

*Tasks and Education)*이듯이 교육과 밀접한 관련이 있다. 1940년대는 미국에서 극단적인 아동중심주의의 결함에 대한 비판이 점차 높아지고, 아동의 흥미도 중요하지만 그보다도 교육은 사회의 필요와 관련을 맺어야 한다는 주장이 대두되던 시기였다.

헤비거스트는 아동중심주의 교육이 아니라, 아동중심주의와 사회중심주의의 종합을 꾀했으며, 발달과업의 결정 요인으로 개인의 심리적 필요뿐만 아니라 사회문화적 요인도 강조하였다(이경섭 · 이홍우 · 김순택, 1982: 133). 발달과업이 교육에 주는 가장 직접적인 시사는, 교육은 개인의 발달 과정에서 그 과업을 성공적으로 달성하도록 도와주어야 한다는 것이다. 발달과업은 교육목표 결정 과정에 중요한 시사점을 제공한다. 발달과업에서 나타내고 있는 각 연령단계는 바로 초등학교, 중 · 고등학교, 대학교 등과 같은 교육단계와 일치한다. 각각의 교육단계에서의 교육목표는 그 연령단계에서 달성해야 할 발달과업을 고려하여 결정해야 한다고 말할 수 있다.

2. 성장의 비유와 문제

교육의 과정을 성장의 과정으로 보고 교육의 원리를 식물 성장의 원리와 같은 것으로 보려는 교육관이 있다. 이는 아동의 내면과 잠재력을 중시하는 소위 아동중심 교육사상이 형성되던 초기에 볼 수 있는 교육관이다. 성장의 비유는 식물의 성장과 배양의 모형에 입각해서 교육을 고찰하는 입장이다. 교사는 현명한 정원사가 식물을 돌보는 것처럼 학생을 돌보며, 학생에게 가장 도움이 되는 환경과 영양분을 제공하지만, 학생의 성장을 위해 노력하지는 않는다. 학생이 성장하는 것은 그의 본성에 따르는 것이기 때문이다. 그러므로 마치 도토리의 본성이 양배추가 아니라 참나무로 성장하는 것을 결정하는 것처럼, 어린이가 무엇을 배우며 어느 때 배우는 것인가 하는 것은 어린이 자신의 본성에 의해 결정된다. 이렇게 극단적인 아동중심 교육사상가들은 정원사(부모, 교사)의 기능을 극히 제한시키고 있다. 이들은 성장하는 모양을 억지로 변경시키기를 거부한다. 단지 좋은 토양과 적절한 수분과 필요한 광선 등을 때에 따라서 알맞게 제공하여 식물이 잠재적으로 가지고 있는 가능성을 제대로 실현할 수 있도록 돕는 일이 정원사(부모, 교사)의 역할이라고 본다. 이러한 소극적 교육관을 가진 사람 중에서 대표적인 인물로는 루소와 프뢰벨을 들 수 있다. 이러한 비유의 사용은 플라톤의 시대까지 거슬러 올라갈 수 있으나, 루소의 『에밀』*(Emile)* 이래 본격적으로 등장하였다.

루소는 자신의 삶을 자신이 만들고 독자적으로 사물을 판단하는 자율적인 인간이 개인의 특유한 가치라고 주장했다. 하지만 사람들은 억압적인 정치제도, 지나치게 복잡한 문화, 그리고 제약이 많은 교육 실제로 인해 그런 것을 성취하는 데 실패했다고 생각했다. 중요하지도 않으며, 억압적이며, 실제와 관계가 없는 사고와 추상적인 지식을 주입하는 것은 어린이의 본성에 맞지 않는 것이다.

루소의 처방은 외부에서 주입하는 것에 의해 어린이의 마음을 더럽게 하고 부정하게 하는 것이 아니라 내부에서부터 인격과 사고가 자유롭게 발달하는 것을 허용하는 교육이었다. 이러한 견해를 선전하는 가운데서, 루소는 가끔 성장의 비유를 사용했다. 비록 완전하게 성장을 설명하거나 그것을 사상의 핵심으로 간주하지는 않았지만, 그는 성장의 비유를 사용했다. 그러다가 프뢰벨에 의해 성장의 비유는 완전하게 설명되었다. 『인간의 교육』(*The Education of Man*, 1826)에서 발췌한 다음과 같은 인용문에서 분명하게 알 수 있다(Degenhardt, 성기산 역, 1987: 130).

> 우리는 어린 식물과 동물들에게 공간과 시간을 제공한다. 왜냐하면 그들

> 은 내적인 법칙에 따라 올바르게 성장할 것이라는 것을 알고 있기 때문이다. 우리는 그들을 편하게 해준다. 그리고 건강하게 성장하는 데 방해가 되는 지나친 간섭은 피한다. 그러나 인간은 우리의 선택에 따라 어떤 모습으로도 변형될 수 있는 밀랍조각이나 진흙덩어리로 간주된다. 왜 우리는 자연이 아무 말도 하지 않으면서 가르치고 있는 교훈에 전혀 관심을 기울이지 않는 것일까? 여기저기 모여서 자라고 있는 야생식물들은 그 자신의 모습을 보여주고 있다. 그러나 만일 우리가 그들이 들판에서 자유롭게 성장하는 것을 본다면 우리는 그들의 질서정연한 삶과 주위의 상태－태양의 모습, 빛나는 별, 땅에서 솟아나는 샘－를 관찰할 수 있을 것이다. 어렸을 때 자신의 본성에 부적합한 양식과 목적을 부모로부터 강요받은 어린이들은 자신의 힘을 완전하게 실현할 줄도 모르며 아름답게 성장할 줄도 모른다. 우리가 신성한 행위와 인간의 최초의 상태를 고려해 본다면, 규정하고 결정하는 가르침은 모두 방해하고, 파괴하고, 전멸시키는 것임에 틀림없다.

프뢰벨은 갓 태어난 어린이의 내부에 미발달한 상태로 존재하는 완전한 인간다움은 참나무의 본성이 미발달한 상태로 도토리의 내부에 존재하는 것처럼 부단히 진화하려고 노력할 것이라는 얘기이다. 이러한 견해에 따르면, 어린이가 무엇을 배워야만 하는가를 결정하는 것은 어린이의 본성이다(Degenhardt, 성기산 역, 1987: 130–131).

성장의 비유는 프뢰벨의 한계이며 이는 그가 다윈의 진화론을 만나지 못했기 때문이라는 지적은 시사적이다.[2] 레이몬트(T. Raymont)는 만일 프뢰벨이 좀

2) 프뢰벨과 달리 듀이는 성장을 진화론적으로 설명하였다. 듀이에 의하면 교육은 경험의 계속적인 재구성이다. 인간 유기체가 환경과 상호작용하는 과정이 곧 경험의 과정이며, 환경의 영향으로 유기체가 변하고 변화된 유기체는 다시 환경을 변화시키며 변화된 환경은 또다시 유기체를 변화시킨다. 하지만 듀이의 진화론적 성장설도 문제가 있다. 듀이는 고착되어 있는 것, 변화되지 않는 것을 악덕으로 여긴 나머지 계속적인 변화를 성장으로 보았다. 그러

더 오래 살아서 다윈의 『종의 기원』(*The Origin of Species*, 1859)을 읽을 수 있었더라면 그의 교육이론은 크게 변했을 것이라고 지적하였다(Raymont, 1937: 297). 이는 프뢰벨이 과학적 이론보다는 종교 및 자신의 경험에 근거하여 양육이론을 주장한 것을 비판한 것이다.

> 프뢰벨은 다윈의 『종의 기원』(1859)이 출판되기 7년 전(1852)에 사망하였다. 만일 프뢰벨이 『종의 기원』을 접할 수 있을 만큼 오래 살 수 있었다면 발달에 대한 생각을 수정할 수 있었을 것이다. 프뢰벨의 아이디어가 그가 살고 있던 시대의 이론들과 일치하는 것은 어쩔 수 없는 일이었다. 그 당시의 이론가들은 발달은 내면적인 것에서 비롯된다고 하였던 반면 새로운 견해(진화론을 말함)는 내면적인 경향보다 환경에 대해 더 강조하고 있다. 그 당시 사상가들의 영향을 받은 프뢰벨은 모든 어린이는 어린이의 내면의 것이 밖으로 피어나면서 발달이 이루어진다고 생각하였다.

성장의 비유로 설명되는 교육관은 교육 받는 아동의 존엄성과 자율성과 정체성을 귀하게 여기고 권위주의적 통제를 배격한다는 점에서 민주주의 교육 원리의 중요한 일면을 구성한다. 그리하여 19세기 유럽의 신교육운동과 20세기 미국의 진보주의 교육사상에 아동중심 교육의 기본적인 원리를 제공하였다(이돈희, 1983: 106).

하지만 레이몬트가 지적한 바와 같이, 교육을 식물의 성장과 같은 것으로 생각할 때 사회환경과 그 문화적 특성은 사실상 의미를 갖지 못한다. 자연환경마저도 성장의 보조적 조건일 뿐이며 원천적 요인이 되지 못한다. 인간의 삶과

나 계속적인 문제 사태와의 씨름을 통한 계속적인 경험의 변화를 성장의 과정으로 보려 한다면 거기에는 이전의 경험과 이후의 경험을 질적으로 평가하는 기준이 제시되지 않으면 안 된다(이돈희, 1983: 106-107).

교육은 내재적 조건도 중요하지만 사회문화적 조건도 중요하다. 듀이는 두 조건 간의 상호작용에 의해 교육은 펼쳐진다고 보았다.

성장의 비유는 교육에 대한 오해를 불러일으키기 쉽다. 교육을 받을 때 마음이 변화하는 방식은 식물이 성장할 때 변화하는 방식과 근본적으로 다르다. 교육 받을 때 습득하는 지식, 신념, 기능, 태도는 자연적으로 습득되는 것이 아니다. 오히려 지식, 신념, 기능, 태도는 인간이 여러 세대에 걸쳐서 창조한 문화 요소이며 인간의 가공품이라고 말할 수 있다(Degenhardt, 성기산 역, 1987: 168). 교육은 아동·학생의 성장 과정에 교사가 상당히 많은 영향을 끼치는 비자연적인 활동이다. 교사는 아동·학생에게 비자연적인 힘을 행사하는 것을 포기한다고 하더라도 어린이가 자연적으로 자유롭게 발달하도록 내버려두는 것은 아니다. 교사가 비자연적인 힘의 행사를 포기한다 함은 아동·학생을 사회 환경에서부터 발생하는 다른 비자연적인 힘에 예속되게 내버려두는 꼴이다(Degenhardt, 성기산 역, 1987: 133).

3. 피아제의 지적 발달이론

피아제(J. Piaget)의 지적 발달이론은 파리의 비네실험실을 배경으로 이루어졌다. 지능 테스트를 성공적으로 만든 비네실험실에서 일하는 동안 피아제는 맞는 답을 골라서 수집하는 비네-시몬 테스트는 지나치게 기계적이고 조잡하다고 생각하였다. 지능 테스트를 실시할 경우, 아동들은 그 비슷한 연령에 따라 틀리는 문제의 종류가 거의 같다는 사실을 관찰하였다. 피아제는 나이 먹은 아이들이 어린 아이들보다 문제를 더 많이 맞추는 것은, 나이 먹은 아이들이 어린 아이들보다 더 똑똑해서가 아니라, 나이에 따라 사고방법의 질적 차이가 드러나기 때문임을 알게 되었다. 피아제는 어린이들의 지능을 양적으로 판단하는 지능 테스트를 배척하였다. 피아제는 비네실험실에서 일하는 동안 살파트리에르병원(Salpatriere Hospital)에서 어린이들을 연구하면서 어린이들에게는 말로만 가르치거나 묻는 것보다는 구체적으로 조작할 수 있는 물건을 줄 때 잘 배운다는 사실을 발견하였다. 이는 피아제의 인지론 가운데 어린이를 위한 방법론의 핵심을 이룬다고 말할 수 있다(교육고전연구회, 1975: 351).

피아제는 현대의 교육방법은 아동의 발달 단계를 고려하지 않고 이루어지고 있기 때문에 교육과 아동 간의 상관성이 희박하다고 문제를 지적하였다. 현대 교육은 아동의 심리보다는 행정 · 제도적인 면에 중점을 두는 것이어서 아동의 사고 및 느낌과는 동떨어진 작은 사실들을 수집, 나열한 것에 불과하다는 것이다(Piaget, 1970).

피아제 이전의 심리학은 지적 발달을 주로 양적인 문제로 취급하였다. 피아제는 기존의 심리학을 비판하면서, 인간의 지적 발달은 세계를 지각하는 방법의 질적인 변화를 수반하며, 이 질적 변화는 개인별 차이 없이 동일한 단계를 따라 진행된다고 주장하였다. 피아제는 지적 발달을 ① 감각운동기(sensory motor period), ② 전조작기(pre-operational period), ③ 구체적 조작기(concrete operational period), ④ 형식적 조작기(formal operational period) 등의 네 단계로 구분하였다.

① **감각운동기**(0~2세)

이 시기의 영아(嬰兒)[3]는 감각과 운동을 통해 환경을 이해한다. 감각운동기와

3) 피아제가 영아(嬰兒)의 지적 발달상의 특징을 감각과 운동으로 집약한 것은 아동 연구의 획기적 의미를 갖는다. 영아에 대한 관심, 연구, 대응 등 여러 각도에서 많은 이론과 실제를 접할 수 있고 거기에서 천차만별의 다양한 모습을 만날 수 있다. 예컨대 중국에서는 아이들을 소황제(小皇帝)라 부른다. 그렇다면 부모는 부모가 아니라 소황제의 신하가 될 수밖에 없다. 그들은 부모가 옷을 입혀줘야 팔을 벌리고(衣來伸手) 밥을 먹여줘야 입을 벌린다(飯來張口). 하지만 유엔 산하 FAO(Food and Agriculture Organization)의 2006년 보고서에 따르면, 세계적으로 아이들은 5초에 한 명꼴로 굶어 죽고 그 중의 25%가 4세 이전에 죽어간다. 인

전조작기에 걸쳐 아동의 지적 활동은 소위 감각운동기의 도식(圖式=精神構造=scheme=schema)에 의하여 지배된다. 예를 들어 영아는 종종 손에 닿는 물체를 손으로 잡아서 입으로 가져가곤 하는데, 이는 입으로 빠는 반사기능과 손으로 잡는 반사기능을 통합하여 하나의 도식을 형성한 예이다. 손으로 잡아서 그것을 입으로 가져가 빠는 일련의 행동은 그 아이가 새로이 획득한 감각운동기능이다. 0~2세의 영아들은 주로 이런 감각운동적인 도식을 사용하여 환경을 이해한다. 이 기간에 영아가 획득하는 또 하나의 중요한 지적 능력은 대상영속성(object permanence)이라는 개념이다. 예를 들어 물체가 시야에서 사라지더라도 그 물체가 계속해서 존재한다는 사실을 안다. 이 능력은 영아의 지적 능력이 다음 단계, 즉 전조작기로 발전해 나가는 데 필수적인 능력이다. 대상영속성 개념을 획득한다는 것은 머릿속으로 그 대상에 대한 내적 표상 혹은 심상을 그릴 수 있다는 것이다. 영아가 환경을 더 이상 감각과 운동에 의존해서 파악하

도에는 아동 노예만도 1천200만이다. 영어문화권에서는 어린이를 인펀트(infant, suckling, baby, 0~2세), 토들러(toddler, 2~5세), 키드(kid, 6~7세)로 구분하기도 한다. 인펀트(in+fant)는 말을 하지 못한다는 뜻을 갖는다. 이들은 흔히 영아(嬰兒), 신생아(新生兒), 젖먹이(suckling), 갓난이라고 부른다. 영아는 바깥 세상에 처음 접하게 되는 시기로 하루 20시간 이상 먹고 자는 일을 반복하면서 점차 바깥 생활에 익숙해진다. 키: 약 49.3~50.1cm, 몸무게: 약 3.3~3.4kg에 해당한다. 화이팅(J. Whiting)은 통과의례의 한 유형으로서 많은 사회에서 나타나는 성인식(initiation rite)에 각별한 관심을 나타냈다. 그는 일찍이 산모와 영아가 아버지를 배제한 채 1년 이상 함께 자고, 그동안 부부의 성관계를 금기시하는 사회에서 성인식이 뚜렷하게 나타나는 경향을 간파했다. 또한 그는 성인식과 통계적으로 상관관계가 있는 다른 요소들을 찾아 나선 결과 단백질 결핍, 1년 이상의 긴 육아기, 일부다처제, 여성에 전적으로 의존하는 아이들 교육 패턴, 부처거주제(父處居住制) 등의 요소들을 추가로 발견했다. 이런 요소들을 종합적으로 고려해서 그는 특히 단백질 결핍과 성인식의 관계에 대한 심리역학적 모델을 제시했다. 화이팅의 모델에 따르면 산모는 단백질의 공급이 원활하지 않은 환경에서 영아의 수유를 1년 이상 할 필요가 있었다. 이런 상황에서 부부의 성관계를 금기시하는 규칙이 나타났고 금욕은 일부다처제를 만들어냈다. 일부다처제는 모자녀로 구성된 가구의 탄생으로 이어졌고, 자연스럽게 아이들의 교육은 여성에 의해 주도되었다(김용환, 2009: 160-162).

지 않고, 그 대신 머릿속으로 표상의 형태를 파악하거나 저장하는 능력이 생긴다(조화태 · 김계현 · 전용오, 2002: 97).

② **전조작기**(2~6세)

감각운동기의 끝 무렵에 아동은 심상을 형성하기 시작한다. 초기에 형성되는 심상은 주로 대상의 모습과 동작에 대한 영상적 표상이 주를 이룬다. 3세 정도의 아동에게 "토끼가 무엇이냐?"고 물으면 "털이 하얗다"거나 "눈이 빨갛다"는 등으로 모습을 설명하거나 토끼가 뛰는 모습을 흉내낸다. 이들이 토끼에 대해서 가지는 심상은 주로 영상적 표상임을 보여주는 반응이다. 이 시기의 아동은 "토끼는 동물의 한 종류로서……"처럼 토끼를 개념적으로 규정하지 못한다(조화태 · 김계현 · 전용오, 2002: 98). 피터스는 피아제의 전조작기에는 규칙의 학습이 불가능하다는 점을 지적하였다(Peters, 1966). 이른바 인지 발달을 고려할 때 자유의 패러독스(paradox of freedom)가 용인될 가능성, 즉 제약이 허용될 가능성은 열려 있다. 자유를 온전하게 신장시키기 위하여 자유를 일정 한도에서 그리고 일정 기간 제약할 수도 있다. 특히 자율적 능력이 자유의 필연적 조건(prerequisite)이라면 일정 기간 자유의 유보는 정당화된다(김정래, 2010: 38).

③ **구체적 조작기**(6~12세)

구체적 조작기의 가장 두드러진 특징은 아동이 본격적으로 논리적 사고를 한다는 것이다. 수학이나 과학을 이해하고 언어를 사용하여 논리를 전개할 수 있는 능력이 이 시기에 급속하게 발달한다. 초등교육을 만 6세 정도에 시작하는 근거도 여기에 있다. 구체적 조작기에 수학-과학을 이해하고 논리를 전개할 수 있는 능력이 급속하게 발달한다는 말은 매우 중요한 함축적 의미를 갖는다.[4)]

---

4) 수학-과학을 이해하고 논리를 전개할 수 있는 능력이 발달하는 이 시기에 수학-과학 교육의 중요성을 생각해 볼 일이다. 그런데 한국 아이들이 가장 싫어하는 과목은 단연 수학이

구체적 조작기는 초등학교 1, 2, 3학년 정도라고 생각하면 된다. 객관적 사고 또는 논리적 사고가 가능한 것은 아동이 피아제의 용어로 조작적 사고를 할 수 있을 때부터이다. 조작이라는 것은 내면화된 행동을 의미하며, 조작적 사고를 한다는 것은 대상을 머릿속으로 결합, 분해, 재결합한다는 것을 의미한다. 소위 가역적 사고는 조작적 사고의 한 가지 명백한 보기이다. 내면화된 행동으로서의 조작은 아동으로 하여금 시각적 혼란으로부터 벗어날 수 있도록 한다. 7세 이전의 아동들이, 원래 동일했던 양의 물이 그릇의 모양을 바꾸는 순간에 양이 달라졌다고 생각하는 것은 그들의 사고가 객관적인 논리보다는 시각적인 인상(그릇의 모양)에 지배받고 있기 때문이다. 이에 비한다면, 가역적 사고를 할 수 있는 아동들은 시각적인 혼란에 구애됨이 없이 거기서 벗어났다고 볼 수 있다. 논리적 조작 능력의 발달에 필요한 가장 대표적인 인지능력으로는 보존개념, 분류조작능력, 서열조작능력 등 세 가지를 들 수 있다.

보존개념이란 물질의 위치나 모양이 달라져도 그것의 개수나 부피, 무게가 변화하지 않는다는 것을 알게 된다는 것이다. 예컨대 동전 10개를 일직선으로 길게 놓건, 원으로 모아놓건 간에 그 개수가 변치 않는다는 것을 직관적으로 이해하는 것이 바로 개수에 대한 보존개념을 획득한 것이다. 물을 폭이 좁은

다. 수학은 학업에 흥미를 잃게 하는 주범이다. 수학을 이야기처럼 재미있게 가르치겠다며 교육부가 도입한 "스토리텔링 수학"도 시험지로 옮아가는 순간 어려워진다. 구체적 조작기에 해당하는 초등학교 1학년의 수학문제로는 "38이 짝수인지 홀수인지 알려면 낱개의 수인 8이 짝수인지 홀수인지 알아보면 된다. 그 이유를 쓰시오"라는 문제도 있다. 엄마들은 사칙연산에 창의력 수학, 스토리텔링 수학까지 대비해야 한다. 중등 수학은 말할 것도 없다. 각 중학교에서 학교의 권위를 높이려고 수학 문제를 경쟁적으로 어렵게 내온 건 오랜 관행이다. 이 지점에서 선행학습금지법을 말하는 것은 너무 비현실적이다. 로봇 과학자나 우주인이 되고 싶지만 난공불락 수학에 질려 일찌감치 꿈을 접는 아이가 수두룩하다. 학원비의 가장 큰 비중을 수학이 차지한다. 그런데도 수험생 40%가 수포자(수학 포기자)나 수혐자(수학 혐오자)로 전락한다. 무엇이 문제인지를 제대로 성찰하는 자세는 지금 당장 필요한 일이다(김윤덕, 2014).

컵에 담았다가 폭이 넓은 컵으로 옮겨 담으면 모양이 변한다. 그래도 그 물의 양이 변하지 않고 그대로 있음을 직관적으로 이해하는 것이 바로 양에 대한 보존개념을 획득하는 것이다. 전조작기 아동은 색깔이나 모양 등 눈에 보이는 것을 기준으로 사물을 묶어 분류한다. 그러나 구체적 조작기 아동은 그 사물들의 개념적 특성을 기준으로 분류할 수 있다. 예를 들면 빨간 사과, 빨간 꽃, 노란 오렌지, 노란 꽃이 있을 때 이를 색깔별로 묶을 수도 있고, 꽃과 과일이라는 개념적 유목으로 묶을 수도 있다. 구체적 조작기의 아동은 두 가지 기준을 다 적용할 줄 알지만, 전조작기 아동은 주로 색깔을 기준으로 분류한다(조화태 · 김계현 · 전용오, 2002: 99-100).

분류와 서열을 조작할 수 있다는 것은 조작 이전의 상태에 비하면 괄목할 만한 발달이다. 하지만 그것은 반드시 구체적인 것, 또는 가시적인 것을 출발점으로 해야 한다는 점에서 결정적인 약점이 있다. 분류나 서열의 구조는 가시적인 것을 추상화한 일종의 가설적 구성 개념이기는 하지만, 이 가설적 구성개념은 반드시 가시적인 것에서부터 나와야 한다. 구체적 조작에서 가시적인 것과 가설적인 것과의 관계는 "가시적인 것 → 가설적인 것"의 방향을 취하며 그 역은 불가능하다(이경섭 · 이홍우 · 김순택, 1982: 139).

④ **형식적 조작기**(12세~성인)

구체적 조작의 약점은 형식적 조작에 의하여 극복된다. 형식적 조작기의 특성으로는 가설연역적 추론(hypothetic-deductive reasoning), 명제적 사고(propositional thinking), 반성적 추상화(reflective abstraction) 등을 들 수 있다.

가설연역적 추론은 이 시기의 청소년들은 문제에 직면할 때 결과에 영향을 끼칠 수 있는 모든 가능한 요인들의 일반적 이론에서 시작하여 앞으로 일어날 일에 대한 특정한 예측(또는 가설) 등을 추론하며, 그 후 실제 상황에서 순차적으로 가설을 검증하여 어떤 것이 성공하는지를 확인한다. 형식적 조작의 사고는 본질상 가설연역적 사고이다. 이 단계에서는 가설적인 가능성을 먼저 생각할 수 있고 그 가능성을 가시적인 것에 비추어 확인할 수 있다. 형식적 조작에서 가시적인 것과 가설적인 것의 관계는 "가설적인 것→가시적인 것"의 방향을 취한다.

명제적 사고 역시 형식적 조작기의 중요한 특징이다. 형식적 조작에서 가설적인 것을 먼저 생각할 수 있게 되는 것은 그것이 명제를 다루기 때문이다. 이 시기 아동은 자신의 사고 내용을 명제에 담아 표현할 수 있다. 명제는 순전히 형식적인 규칙의 지배를 받는다. 형식은 내용과는 무관하게 그 자체의 규칙(논리적 규칙)에 의하여 타당성을 가질 수 있다. 명제적 사고는 현실 상황을 고려하지 않고도 언어적 진술에 의한 명제의 논리를 평가할 수 있다. 개념적 사고가 구체적 조작기의 사고를 의미한다면, 명제적 사고는 형식적 조작기의 사고를 의미한다. 개념과 명제는 모두 언어로 구성되어 있다. 언어는 성격상 상징적이며, 상징이라는 것은 성격상 구체적인 맥락에서 벗어나 있다. 이는 언어가 세계를 합리적으로 이해하는, 인간이 가지고 있는 가장 중요한 수단이라는 의미이다(이경섭 · 이홍우 · 김순택, 1982: 140).

반성적 추상화는 구체적인 경험과 관찰의 한계에서 벗어나, 제시된 유용한 정보에 근거해서 내적으로 추리하는 것으로 새로운 지식을 창조하는 일에 깊이 관여하는 것을 말한다. 사고에 대한 사고, 즉 메타사고(meta-thinking)의 과정을 통해 자신의 사고 내용에 대해 숙고하는 과정이다. 문제를 해결하는 과정에서 기존의 지식을 새로운 장면에 쉽게 적용하거나 새로운 지식을 창조하는 일에 깊이 관여한다. "할아버지와 할머니의 관계는 아버지와 어머니의 관계에 해당한다"와 같이 대상들 간의 관계를 유추하는 과정에서 작용한다.

형식적 조작능력은 청소년기에 주로 발달하고 성인기에 완성된다. 형식적 조작의 특징은 첫째 눈으로 확인하거나 만질 수 없는 개념을 이해한다는 것이며(예: 각종 수학적 개념들), 둘째 실재하지 않는 사실을 가정하여 가능성에 대한 사고를 할 수 있다는 것이다. 고등학생들이 대학 진학을 결정할 때에는 직업의 전망, 본인의 희망, 부모의 희망, 사회적 인정 등을 고려하여 의사를 결정한다. 이때 주로 발휘되는 것이 아직 대학을 다녀보지 않은 상태에서 해야 하는 사고인 가정 및 가설적인 사고이다. 형식적 조작은 수학과 과학의 이해, 과학적 추론, 각종 의사결정을 위해 필요한 능력이다. 이 인지능력은 성인으로서, 또한 사회인으로서 효율적으로 기능하기 위해서 꼭 필요한 능력이라고 말할 수 있다(조화태 · 김계현 · 전용오, 2002: 100).

청소년 · 학생들이 연령상 형식적 조작기에 들어가면, 세상에 대해 다양한 관점으로 생각하고 추상적으로 이해할 수 있게 되며, 그러한 흐름에서 부모나 교사의 삶의 세계나 태도에 대해서도 이전과는 다르게 인지하게 된다. 지금까지 완벽하다고 믿어왔던 부모나 교사의 가치관을 절대적으로 받아들이지 않을 뿐만 아니라, 때로는 모순을 느끼면서 어른들에게 비밀을 갖게 되고 이 과정에서 부모나 교사로부터 서서히 분리된다. 특히 부모와 거리를 두는 대신 또래와 밀접한 관계를 갖게 되고, 부모에게 향했던 애착이 자신을 향하게 되면서 다른 사람이 자신의 용모나 내면을 보는 방식에 대해 예민한 반응을 보이기도 한다. 때로는 과도한 자기상으로 자신을 현실과 동떨어진 대단한 능력의 소유자로 생각하거나, 반대로 자신은 쓸모없는 사람이라는 강한 열등감에 휘말리기도 한다(반건호 · 유지은 · 이연정 · 한주희 · 이아람 · 홍민하, 2015: 8).

이상과 같은 피아제의 지적 발달이론은 다른 이론의 추종을 불허할 만큼 현격한 위치를 차지하고 있다. 첫째로 진정한 학습이란 교사에 의해 주어지는 것이 아니라 아동 자신에게서 이루어진다. 또한 아동의 인지 발달은 자연적 · 자발적으로 이루어지기 때문에, 아동은 스스로 외부 환경을 탐색하고 사회적 접촉을 함으로써 자신의 인지 발달에 기여하게 된다. 따라서 교사는 아동에게 지식을 주입하는 형태의 교육에서 벗어나 흥미를 유발하고 문제를 제기하는 계기를 마련하여 아동 스스로 문제 해결 능력을 배양하도록 도와야 한다. 둘째로, 인지 발달의 각 단계에 적합한 교육활동이 실시되어야 교육적 효과가 생길 수 있다(정영근, 2007: 190-191).

그러나 일부 심리학자들은 피아제가 주장한 네 가지 사고 단계의 존재 여부에 대한 의문을 제기한다. 만약 네 가지의 분리된 발달 단계가 존재하고 아동의 사고가 각 단계에서 일련의 특수한 조작에 바탕을 두고 있다면, 아동은 그 조작들을 완전히 습득한 후에 해당 단계의 조작 능력을 요하는 모든 문제를 해결하는 데에 매우 일관성이 있어야 하지만 실제로는 그렇지 못하다는 점에서 문제가 있다는 지적이다. 언어심리학의 관점에서 보면, 아동의 인지 발달은 주로 주위 사람들과의 사회적 상호작용을 통해 이루어진다는 점을 강조하고 있다. 인지 발달의 과정에는 언제나 아동이 혼자의 힘으로는 해결할 수 없지만 조금만 도움을 받으면 해결 가능한 여러 수준의 문제가 있기 때문에 아동에게는 교사나 안내자 역할을 하는 사람이 꼭 필요하다는 것이다. 피아제는 아동의 인지 발달을 자연적·자발적인 과정으로 보고 있으나 반드시 그렇지만은 않다는 비판이다. 물론 아동이 독자적으로 이해하고 판단할 수 있는 상황도 필요하겠지만, 그와 동시에 교사나 다른 학생들과의 상호작용 및 협동이 있을 경우 진정한 발달이 이루어진다는 것이다(정영근, 2007: 191).

4. 콜버그의 도덕성 발달이론

피아제의 이론을 도덕성 분야에 적용하여 다시 체계화한 것이 콜버그(L. Kohlberg)의 도덕성 발달이론이다. 콜버그는 도덕성의 발달을 도덕적 판단의 근거(합리성의 도덕적 표현)가 발달하는 과정으로 보고, 그 발달 과정을 6단계로 구분하였다.

수준1: 전인습적 수준(preconventional level)

- 단계 1: 벌과 복종에 의한 도덕성
- 단계 2: 욕구 충족 수단으로서의 도덕성

⬇

수준 2: 인습적 수준(conventional level)

- 단계 3: 대인관계의 조화를 위한 도덕성
- 단계 4: 법과 질서 준수로서의 도덕성

⬇

수준 3: 후인습적 수준(postconventional level)

- 단계 5: 사회계약 정신으로서의 도덕성
- 단계 6: 보편적 도덕원리에 대한 확신으로서의 도덕성

도덕판단 발달 단계를 보면, 전인습적 수준의 단계 1(벌과 복종에 의한 도덕성)에서는 인간적 의미나 가치와는 무관하게 행위의 물리적 결과에 의해 옳고 그름을 결정한다. 처벌을 피하는 일, 힘이 있는 사람에게 무조건 복종하는 일 자체가 도덕적 가치를 갖는다. 단계 2(욕구 충족 수단으로서의 도덕성)에서는 자신이나 타인의 욕구를 도구적으로 충족시키는 것을 옳은 행위라고 여긴다. 인간관계는 시장원리와 유사하다. 공정성, 상보성, 분배의 평등성에 대한 인식이 시작되지만, 진정한 정의나 관용보다는 자신에게 돌아오는 이익을 생각하는 수단적인 호혜성의 수준에 그친다.

인습적 수준(단계 3, 단계 4)에서는 가족, 사회, 국가의 기대를 유지하는 것 자체가 그 결과와는 무관하게 가치롭다. 이러한 태도는 단순히 개인적 기대나 사회적 질서에 동조하는 것뿐만 아니라 적극적으로 실서를 유지하고 지지하며, 집단이나 그 성원들과 동일시하고 충성하는 것을 포함한다. 단계 3(대인관계의 조화

를 위한 도덕성)에서는 대다수의 사람들이 갖는 고정 관념에 동조한다. 단계 3에서 옳은 행동은 타인을 기쁘게 하거나 도와주는 일, 타인으로부터 인정받는 일이다. 타인의 반응이 도덕성 판단의 기준이 되지만, 물리적인 힘보다는 심리적인 인정 여부에 관심이 있으며, 착하게 살려는 가운데 타인의 인정을 받게 된다. 단계 4(법과 질서 준수로서의 도덕성)에서는 권위, 고정된 규칙, 사회적 질서를 지향한다. 자신의 의무를 다하며, 권위를 존중하고, 사회적 질서를 유지하는 것이 옳은 행동이라고 여긴다.

후인습적 수준(단계 5, 단계 6)에서는 집단의 권위나 권리를 행사하는 사람들과는 무관하게 도덕적 가치와 원리를 규정하려는 노력을 보인다. 단계 5(사회계약 정신으로서의 도덕성)에서는 개인의 권리를 존중하고 사회 전체가 인정하는 기준을 준수하는 것이 옳은 행동이다. 법은 개인의 자유를 규제하기 위해서가 아니라 극대화하기 위해 제정된다는 것을 인식한다. 사회적 약속은 대다수 성원들의 보다 나은 이익을 위해 항상 바뀔 수 있는 것으로 판단되며, 이전 단계와 달리 도덕적 융통성을 갖는다. 단계 6(보편적 도덕원리에 대한 확신으로서의 도덕성)에서는 옳은 행동은 자신이 선택한 윤리적 원리와 일치하는 양심에 의해 결정된다. 이 원리는 구체적인 규율이 아닌 인간의 존엄성, 정의, 사랑, 공정성에 근거를 둔 추상적이며 보편적인 행동지침이다. 이 단계의 도덕성은 극히 개인적인 것이므로 때로는 대다수가 수용하는 사회적 질서와 갈등을 일으킬 수 있다. 그러나 이 단계에 도달한 사람들은 자신의 양심이 가하는 처벌을 사회가 가하는 처벌보다 더욱 고통스럽게 생각한다(조화태 · 김계현 · 전용오, 2002: 182–183).

콜버그는 이렇게 인간은 도덕적 이슈(moral issues)와 도덕적 딜레마(moral dilemas)에 직면하여 전인습적 수준→인습적 수준→후인습적 수준을 거치면서 자신과 환경, 도덕적 가치와 실제 행동을 잘 유합하여 발전시켜나간다고 말한다(Light & Keller, 1979: 122). 이 여섯 단계의 발달은 도덕적 판단의 근거가 구체적인 맥락에 얽매여있는 상태로부터 점점 벗어나는 과정을 나타내는 것으로 해석된다. 단계 1과 단계 2에서는 자기에게 직접적으로 영향을 미치는 "사실적 결과(Is)"가 도덕적 판단의 근거가 되지만, 단계 3과 단계 4에서는 그 사실적 결과의 범위가 대인관계나 사회전체로 확대될 뿐, 여전히 구체적인 결과의 수준에 머물러 있다. 그러나 단계 5와 단계 6에서는 그런 구체적인 판단 근거에서 벗어나서, 그 근거 자체가 타당한가에 관한 합리적 사고를 할 수 있게 된다. 이 사고의 결과로 사람들은 도덕적 판단이 그런 구체적인 사실적 결과와는 무관한 "보편적 도덕원리(Ought)"에 의하여 정당화될 수 있음을 믿게 된다. 이때 인간은 도덕문제에 대하여 완벽한 지적 사고를 할 수 있다(이경섭 · 이홍우 · 김순택, 1982: 140–141).

콜버그의 도덕성 발달이론은 세부적인 수준에 이르기까지 많은 탐구 문제를 지니고 있음에도 불구하고 이를 임의적인 수준에서 멈추고만 이론 상태라고 말할 수 있다. 그런데 콜버그의 도덕성 발달이론을 적용하는 과정에서 드러나는 전형적인 모습은 모종의 이론을 먼저 구축해 놓고 그 이론에 입각하여 모종의 교수–학습 프로그램을 도출하는 것을 당연하고도 마땅한 일로 받아들이는 경향이 있다. 우리는 학교에서 도덕교육을 통해 가르쳐야 할 내용은 무슨무슨 이론의 최말단적 산물이 아니라 그 이론에 담겨 있는 도덕현상에 대한 지적 탐구 그 자체라는 사실에 유의할 필요가 있다(박상철, 2004).

5. 에릭슨의 성격 발달이론

에릭슨(E. Erikson)은 프로이드와 마찬가지로 정신분석학파에 속하는 학자로 심리사회적 발달이론을 제시하였다(Erikson, 1950, 1968; 민영순, 1975; 이원영, 1985). 에릭슨은 자신을 프로이드 이론에 근거한 정신분석학자로 규정하였다. 비엔나에서 정신분석학을 배웠고 프로이드의 딸 안나 프로이드(A. Freud)에게 분석을 받았으며 35년 동안 어린이와 어른을 대상으로 한 정신분석 작업을 실행했던 에릭슨은 자신의 이론과 프로이드 이론은 기본적으로 동일하다고 말하였다. 하지만 학자들은 에릭슨의 이론은 사회적 이론을 강조하였기에 프로이드의 이론과 다르다고 보고 있다. 에릭슨은 본능보다는 자아(ego)의 자율적인 기능을 강조한다. 따라서 에릭슨과 그의 추종자들의 접근법을 자아심리학(ego psychology)이라고 부른다. 에릭슨은 프로이드의 이론을 보다 합리적으로 발전시킨 사람이라고 볼 수 있다.

① 제1단계

출생에서부터 1세까지의 시기를 말한다(infancy). 프로이드는 이 시기를 구강기에 해당한다고 했는데, 에릭슨은 이 시기의 과제를 기본적 신뢰감 대 불신감(basic trust vs. mistrust)으로 설정하였다. 아기는 입을 통하여 세계를 배운다. 에릭슨은 어머니의 젖 먹이는 태도와 방법이 아기에게 만족스럽게 느껴질 때 아기는 기본적 신뢰감(sense of basic trust)을 발달시킬 수 있으나, 아기에게 불편과 불안, 불만족스런 경험을 갖게 하면 아기는 기본적 불신감(sense of basic mistrust)을 발달시킨다고 했다(유안진, 1982: 215).[5] 신뢰감의 정도는 음식의 절대적인 양 또는 애정을 보인 횟수 등과 관계가 없다. 도리어 어머니와의 질적인 관계에 달려

5) 제1단계에서 탐식(gluttony)의 양상이 드러날 수 있다. 탐식은 포식하기 위해 지나치고도 물릴 줄 모르는 욕망으로 과식과 과음이 대표적인 예이다. 성인이 되어 나타나는 일중독, 알코올중독 등은 여기에서 연유한다고 볼 수 있다. 유아는 젖을 먹는 과정에서 갑자기 이 모든 것을 빼앗기지 않을까 하는 미래에 대한 두려움을 갖는다. 이 두려움은 불신을 반영하는 것으로 불확실한 미래를 미리 걱정하는 유아들은 지금 필요한 것 이상으로 먹으려 한다. 이 탐식을 깨뜨릴 수 있는 것은 희망이다. 진실한 희망을 갖고 있으면 미래에 대한 두려움을 갖지 않으며, 따라서 지금 여기에서 과도하게 취할 필요가 없는 것이다. 하지만 희망적인 사람이라고 해서 세상을 무조건적으로 신뢰하는 것은 아니다. 신뢰와 함께 건전한 불신을 구사하는 것도 중요하다(Capps, 문희경 역, 2001).

있다. 이 신뢰감은 후에 정체감(제5단계) 형성의 기본이기도 하다. 이 시기에 형성된 기본적 신뢰감과 불신감은 인생 전반에 걸쳐 성공과 실패에 밀접한 관련을 갖는 것이기에 어머니의 수유와 육아 태도는 그만큼 중요하다고 말할 수 있다. 신뢰감과 불신감을 형성하는 데 작용하는 자아의 힘은 희망(hope)이다. 희망하는 것이 채워져서 신뢰감이 형성되는 과정, 또는 반대로 불신감이 형성되는 과정에서 이 시기의 독특한 신령적 의식화(numinous ritualization) 과정이 이루어진다. 에릭슨은 이를 인식의 형성을 의미한다고 했다. 인식의 과정이 잘못될 때 사실과 원칙에 동떨어지는 환상을 갖게 되고 이는 우상숭배주의(idolism)로 이어진다. 자신의 용모나 행동에 도취되는 나르시시즘, 우상숭배와 같은 것을 예로 들 수 있다.

② 제2단계

2~3세의 시기를 말하며 프로이드의 항문기에 해당한다(early childhood). 삶의 과제는 자율성 대 수치심과 의심(autonomy vs. shame and doubt)이다. 유아는 서고, 걷고, 뛰고, 옷 입고, 세수하는 일을 할 수 있는 자율적 존재가 되어 자율성을 발달시킨다. 지금까지의 성인 의존 상태에서 벗어나서 반항적이 되고 고집이 세어진다. 무엇에나 "아니야", "싫어", "내가 할 거야" 등과 같은 말을 자주 하게 된다. 이때 부모의 간섭과 명령이 지나치면 유아는 자신을 잃고 수줍어져 수치심이 발달하며, 스스로의 판단이나 결정을 잘 하지 못하고, 남의 판단이나 결정에 의존하게 된다(유안진, 1982). 수치심은 다른 사람이 그의 행동을 인정하지 않을 때 생기는 경험이다. 자율성 확보라는 과제 해결이 실패하게 되면 수치를 느끼게 된다. 이때 수치심을 너무 많이 느끼는 어린이는 수치심을 주는 자들에 대하여 커다란 내적 분노와 반항을 일으키게 된다. 수치심이란 누군가가 자신을 보고 있다고 의식하는 느낌 곧 자의식(self-conscious)이기도 하다. 수치심이 계속되면서 점점 자신을 위축된 존재로 느끼게 된다. 의심은 수치심의 형제와

같다. 의심은 자신의 행동이 타인에 의해 거부될 때, 그리하여 자율성이 결여될 때 나타난다(Capps, 문희경 역, 2001). 이 시기에 일어나는 심리적 힘은 의지(will)이다. 의지는 어린이로 하여금 자유선택, 결정, 자기억제 등에 대한 연습을 가능케 한다. 이 시기에 분별성의 의식화(judicious ritualization) 과정이 일어난다. 옳고 그름, 깨끗하고 더러움 등을 구분할 수 있고 외적인 법칙과 내적인 양심의 소리를 연결시킬 수 있다. 이 시기 의식화 과정이 잘못되면 법우선주의(legalism)에 빠질 수 있다. 그럴 경우, 정신적인 것보다 법을 주장하고, 연민보다는 보복을 생각하는 것이 특징이다.

③ **제3단계**

4~5세의 시기를 말하며 프로이드의 남근기에 해당한다(four to five: play stage). 삶의 과제는 주도성 대 죄책감(initiative vs. guilt)이다. 4세에서 5세 정도의 아동은 가정, 놀이터, 친구 집, 유아원이나 유치원 등 다양한 장소에서 여러 아이와 접촉한다. 이 시기의 심리적 힘은 목적(purpose)이다. 이 목적은 주로 어린이들의 놀이를 통해서 이루어진다. 놀이를 주로 하는 이 시기의 과정을 극적 의식화(dramatic ritualization) 과정이라고 부른다. 놀이를 통해 성인들의 인성을 모방하거나 의상을 입어보거나 연극을 해보는 동안 인성이 형성된다.

에릭슨은 외디프스 콤플렉스의 극복을 위해 아동이 주도성(sense of initiative)을 수립하게 된다고 한다. 그래서인지 이 시기의 아동은 이때껏 어머니와 할머니의 따스한 여성적 세계를 이탈하여 자기세계를 확장해 나간다. 이른바 "어머니 팔아 친구 사귄다"는 말이 생겨날 정도로 또래집단에 끼어드는 데 열중한다(유안진, 1982, 1991). 이 시기에 자기주도적 행동이 적절한 비율로 성공하게 되면 아동은 주도성을 확립하지만, 그렇지 못하면 아동의 주도성은 위축되고 주도성에 대한 죄책감을 갖게 된다. 스스로 계획하고 목표를 설정하며 달성하기 위해 노력하는 주도성과 여기에서 부정적으로 나타나는 죄책감 사이에서 갈등을 겪는다. 이 시기의 의식화가 잘못될 경우 일생을 분장・위장하며 진실을 감추고 살게 된다고 한다.

④ 제4단계

6~12세의 시기를 말하며 프로이드가 말하는 성적 충동의 잠복기에 해당한다(six to twelve: school age). 이를 피아제의 인지 발달단계와 비교해 보면 구체적 조작기에 해당한다. 초등학교 재학 연령에 해당한다. 자아 성장이 이루어지는 결정적인 시기라고 말할 수 있다. 삶의 과제는 근면성 대 열등감(industry vs. inferiority)이다. 이 단계에서 어린이들이 열등감에 빠지지 않도록 하는 지도가 중요하다.

인간관계는 가족에서 학교라는 사회로 넓어진다. 이제는 사회에 의하여 성인과 같은 기능을 감당할 수 있도록 기술을 습득하고 일을 할 수 있도록 요구를 받는다. 따라서 근면이란 학업을 시작하면서 작업의 원칙을 익히고 기술을 습득하는 것이며, 이런 과정에서 쾌락이나 보람을 느끼고 성취감을 얻는다. 그러나 학습 결과나 도구를 다루는 기술이 친구들에 비해 뒤떨어져서 바람직한 결과를 나타내지 못할 때 열등감이 생긴다. 열등감은 친구들이나 교사의 관심을 끌지 못하는 처지를 의미한다(Capps, 문희경 역, 2001). 이 단계야말로 사회적으로 가장 결정적인 시기이며, 이를 관장하는 심리적 힘은 능력(competence)이다.

초등학교에 다니는 아이들은 삶의 형식과 의식을 인식하고 이해하게 된다. 이를 형식의 의식화(formal ritualization) 과정이라 일컫는다. 아동은 학교에서 부과하는 여러 과제를 수행하는 과정에서 성취감을 느끼지 못하면 열등감에 빠져들게 된다. 교사와 부모는 아동의 과제 수행을 격려하고 재능을 발견하여 북돋는 노력을 해야 한다. 이 시기의 아동은 자발적・능동적으로 자기 일에 대처하게 된다. 이러한 발달 특징을 적극 이용하여 학업에 올바른 태도를 갖고 능력을 발휘하도록 도와주어야 한다.[6] 그러나 형식화 과정이 과도하게 진행될 경우 완전주의, 공허한 의식주의에 빠질 수 있다. 방법이나 논리에 완전해지려고 애쓰다 보면 자신을 형식의 노예로 만들게 되고 그리하여 보다 의미 있는 인간적 요소를 잃을 수도 있다.

⑤ 제5단계

12~18세의 시기, 청소년기를 말한다(adolescence). 삶의 과제는 정체성 대 정체성 혼란(identity vs. role confusion)이다. 정체성이 형성되지 못하면 정체성 혼란에 빠진다. 이 단계는 청소년기에 해당하며 질풍노도의 시기라고 표현된다. 질적으로 다른 자기이해가 생겨난다. 청소년기는 아동기와는 달리 자신 속에 여러 다양한 자아들이 내재하고 있음을 인식한다. 여기에서 질적으로 다른 자기이해가 생겨나는데, 이는 “나는 누구인가?”라는 질문을 통해 시작한다. 에릭슨은 청소년기에 정체성 혼란을 가져오는 근본적인 이유는 외디프스 콤플렉스 이전 단계에서의 발달적 어려움(신뢰와 불신, 자율과 수치) 때문이라고 보았다. 그러나 에릭슨은 더 나아가서 급격한 사회변화, 매우 분화되고 자동화된 사회에서 사는 가족들에게 가해지는 혼란, 청소년에게 압력을 주는 성, 직업, 정치, 이념과 같은 복잡한 문제 요인들이 정체성 형성에 영향을 끼친다는 사실을 지적하였다(Capps, 문희경 역, 2001).

정체성 혼란에 직면한 청소년들은 부정적 정체감(negative identity)이 형성되어 자기와 다른 사람(피부, 종교, 종족 등)을 거세게 제외시키려는 감정도 발생할 수 있다. 이 시기의 심리적 힘은 충성(fidelity)이다. 충성의 형성, 이로 인한 정체성의

6) 때로 아동은 학습하는 방법을 몰라서 능력을 발휘하지 못할 수도 있다. 부모는 아동의 숙제나 공부를 대신 해주는 것이 아니라, 아동의 성격이나 학습 습관에 따라 공부하는 방법을 스스로 터득하도록 도와주어야 한다. 부모가 아동의 숙제를 챙겨주어서도 안 된다. 다만 공부하기 좋은 시간에 공부하도록 도와주고 숙제를 잊지 않았는지 학습에 대한 준비 작업은 잘 되고 있는지를 살펴줄 수는 있다. 만약 부모가 일일이 아동의 숙제를 챙겨주고 도와주면, 아동은 학업성취가 자신을 위한 것이 아닌 부모를 위한 것으로 잘못 인식할 뿐만 아니라, 학업의 성공이나 실패를 부모의 책임으로 돌리게 된다(유안진, 1982: 278).

형성을 위해 청년들은 소속감을 느낄 필요가 있다. 예를 들어 종교집단, 자기 종족 등에 충성을 하는 심리적 근원도 이와 관련이 있다. 이 시기의 의식화 과정을 이념적 의식화(ideology)라고 일컫는다. 이데올로기는 사회심리적 정체성을 갖도록 한다. 자신이 속한 사회에 대한 순응성이 확보된다. 이념적 의식화 과정이 잘못 형성되면 청소년들은 자기가 믿고 있는 것은 의심할 여지가 없이 옳고 이상적이라는 지나친 편견을 갖게 되며 그 결과 전체주의(totalism)로 흐를 수 있다.

⑥ 제6단계

19세 이후~성인 전기를 말한다(young adulthood). 삶의 과제는 친밀감 대 소외감(intimacy vs. isolation)이다. 친밀감이 형성되는 단계의 심리적 힘은 사랑(love)이다. 친밀감이란 올바른 자아정체가 형성된 다음에라야 경험할 수 있는 것이며, 친밀한 관계 형성은 각자가 자신이 가치 있고 의미 있는 존재라고 생각될 때에만 가능하다. 이 단계에서 나타나는 부정적인 모습은 소외감이다. 개방성과 상호성이 부족하면 닫힌 정체성으로 인해 소외감이 형성된다. 이 시기의 의식화 과정은 친화적 의식화(affiliative ritualization) 과정이다. 일, 우정, 애정 등을 함께 나누는 것이 보편화되는 과정이다. 하지만 의식화 과정이 잘못되면 사람들은 엘리트주의(elitism)에 빠지게 된다. 사람들이 예외적인 집단을 만들어 자신들만의 취미, 의견 등을 나누는 집합적 나르시시즘(communal narcissism)에 빠질 수 있다.

⑦ 제7단계

성인 중기(중년기)를 말한다(young adulthood and middle age). 삶의 과제는 생산성 대 침체성(generativity vs. stagnation)이다.[7] 이 시기에는 다음 세대를 낳고 가르치

---

7) 1950년대와 1960년대 전반에 걸쳐서 에릭슨이 제안한 생식성(generativity)=생산성(generativity)이란 용어는 에릭슨이 평생주기론에서 성인 중기(중년기)를 특징짓는 심리사회적 감

고 지도하는 역할을 수행할 뿐만 아니라 그런 일에 중요성을 부여하고 보람을 느낀다. 또한 자신이 종사하는 분야에서 직업적인 성취나 업적을 내고자 노력한다. 이러한 생산성 형성에 실패한 개인은 침체의 늪에 빠지고 대인관계가 빈곤해진다. 이 시기의 심리적 힘은 돌봄(care)이다. 생산성은 타자에 대한 돌봄을 말하는 것이다. 이는 도움이 필요한 사람에게 지식과 경험을 나누어주는 것인데 양육, 교육, 장학지도 등이 그 예이다. 이 시기의 의식화 과정은 세대적 의식화(generational ritualization) 과정이다. 젊은이들에게 이상적 가치관을 전달하는 것을 말한다. 세대적 의식화 과정이 잘못될 경우에는 돌본다는 명목 아래 권위주의를 휘두르게 된다.

⑧ 제8단계

성인 후기(노년기)를 말한다(old age). 삶의 과제는 자아통합 대 절망감(integrity vs. despair)이다. 자아통합이란 질서 및 의미에 대한 경향이 확실히 생긴 것을 말한다. 노년기에는 신체적인 노쇠와 은퇴, 친한 친구나 배우자의 죽음 등으로 인하여 무력감에 빠지기 쉽다. 이 시기에는 자신의 인생에 대한 긍정적 평가와 부정적 평가를 통합시키는 경험을 갖게 된다. 죽음은 노인의 주관심사인 동시에 노년기에 극복해야 할 주요 과업에 해당한다. 에릭슨은 죽음을 잘 준비하고

각을 표현하기 위해서 만든 개념이다. 에릭슨은 1950년에서 1980년대에 걸쳐서 생식성 개념을 반복 · 언급하였는데, 이에 대한 설명은 시간의 흐름 속에서 조금씩 변화를 보여 왔다. 1950년에 에릭슨이 프로이드의 이론을 발전시켜 이 생식성의 개념을 제안하였는데, 1960년대 전반에 세대주기의 개념을 도입하면서 생식성의 의미가 비약적으로 증대하였다. 자식을 생산하는 것=생식과 관련된 것으로 시작된 이 생식성의 개념은 처음에는 생물학적인 개념이었으나 점차 단순한 생리적 · 심리적 차원을 넘어 문화적 · 철학적 차원에서 차세대를 생산하는 능력을 포함하는 다양한 의미를 갖게 된 것이다. 기본적으로 생식성이란 차세대를 생산하는 것, 무엇이든 부모적인 책임에 전념을 다 쏟아 어떤 대상을 만들어 내는 것에 그 의미를 두고 있다(박아청, 2005). 본서에서는 에릭슨의 생식성에 대한 의미 변동 양상에 유의하여 이를 생산성이라고 번역하여 사용하였다.

대비하는 것이 노년기의 자아통합을 성취하고 완성된 삶을 가능케 하는 핵심으로 보았다(조성희 · 정영순, 2015). 만약 자신의 삶에 대해 오로지 부정적인 평가를 하게 된다면 통합감보다는 절망감에 빠지고 인생을 후회하게 된다. 죽음에 대한 두려움과 살아 있을 시간이 짧다는 것과 생활형태를 바꾸기에는 너무 늦었다는 생각으로 절망을 느끼는 시기이다. 이 시기의 심리적 힘은 지혜(wisdom)이다. 신체적 · 정신적 활동은 감소되지만 지금까지 살아온 경험에 터하여 지혜는 계속된다. 이 시기의 의식화 과정은 통합성의 의식화(integral ritualization)과정이며, 이 과정이 잘못되면 잘 모르면서도 아는 척하거나 잘난 체하는 태도를 갖게 된다.

CHAPTER

8

발전교육론

1. 욕구와 동기
2. 동기이론과 성취동기
3. 1968년체제와 제2경제론
4. 발전론적 교육이념
5. 공생을 위한 방법

발전교육론

1. 욕구와 동기

소크라테스는 인간의 영혼을 이성(reason), 용기 · 결단력(spirit), 욕망(appetite) · 욕구(desire)의 영역으로 나누어 설명하였다. 이 세 영역은 국가의 세 집단과 일치한다. 국가의 세 집단은 통치자, 수호자(보조자), 생산자이고, 각 집단에 소속될 사람의 영혼은 각각 금의 영혼, 은의 영혼, 동의 영혼으로 구분된다. 금의 영혼은 이성, 은의 영혼은 용기 · 기개, 동의 영혼은 욕구를 그 특성으로 한다.

정의로운 사람은 이성이 최고 우위에 있으면서 다른 전체를 지배하는 사람이다. 용기 있는 사람=수호자(보조자)가 지닌 결단력은 이성과 결합하여 함께 욕구를 통제한다. 정의로운 사람은 어떤 욕구도 가지지 않는다는 의미가 아니라 그의 욕구는 합리적으로 통제되고, 또한 이성이 하고자 하는 바와 욕구가 하려는 바 간의 갈등을 전혀 느끼지 않는다는 것을 의미한다(Barrow, 박재문 · 서영현 역, 1987: 53). 이렇게 욕구에 대한 고전적 이해는 긍정적이지 못하다. 그러나 그 욕구가 교육문제를 논하는 중요한 의미를 갖는다.

전통적 교육 모형은 아동의 심리적 욕구와 흥미를 크게 고려하지 않았다. 현대 발달심리학과 학습심리학의 연구 결과에 따르면 아동의 흥미와 욕구에 일치하는 교육내용과 방법이 교육의 성취에 기여함은 명백하다. 욕구는 생리적 욕구와 사회적 욕구, 혹은 기본적 욕구와 2차적 욕구로 나누어 볼 수 있다. 욕구의 강도는 생리적 욕구, 기본적 욕구가 가장 강하다고 말할 수 있다. 하지만 학습 장면에서 학습목표와 관련되는 학습동기는 사회적 욕구, 2차적 욕구가 효과적인 경우가 많다(김종서 · 이영덕 · 정원식, 1988: 176).[1)]

---

1) 사회적 욕구, 2차적 욕구 중에는 소외감과 고독을 극복하고 남에게 인정받고자 하는 욕구(인정 욕구)가 있다. 남에게 인정받고자 하는 욕구는 생리적 · 기본적 욕구는 아니지만 아주 근원적인 욕구이다. 인정 욕구는 사고의 중간지대가 없는 아이들의 절대적 사고패턴과 쉽게 결합한다. "이 사람이 날 떠나면 모든 사람이 날 버릴 것이다"는 원시적 사고의 흔적은

칭찬이나 상은 학습동기 유발에 효과적인 방법이다. 상찬반, 질책반, 방임반에 대한 학습효과의 측정은 이를 잘 보여준다. 손다이크(E. L. Thorndike)의 효과의 법칙, 스키너의 강화의 원리 등은 학습동기 유발에 관한 구체적 논점을 제시한다. 그러나 상찬도 연소자일수록, 그리고 남학생보다 여학생일수록, 그리고 지능이 높은 학생보다 낮은 학생에게 더욱 효과적이다(김종서, 이영덕, 정원식, 1988: 176-177).

욕구(need)란 욕망과 유사한 개념이다. 인간은 기본적 욕구로서 생리적 욕구와 심리적·사회적인 욕구 등을 갖고 있다. 이러한 욕구를 충족시키려는 것이 인간의 본성이다. 무엇을 탐구하려는 욕구, 사물에 대한 호기심, 사회적 명성을 얻으려는 욕구 등도 있다.

실존철학의 영향을 받은 대표적 인본주의 심리학자인 매슬로(A. Maslow, 1954)는 자아의 지각과 자아실현을 교육의 기본 목적으로 제시하였다. 매슬로는 동기의 성격에 대해 결핍의 충족을 통해 해소되는 결핍동기와 계속적인 충족을 추구하는 성장동기로 구분하고, 자아실현을 성장동기의 충족으로 설명하였다. 매슬로의 욕구단계설을 통해 욕구는 생리적 욕구(physiological needs), 안전의 욕구(safety needs), 소속감·애정의 욕구(belongingness and love needs), 자존의 욕구(esteem needs), 자아실현(self-actualization)으로 이어지는 5단계로 이루어져 있다고 말한다. 아리스토텔레스와 달리 매슬로는 모든 인간에게 보편적으로 주어진 본질과 같은 것을 언급하지 않고 자아는 각기의 성장동기에 의해서 그 정체와

"아빠가 나를 위해 시간을 낼 수 없다면 뭔가 나에게 잘못이 있을 것이다"라든가 "엄마가 나를 버린다면 모든 사람이 덩달아 나를 버릴 것이다"라는 식의 확산 현상을 보인다. 그들의 처지와 심정에 대한 세심한 배려가 그만큼 중요하다는 얘기이다. 아이들에게 부모의 인정 여부는 자기를 인식하는 절대적인 기준이다. 인정 욕구의 흔적은 어른이 되어서도 사라지지 않는 경우가 많다. 이 점에서는 이를 인정 욕망이라고 부를 수도 있다. 인정 욕구가 심지어는 파렴치한 상대에게라도 어떻게든 인정받고자 하는 비정상적인 집착으로 이어진다는 사실에도 유의할 일이다(정혜신, 2010).

본질을 고유하게 가진다고 생각하였다(이돈희, 1983; 조긍호, 1998).

자아실현
심미적 욕구(진 · 선 · 미 추구)
인지적 욕구(지식 · 균형 추구)
{고등욕구(meta needs)/성장동기(growth motive)}

↑

자존의 욕구(능력 승인 욕구)
{기본욕구(basic needs)/결핍동기(deficiency motive)}

↑

소속감 · 애정의 욕구(소속 · 인정 · 애정 추구)
{기본욕구(basic needs)/결핍동기(deficiency motive)}

↑

안전의 욕구(신체적 안전 추구)
{기본욕구(basic needs)/결핍동기(deficiency motive)}

↑

생리적 욕구(의 · 식 · 주 추구)
{기본욕구(basic needs)/결핍동기(deficiency motive)}

욕구의 구조는 비교적 저급의 동물적인 생리적 욕구, 안전의 욕구, 소속감 · 애정의 욕구 등도 있다. 특히 가족, 사회집단, 친구들에게 수용받고 사랑받고 싶은 욕구인 소속감 · 애정의 욕구는 생리적 욕구와 안전의 욕구가 해결된 사회일수록 이 수준의 욕구 좌절이 더 큰 문제로 지각된다. 소속감 · 애정의 욕구는 패거리를 중시하는 그런 소속의 욕구이기도 하며 이는 사람까지도 바꾼다. 합리적 · 도덕적인 사람이라도 패거리에 소속되면 금세 집단 외부를 향해 얼토당토 않은 공격 성향을 드러내고 비도덕적이고 이기적인 행동도 서슴지 않게 된다. 함께 있을 때 그들은 아무것도 두려울 게 없다. 그것이 패거리문화의 속성이다.

욕구는 비교적 저급의 욕구만 있는 게 아니다. 매슬로는 비교적 고급의 인간적인 자존의 욕구(능력 승인 추구), 인지적 욕구(지식 · 균형 추구)와 심미적 욕구(진 · 선 · 미 추구)를 포함한 자아실현의 욕구까지 다 포함하고 있고, 경우에 따라 정도의 차이는 있지만 누구나 다 그런 욕구들을 고루 갖추고 있다고 주장한다. 특히 인지 · 심미 · 자아실현의 욕구는 자율학습의 기저적인 동기일 것은 쉽게 짐작이 간다. 그것 때문에 인간은 독특하게 호기심과 상상의 동물이고, 여러 사물과 사태 뒤에 숨어 있는 이치를 궁금해 하고 그것을 규율하는 진 · 선 · 미를 남에게서도 배우고 스스로도 찾아가며 배우려 한다(정범모, 2000: 343).

행동을 일으키는 원동력을 일컫는 동기(motive)라는 용어는 비교적 널리 사용된다. 동기와 거의 유사한 용어로 욕구(need), 충동(drive), 욕망(urge) 등이 있다. 일상생활에서도 동기와 직결되는 말로 희망, 소원, 목적 등의 개념이 사용된다. 동기는 유기체가 욕구를 충족시키기 위해 유인가를 찾는 과정이며, 유기체가 활동할 수 있는 심리적 에너지라고 말할 수 있다.

심리학자들은 인간 행동을 추동하는 일에 대한 열정을 내적 동기(intrinsic motivation)라 하였다. 일이나 과제 자체의 이익, 즉 일의 즐거움, 흥미, 도전, 만족스럽기 때문에 일하는 동기를 일컫는다. 브루너(J. S. Bruner)는 내적 동기의 원형을 지적 호기심이라고 하였다. 내적 동기와 반대되는 개념으로는 외적 동기(extrinsic motivation)가 있다. 외적 동기는 일 자체와는 다른 어떤 보상이나 타인의 인정, 승인, 상벌, 통제, 압력, 타인의 지시 등에 대한 반응으로 일을 하는 동기를 말한다. 브루너가 강조하는 탐구정신, 발견정신 같은 것은 모두 내적 동기와 연관시켜 생각할 수 있다. 외적 보상을 유인가로 해서 동기를 유발하기보다는 학습 자체에서 의미와 만족을 찾음으로써 그 학습에 스스로 몰두할 수 있도록 하는 것이 중요하다.

인간의 동기는 가변적·자발적·미래지향적 성격을 갖는다. 예컨대 부모의 통제와 강요에 의해 시작된 공부가, 공부를 하다 보니 좋은 성적을 받게 되고 부모로부터 칭찬과 보상을 받게 된다. 이후 부모의 칭찬과 상을 받기 위해 시작된 공부가 점차 인생의 중요한 가치관으로 인식되는 등의 내재화 과정을 통해 공부가 기능적으로 자율화 될 수 있다. 어떤 유인가가 학생의 동기를 일으키기도 하지만, 그것을 계기로 자기성취감, 자기만족감 등이 우러날 수 있는 것이다.

삶의 성격과 방향을 규정짓는 또 다른 요소로서 흥미를 들 수 있다. 흥미란 어떤 특정 대상에 대한 관심과 집중을 나타내는 것으로 무의도적 주의를 의미한다. 흥미란 대상에 대해 적극적 선호의 감정을 갖는 것으로 그 대상 속에 자신이 몰입하는 것이다. 헤르바르트(J. F. Herbart)는 교수의 목적은 직접적인 다방면의 흥미에 의해 성취될 것이라고 주장했다. 헤르바르트는 지루한 수업은 학생의 마음 상태를 부패하게 한다고 하였고, 수업에서 학생을 지루하게 만드는 것은 수업활동 중 가장 큰 죄악이라고도 하였다. 흥미에 따른 교육은 가르침의 미덕이라는 얘기이다. 하지만 이 견해가 말과 분필로만 하는 교육을 문제삼는 직접적 기준인 것은 아니다.

진보주의자들은 말과 분필로만 하는 그런 교육을 반대하였는데, 그들은 말의 사용을 한 가지 방향으로, 즉 권위주의적인 방향으로만 사용하는 것으로 잘못 알고 있다. 대부분의 훌륭한 교사들은 단지 무엇을 가르치거나 지시하거나 훈련시키기 위해서가 아니라, 흥미를 불어넣거나 설명해 주기 위해서 말을 활용한다는 사실을 놓쳐서는 안 된다(Peters, 1963a). 헤르바르트가 지목한 지루한 수업은 흔히 말로 하는 수업에서 나타난다. 하지만 흥미를 불어넣는 수업도 말을 통해 이루어진다.

2. 동기이론과 성취동기

오늘날 발전(development)은 문명을 대체하는 개념이 되었으며 가장 강력한 현실적 마력을 지닌 용어가 되었다. 그런데 발전은 어떤 상태를 말하는가? 학자들은 수백 가지 방식으로 발전이 무엇인가를 정의하고 있지만 어떤 발전의 개념도 경제적 상태만을 의미하지는 않는다. 때로는 경제발전이 오히려 환경을 파괴하기도 하고 인간성을 위협하기도 한다. 문화상대주의를 신봉하는 사람들에게 발전이라는 개념은 별로 달갑지 않은 것이다. 나름대로 모든 문화는 각기 고유한 발전의 목표와 윤리를 지니고 있으며 다른 문화의 기준으로 발전 목표와 가치를 판단해서는 안 된다고 생각하기 때문이다. 동시에 문화상대주의자들은 발전이란 문명 개념이나 진보 개념과 같이 서구가 다른 문화권에 강제로 이식하거나 부가하는 개념일 뿐이라고 생각하게 된다. 따라서 1947년 미국 문화인류학협회는 유엔이 정한 인권선언조차도 서구 중심적이고 인종 편중적이라는 이유로 거부하였다. 반면에 반문화상대주의자들, 즉 발전주의자와 진보를 신봉하는 자들은 이미 발전은 서구나 비서구를 가리지 않고 모든 인류사회가 추구하는 세계적이고 보편적인 목표가 되었다고 할 것이며, 빈곤과 질병, 문맹의 퇴치뿐만 아니라 개인의 자유와 선택의 기회를 넓히고 환경적으로 지속 가능하며, 기본적 인권을 보장받을 수 있는 발전이 보편적 지향점이 되어야 한다고 말한다(이태주, 2011: 97).

1949년 1월 20일 미국의 트루먼(H. S. Truman) 대통령은 과학 진보와 산업 발달의 수혜가 저발전 지역의 향상과 성장에 기여할 수 있도록 새롭고 과감한 사업에 착수해야 한다면서 공정한 민주적 거래에 토대를 둔 발전사업을 구상하였다. 『반자본 발전 사전』의 집필자 에스테바(G. Esteva)는 그날 세계는 발전의 시대라는 새로운 시대로 접어들었다고 지적하면서, 그 역설의 현실을 "저발전이 시작되었다"고 규정한 바 있다. 에스테바는 "그날 세계 20억 인구는 저발전인이 되었다. 까놓고 말해서 그때부터 사람들은 온갖 다양성을 잃어버리고 남들의 현실로 자기를 비추는 뒤집힌 거울로 일그러졌다. 자신들을 왜소하게 만들어 긴 줄의 꽁무니로 보내버리는 거울, 실제로는 이질적이고 다양한 복수로 존재하는 정체성을 그저 동물적이고 협소한 소수의 정체성으로 옹색하게 규정하는 거울이 되어버렸다"고 하였다(Sachs, 이희재 역, 2010). 트루먼이 말한 발전사업이란 2차 세계대전을 거치면서 사회진화의 사다리 맨 꼭대기를 차지하게 된 미국이 자국에 유리한 세계질서, 말하자면 미국이 주도하는 냉전의 반공적 질서를 구축하기 위해 내놓은 대규모 원조사업이었다.

맥클리랜드(D. McClelland)의 동기이론은 성취동기(achievement motivation)가 중심이다. 성취동기는 그 사람의 생활과 행동을 지배하는 동기이다. 성취목표는 재산이나 명예일 수 있으나 목표를 달성하고 그것을 성취했다는 만족감 자체일 수도 있다. 이러한 성취동기의 강도에는 개인차가 있다. 맥클리랜드는 국가의 경제적 번영과 국민의 성취동기 사이에 상관관계가 있다는 것을 밝혔다. 성취동기가 높은 국민이 많을수록 그 나라의 경제는 부강하고 번영한다는 것이다. 이는 베버(M. Weber)가 프로테스탄트 윤리(Protestant ethic)와 자본주의(capitalism)의 관계를 밝힌 연구 이래 다시 주목받는 탐구 주제였다(Weber, 1958; McClelland, 1961; Berger, 1974).

성취동기는 1960년대에 대두된 국가발전을 위한 교육의 아이디어와 함께 한국교육에서 주목을 받았다. 이 아이디어에 의하면 교육은 국가발전에 도움이 되는 신념, 태도, 가치관 등 이른바 발전적 인간 요인을 길러주는 것이다. 성취동기야말로 대표적인 발전적 인간 요인이라고 말할 수 있다. 교육은 과학적 지식을 가르치고 발전에 도움이 되는 신념, 태도, 가치관 등의 심리적 특성(이른 바 '발전적 인간 요인')을 길러줌으로써 전통적 인간관계와 가치관 및 불합리한 생활양식을 변화시키는 역할을 한다. 예컨대 맥클리랜드의 성취동기를 비롯하여 "자연에 굴종하는 것이 인간의 도리"라는 가치관(굴종의 가치관)보다는 "자연을 정복하고 그것을 인간생활에 활용하여야 한다"는 가치관(정복의 가치관)이, 그리고 "과거의 문화적 전통과 관습에 따라야 한다"는 가치관(과거지향의 가치관)보다는 "미래에 대한 계획과 변혁이 중요하다"는 가치관(미래지향의 가치관)이 발전을 위해 더 요청된다고 말할 수 있다(이경섭 · 이홍우 · 김순택, 1982: 99).

교육은 사회문제의 해결에 공헌함으로써 사회문화 발전에 기여한다. 교육은 사회의 구조적 변화를 촉진하기도 하지만 변화에 수반되는 사회문제의 해결을 위해서도 중요한 역할을 수행한다. 예컨대 성교육, 환경교육, 인구교육 등의 이름으로 사회문제에 대처하는 교육을 실시한다. 교육은 사회문제에 대한 지식을 제공하고 적절한 태도를 길러주며 합리적인 해결방법을 제시해 준다(이경섭 · 이홍우 · 김순택, 1982: 99).

맥클리랜드는 동기를 "어떤 대상에 대한 감정적 색조를 띤 연상"이라고 정의하였다. 이 정의에서 중요한 개념은 연상과 감정이다. 먼저 동기는 연상이라는 점에 그 특징이 있다. 인간은 주위에 있는 많은 사물이나 사태를 보고 이를 통해 무엇인가를 느끼고 생각하게 된다. 이를 연상이라 한다. 다음으로 동기는 감정적 색조를 띤 연상이라는 특징이 있다. 사물이나 사태를 보고 다양한 연상을 하지만 그 연상이 감정을 자극하지 못하는 경우는 동기가 되지 못한다. 어떤 대상에 대한 감정적 색조를 띤 연상(달리 말하면 어떤 대상에 대한 정서적 태세)을 동기라고 할 때 그 연상의 내용이나 유형에 따라 동기를 여러 가지로 구분할 수 있다. 성취동기는 그 연상의 내용이 탁월한 업적 수행에 관한 것이고 또 그 과업을 이루고 못 이루는 것이 감정을 자극하는 단서가 되었을 때를 가리킨다. 주위 어떤 사물이나 사태를 보든지 그것과 관련하여 탁월한 업적 수행을 생각하며 그 업적이 이루어지는 데서 오는 만족감, 쾌감, 그 업적이 이루어지지 않는 데서 오는 불만과 수치 등을 끊임없이 생각하는 사람은 성취동기가 높은 사람이라고 말할 수 있다(이경섭 · 이홍우 · 김순택, 1982: 152).

맥클리랜드(McClelland, 1961)는 경제발전에 관심을 두고 인성을 변동의 주요 동인으로 부각시켰다. 그는 성취동기가 높은 사회에서 정력적인 기업가들이 배출되며 이들이 경제발전을 추진한다고 설명하고, 경제성장률과 성취동기 수준을 국가 간 비교함으로써 두 변인 간의 밀접한 관계를 주장하였다. 헤이건(Hagen, 1962)은 창조적 인성(creative personality)이라는 개념을 활용하여 경제발전－기술진보로 발생하는 일인당 소득의 지속적 증가를 설명하였다. 그는 대부분은 사람들이 갈구하는 경제성장이 사회구성원들의 의식개혁=창조적 인성에 의해서 촉발된다고 주장하였다. 카알(Kahl, 1968)의 연구 그리고 인켈스와 스미스의 공동연구(Inkeles and Smith, 1974)에서도, 사회변동의 중요 동인으로 근대적 인성을 가진 개인들이 필수적임을 밝혔다. 카알이 말하는 근대적 개인은 행동주의적·도시지향적·개인주의적이며, 친인척과 공동체에 대한 집착이 약하고, 매스미디어에 참여하며 느슨한 계층구조에서 생활한다. 인켈스와 스미스는 한 사회의 근대성이 교육, 매스미디어, 직업적 경험 등 세 가지 변인에 의해 90% 정도 결정된다고 기술하였다(오욱환, 1999b: 83-84).

푸트남(R. Putnam)은 신뢰의 개념을 통해 경제성장과 산업발전을 설명하였다. 푸트남은 특히 이탈리아 지역 연구를 통해 신뢰의 사회적 자본으로서의 가치를 발견하였다. 이탈리아의 중·북부지역은 공업과 경제가 발달하고 자치정부가 잘 되어가고 잘 사는 데 비해, 남부지역은 경제가 발전하지 못하고 가난과 범죄가 많으며 지방자치도 잘 되지 않은 현상을 밝혀냈다. 특히 이탈리아 남부지역의 가족들 사이에 존재하는 고립과 불신은 여러 세대를 거치면서 대물림되고 있음을 지적하였다. 푸트남은 신뢰를 바탕으로 이웃과 서로 돕고 나누며 더불어사는 전통을 가진 지역, 그리고 이 전통을 자녀들에게도 가르쳐 계승하고 실천하는 지역은 경제와 공업도 발전하고 범죄율이 낮다는 사실을 지적하였다. 사회적 신뢰야말로 공동체의 성장과 발전을 보장하는 중요한 사회적 자본임을 강조한 것이다(Putnam, 1993).

푸트남은 네트워크, 규범, 사회적 신뢰 등과 같이 상호 이익을 위한 조정과 협조를 가능하게 하는 사회 조직의 특성에 주목하였다. 신뢰와 사회적 연결망이 번창하는 곳에서는 개인, 회사, 이웃, 심지어 국가까지도 번영을 누리게 된다는 주장이다(Putnam, 1995, 2000). 푸트남은 연결망 구성원들 간의 갈등과 충돌을 조정하고, 무임승차와 과용을 방지하며, 협동을 통해 공동의 이익을 실현할 수 있도록 하는 핵심 기제로서 연결망 내의 신뢰와 참여 등이 중요하다는 것을 역설하였다. 푸트남에 의하면, 신뢰의 가치를 중시하고 공동체의식을 공유하는 사회에서는 경제도 발전하고 범죄율도 낮았다. 서로 돕고 나누며 더불어 사는 전통을 가진 사회, 그리고 그 전통을 소중한 사회적 자본으로 삼아 미래세대에게 기꺼이 가르치는 사회일수록 희망과 전망을 확보할 수 있다는 얘기이다.

3. 1968년 체제와 제2경제론

1968년은 제2경제 개념의 등장과 함께 한국적 민주주의 교육론, 국적 있는 교육론이 대두되었던 해이다. 번영하는 사회를 위해 건설, 증산, 수출이라는 눈에 보이는 경제활동을 제1경제라고 한다면, 마음자세의 근대화, 생활의 합리화 등에 주력하는 노력을 제2경제라고 지칭한 것이다. 제2경제란 그간 강조해온 교육정책에 대한 반성, 즉 경제성장과 국가발전에 기여하는 교육의 강조가 지나치게 물질적 가치의 숭상과 경제제일주의의 풍조로 흐르고 있다는 반성과 우려에서 나온 것이었다. 이러한 반성과 함께 국민교육의 장기적이고 건전한 방향 설정과 시민생활의 건전한 생활윤리 및 가치관의 확립이야말로 민족만년의 대계를 위해서 절실히 필요하다는 공동의 인식이 형성되었다.

1968년 4월에는 대한교육연합회가 제2경제와 교육개혁에 관한 공청회를 열었다. 이는 당시 박정희 대통령이 경제발전을 위한 정신혁명을 강조하고 제2경제운동을 천명한 것과 관련하여 이를 교육에 적용하는 방안을 논의하는 자리였다(손세일 편, 1976: 355). 이 자리에서 정범모는 제2경제를 통한 의식구조의 개혁과 그 방법으로 교육의 중요성을 강조하면서, 교육개혁의 한 방안으로 초등학교 교과서에서 『흥부전』을 삭제해야 한다는 견해를 밝혀 눈길을 끌었다. 정범모에 따르면, 흥부의 의타적 인간상이나 제비 이야기와 같은 요행에 의한 성공담은 교육에 부적당하다는 것이다(정범모, 1964/손세일 편, 1976: 359). 그러나 이에 대해서 강한 반론이 제기되었다. 김창수는 원전 『흥부전』의 흥부는 결코 무기력하지 않았으며, 그의 가난이 개인 탓만도 아니었다고 강조하고, 백보를 양보해서 흥부에게 무기력한 면이 있다면 비판과 반성의 교재로 삼아야지, 사회의 목적이나 규범에 어긋난다고 해서 교과서에서 추방해버린다는 것은 교육의 목적을 인간 아닌 사회에 두는 위험한 발상이라고 주장했다. 김창수는 흥부 '나'의 입을 통해 진정한 근대화의 의미가 무엇인지에 대해 다음과 같이 충고했다.

> 근대화는 물질 생활의 향상, 곧 경제 부흥만으로 되는 것은 아닙니다. 여기에서 문제의 핵심이 되는 것은 물질적인 가난이 아니라 정신적인 가난이며, 경제생활이 윤택해가기는 하지만 정신은 한없는 욕망의 노예로 전락하는 정신의 위기가 커가기 때문입니다. 따라서 우리는 보다 나은 살림을 위해 창조적 활동을 계속하면서도 인생의 의미가 그러한 경제적 목적을 넘어서 보다 고차의 정신생활에 있음을 깨닫는 참된 근대화의 개념이 필요한 것입니다. 이것이 근대화의 올바른 정신자세라고 한다면, 오늘의 교육이 이 면에서 무거운 시대적 과업을 지닌 것입니다.(김창수, 1964/손세일 편, 1976: 371)

국민교육헌장은 제2경제 개념의 수립이 근대화 과정에서 가장 시급한 교육의 과제라고 하는 인식이 교육장전으로 구체화된 것이라 할 수 있다(오성철, 2003). 그런데 이에 대한 논의를 위해서는 1967년의 6·8 선거를 배경 지식으로 삼을 필요가 있다. 6·8 선거는 부정선거로 얼룩져 있었다. 목포에서는 대리투표를 하다 잡힌 사례가 수도 없이 많았고 전북 진안의 투표율은 101.4%였다. 당시 항간에서는 "날아가는 새도 투표를 했는가 보다"라는 우스갯소리가 돌기까지 했다.

전국적으로 부정선거를 규탄하는 학생 시위가 벌어졌고, 마침내 6월 12일 서울대학교를 시작으로 휴교령이 내려졌다. 야당인 신민당은 강력하게 반발했고, 1967년 말까지 부정선거를 규탄하는 정치투쟁이 계속되었다. 마침내 여당인 공화당으로부터 부정이 심한 지역을 대상으로 재선거를 실시한다는 양보를 얻어냈다. 그러는 가운데 1968년 1월 15일의 대통령연두기자회견은 특별함이 있었다. 제2경제라는 전대미문의, 매우 독특한 개념이 연두기자회견을 통해 제시된 것이다.

> '제2경제'란 말은 지금까지 우리가 사용했던 학술적 용어도 아니고 어떠한 학문적인 그런 개념을 가진 용어도 아닙니다. 내가 생각해 낸 한 단어인데 이것이 부적당하다면 적당한 말로 고쳐도 무방하다고 생각합니다. 다만, 그 뜻은 우리가 경제를 건설하는 데 있어서 눈에 보이는 외형적인 또는 물질적인 면에 대해서 우리가 노력하는 동시에 정신적인 자세가 올발라야만 "경제 건설이다", "근대화 운동이다" 하는 것이 효과적으로 촉진이 되지 않겠느냐 하는 그런 취지입니다. …… 종전에 우리가 말하던 증산이다, 수출이다, 건설이다, 소위 통념적인 경제를 하나의 '제1경제'라고 이름을 붙일 수 있다면, 지금 말한 눈에 보이지 않는 정신적인 면이라든지, 또 우리의 마음가짐 등 우리 국민이 근대화를 하는 데 있어서의 철학적인 바탕 또는 기조 등을 '제2경제'라고 해 볼 수도 있지 않겠느냐 이러한 이야기입니다.
> (대통령연두기자회견, 1968. 1. 15.)

하지만 1968년 1월 21일에 김신조를 비롯한 북한의 무장 게릴라들이 청와대를 습격하면서 정치상황은 일순간에 변하고 말았다. 1월 23일에는 푸에블로호

나포 사건(Pueblo Incident), 그리고 11월에는 거의 두 달 동안 계속됐던 울진·삼척지구 무장공비 침투사건 등 북한의 도발이 이어졌다. 북한의 도발은 반공체제를 강화하는 계기로 작용했다. 1월 22일 대간첩 대책본부가 발족했고, 4월 1일 향토예비군이 창설됐으며, 5월 10일에는 주민등록증 개정안이 통과됐다. 북한의 도발은 주민등록제 강화에 결정적으로 기여했다. 동시에 중·고등학교에 반공 도덕 전담교사를 두게 하는 등 반공교육도 강화되었다. 9월 19일에는 서울의 성동고등학교를 시작으로 고교 군사훈련이 시작되었다.

두 개의 분단국가는 각각의 강경파들이 적대적 관계를 활용해 자신들의 기득권을 유지하는 방향으로 나아갔다. 1968년은 적대적 의존관계를 가장 잘 설명하는 사례라고 할 수 있다. 1968년에 남북한의 강경파들은 권력을 얻었고 시민들은 민주주의를 잃었다. 1968년은 한국 보수의 성격이 규정되고, 보수의 이념이 동결되었다. 과학과 이성이 아니라 이념을 앞세우는 심층의 기억으로 작용하였다. 반공을 위해 민주주의를 희생해도 괜찮다고 생각하는 반근대적 사고 역시 1968년과 같은 적대적 의존이 남겨놓은 유산이라고 말할 수 있다.

1968년 체제를 안다면 제2경제론의 등장 배경을 쉽게 파악할 수 있다. 대통령연두기자회견에서 강조한 제2경제는 국민의 정신자세 혹은 마음가짐을 가리키는 것인바, '제2'의 '경제'라고 명명된 이유는 경제건설이나 근대화를 촉진할 수 있는 철학 혹은 정신을 의미하기 때문이다. 국민교육헌장 제정(1968. 12. 5)의 출발점은 제2경제론과 유리되어 있지 않다(문교부, 1988). 1968년에 창조된 '제2의 경제'를 더욱 발전시키고, 국민의 정신혁명을 일으키기 위해 국민교육헌장이 제정되었고, 이는 민족주의, 국가주의 교육이념을 더욱 부각시키는 일이기도 했다. '제2경제' 개념은 생산성, 합리성 등을 의미하기보다는 중앙집권적 국가체제에 대한 국민의 동의 창출을 위한 국가주의 동원 이데올로기로서 등장한 것이다. 그것이 발전하여 나타난 것이 국민교육헌장이다.

4. 발전론적 교육이념

1961년에서 1980년까지의 시기를 발전론적 교육이념이 적용된 시기로 규정한다(교육부, 1998). 1960년에는 잘사는 북반구 나라들이 못사는 남반구 나라들보다 20배 더 잘 살았는데 1980년에는 그 격차가 46배로 벌어졌고, 각자 고유한 가치와 문화를 향유하던 사회들은 모자라는 사회로 전락하고 세계는 서구화, 미국화 일색으로 치닫기 시작했다. 국민총생산, 국민소득 등 서구산업문명이 고안해 낸 일률적 잣대에 따라 나라들 순위가 정해지면서 다양한 가치를 향유하던 멀쩡한 나라들이 무더기로 어느 날부턴가 저발전의 못살고 못난 나라가 되었다. 그 순위의 포로가 되면서 지난 반세기의 세계는 저발전의 발전, 저개발의 개발이라는 결과를 낳았다. 자급자족하며 유유자적 마음 편히 살아가던 사모아의 어부는 서구적 국민(국내)총생산 기준으로 따지면 졸지에 지구상에서 가장 가난한 사람이 돼버리고, 베네수엘라 카라카스 빈민촌의 빈사 상태 실직 노동자는 사모아 어부들에 비하면 갑부가 돼버리는 생활수준도 지나치게 작위적이다(Sachs, 이희재 역, 2010).

국가발전에 교육이 미치는 영향은 대체로 정치 · 경제 · 사회 부분으로 나뉘어 논의되어 왔다. 교육을 통한 정치사회화(political socialization)는 핵심적 의미를 갖는다. 정치사회화는 정치체제와 관련된 지식, 태도, 가치 등을 사회구성원들에게 내면화시키는 과정이다. 경제발전에 교육이 미치는 영향에 관한 논의는 각국의 교육수준과 경제성장 수준의 상관계수를 계산함으로써 양자의 관계를 밝히려고 했다. 그러나 교육의 경제성장에 대한 기여를 인과적으로 설정했다고 보기는 어렵다. 그 논의 과정에는 보통 단순한 통계적인 관련만 제시하기 때문에 경제성장이 교육의 영향을 받았다는 직접적인 근거는 확정적으로 말할 수 없다.

맥클리랜드는 성취동기가 경제성장에 기여하며 이는 교육을 통해 형성된다고 주장하면서 경제성장과 교육과의 관련을 밝히려고 하였다. 사회발전에 필요한 근대적 태도로는 합리성, 업적성, 보편성, 평등성, 개방성 등의 개발을 들 수 있다. 이러한 사회발전에 필요한 근대적인 태도는 어떤 방법에 의해서라도 길러져야 하는데 그 방법은 결국 교육일 수밖에 없다는 생각이 지배적이었다. 학교교육은 이러한 관념과 태도의 형성에 결정적인 역할을 하게 되며, 따라서 교육은 사회발전과 국가의 발전에 기여한다고 볼 수 있다.

한국교육에서 발전교육정책은 5·16 이후 박정희 정권에 의해 본격적으로 시작되었다. 교육학 분야에서도 발전 개념을 다각도로 검토하고 국가발전을 위한 교육계획 수립의 이론적 모형을 설계하고 발전교육의 연구 과제를 모색하는 등의 노력이 시작되었다(정범모, 1966; 차경수, 1984). 그 이후 발전교육에 관한 강의들이 여러 대학에서 시작되었다. 예컨대 '교육과 국가발전'이라는 강좌는 교육사회학의 한 영역으로 자리를 잡아갔다(박용헌, 1998: 1263).

1960년대 전반에는 경제성장을 위한 교육정책이 강조되었으나 1960년대 후반에 이른바 제2경제론의 등장과 함께 경제성장보다는 가치관 형성을 위한 국민교육을 강조하는 방향으로 수정이 가해졌고, 그 분기점을 이룬 것이 국민교육헌장의 제정과 실현이다. 국가의 적극적인 발전교육 정책으로 인해 교육이 팽창하고, 양질의 풍부한 인적 자원이 개발됨으로써 경제성장을 이룰 수 있었다. 이는 인간자본론(human capital theory), 근대화론(modernization theory) 등과 같은 발전교육론에 의해서 이론적으로 뒷받침되었다(오성철, 2003). 1960년대 중반까지는 탈전통론이 우세하였다. 이렇게 우세했던 탈전통론은 1970년대 중반 이후부터 반성되기 시작하였다. 전통에서 쉽게 벗어날 수도 없지만 벗어나서 서구적인 것을 모방한다고 하여 좋은 결과를 가져올 것이라는 보장이 없다는 생각을 하게 된 것이다. 이러한 일반적인 지적 풍토의 전환과 함께 정부에서도 '국적 있는 교육', '주체성 교육' 등을 강조하기 시작하였고 '전통문화의 창조직 계승'을 교육의 지표로 제시하기 시작하였다(문교부, 1988; 박용헌, 1998).

발전교육에 대한 비판의 하나는 교육을 지나치게 수단시한다는 점이다. 교육을 경제성장을 위해, 정치·사회의 근대화를 위해서 필요하고 그 필요 충족을 위해서 동원하고 활용하는 수단 내지 도구의 구실로 생각하는 경향이 있었다. 인간을 다른 무엇을 위한 도구나 수단으로 취급하는 것은 인간의 존엄성과 자아실현이라는 민주주의의 기본 신념 내지 최고 가치에 위배된다. 그리고 자기결정론적 자아실현을 발전의 원동력인 동시에 발전의 목표로 규정하고 있는 발전관에도 배치된다(박용헌, 1998). 이는 한국의 경우와 사례를 통해 구체적으로 확인할 수 있다. 그동안의 발전 계획과 정책은 경제성장 일변도였다. 한 나라의 건전한 발전은 경제성장만으로는 달성될 수 없음에도 불구하고 국민총생산(GNP)·수출액 등에만 정책을 집중하여, 결과적으로 국가발전을 불균형하게 만들었으며 발전교육 역시 경제성장 제일주의에 빠져 있으며, 그 성격은 여전히 진행형이다. 발전교육론이 경험적으로 타당하지 않다는 지적도 있다. 학교교육이 정치·경제·사회 발전에 직접적으로 기여한다는 점을 입증할 만한 구체적인 자료가 제시되지 않고 있으며, 보기에 따라서는 오히려 발전을 저해하고 있다는 지적도 나온다.

발전교육의 본질에 대한 근본적인 부정도 있다. 다른 학문 영역에서 발전과 관련한 연구를 추진하면서 '발전정치'니 '발전경제'니 하는 개념을 사용하는 예가 없었고, 오히려 정치발전, 경제발전 등의 개념을 사용하여 발전의 주체를 분명히 해 왔다. 이러한 의미에서 발전교육(development education)이라는 개념 대신 교육발전(education development)이라는 개념의 사용을 제안하기도 한다. 이러한 개념의 개칭은 종전까지 사용해 온 발전교육이 교육 이외의 무엇을 위한 수단으로서의 교육을 논의해 온 데서 벗어나 교육의 내재적·목적적 가치를 강조하면서 종합적인 의미의 발전을 위한 교육의 능동적 역할과 기능의 모색을 강조하는 의미를 갖는다(박용헌, 1998: 1268).

5. 공생을 위한 방법

중세적 낭만주의자라는 비난을 받기도 했던 일리치(I. Illich)는 현대인에게 요구되는 것은 경제활동뿐임을 지적하였다. 일리치는 『공생을 위한 방법』(*Tools for Conviviality, 1973*)을 통해 자신의 인간, 삶, 교육 문제에 대한 큰 그림을 제시하였다. 일리치는 근본적인 독점(radical monopolies)이라고 일컫는 현상을 비판하면서 이를 대체할 대항적인 생산성(counter productivity)이라는 기본 논점을 제시하였다. 이어서 일리치는 『그림자 노동』(*Shadow work, 1981*)과 『성』(*Gender, 1982*)을 통해 기존의 경제학이 외면하고 있는 문제, 즉 경제적인 가치가 모든 가치를 지배하는 경제 독점체제 그 자체를 겨냥하고 비판하였다. 발전만이 우리가 지향해야 될 경제 모델인 현실을 문제삼은 것이다.

현대사회의 거의 모든 경제활동에 수반되는 무임금 노동은 그림자 노동에 해당한다. 예를 들면 복잡한 가격유통체제하에서 상점과 물건을 고르고, 상품을 사러 차를 운전해 상점에 가고, 카운터에서 신용카드로 값을 지불하고, 구입한 물건을 차에 실어 집으로 옮기고, 카드대금을 내기 위해 은행에 가고 하는 일 등이다. 또한 상품을 사용한 후 버리기 위해서 씻고 말리고 분류하고 날짜에 맞추어 내어놓는 일도 새롭게 요구되는 노동이다. 게다가 임금노동을 위한, 출퇴근에 따르는 노동도 대표적인 그림자 노동이라고 말할 수 있다(이승환, 2001). 일리치는 삶을 지배하고 황폐화하는 경제 독점체제 그 자체를 공격했다. 현대 산업사회에서는 남성이나 여성 모두 동일한 노동을 할 수 있어야 하며, 동일하게 현실을 지각하고 동일한 욕구를 가져야 한다는 점을 지적하였다. 산업사회가 존재하기 위하여서는 남성과 여성 모두 젠더 부재, 즉 남녀 차이가 없는 경제적 중성자로 새로 태어나야만 한다는 것이다.

일리치는 경제 독점문화와 전문가 독전문화로 인해 인간이 점점 불구가 되어간다고 보았다. 특히 경제 독점문화와 함께 점점 더 강화되어 나타나는 전문가 독점문화에 대해 경고하였다. 이제는 무엇을 어떻게 먹는지에서부터 살을 어떻게 빼고, 연애와 사랑을 어떤 식으로 해야 하는지, 무엇을 어떻게 사고 또 외모는 어떻게 꾸미고 다녀야 하는지까지 전문가의 도움이 없으면 안 되는 사회가 되었다는 것이다. 심지어 어떻게 낳고 어떻게 죽는가에까지 전문가가 깊숙이 관여하고 있다. 결국 현대인은 스스로 어떻게 먹고 어떻게 사랑하는지도 모르는, 그리고 어떻게 낳고 어떻게 죽는지도 모르는 불구자로 전락해 가고 있는 것이다.

결국 현대인에게 요구되고 있는 것은 경제활동뿐이다. 현대사회에서 대부분의 문제는 너무 일방적으로 경제가치만을 중시한 결과이다. 일리치는 현대사회를 사는 인간이 다른 가치의 소중함은 모두 잊어버린 채 경제가치만을 소중하게 여기는 경제적 인간(homo economicus)으로 변해버렸다고 질타한다(이승환, 2001). 더 나아가 자동차 문화가 교통체제를 독점하게 됨에 따라 아이들의 놀이공간이자 이웃 간의 만남의 장소였던 집 바깥 공간이 모두 위험지역이나 소음지역으로 바뀌게 되었으며 안전지대는 이제 집밖에 없다는 점도 지적하였다. 경제적인 가치가 모든 가치를 지배하는 사회, 발전만이 우리가 지향해야 할 경제모델인 현실은 이웃의 안녕과 공동체의 복지에 아랑곳하지 않는 우리의 전형적인 모습, 공생의 방법을 고민하지 않는 우리의 자화상을 만들어 내기도 했다. 다음의 성찰은 우리가 지금 놓여 있는 지점을 되돌아보기를 간곡히 주문한다(A대학교 AAT 지문).

> 신(神)이 카인에게 동생 아벨은 어디 있냐고 물었다. 카인은 화를 내며 의문형으로 답했다. "내 동생이 내 책임입니까? 내가 알 게 뭡니까?" 이러한 카인의 의문형 답은 부도덕의 기원을 말해준다. 내 형제는 당연히 내 책임이다. 내가 형제를 책임져야 하는 이유는 형제의 안녕과 복지가 내가 어떤 행동을 하느냐 하지 않느냐에 달려 있기 때문이다. 형제가 내게 의존한다는

사실을 인정하고 그에 따른 책임을 받아들일 때, 나는 도덕적일 수 있다. 내가 그 의존성에 의문을 던지는 순간, 왜 형제에게 책임을 져야 하는지 이유를 대라고 요구하는 순간, 나는 책임을 저버리는 것이 되며 더 이상 도덕적일 수 없다. 유감스럽게도 카인의 의문형 답이 세계 도처에서 다양한 형태로 제기되고 있다. 사람들은 왜 자신이 이웃의 안녕에 신경 써야 하는지 반문하고, 왜 국가가 가난한 사람을 돕는 복지정책을 시행해야 하는지 의문을 품는다. …… 이렇듯 갈수록 일자리가 줄어들고, 직장에서의 인간관계가 단편적이 되고, 미래에 대한 전망이 불확실해지면, 서로에 대한 의존성을 기반으로 하는 배려와 책임의 정신이 싹트고 뿌리내리기 힘들다. 하지만 저러한 상황의 변화 속에서 머리를 맞대고 지혜를 모아 함께 사는 방법을 찾기란 쉽지 않다. 직장은 납득할 수 있는 공존의 법칙을 마련하려고 애쓰는 공동의 주거지가 아니라 며칠 밤 머무르고 나면 급히 떠나는 야영지로 간주된다. 우리 시대는 약한 결속력의 시대이다.

강자 카인이 약자 아벨을 살해하는 이야기를 통하여, 약소국 이스라엘을 침탈하여 인간 살육을 자행한 근동 고대제국의 무력적 횡포와 인간의 심성에 자리잡고 있는 파괴적 공격성을 비판하기도 한다. 낡은 문명이 몰락할 때나 국가사회가 병든 징후를 나타내기 시작하면, 사회 중심부 집단이 독점적 힘을 가지고 주변부 집단한테 불공정하거나 불의한 대우를 가하게 된다. 낡은 계급투쟁론이 아니더라도 소외되는 집단이나 개인은 억울하다는 분노감정을 축적해 가는 것이고, 어떤 계기를 만나면 폭발하여 형제살인까지 저지르게 된다. 비극적 형제살인 사건이 왜 발생했던가를 기록에서 보면, 공정성 결여가 문제의 발단이었다. "주 하느님께서 아벨과 그의 제물은 받으셨으나, 카인과 그의 제물은 받지 아니하셨다." 차별당한 카인은 "몹시 분하여 안색이 변했다"고 기록되어 있다. 카인은 분을 참지 못하고 살인을 저지르고 만다. 불공정한 차별대우는 인간 소외와 인격 장애를 낳고, 그것은 분노와 생명 살해의 씨앗을 잉태한다.

현대 문명사회에서 불공정성의 원인제공자는 종교적 신이 아니라 보이지 않는 큰 힘들, 곧 패권국가들의 야망, 타락한 정치권력, 기득권자들의 집단이기심, 그리고 사회 구조악인 것이다. 카인의 형제살인이 정당하다는 말이 아니라, 현대판 카인들을 양산하는 보이지 않은 큰 힘들한테도 책임이 있다는 말이다. 카인은 도덕적 죄의식은커녕 "내가 내 아우를 지키는 자입니까?"라는 냉소적 반응을 보이며, 인간성과 도덕률 그 자체를 부정하는 인면수심의 괴물이 된다. 오늘날 우리 사회에도 정치적 · 경제적 · 문화적 힘을 행사하는 권력집단들이 있다. 그들은 옛날 카인처럼 "우리가 사회의 말단 구석에서 발생한 희생자들까지 지키고 책임져야 하는가?"라고 속으로는 항변한다. 힘 가진 자들의 불공정성, 불법행위에 대한 은폐심리, 선악 이분법 진영논리, 그 세 가지가 우리 사회의 전진과 인간화를 가로막고 있는 핵심 걸림돌이다. 그러나 평화는 정의의 결과이기 때문에, 진실이 밝혀진 후에라야 비로소 불의를 잊지 않되 용서, 치유, 평화가 가능하게 되는 것이다(김경재, 2014).

CHAPTER

9

교육활동의 성격

1. 교수활동, 수업활동, 교수-학습활동
2. 일상적 의미의 교화, 전문적 의미의 교화
3. 형식도야설, 능력심리학, 전이설
4. 교육활동과 교육과정

교육활동의 성격

1. 교수활동, 수업활동, 교수－학습활동

교수활동(teaching)은 수업활동(instruction)보다 포괄적인 개념이다. 수업은 학습자의 지적 · 탐구적 특성을 주로 자극하는 내용을 전달하는 데 적용되는 말이며, 교수활동은 학습자의 모든 능력을 자극하는 포괄적 내용의 전달을 의미한다. 교수활동은 학습자가 보인 변화 중에서 의도적인 것과 비의도적인 것을 모두 포함한다는 점에서 수업보다 포괄적이다. 교수활동과 달리 수업은 학습자에게서 어떤 변화를 일으키려고 하되 체계적 · 의도적 · 계획적인 성격을 띰은 물론 때로는 교사라는 인격체가 직접 나타나지 않고도 이루어지는 것으로 파악된다(김순택, 1982: 27). 이와 같이 교수활동과 수업활동은 개념상 차이를 갖는 것이지만 실제로는 양자를 동의어로 쓰고 있다(김종서 · 이영덕 · 정원식, 1988: 265). 흔히 수업목표, 수업계획, 수업전략이라는 말을 쓰는가 하면, 교수－학습활동계획(교사 및 학생활동, 집단의 조직, 시청각매체의 이용, 수업의 형태나 흐름, 시간에 대한 배려)이라는 말을 쓰는 등 사용 맥락에 따라 사실상 동의어로 교수활동과 수업활동을 혼용하고 있다.

헤르바르트는 교육의 단계를 관리, 교수, 훈련의 세 단계로 구분했다. 그리고 두 번째 단계의 교수를 다시 교육적 교수와 비교육적 교수로 구분하였다. 교육적 교수는 도덕적 품성의 형성에 기여하는 것이며 비교육적 교수는 단순히 지식이나 기능의 전달에 머무는 것으로 생각했다.[1] 모든 교수활동은 교육적 교수

1) 일반적으로 '교수'라는 용어는 "가르치는 사람"을 지칭하기도 하지만 "가르치는 행위"를 일컫기도 한다. 전통시대에 '교수'는 가르치는 행위보다는 관직명으로 많이 사용되었지만, 1880년대에 들어와 가르치는 행위를 뜻하는 '교수'라는 용어가 확산되기 시작하였다. 헤르바르트의 교육학이 소개되고 '교육적 교수'(Erziehender Unterricht)의 개념이 등장하면서, 지식 전수를 위한 '교수' 개념은 '교육' 개념과 구분되었다. 비록 교수와 교육은 구분되있지만, 한국의 교육적 전통으로 말미암아 교수는 교육과 유사한 개념으로 종종 사용되고 있다(김자중 · 한용진, 2016).

를 지향해야 한다고 주장했다. 헤르바르트와 그의 제자들은 교수의 형식적 단계이론을 제시하여 교수이론의 발전에 기여했다. 흥미를 일으키는 수업이 되기 위한 과정과 절차는 간단치가 않다. 교육학을 과학적인 방법으로 정립하고자 했던 헤르바르트학파의 질러(T. Ziller)는 헤르바르트의 명료, 연합, 계통, 방법의 교수 4단계설을 수정하여 분석, 종합, 연합, 계통, 방법의 5단계로 제시하였다. 단원(單元 ; unit)이라는 개념도 헤르바르트와 질러에 의해 확립된 개념이다.

교수활동이 학습의 성취를 목표로 하는 활동일지라도 교수활동과 학습은 논리적 관계가 없다. 넓게 보면 교육은 교수활동을 통하지 않고서도 가능하며, 교수활동 없이도 어떤 형태의 학습이 일어날 수 있다(정호표, 2002: 169). 교육에서 다른 어떤 방법보다도 교수활동을 가장 중시하는 것은 이 방법이 갖고 있는 도덕성에 있다. 이는 세뇌나 조건형성과는 달리 아동 · 학생의 본성, 흥미, 준비도 등 여러 교육방법적 기준을 충족해야 하기 때문이다. 쉐플러(I. Scheffler)와 같은 합리주의자에 따르면 교수활동은 가치평가어로 사용되며 합리성의 토대 위에서 교사가 이유를 제시하는 활동이다. 교사가 설명한 내용에 대해 학생이 이유를 요구할 때 교사가 응하는 활동이다. 교수활동은 내용 제시와 전개 과정에서 타당한 이유를 제시하고 그 이유에 대해 비판과 평가를 허용할 때 가치가 있다.

효과적이며 좋은 교수활동이 되기 위해서는 아동 · 학생의 신체적 · 지적 · 정서적 준비뿐만 아니라 가정과 지역사회의 환경적 요인을 광범하게 검토해야 한다. 교수활동은 아동 · 학생의 모든 경험의 전체적 요인에 대한 고려로부터 시작되어야 한다.

학습자는 통합된 전일적인 존재로서의 유기체이다. 따라서 교수활동은 지적 · 정서적 · 사회적 · 신체적 발달이 조화롭게 이루어질 수 있어야 한다. 아동 · 학생이 지적으로 아무리 좋은 학습을 하였다 할지라도 그것이 정서적 · 사회적 · 신체적 영역에서 볼 때 바람직하지 못하다면 결코 좋은 학습이라고 말할 수 없다.

학습자가 통합된 유기체로서 학습하는 것을 학습의 면에서는 동시학습(concomitant learning)이라고 한다. 예를 들면 수학 시간에 학생들은 수학만 배우는 것이 아니라(지적 발달) 수학은 재미있는 것, 지루한 학문, 하기 싫은 과목이라는 것도 동시에 배우며(정서적 발달), 수학 선생님은 좋다, 싫다 또는 수학을 잘하는 학생과 친하고 싶다, 아니면 그들은 밉다 등과 같은 관계를 배우고(사회적 발달), 수학 시간은 몸이 편하다, 괴롭다 등과 같은 상태도 관련된다(신체적 발달). 이렇게 볼 때 교수활동이 펼쳐지는 과정에서는 항상 학습자에게 어떤 동시학습이 일어나는지를 살피도록 해야 한다. 그것은 곧 전인으로서의 조화적 발달을 기약하는 일이기도 하다(김종서 · 이영덕 · 정원식, 1988: 271).

학습자는 활동적이고 탐구적인 존재이다. 따라서 수업은 학습자의 탐구심을 충족시킬 뿐만 아니라 창의성이 신장되도록 해야 한다. 유아기나 아동기를 관찰해 보면 인간은 수동적 · 수용적 존재가 아니라 능동적 · 탐구적 존재라는 것을 알 수 있다. 유아나 아동은 잠시도 쉬지 않고 움직이며 환경을 탐색한다. 그들이 조용한 때는 잠들었을 때나 아플 때이다. 그들은 만져보고, 두들겨보고, 맛보고, 부셔보고, 흔들어 본다. 이렇게 하면서 그들의 지적인 세계를 넓혀간다. 또한 그들은 계속적인 질문을 통하여 환경을 탐색한다. 질문기에 처한 4~5세 어린이의 질문 공세는 이를 잘 보여준다. 질문이나 발견을 통해 얻은 이들의 지적 희열은 학자들의 발견의 기쁨과 동일한 것이다. 브루너는 이를 일컬어 지식의 최전선에서 새로운 일을 만들어 내는 학자들이 하는 것이든 초등학교 3학년 학생이 하는 것이든 모든 지적 활동은 근본적으로 동일하다고 말하였다(Bruner, 1960).

브루너의 관점에서 보면, 학습은 '지식의 구조'를 발견하는 것으로 규정된다. 물론 지식의 구조를 발견한다는 말은 그 발견에 지식의 구조가 필요하다는 말이며, 따라서 발견학습은 학습의 결과를 학습의 조건으로 전제한다는 점에서 난점을 갖는다(이기범, 2017). 브루너는 기존의 교육에서 '교과'를 가르치지 않고 교과의 '중간언어(middle language)'를 가르쳤기 때문에 교육이 제대로 이루어지 못하였다고 비판하였다. 브루너는 중간언어로 가르치지 않고 수업이 이루어진다면 "어떤 교과든지 올바른 형식으로 표현하면 어떤 발달단계에 있는 어떤 아동에게도 효과적으로 가르칠 수 있다"고 보았다(이흔정, 2004a). 중간언어를 극복하기 위한 방안으로는 지적으로 정직하게 가르칠 것, 전달수업이 아닌 이해하는 수업을 할 것, 대화를 통해 수업할 것 등을 지적할 수 있다. 이러한 노력들이 수업을 통해 이루어진다면 교사들은 국가가 제공한 교과서를 극본삼아 연기하는 배우가 아니라, 스스로 극본을 써 나가는 작가이자 연출자로서 의미와 주체성을 회복할 수 있을 것이다(이흔정, 2004a).

브루너는 지식구조론 이후 문화심리적 관점에서 교육에 대한 새로운 관점을 제시하였다. 브루너는 인지현상을 탐구하기 위해 사고양식을 패러다임 사고와 내러티브 사고로 구분하였다. 패러다임 사고는 이론적 · 형식논리적 · 추상적 · 일반적인 진술로 구성된 과학적 사고인 반면에, 내러티브 사고는 사람들 간의 관계맥락과 교류 상태, 행위의 의도 등 구체적 · 상황특수적인 사고이다. 이러한 내러티브 사고를 교육에 활용함으로써 상상력의 증진, 자아 정체감 확립, 상호작용적 학습공동체 구성에 도움을 줄 수 있다(이흔정, 2004b).

2. 일상적 의미의 교화, 전문적 의미의 교화

교육철학의 전문용어로 쓰이는 교화(敎化)는 주입(注入)식 교육, 맹목적 가르침(盲敎), 허위의 가르침(僞敎) 등과 같은 도덕적으로 비난받을 만한 가르침에 적용되는 용어이다. 이때의 교화(indoctrination)는 일상적 의미로 사용하는 교화(enlightenment)와 구별될 수 있다.[2] 일상적 용법의 교화는 사람들을 도덕적으로 깨우치게 하여 좋은 방향으로 계몽해 주는 것으로 교육과 별 차이가 없는 말이다. 일상적 의미의 교화는 도덕적으로 비난받기는커녕 오히려 이상적인 교육방법의 하나로 간주될 수 있다(정호표, 2002: 172). 예컨대 불교는 중생을 향해 존재와 삶을 묻고 답하는 과정, 깨달음을 추구하는 가르침이다. 적극적 활동은 아닐지라도 평생에 걸친 자기 형성과 재창조의 가능성을 열어준다는 사실에 주목할 때 대중교화(populace enlightenment)의 본연적 의미를 충실히 수행했던 흔적을 갖고 있다. 적극적 활동은 아닐지라도 평생에 걸친 자기형성과 재창조의 가능성을 열어준다는 사실에 주목할 때 대중교화의 본연적 의미를 충실히 수행했던 흔적을 갖고 있다.

교화라는 용어는 어원상 교리의 주입을 의미한다. 과거에는 교화는 교수활동과 동일한 의미로 사용되었다. 교육은 교수활동을 중심으로 하지만 훈련, 연마, 맹목적 연습, 조건형성, 암기 등과 같은 교화와 유사한 방법도 엄밀한 구별없이 사용해 왔다. 그러나 현대의 분석교육철학자들이 교육의 의미를 명료화하고, 교육 개념과 이와 유사한 다른 개념들을 구분하려는 시도를 한 이후 교화의 가치에 대한 논쟁이 제기되었다. 또한 인간의 자율적 판단능력을 중시하는 자유민주주의 정치철학과 아동중심의 교육철학이 강조되면서 교화에 대한 비난이 일기 시작했다. 교화는 민주적 시민 생활에서 요구되는 자율적 사고의 발달을 막을 가능성이 있으며 무비판적 신념을 갖게 할 가능성이 크기에 비난을 포함하는 의미로 사용되었다(정호표, 2002: 173).

자율적 사고와 비판정신의 함양을 위해서는, 인간의 일반적 고질이기도 한

2) 영어의 indoctrination은 흔히 교화라고 번역되기도 하지만, 교화라는 말은 도덕적으로 비난받을 만한 가르침에 적용되는 개념이 아니다. 이에 indoctrination을 주입, 위교, 맹교라고 번역하여 사용하는 경우도 있다. 위교나 맹교리는 말은 우리의 일상 용어에 없으며 사전에도 없는 말이다. 그러나 indoctrination을 교화로 번역하여 그 의미가 손상되는 일을 막는 것도 중요하다(이돈희, 1983: 257-258).

진리와 허위에 관한 신비적 관념을 벗어나야 한다. 교화는 일차적으로 교육원리에 비춘 개념이라기보다는 도덕적 기준에 비춘 개념이다. 그러므로 교화는 도덕적으로 용납되지 않는 의도로 지식을 가르치고 있을 때, 특히 허위를 진리로 위장하여 가르칠 때에 적용되는 개념이라고 말할 수 있다. 하지만 위장의 의도는 없더라도 다른 한편 인간은 진리와 허위에 대한 그릇된 접근 가능성이 높은 존재임을 유의할 필요가 있다. 사람들은 자신의 신념은 허위가 아닌 진리라고 생각하는 경향이 있으며, 또한 진리라는 말에 대해 굉장한 의미를 가진 고매하고 화려하고 경외할 만한 그 무엇이라고 생각하는 경향이 있다(Russell, 1970). 이는 진리의 본질과 동떨어진 그릇된 진리관이라고 말할 수 있는데, 이를 극복할 수 있어야 교화에 빠지지 않을 것이다.

현대 분석교육철학에서 논의되고 있는 교화의 조건은 다음과 같다. 첫째, 내용의 조건을 들 수 있다. 교리, 불확실한 명제, 단순한 거짓이나 단순히 진리라고 생각되는 것, 이데올로기 등과 같은 가르침에 해당한다. 둘째, 방법의 조건을 들 수 있다. 방법적 과정에 대한 이해 없이 무근거 또는 그릇된 근거와 권위주의적 태도로 가르치는 것을 일컫는다. 증거, 이유, 논증 등을 사용하지 않고 비합리적 방법으로 가르치는 경우이다. 교사가 특정의 비윤리적 의도를 갖고서 증거를 제시하지 않고 가르칠 경우, 교화의 본질에 그대로 해당한다. 셋째, 의도의 조건이 성립한다. 아동·학생에게 지적·도덕적 문제에 대해 그들 스스로 사고할 수 있는 능력의 성장을 멈추게 하려는 나쁜 의도에서, 혹은 나중에 어떤 교육에서도 그것을 변화시킬 수 없도록 어떤 신념을 확고하게 고정시키려는 의도에서 교사의 가르침이 행해진다면 교화에 해당한다. 교육과 교화의 가장 철저한 구별은 이 의도 자체가 교육적이냐 아니냐에 따른 것으로 보는 견해가 강하다. 넷째, 결과의 조건을 추가할 수 있다. 아동·학생이 받은 교육작용에 관계없이 이성이나 증거에 의해 사고와 행동을 하지 않고 무비판적으로 모든 것을 받아들이는 신념체계를 가질 때 교화된 인간으로 볼 수 있다.

이는 교육주체의 의도나 방법이나 내용에 하등 관계없이 교육을 받고 난 뒤에 결과적 상태로서 아동·학생이 교화된 인간이 된 것을 의미한다. 이때는 교육자가 비난받을 이유는 없다(정호표, 2002: 173-174).

교화된 사람은 논증, 비판, 증거 등을 탐구의 도구로서가 아니라 이미 갖고 있는 신념을 더욱 강화하기 위한 합리화의 도구로 사용한다. 교화의 조건은 공산주의의 행적과 깊은 관련이 있다. 공산주의자들은 국가나 당의 이해관계와 상관없이 주장되는 객관적 진리의 관념을 가지지 않는다. 학생들에게 공산당의 정책과 노선의 기본 원리에 관한 교화를 교육의 본질로 삼는 일을 주저하지 않는다. 그들에게 학교는 새로운 사회질서 형성에 주도적 역할을 감당하는 국가적 목적의 수단이며, 지배계급을 의미하는 프롤레타리아의 무기이고, 거기에 종사하는 교원은 그 병사에 해당한다고 말할 수 있다(이돈희, 1983: 351-352). 올바른 신념을 유지하기 위해서는 증거 없이 확립된 신념을 포기하고 바꿀 정신적 자유도 필요하다(정호표, 2002: 175). 그러나 교육에서 어떤 신념이나 지식을 증거 없이 가르치는 경우에 반드시 교화로서 비판을 받는 것은 아니다. 한 사회의 지배적인 도덕적·정치적 신념체계가 객관적 타당성이 결여되어 있다는 이유에서 교육에서 제외되기 곤란하다. 사회적으로 가치 있는 신념의 전달은 증거에 관계없이 교육적으로 용인될 수 있다.

아동·학생이 어떤 신념에 대한 증거 혹은 이유를 이해할 정도로 성숙하지 못했을 때, 증거에 개의치 않고 어떤 신념을 가르치는 것이 인정될 수도 있다. 올바른 행동, 기초적 지식, 바람직한 가치관을 갖게 하는 경우, 그 증거를 제시하지 않더라도 교화로 보기 어렵다. 초기의 신념 형성방법보다는 후기에 합리적 증거에 의해 변화될 수 있는 신념인가의 문제가 더욱 중요하다. 개인의 잠재능력을 저해하지 않고, 합리적 사고의 발달을 저해하려는 의도 없이, 이후의 합리적 사고의 발달을 위해 수행되는 교화는 교육의 초기 단계에서는 인정될 수 있다(정호표, 2002: 176-177).

3. 형식도야설, 능력심리학, 전이설

형식도야설(theory of formal discipline)은 교육에 관한 이론이다. 형식도야설은 교육의 역사에서 가장 오랜 기간 동안 교과의 의미를 설명하는 이론으로 활용되었다. 형식도야에서 형식은 교육내용 또는 교과의 형식을 가리킨다. 도야는 흙을 빚거나 쇠를 녹여서 물건을 만드는 것을 가리키며, 일상적 의미로는 연마와 같이 심신을 갈고 닦는 것을 뜻한다. 도야나 연마(discipline)는 일정한 완성 단계에 도달하기까지 오랜 기간을 두고 여러 번 되풀이하여 반복적으로 연습한다는 뜻을 내포하고 있다.

정신능력으로 생각할 수 있는 것은 기억, 지각, 상상, 추리, 감정, 의지 등일 것이다. 『국가론』*(The Republic)*의 화자 소크라테스가 산술과 기하에 뒤이어 천문학에 관하여 설명하려 할 때 대화 상대자는 "계절과 달수, 햇수를 알아내어 농부와 선원은 물론, 군인에게도 유용한 지식을 주는 그 학문"이라고 말하는 장면이 나온다. 소크라테스는 천문학이 농부나 선원, 군인에게 유용하다는 보통사람들의 믿음을 부정하지는 않지만, 마음속의 능력을 가꾸고 보존하는 유용성은 보통사람들이 생각하는 유용성을 훨씬 능가한다고 주장하였다(김종서 · 이영덕 · 황정규 · 이홍우, 1997).

심리학(정신 또는 마음을 연구하는 학문)은 르네상스시대에 획기적인 변화를 이루었다. 종래의 연구방법이었던 사변이 관찰로 대치되고 연구 대상도 보편적 · 추상적인 인간이 아니라 구체적인 개인으로 바뀌었다. 교육을 심리학의 관점에서 이해하면서 동시에 심리학을 교육방법에 적용했던 비베스(J. L. Vives)가 르네상스시대의 인물이었던 것은 우연이 아니다. 비베스는 기억 훈련의 방법을 교육논설로 제시하였다. 기억을 훈련시킬 수 있다는 것은 곧 정신능력을 훈련시킬 수 있다는 것을 의미한다. 비베스가 보기에는 그것이 공부 또는 교육의 의미였다. 비베스에 의하면 공부 또는 교육은 감각, 상상, 이성 등의 정신능력을 차례로 연마해 나가는 활동을 뜻한다. 비베스의 제자 후아르테(J. Huarte)는 여러 교과와 여러 정신능력을 1대1로 대응시켰다. 교과와 정신능력을 짝지은 것은 특정 정신능력에는 그것을 훈련하기에 적합한 교과가 있다는 생각과 함께 그 교과를 가르치는 목적은 그 정신능력을 개발하는 데에 있다는 생각을 보인 것이다(Bowen, 1975; Cordasco, 1976; 김종서 · 이영덕 · 황정규 · 이홍우, 1997).

형식도야설은 능력심리학(faculty psychology)을 기초로 하고 있다. 심리학 교과서에는 때로 옛날의 심리학을 소개하는 부분에서 사람의 머리 모양을 그려놓고 그 안을 구획하여 각각의 칸에다가 기억, 추리, 상상 등 여러 가지 능력의 이름을 적어놓은 경우가 있다. 그들은 능력이 모두 머릿속에 있다고 생각했음을 알 수 있다. 능력심리학은 현대 심리학의 관점에서 보면 유치한, 그야말로 원시적인 심리학이지만 그것은 전이설(transfer theory)을 설명한다는 점에서 중요성을 갖는다. 전이설은 교과를 통해 획득되고 개발된 능력은 교과 이외의 사태에서도 그것과 동일한 능력이 요구되는 경우에는 언제나 효력을 발휘한다는 관념이었다(김종서 · 이영덕 · 황정규 · 이홍우, 1997: 233).

중세대학에서 추구한 자유교육의 핵심적인 정신도 자유인을 육성하는 일이었다. 이를 위해 대학의 교과과정은 7자유학과(seven liberal arts: 문법, 수사학, 논리학, 대수학, 기하학, 천문학, 음악)를 중심으로 이루어졌으며, 이 7개 자유교양과목은 대개 현실적 이익보다는 이성의 지적 탐구를 중시한 것이었다.[3] 르네상스시대는 그

3) 7자유학과에 대한 가치 인식을 통해 당시의 직업에 대한 왜곡된 시선을 만날 수 있다. 서양인들에게서도 특히 미술에 대한 인식과 평가는 낮았다. 아들이 화가가 되겠다는 것은 대부분의 부모에게는 그리 탐탁한 일이 아니었다. 미술가에 대한 낮은 사회적 인식은 고대부터 내려오는데, 그 주된 이유는 손으로 하는 작업은 미천한 노동자들이나 하는 일이라고 여겼기 때문이다. 중세 말기에 설립된 대학에서도 7자유학과를 통해 음악과 시는 가르쳤지만 미술은 고차원적인 것을 이해하도록 인도하지 못한다는 이유로 배제되었다. 화가나 조각가가 되려면 장인(匠人)에게 도제교육을 받아야 했고, 길드에 가입해야 했는데 이것은 일종의 노동조합과 같은 조직이었다. 중세의 길드는 노동환경을 조성하고, 지나친 경쟁을 관리하며,

리스-로마시대의 고전이 교육내용으로 으뜸가는 지위를 차지하였던 시대였다. 개인적으로나 국가적으로 교육의 중요성에 대한 인식이 싹트기 시작했다. 여기저기 학교가 많이 생기고 학생 수도 크게 늘어났다. 중세시대와 르네상스 시대의 7자유학과는 형식도야의 목적을 위해 탁월한 교과라고 믿어졌다. 각각의 능력이 충분히 단련되면, 그 능력으로 인간은 자신과 사물을 제대로 이해할 수 있고 생활을 영위하는 데 요구되는 원리들을 개발하게 된다는 것이다. 이러한 교육관은, 교육이란 인간 밖에서 이루어지는 활동일 뿐이라고 생각하는 전통적인 상식을 벗어나서 인간의 내심에 관한 것이라는 생각을 해보도록 하는 매우 획기적인 일이었다(이돈희, 1983: 99-100).

하지만 형식도야설은 고전을 가르치는 일에 대해 그 내용의 이해는 돌볼 겨를 없이, 책에 적힌 글을 반복 암송하는 것이 고작인 현실을 설명하고 두둔하는 편리한 이론이 될 수 있었다. 형식도야설에서는 고전을 반복 연습하면 일반적 정신능력이 도야된다고 말한다. 결국 형식도야설은 질적으로 보잘것없는 교육을 설명하고 이론적으로 뒷받침하는 데에 사용된 역사를 갖고 있다(김종서 · 이영덕 · 황정규 · 이홍우, 1997: 234).

손다이크(E. L. Thorndike)의 전이실험과 듀이(J. Dewey)의 부소능력에 대한 논의가 제시된 후, 형식도야설은 비판에 직면하였다. 손다이크는 전이가 능력으로 말미

과부를 위한 연금제도를 실시하고, 도제들의 숙소문제 등을 도와주었지만 가장 중요한 일은 작업 수준을 맞추고 가격을 통제하는 것이었다. 길드가 화가들의 독창력 발휘에 방해가 되었다는 설과 그렇지 않았다는 설이 있지만 미술가들이 이들의 독점에서 벗어나려고 한 것은 사실이었다. 이탈리아 건축가 브루넬레스키(F. Brunelleschi)는 길드 회비를 내지 않고 버티다가 투옥되기도 하였다. 미술가에 대한 사회적 인식이 바뀌기 시작한 것은 미켈란젤로(B. Michelangelo)나 레오나르도 다 빈치(Leonardo da Vinci) 같은 천재적인 작가들이 등장한 르네상스시대부터였다. 새로 설립된 미술아카데미에서 고전, 해부학 등을 정식으로 배운 미술가들은 장인계급에서, 그리고 길드에서 벗어날 수 있었다. 그러나 19세기에 와서도 미술가들은 규범과 질서에 얽매이지 않는 보헤미안이라는 사회적 편견은 남아 있었다(김영나, 2010).

암아 일어나는 것이 아니라 내용으로 말미암아 일어난다는 견해를 제시하였다. 전이는 두 경우가 동일한 요소를 갖고 있을 때, 내용의 동일한 요소에 의하여 한정적으로 일어난다는 것이다. 손다이크는 이렇게 전이의 근거를 능력(형식)에서 내용으로 옮겨놓았다. 이를 일반전이설(general transfer theory)과 구분하여 특수전이설이라고 부르며, 달리 말하여 동일요소설(theory of identical element)이라고 일컫는다.[4)]

듀이는 기억이나 지각이 마치 그 자체로서 존재하고 그것을 개발하는 일이 그 자체로서 중요성을 가질 수 있는 것처럼 주장하는 형식도야설을 비판하였다. 만약 기억하고 지각하는 내용이 중요한가 아닌가는 생각하지 않고 일반적인 능력으로서의 기억이나 지각을 개발하는 것을 교육이라고 한다면, 학생들에게 벽의 갈라진 틈을 세밀히 관찰하도록 하거나(지각), 어느 나라의 말도 아닌, 무의미한 단어들을 기억하도록 하는 일(기억)도 훌륭한 교육이 된다고 말해야 할 것이라고 비꼬았다(Dewey, 1916). 듀이는 교육은, 형식도야설에서 주장하는 것처럼, 기성의 능력을 훈련하는 일을 의미하는 것이 아니라 문제사태에 직면하여 적절한 지력을 현명하게, 지적으로 활용하는 능력의 개발을 의미한다고 보았다(김종서 · 이영덕 · 황정규 · 이홍우, 1997: 245).

형식도야설이 기초하고 있는 능력심리학은 현대의 심리학적 연구와 철학적 분석에 의해서 그 타당성이 부정되고 있다. 하지만 어떤 형태의 교육에서나 관찰력, 추리력, 이해력, 비판력, 창의력, 의지력, 문제해결력 등의 능력을 개발하는 것은

---

4) 학습전이설은 형식도야설, 일반전이설, 동일요소설 등이 있다. 형식도야설은 인간의 정신은 구분되는 몇 가지 능력(지각, 기억, 상상, 추리, 감정, 의지 등)으로 구성되어 있으며, 따라서 교과에 담겨진 구체적 내용보다 그 능력(형식)을 단련하면 전이효과는 크다고 본다. 일반전이설은 일반적 원리가 새로운 학습상황에 전이된다는 입장이다. 학문중심 교육과정은 일반전이설에 입각한 것이다. 그리고 동일요소설은 과거의 학습싱황과 새로운 학습상황 사이에 동일요소가 들어 있을 때 학습의 전이가 나타난다는 견해이다(김종서 · 이영덕 · 정원식, 1988: 239).

언제나 가치 있는 일이다(이돈희, 1983: 100-101). 그렇다면 형식도야설이 학문적 · 이론적으로는 비판을 받았지만 추구하는 이상 그 자체는 올바른 것이었다고 말할 수 있다.

최근 국내 교육학계에서는 '역량' 및 '역량계발'에 관한 논의가 주목을 받고 있다. 여기에는 OECD의 관련 연구와 제언이라는 외적 계기가 있지만, 종래의 교육에 대한 모종의 새로운 대안을 제시하고자 하는 문제의식이 깔려 있다. '역량기반 교육'의 원조에 해당하는 보비트(J. F. Bobbitt)가 중심이 되어 일어난 이른바 과학적 교육과정운동은 형식도야이론으로 정당화되었던 19세기식 낡은 교육을 비판하면서 등장한 것이 사실이지만, '역량기반 교육'은 형식도야이론의 이론적 오류를 극복한 것이 아니라, 도리어 그것을 더욱 첨예한 방식으로 반복하였다. 이 점에서 형식도야이론의 오류를 극복하는 방법은 '역량계발'이 아니라 '심성함양'의 관점에서 교육을 이해하는 것이라고 말할 수 있다(신춘호, 2010).

4. 교육활동과 교육과정

교육과정의 성격별 유형은 흔히 교과중심 교육과정, 경험중심 교육과정, 학문중심 교육과정, 인간중심 교육과정으로 나뉜다. 교과중심 교육과정에 대한 입장은 중세 교육의 중심인 7자유학과에서 그 연원을 찾을 수 있다. 7자유학과는 고대의 이데아적인 지식이 중세에 짜여진 것으로 그 후 오랫동안 서구 교육의 중심교과가 되었으며, 르네상스 이후까지도 그 권위가 지속되어 모더니즘 교육에 지대한 영향을 끼쳤다. 7자유학과의 객관적이고 인식론적인 지식은 문법이 가장 중요한 교과서의 위치를 차지하고 있는 것에서도 알 수 있듯이 틀에 짜여진 획일성과 규칙성을 전제로 하고 있다. 7자유학과의 영향은 결국 교과중심 교육과정 구성에 크게 기여하여 모더니즘의 정형화되고 안정된 질서의식에 직접적으로 작용했다고 말할 수 있다(강신임, 2003: 53–54).

교과중심 교육과정에 회의를 느끼기 시작한 것은 1930년 전후의 일이었다. 미국에서 진보주의 교육사조가 나타남에 따라 경험중심 교육과정이 등장하였다. 경험중심 교육과정은 1950년대에 이르러 확고한 기반을 다진 듯하였으나 1960년대에 와서 학문중심 교육과정이 등장하였다.[5)]

학문중심 교육과정은 각 학문에 내재해 있는 전이가가 높은 지식과 기술에 주목하였다. 브루너는 『교육의 과정』*(The Process of Education)*에서 교육과정은 학문의 구조에 기초하여 조직되어야 한다고 주장하였다. 학문중심 교육과정은 전이가가 높은 지식을 "지식의 구조"라고 한다. 지식의 구조라 함은 학문의 기본적 아이디어, 지식의 기본 개념, 지식의 기본 원리, 지식의 핵심 개념, 일반적 아이디어, 지식의 탐구 과정 등과 동의어로 쓰인다. 학문중심 교육과정을 일명 탐구교육과정이라고 부르는 것도 탐구 과정을 중시하는 성격 때문이다. 하지만 학문중심 교육과정은 지식의 응용이나 사회문제에 대한 관심보다는 순수한 추상적인 지식만을 강조하였기 때문에 학교 밖의 생활과 연결시키지 못하였고 잠재적 교육과정을 소홀히 여겼다. 아울러 지식과 과학에 대한 정전적 거대서사(meta narratives)를 만들려고 했다는 점에서도 비판받고 있다(강신임, 2003: 63).

5) 1957년 10월에 소련에서 최초의 인공위성 스푸트니크(Sputnik) 1호가 발사되었다. 그때 소련의 후르시초프(Никита Сергеевич Хрущёв)는 "스푸트니크가 지구의 중력권을 벗어났으므로 이제 지구가 전보다 더 가벼워졌다(Now, the earth became lighter than before)."고 익살을 부렸지만, 구미세계는 큰 충격에 휩싸였다. 이는 특히 교육계에 충격이었다. 미국 학교의 교수방법이 점차적 · 비판적으로 정밀조사 대상이 되었고, 또한 교육과정이 열띤 논쟁의 초점이 되었다. 특별히 과학교육자들은 왜 소련이 우주 경기에서 승리할 수 있었는지에 대한 이슈에 직면하였고, 이어서 1959년 국립과학연구소는 매사추세츠의 우즈 홀(Wood Hole)에서 학회를 주최했다. 그 당시 하버드대학교의 심리학자이자 학회 회장이었던 브루너가 『교육의 과정』(*The Process of Education*)이라는 제목의 회보를 통해 보고서를 발표했다. 브루너가 발표한 보고서에서 학습에 대한 열쇠는 학문의 구조였다(Phillips & Soltis, 백종억 역, 1990: 125–126). 브루너와 그가 표방한 지식의 구조는 학문중심 교육과정의 원천으로 작용했다.

인간중심 교육과정은 학문중심 교육과정이 지식의 구조를 강조한 데서 발생하는 학교교육에 대한 비판과 교육의 본질에 대한 논쟁으로부터 탄생하였다. 1980년대의 인간중심 교육과정에서는 인간 존중, 사람의 됨됨이(지적 · 정의적 · 기능적 · 신체적 영역)에 영향을 주는 모든 경험을 중시한다. 따라서 인간중심 교육과정은 경험중심 교육과정보다도 중시 · 강조하는 경험의 범위가 더 넓다.

인간중심 교육과정의 입장에서 보면 오늘날의 학교교육은 많은 문제점을 안고 있다. 그 문제점이란 바로 가르쳐야 할 것은 가르치지 않고, 교육적으로 별 의미 없는 내용들이 제시되어 테스트되고 있다는 것이다. 인간중심 교육과정의 목표는 기계적인 인간이나 지식인 양성이 아니라 깊이 생각하고 행동하는 인간이다. 과거의 교육과정 이론이 거의 인지적 영역에 한정된 데에 반하여 인간중심 교육과정은 정의적 영역의 관심을 불러일으켰다는 점에서 주목할 수 있다(강신임, 2003: 65-74).

인간중심 교육과정에서는 잠재적 교육과정(latent curriculum)을 공식적 교육과정(formal curriculum)과 똑같이, 경우에 따라서는 더 중시한다. 잠재적 교육과정은 무의도성, 의도와는 다른 경험, 의도한 바 없는 경험, 묵시적으로 아는 경험 등으로 학생들의 흥미, 태도, 가치관, 신념과 같은 정의적 영역의 발달과 관련을 맺는 것으로 보고 있다. 예를 들면 소위 도덕교육의 많은 부분은 어릴 때 배운 많은 교훈과 잠재적 경험에 의하여 이루어진다고 볼 수 있다. 그런데 이러한 것들은 장차 삶의 과정에서 행동의 올바름을 판단하는 데 쓰이는 묵시적인 상상-감정-인식적 축적(tacit imagic-emotional-noetic store)의 일부분이 된다. 비공식적 학교문화는 명시적으로 가르치지는 않지만 묵시적인 지식(tacit knowing)처럼 학교생활에서 중요한 일부분을 차지하며 교육적으로 작용하고 있다. 특히 비공식적 학교문화는 표면적 교육과정 못지않게 탈학교론자들에 의하여 중요하게 여겨져 왔다(Jackson, 1968; Illich, 1970). 학교문화는 학교에서 이루어지는 학습에 크게 영향을 끼친다. 학생들이 생활하는 학교문화가 묵시적인 앎을 이루고,

학생들은 가르침을 받거나 의도되지는 않았지만 잠재적 교육과정을 통해서 학교 문화를 배운다는 것을 알 수 있다. 비공식적 학교문화인 잠재적 교육과정은 오히려 제도적·표면적인 교육과정보다는 오늘날 변화하는 사회문화 환경에 민감하게 반응하고 수렴하여 받아들인다는 점에서 더 역동적이라고 볼 수 있다.

CHAPTER

10

가정교육론

1. 근대화, 산업화, 가족주의
2. 현대의 가정
3. 가정환경과 교육
4. 콜만, 번스타인, 가정 배경
5. 부모의 본 보이기
6. 부모: 수단적 기능, 표현적 기능
7. 가족구조의 변화와 아동 · 청소년의 삶

가정교육론

1. 근대화, 산업화, 가족주의

1960년 당시의 지표로 보면, 한국은 국민소득 78달러의 세계 최빈국에 속했다. 그 후 50년도 채 안 되는 기간 동안 100배 이상의 경제성장을 이룩하였다. 그야말로 한국의 경제성장은 압축적 근대화와 산업화의 성격을 갖는다고 말할 수 있다. 1960년대 근대화라는 이름으로 산업화가 추진되자 미국식 개인주의가 본격적으로 수용되었으며, 도시화에 따르는 사고방식과 생활양식의 변화로 인해 가족의 존재 이유가 감소하고 나와 가족을 하나로 의식해야 할 조건이 사라지거나 약화되었다는 것이 일반적인 시각이다.

하지만 이러한 진단은 피상적인 고찰에서 나온 것이라는 지적도 있다. 산업화는 오히려 가족의 유대 및 결속을 강화시켰다고 보기도 한다. 도시지역의 주거시설 미비로 인해 먼 친척과 함께 살게 됨에 따라 자연히 상호작용하는 친족의 범위가 농경사회보다 확대되는 결과를 가져왔다는 지적도 있다. 농촌지역의 친족 유대가 도시와 산업현장으로 전이·확장되는 경우도 있고, 가족이 위기에 처했을 때 가족을 지원하는 체제가 작동되기도 하였다.

해방 이후 극심한 사회 혼란과 생존이 위협받는 상황에서 가족 이외의 보호막이 거의 전무하였기 때문에 직계가족 중심의 연줄에 기초한 사회조직 원리 및 가치관이 오히려 강화되었다고 말할 수 있다. 한국의 기업·경영전략에서도 가족공동체적 이미지는 짙게 작동하고 있다. 사주는 가부장적 온정주의에 입각한 가장으로 부각되고, 조직의 운영도 합리주의나 개인주의에 입각한 직무 중심이 아니라 전통적 가족주의에 입각한 유사공동체로서의 직장을 중심으로 꾸려가는 경우가 많다.

근대교육과 식민교육의 동시적 출발에 주목할 때, 한국인들은 근대성의 창조자, 참여자가 아니라 관객이나 다를 바가 없었다. 우리의 근대화는 근대성 없는 근대화, 근대적 주체성이 결여된 그림자 근대화나 다를 바가 없었다. 거기에다 근대화=산업화라는 공식에 대한 통념과는 달리, 오히려 전근대 사회의 산물인 가족주의가 산업화를 촉진시키고, 산업화가 가족주의를 강화시키는 상호관계성이 한국사회의 실체였다는 지적도 있다. 이는 기존의 이론 틀로서 설명하기 어려운 한국사회의 특수한 현상이라고 말할 수 있다.

한국의 가족주의가 근대화=산업화 과정에서 소멸되지 않고 오히려 강화, 확산되는 이유를 한국의 유교적 전통 가족이 갖는 2차 집단적 성격에서 찾기도 한다. 한국사회에서는 가족주의－친족관계가 매우 중요하다. 한국에서는 개인보다 가족과 친족의 구성원으로서의 정체감이 더 자주 언급된다. 한국인들이 개인주의적 자아보다 집단의 구성원으로서의 일체감을 더욱 중요하게 생각하고 있음을 알 수 있다(최봉영, 1995; 오욱환, 1999a).

한국사회에서는 재능 있는 아동을 성공시키기 위해 다른 형제자매들이 희생하는 경우가 적지 않았다. 자녀 수가 많은 가난한 집안에서 재능을 가진 아들은 형제자매들의 희생을 발판으로 상급학교로 진학할 수 있었다. 빈곤했던 시절에 남동생의 학비를 마련하기 위해 누나들이 어린 나이에 가정부(식모)나 여공으로 나선 사례는 농어촌에서는 보편적 현상이었을 정도였다. 동생들의 학비를 마련하기 위해 베트남전에 참전한 형도 이러한 사례에 해당된다. 한국인들은 형제자매나 친인척 가운데 출세한 사람들을 언급하면서 자신들도 출세한 사람인 양 행세한다. 족보는 집단이 경쟁단위로 작용하고 한 개인의 출세를 가문에서 공유하고 있음을 증명하는 자료로서 충분하다(오욱환, 1999a: 19).[1)]

1) 한 사회의 특징과 구성원들의 삶의 모습을 포착하는 방법의 하나로 그 사회에서 세분화되어 있고 구성원들이 민감하게 반응하는 개념이 무엇인지를 찾아보는 작업이 필요하다. 예컨대 에스키모인들은 눈을 다양하게 세분화하며 베두인족은 바람과 모래에 대해 탁월한 분류체계를 갖고 있다. 미국 아동들은 한국 아동들이 상상할 수 없을 만큼 세밀하게 자동차의 종류를 구별해 낸다. 반면 한국 아동들의 친인척 호칭을 들으면 미국 아동들은 매우 의아해할 것이다. 미국 아동들에게는 엉클(uncle)이면 충분할 명칭을 한국 아동들은 삼촌, 외삼촌, 당숙, 숙부, 이모부, 고모부 등으로 세분화한다. 그만큼 한국사회에서는 가족주의-친족관계

가족주의를 근대적 산업화의 장애 요인으로 간주하는 서구적 근대화 이론은 한국사회를 분석하는 준거가 되기 어렵다는 사실을 알 수 있다. 한국의 근대화는 전통의 붕괴가 아니라 오히려 전통이 확대되는 과정이었다. 겉모습은 물론 달라졌다. 그러나 한국인의 마음속 깊이 내면화된 가족주의의 전통이 새로운 의상을 걸치고 등장하였다. 유교적 가족주의에서 발생한 "지식은 권력이다"는 표상은 교육열과 교육 계급사회를 만들었고, 형식지향적 대량생산 체제와 관료 조직을 발전시켰다.

한국의 가족주의는 친족 공동체의 경계 안에서 가족중심의 집단정체성을 강화시켜왔다. 다른 가족과의 관계에서는 배타적인 성격이 강해서 상호 경쟁적인 분위기를 형성해 왔으며, 그 결과 사회적 과시를 증폭시키는 원인으로도 작용해 왔다(손승영, 2006).[2] 한국사회의 문화적 맥락에 유의한다면 집안이나 집안 배경이 중요한 항목으로 여겨지는 과시현상을 심각한 수준에서 만날 수 있다. 한국사회가 명품 소비, 혼례비용의 과다, 그리고 지나친 사교육을 동원한 교육열 등 과시적 행위에 있어서 다른 나라에 비해 독특한 현상을 보이는 것은 전통사회가 갖는 신분적 위계 질서에서 오는 억압과 차별의 극복이라는 문화적 배경을 갖고 있다. 게다가 이제는 자기 자신을 스스로 자극하는 타자 없는 과

를 중시하는 문화를 갖고 있다는 뜻이다. 이에 입각하여 한국사회의 교육열을 설명하는 방법으로 집단경쟁체제론과 경험확대공유론을 제시하기도 한다. 교육열 현상을 한국사회의 긴밀한 친족관계를 배경으로 하여 제시할 수 있다고 본 것이다. 집단경쟁체제론이 가족, 친족, 가문 등이 경쟁의 단위임을 강조한 것이라면, 경험확대공유론은 한 성공사례가 사회에 만연되는 통로로서 가족, 친족, 가문의 유대를 주목한 것이다(오욱환, 1999a: 19-20).

2) 한국의 전통사회에서 가족주의는 가족의 규범과 이익이 친족 공동체의 '가(家)'를 통해 실현되었다. 국가적 질서보다는 혈연적인 친족 공동체의 규범과 이해관계가 가족집단을 지배했고, 가족구성원들은 친족 공동체의 경계 안에서 규범적이면서 협동적인 관습과 규칙을 내재해 왔다. 불균형 성장모델에 기반을 둔 국가 주도의 자본주의 산업화 전략과 적자생존의 사회경쟁 체제 속에서 개인들은 가족집단을 중심으로 경제적인 이해를 극대화시키며 자신들의 이익을 추구했고 이에 따라 배타적인 가족 경쟁의 사회구조가 형성되었다(강진웅, 2010).

시—인터넷에서의 과시현상마저도 나타나고 있다(박창호, 2012).

2. 현대의 가정

1950~1960년대의 정상 가족 모델은 지역마다 편차는 있어도 일반적인 가족 모델이었다. 각각의 사회 안에서는 적정한 결혼 연령에 대한 압력이 있어 대부분 비슷한 나이에 결혼을 했고, 결혼 전의 동거는 드문 현상이 아니었음에도 불구하고 사회적 비난의 대상이 되었으며, 결혼은 반드시 법적인 신고를 거치는 것으로 받아들여졌다. 오늘날에도 연애-결혼-동거-출산으로 이어지는 방식이 문화적으로 발휘하는 영향력은 여전하다. 그러나 이 외에 다른 형태들이 점점 흔해지고 있으며, 규범을 어기는 것으로 간주되지 않는 경향도 강해지고 있다. 사랑은 더 이상 반드시 혼인신고로 이어지지 않으며, 점점 더 많은 쌍의 연인이 혼인신고서 없이도 함께 살고 있다. 영국, 독일, 프랑스 등 서유럽 지역뿐만 아니라 다른 많은 나라에서도 출산은 이제 결혼과 반드시 연결되는 것이 아니며, 혼외 출산의 수도 급속히 증가하고 있다. 1960년대까지 힘을 발휘하던 낡은 표준 모델은 결혼을 영원한 것으로, 즉 "검은 머리가 파뿌리가 되도록", "죽음이 우리를 갈라놓을 때까지" 끝나지 않는 것으로 간주하고 있지만, 이제 실제로 결혼으로 이어지지 않는 동거관계가 많은 것을 감안하면 일생을 함께 하는 관계는 점점 드물어지고 있다고 할 수 있다. 결혼은 더 이상 반드시 일생의 결합이 아니다. 이렇게 죽음이 갈라놓을 때까지가 아니라 헤어질 때까지 함께 하는 관계가 증가하면서 형식적으로는 일부일처제가 유지되고 있지만 배우자는 계속해서 바뀌는 변형체가 되었다(循環-夫-妻制). 이 변형체를 과연 일부일처제로 보아야 할 것인지에 대해서도 논란이 일고 있다(백영경, 2011: 208).[3)]

현대의 가정은 급격한 변화를 겪으면서 한 사람이 혼자서 사는 독신가구도 증가하고 있다. 하지만 인간이 가정을 떠나서는 살 수 없으며 가정의 조건으로서 가정의 물리적 환경, 가족 구성, 가정의 심리적·문화적 환경 등은 인간 형성에 필연적으로 크게 작용한다.

혼인의 개념에서 가장 중심적인 부분이라고 볼 수 있는 한 남자와 한 여자의 결합이라는 점마저도 어떤 사회에서는 지켜지지 않는 사례가 있다. 혼인이 모든 사회에서 보편적으로 나타나는 제도체가 아니라는 증거이기도 하다. 하지만 거의 모든 사회에서 혼인이라는 수단을 통하여 새로운 가족이 만들어지고, 기존의 가족이 확대되어 나간다. 혼인이란 함께 살며, 성행위를 독점하고, 자녀를 낳을 수 있는 사회적인 허가장을 얻는 것이라고 보아도 좋겠다(한상복·이문웅·김광억, 1982: 121–124). 가정은 구성원의 심리적·정서적 안정과 행복에 기여한다. 그리고 가정은 인간의 기본적 본능의 하나인 성적 욕구의 충족에 대한 사회적·법적 승인이 이루어지는 곳이다. 또한 자녀 출산과 양육의 기능이 가정에 의해 수행된다. 출산과 양육 문제의 핵심으로 떠오른 저출산, 초저출산 등의 문제도 사회적·국가적 차원의 해법을 모색해야 할 문제로 인식되고 있지만 이는 가정을 기점으로 살필 문제라고 말할 수 있다. 저출산 문제는 출산과 양육 여건이 악화된 탓이 크다. 출산 기피, 저출산 문제는 결국 가정을 보존하기 위한 자구책이라는 역설이 성립한다고 말할 수 있다. 드러커(P. F. Drucker)

3) 배우자를 찾고 가족을 구성하는 것은 여전히 많은 사람이 일생을 통해서 이루고자 하는 일이지만 더 이상 어느 시기에 어떠한 방식으로 해야 한다는 정해진 각본은 없다. 정상 가족이라는 규범이 개인들을 옥죄던 힘은 사라졌지만 현대를 살아가는 개인들에게 스스로 선택하고 책임져야 한다는 것은 이미 또 하나의 규범이 되었다. 이러한 상황에서 누구와 함께 살아가고 아이를 낳고 기르며 어떻게 늙어갈 것인가는 오히려 정상 가족의 규범이 지배하던 시기보다 더 큰 문제로 다가온다고도 할 수 있다. 이는 경제사회적으로 평생직장이나 공동체적인 연대가 사라진 상황에서 개인이 스스로 자신의 삶의 단위가 되고 책임을 져야 한다는 생각은 오히려 강화되는 추세이다. 불확실한 물질적 조건들은 중산층으로까지 번져서 불안과 불확실성이 젊은 층에게 기본적인 삶의 조건이 되어가고 있다. 이러한 상황에서 가족을 꾸리고 살아간다는 것은 점점 더 어려운 과제가 되고 있다(백영경, 2011: 210–211).

가 일부 국가의 저출산을 집단적 자살행위라고 규정한 것은 시사적이다.

산업사회의 발전과 개인주의의 지배 때문에 인간은 더욱 소외를 느끼게 되며 이에 대한 안식처로서 가정을 더욱 중시할 수 있다. 애착(attachment)이란 흔히 생후 1~2년간 아이와 그를 돌보는 일차 양육자 간의 정서적 유대관계를 일컫는 말이다. 그런데 이 애착은 안식처로서의 가정, 소속감과 애정적 유대의 공간으로서의 가정을 형용하는 키워드가 되었다. 가정은 인간의 소속감과 애정적 유대를 토대로 함으로써 정서적 안정의 기능을 수행한다. 가족은 인간적 감정, 우애, 애정, 상호 존중, 이타심 등의 핵심적 의미를 간직한 집단이다. 가족의 구성과 내적 구조는 사회마다 다를지라도 소속감과 애착의 원천이라는 사실은 보편적으로 인정받고 있다(정호표, 2002: 285-286).[4]

현대 가정은 가족의 수가 점차 축소되고 부부와 적은 수의 자녀가 중심이 되는 핵가족가정과 독신가정의 증가현상이 나타나고 있다. 과거의 대가족제도 아래에서는 많은 가족구성원 간의 인간관계 형성과 다양한 역할을 통해 사회적 관계의 인식과 도덕성 함양이 용이했다. 문화적 전통과 기본 예절의 전수도 용이했다. 농경사회에서는 어머니도 아버지도 아이도, 많은 경우 할머니 할아버지도, 하루 종일 집에서 같이 지냈다. 거의 하루 종일 부모가 아이와 같이 하는 시간(친자시간)이었다(정범모, 2000: 96). 부모가 집에 없을 때는 할머니 할아버지

4) 애착(attachment)이란 흔히 생후 1~2년간 아이와 그를 돌보는 일차 양육자 간의 정서적 유대관계를 일컫는 말이다. 보울비(J. Bowlby)는 어려서 부모와 헤어져 지낸 유아는 정서적으로 회복하기 어려운 상처를 갖게 된다는 애착이론을 발표하였다. 그런데 이런 영향은 다만 일시적이지 않고, 아이가 자라면서 대인관계를 맺을 때 내적 작업모형(internal working model)이 된다. 전 생애에 걸쳐 사람은 영아 때 엄마와의 관계를 떠올리며 다른 사람과 상호작용한다는 것이다. 이러한 주장은 아이를 집에 두고 와 가뜩이나 심기가 편치 않은 직장 엄마들에게 메가톤급 공포를 던지는 주장이었을 것이다. 아이가 양육자와 심리적으로 건강한 관계를 맺고 있는지 어떻게 판단할 수 있을까? 영아에게 엄마와의 관계를 물어봐도 신통한 대답은 기대하기 어려울 것이다(고선주, 2014: 174-175).

가 친자시간을 보충해 줄 수 있었다.

현대의 핵가족은 인간관계의 고립과 개인주의를 야기하기 쉽다. 핵가족은 가정생활양식의 변화를 초래하고 이것이 사회문제를 일으키는 경향도 있다. 가족의 분화에 따른 주택문제와 노인문제, 중재자가 없는 부부간의 갈등은 이혼과 가정 붕괴의 가능성을 높이며 자아중심의 이기주의로 나아가게 할 경향이 크다(정호표, 2002: 286).[5] 핵가족의 진전은 아이들을 할머니 할아버지에게서 떼어놓았다. 공경, 복종, 권위의 인정과 같은 아버지에 대한 전통적인 관계는 3세대 가정에서 아버지가 할아버지나 할머니에 대한 존경, 복종, 권위의 인정 등을 보고 손자녀들이 배우는 것인데, 핵가족에서는 그것을 배울 기회가 없다. 아버지가 아들에게 "나에게 효도를 해라"고 말을 하지 않는다. 아이들은 효도를 배울 기회가 없는 것이다. 학교에서는 효도를 가르치나 집에서는 가르치지 않는다. 부모 자신이 자녀들을 향해 효도하라고 가르치기가 쑥스러운 것이다.

---

5) 한국사회의 가족제도와 결혼생활에 대한 변화 과정과 양상을 해석하는 차원에서 아프리카사회의 가족제도와 결혼생활에 대한 구조를 살피고 해석하는 작업도 의미가 있다. 전통적으로 아프리카사회에서 아내는 신부대(新婦貨, bride price, bride-wealth)를 지불하고 데려왔다. 신부대란 신랑 측에서 신부를 얻으면서 신부 측에 지급하는 물질적 보상금을 일컫는다. 만일 파혼할 경우 신부대는 반환되어야 했다. 신부대는 주로 소로 지불되었는데, 이것이 현금으로 대체되면서 씨족원들이 공동으로 소유하던 소의 무리를 기반으로 한 단합은 약화되었다. 씨족원은 환금작물을 재배하거나 도시로 나가 돈을 벌어서 독자적으로 신부대를 마련했다. 심지어 여성도 경제적 진출이 허용되면서 독자적으로 신부대를 벌어 갚고는 파혼하는 일이 빈번해졌다. 반대로 현금으로 받은 신부대는 소와 달리 쉽사리 소비됨으로써, 파경에 처한 여성에게 파혼의 기회를 박탈해버렸으며 이로 인해 자살하는 여성의 수가 늘어났다. 선교사들은 이러한 신부대 제도를 혁파하려고 노력했으나 그 결과 어떤 여성들은 신부대의 거래 없이 혼인을 했다. 그렇지만 그들은 남편과의 관계에 구속되지 않았고 자유롭게 외도를 했다. 전통적인 일부다처제 또한 기독교 윤리의 강요로 인해 쇠퇴했다. 많은 남성들은 일부다처제에 대한 집착을 버리지 못했다. 전통적으로 손님이나 이웃을 음식과 술로 환대하는 것이 중요한 가치관으로 자리잡았고 음식과 술은 주로 여성이 만들었다. 이런 상황에서 한 명의 아내를 얻은 남자는 일부다처의 남자에 비해 사회적으로 옹색해질 수밖에 없었다. 그래서 종종 행정관리들조차 몰래 여러 아내를 얻었다(김용환, 2009: 124-127, 181).

오히려 아이들이 부모를 향해 "왜 날 사랑하지 않느냐"고 따지는 상황이 되었다(계몽아동연구소, 1988: 40).

한국의 가정은 역사·문화적으로 가부장제도(patriarchal kinship system)를 이어왔다. 가부장제도는 한국의 근대가족이 부부 애정과 평등주의보다는 부부간 위계질서와 세대관계를 중심축으로 하여 이루어졌음을 의미한다. 가부장의 강력한 가부장권 행사는 내용적으로는 경제적 부양능력, 수단적으로는 폭력과 권위의 행사에 집중되기도 했다(이순미, 2017).[6]

하지만 한국사회는 이제 가부장적 권위의 상실(부권 실추) 경험을 무엇보다도 중대한 변화 양상으로 들 수 있다. 이는 남녀평등사상과 산업화에 따른 가사노동의 절감과 주부취업의 증가에 의한 주부의 경제적 능력의 확대 등에 기인한다. 이에 따라 여성은 가정의 어머니로서의 역할보다 사회인으로서의 역할이 증대되어 아동은 모성을 경험할 기회가 적어진다. 따라서 가족의 교육적 기능이 점차 약해지고 아동은 모성실조를 겪으면서 생활할 가능성이 크다. 뿐만 아니라 이혼율의 증가로 편친(편모 또는 편부)과 사는 아이들의 수도 늘어간다. 게다가 한국의 경우엔 '울산 홀아비', '창원 총각'이라는 말이 유행하듯이 한국 특유의 수도권(서울) 지향성 때문에 이른바 주말가정의 수도 무시 못 한다.[7] 그나마

6) 위계적 부부관계를 상정하는 가부장제도의 민낯을 읽어내기 위해서는 축첩현상에 대한 점검이 필요하다. 일부일처법률혼이 규범적 모델로 온전히 작용하지 못하던 시기에, 축첩현상은 남성 개인의 일탈적 욕망의 행위가 아니라 가부장의 권위 실현이라는 측면에서 이루어졌다. 경제적 부양능력은 가부장의 권위와 등치되면서 축첩이라는 도덕적 무능력, 폭력의 만연, 소통능력의 부재 현상이 드러났다. 가부장제도로 인한 위계적 부부관계의 강조는 오히려 가족 경계 내에서 첩, 간통, 외도 등의 불륜적 결합을 양산함으로써 근대가족을 불안정하게 만드는 원인이 되기도 했다. 이러한 비반성적·반성찰적인 가부장 서사는 타자인 여성을 더욱 타자화하는 남성성 과잉분출 양상을 보여준다(이순미, 2017).

7) 고용의 불확실성이 점점 더 젊은 남녀의 개인사에 큰 영향을 미치고, 더 오랫동안 부모에게 경제적으로 의존적으로 만들기 때문에, 젊은 층에서는 가족생활의 개시 시점을 점점 더 뒤로 미루고 출산도 뒤로 미루는 경향이 있다. 표준 노동시간이 사라지고 일요 근무와 시간제

같이 보낼 수 있는 시간인 방과 후나 밤까지 아이들을 각종 과외로 내모는 것도 특유의 현상이다(정범모, 2000: 96-97). 게다가 도시사회에서 각 가정은 더욱 이웃과 단절되고 폐쇄적인 성격을 띠게 되어 가족이기주의 현상이 심화되어 가고 있다. 이제는 "한 아이를 키우는 데는 한 마을이 필요하다"는 아프리카로부터의 메시지를 심각하게 고민해야 할 처지가 되었다.

오늘날 윤리학과 정치철학의 핵심개념 중 하나로 떠오르고 있는 이웃개념에 대해, 윤리를 정치적 관점에서 해석하는 철학자 지제크(S. Žižek)는 윤리의 관건을 이웃사랑이라고 단언하였다. 이는 유교식 사랑법인 인민(仁民)을 닮아 있다. 지제크에게 이웃은 근처에 사는 존재가 아니다. 이웃은 이해관계로 얽힌 경쟁하는 존재들이다. 가장 직설적인 삶의 현실이 존재하는 곳에서 관계맺고 있는 사람들이 바로 이웃인 것이다. 그래서 이웃은 원수가 되기 쉽다.[8] 이 때문에 이웃사랑이 윤리의 핵심이다. 이웃사랑은 가장 적나라한 삶의 진실이 드러나는 생산의 장에서 이루어져야 한다는 얘기이다. 예수의 "이웃을 사랑하라"란 명령에 "원수를 사랑하라"고 각주를 붙인 이유를 살필 수 있어야 한다(남재일, 2010: 26). 지금, 효제(孝悌)나 인의(仁義), 수신(修身)이나 제가(齊家) 등의 어법이 일상의 가정과 사회에서 사실상 죽은 언어가 되었다. 부모를 모시고 받드는 일(親親)보다 애완견을 애지중지하는 모습(愛物)이 이제 익숙한 풍경이다. 공자는 대화를 나누면서 상대방의 안색을 살피지 않는 사람을 "눈이 먼 사람(瞽)"이라고 지적한 바 있다. 부모에 대한 구체적인 불편함을 살피고 적절하게 반응하는 행위

근무, 유연 노동시간, 초과 근무 등이 증가하고 있다. 그런데 이러한 유연성은 자본의 이해관계에는 유리할지 모르지만 가족생활에는 큰 장애가 될 수 있다(백영경, 2011: 211).

8) 지제크에게 이웃은 타인의 얼굴이 아니라 얼굴 없는 괴물로 나타난다. 따라서 이웃사랑은 불가능해시고 이웃사링의 계명은 윤리적 폭력 그 자체가 된다. 지제크의 이론으로는 고통 속에서 신음하는, 헐벗고 굶주리는, 박해당하는 이웃에 대한 인도적 개입의 근거를 찾기가 쉽지 않다(김동훈, 2013).

로부터 효는 시작된다. 공자는 "말이나 소도 제 부모 먹일 줄은 안다"고 하여 부모 봉양에 마음을 담는 효도를 강조하였다. 하지만 그나마도 버거운지 세상의 자식들은 사회와 제도, 국가와 공공기관에 부모 봉양의 책임을 넘기는 것을 당연시하는 세상이 되었다.

3. 가정환경과 교육

가정교육이 중요한 까닭은 어린 시절에는 가소성(可塑性: plasticity)이 커서 선천적인 경향의 발현이 환경에 따라 크게 영향을 받기 때문이다. 가소성이란 용어는 미국의 진보주의 교육철학자 킬패트릭(W. H. Kilpatrick)이 그의 저서 『아동 연구』(*Child Study*)에서 처음 사용한 말이며, 이는 유아교육을 논하는 용어로 사용되고 있다. 5세 이전의 중요한 경험(crucial five years)을 말하는 근간이기도 하다. 유아기를 중요하게 여기는 사회적 풍조는 20세기 후반까지 계속되어 학계의 연구는 물론, 일반인을 대상으로 하는 부모교육이론 및 프로그램을 다양화시키는 밑거름이 되었다. 1920년대 미국의 교육철학자 듀이, 길패트릭, 심리학자 손다이크, 홀 등이 유치원 교육내용에 깊이 관여한 것은 좋은 예이다(이원영, 1985: 106).

왓슨과 프로이드의 이론은 서로 다른 것이지만 두 이론을 뒷받침하고 있는 절대적 전제는 놀라울 정도로 유사하다. 두 이론 모두 부모의 행동은 어린이에게 영향을 주며 이때의 경험은 영속적으로 영향력을 행사한다는 결정적 견해를 주장하였다. 부모 중에서도 어머니가 결정적 형성자이기 때문에 어린아이의 인성, 정서, 지적 능력에 결함이 생기는 것은 어머니의 책임이다. 영·유아기에 조심해서 양육한다면 바람직한 인성을 형성할 수 있고 나쁜 성향은 예방할 수 있다고 한 것도 공통적이다. 이러한 주장은 유전에 의해 정신적 질환이 생긴다고 믿었던 그 당시의 왜곡된 인식을 변화시키는 데 공헌하였다. 이제는 좋은 유전인자를 갖고 태어나더라도 정신병에 걸릴 수 있으며 부모의 능력에 의해 좋은 인성이 길러질 수 있다는 생각이 힘을 얻게 되었다(이원영, 1985: 94-95).

인간은 모든 생물 중 가소성이 가장 큰 생물종이다. 동물의 경우는 새끼와 어미의 행동에 간격이 그렇게 크지 않다. 병아리는 알에서 깨어나자마자 어미닭과 같이 걸을 수 있고, 소리 내며, 모이를 쪼아 먹을 수 있다. 강아지의 경우도 태어난 지 얼마 안 되어서 큰 개와 비슷한 행동을 하게 된다. 그러나 인간은 갓난아이와 어른의 차가 너무나 심하며 이 기간이 상당히 길다. 갓난아이와 어른의 차가 심한 것은 갓난아이가 미성숙한 상태에 놓여 있음을 의미한다. 그런데 이 미성숙이 교육을 가능케 하는 힘으로 작용한다.

인간의 미성숙한 상태의 환경은 가정환경이다. 미성숙한 상태인 어린 시절의 거의 대부분이 가정환경이기 때문에 가정교육 여하에 따라 인간의 됨됨이는 크게 달라질 수 있다. 이렇게 볼 때, 체격이 크고 작음도, 지능의 좋고 나쁨도, 사회성이 많고 적음도, 정서가 풍부하고 빈약함도 결국은 가정교육에 의하여 상당 부분 결정된다고 볼 수 있다.

부모의 역할이 결정적으로 중요한 것은 아이의 정서 발달에서이다. 정서 발달은 도덕성 발달의 기저를 이룬다는 점에서 그 중요성은 더해진다. 자신의 감정 알기, 감정 삭이기, 충동 자제하기, 남의 감정 느끼기, 남의 감정에 적절히 행동하기 등은 거의 대부분 아이가 부모와 정적 교감을 주고받는 경험을 통해 길러진다. 특히 남의 감정, 아픔, 슬픔, 즐거움을 내 것처럼 느끼는 감수성, 감정 이입(empathy)의 능력은 엄마가 아이의 감정을 알아주고 받아주는 감정의 공명(attunement)이 쌓이고 쌓여서 길러진다. 이렇게 해서 길러지는 감수성, 감정 공명, 감정 이입, 감수성은 건전한 정신건강의 기저가 될 뿐만 아니라, 사회성과 도덕성의 기초이기도 하다. 부모와 아이 사이에 이런 감정 공명의 기회가 없거나 드문 경우에는 아이는 정서적 손상을 입게 된다. 불안, 우울, 고독 등 부정적 정서에 빠지기도 쉽지만, 심하게는 잔인한 범죄자들에게서 볼 수 있듯이, 극히 무정하고 냉혹한 반사회적 · 반도덕적 성격을 낳을 수도 있다(정범모, 2000: 81–82).

성격의 기본적인 틀은 가소성이 가장 많은 시기, 좀 더 구체적으로는 6세 이전 또는 3세 이전에 형성된다는 것이 성격심리학자들의 이론이다. 이 시기에 성격의 기초가 형성되고 그 이후는 재학습(relearning)에 불과하다고 한다. 물론 그 이후에 극정적 경험(peak experience)이 계속되면 어린 시절에 형성된 성격에 변화가 오지만 그 변화도 기본적 성격에는 큰 영향을 끼치지 못한다고 보고 있다(김종서 · 이영덕 · 정원식, 1988: 75–76). 에릭슨은 성격 발달 단계설에서 생후 1, 2년간의 첫 단계를 기본적 신뢰감 내지 불신감(basic trust vs. mistrust) 형성의 시기로 보았다. 세상에 태어나서 부모와의 대면은 세계와 사람과의 첫 대면이다. 갓난아이에게는 부모가 전 세계이다. 이때 부모의 따뜻하고 믿음직한 돌봄에서 길러지는 기본적 신뢰감이 장차 그의 긍정적 인간관, 사회관, 세계관의 기초가 된다. 반대로 이때 어른들에게서 홀대와 냉대를 받으면 그로 인해서 기본적 불신감은 평생동안 인간과 사회와 세계에 대한 부정적인 관념으로 이어진다.

고아원 같은 시설에 수용된 아이들의 사망률이 높은 것은 영양의 부족만이 아니라 아기에겐 영양보다 더 필요한 어머니의 애정이 결여된 탓이다. 이것을 시설병(marasmas, hospitalism)이라고 한다(유안진, 1982: 213). 일반적으로 지적 · 정적 · 사회적 · 도덕적인 여러 발달을 위한 문화적 자극의 부족, 실조, 불협화는 그것을 어릴 때 겪을수록 발달에 주는 장애와 후유증이 크다. 재해, 전쟁, 폭정 등으로 인한 기근과 문화실조에 굶주리고 쪼들려 지내는 아이들의 비극은 지금의 비극일 뿐만 아니라, 더 큰 내일의 비극이 될 수 있다(정범모, 2000: 85).

4. 콜만, 번스타인, 가정 배경

콜만(J. S. Coleman)은 4,000개 학교의 625,000명 학생들(6학년과 중3)을 대상으로 학업성취에 영향을 미치는 100여 개의 변인들을 연구한 결과 1,300페이지에 달하며 548페이지의 통계자료까지 삽입한 방대한 보고서를 내놓았다. 이 보고서를 흔히 콜만보고서(Coleman Report)라 부르며, 이는 『교육기회의 평등』*(Equality of Educational Opportunity)*이란 저서로 1966년에 출판되었다.

연구에 착수할 당시 콜만은 하류계층 학생들이 중류계층 학생들에 비해 일반적으로 낮은 학업성취도를 보이는 중요한 이유는 불평등한 학교시설과 재정에 있을 것이라는 기본 가설을 세웠다. 하지만 그의 가설과는 달리 불평등의 원인이 학교시설, 재정 등에 있는 것이 아니라 학생의 가정 배경과 동료집단에 있으며 그중에서도 가정 배경이 동료집단의 영향보다 그 비중이 더욱 크다는 사실을 알아냈다. 학생 간의 학업성취의 차이는 학교 외적 요인과 관련되어 생겨난다는 것이고 그중에서도 가장 영향이 큰 것은 학생의 가정적 특성이며 그 다음으로 동료집단의 영향이 크다는 것이다.

콜만에 의하면, 학업성취는 학교가 좌우하거나 통제할 수 있는 문제가 아니다. 학업성취가 학생의 능력이 아닌 부모의 사회·경제적 배경(경제적 형편, 부모의 교육 정도, 환경적 요인)에 의한 것이라면, 사회를 구조적으로 변화시키지 않은 채 학교 내의 프로그램을 개선하는 것만으로는 문제를 해결할 수 없다는 얘기이다. 오히려 학교는 노동계층의 자녀들에게 교육을 통해 그 계층적 특성을 학습하도록 하고, 노동시장에 필요한 능력을 길러주며, 현존하는 사회의 불평등을 그대로 영속시키는 역할을 하고 있다는 비판을 받기도 한다(김억환, 1987: 209-213).

번스타인(B. Bernstein)도 가정의 문화적 배경과 경험에 의해 결정되는 언어능력과 언어부호의 차이가 교육에 미치는 영향을 주시하였다. 번스타인은 사회

언어학에서 출발하여 사회학과 교육학 분야에서 학제적 연구활동을 한 학자로 어법이 어떻게 사회계층과 학교성적, 그리고 학교의 교육과정과 교수방법에까지 연계되어 있는지를 일관된 주제의식 아래 이론모형 개발에 천착하였다(신재영, 2011).

번스타인의 이론모형에 의하면 중류층이 구사하는 정교한 어법(elaborated linguistic codes)과 하류층이 구사하는 제한된 어법(restricted linguistic codes)은 그들의 교육에 상당한 영향을 끼친다고 말한다. 번스타인은 인간이 언어 없이도 사고할 수 있지만, 언어는 인간의 인지적 과정의 질에 결정적인 영향을 끼치며, 언어 없는 사고는 매우 거칠고 분별 없는 방법이라고 보았다. 번스타인은 일반적으로 언어뿐만 아니라, 다른 하위문화 속에서 이루어지는 언어의 특별한 형식이 서로 다른 인지적 성취를 가능케 한다고 말하였다. 마르크스주의자들(Marxists)은 번스타인의 주장을 노동계급의 아동·학생이 왜 공부를 잘 할 수 없는가라는 문제에 관한 답변으로 채택하였다. 학업성취가 낮은 원인을 유전적 요인인 것으로 돌려 말하여 노동자계층의 아동·학생이 공부를 못하는 현실을 합리화하는 것은 현대사회의 허위의식에 해당한다는 견해인 것이다.

하지만 번스타인의 사회언어학 이론은 업적 못지않게 비판에 노출되었는데 이론모형에 가치편향성이 내재되어 있다는 지적이었다. 번스타인의 구조기능론적 접근과 비판 진영의 해석학적 접근은 상반된 패러다임 때문에 공방은 쉽게 해소될 성격이 아니다(신재영, 2011).

가정은 유아나 아동의 지적·신체적·사회적·정서적 발달을 도와주는 중심 역할을 수행한다. 유아기의 가정교육은 모든 생활영역의 기초적인 것을 모두 학습하는 단계이다. 한 인간으로 성장하는 과정에서 가정만큼 중요한 역할을 하는 곳은 없으며 인간의 일생에서 지속적 상호작용의 사회과정은 가정에서 가능하다. 출생 후 수년간 유아는 가정이라는 집단 내부에서 생활하기 때문에 가정의 물리적·심리적 환경이 유아의 가소성을 변화시키는 데 결정적 역할을 한다.

엄격한 양육방법(규칙과 처벌 위주)과 온정적 양육방법(수용적 · 자율적 활동 위주)을 비교한 결과, 일반적으로 온정적 양육방법이 어린이의 성격 형성에 보다 좋은 영향을 끼친다고 알려져 있다. 하지만 더 중요한 문제는 양육방법상의 차이보다 그 안에 깃든 애정의 정도이다(정호표, 2002: 288-289). 어머니가 어린이를 거부하는 것은 의식적이든 무의식적이든 그 결과는 성격상 중대한 결함을 가져온다는 점에 대해 많은 연구와 합의가 있다.[9] 어린이의 양육과정에서 애정의 정도는 중요하다. 이 문제는 다른 어떤 양육방법상의 문제보다도 성격 형성과 가장 깊은 관계를 가지는 문제이다. 일반적으로 어머니의 사랑이 없을 때 그 결과는 반사회적이거나 공격적인 행동을 수반하게 된다. 가정 분위기는 성격 형성과 밀접한 관계가 있고 특히 민주적 분위기는 성격 형성에 긍정적인 요인으로 간주되고 있다. 비교육적인 성격을 갖는 부모의 양육태도는 어린이의 성격을 왜곡할 가능성이 크다. 지나친 무관심, 방임과 거부, 독재적 태도 혹은 과보호 등도 어린이의 성격에 나쁜 영향을 끼친다. 따라서 교육적으로 바람직한 부모의 태도는 애정적이고 민주적인 태도이다.

9) 부모가 자녀를 거부하는 예로 자녀를 충분히 돌보지 않는다든가, 다른 사람들로부터 그릇된 대우를 받고 있는 것을 알아차리지 못하는 것도 해당한다. 자녀가 착한 일을 할 때나, 옷을 더럽히지 않고 깨끗이 입었을 때, 또 심부름을 잘 할 때만 사랑하는 것도 거절적인 예들이다. 특기 교육을 시킨다는 미명 아래 자녀를 미술학원, 피아노학원, 태권도학원, 속셈학원 등에 보내는 것도 자녀를 귀찮게 느끼고 거부하는 태도에서 나온 표현일 수 있다(계몽아동연구소, 1988: 50).

5. 부모의 본 보이기

가정에서 아이들이 배우는 것의 대부분은 주위 사람들을 본 따서 학습하는 모방학습(모델링학습)이다. 천재, 특출한 재능의 소유자들이, 그 예외가 드물 정도로 많은 경우, 부모 또는 가까운 가족의 행동을 모방하면서 자신을 만들어갔다. 모차르트(W. A. Mozart)는 아버지가 중학교 음악교사였고, 쇼팽(F. Chopin)은 어머니가 피아니스트, 아버지가 바이올리니스트였다. 테니스 선수 그라프(S. M. Graf)는 아버지가 테니스 선수였다. 다윈은 어려서 아버지의 식물 채집을 따라다녔고, 철학자 밀(J. S. Mill)은 아버지가 학자였다. 아이가 부모를 닮는 것을 유전이라고 보는 견해가 많다. 그러나 그보다는 의식적・무의식적인 모방학습이 더 강한 닮음의 원인이라고 보아야 한다. 흑인을 한 번도 보지 못하고 자란 백인 아이들이, 흑인과 같이 지내본 경험이 있는 백인 아이들보다 흑인 혐오증이 더 심하다는 연구 결과는 주목할 만하다. 부모들이 "흑인은 더럽다"고 기피하는 언동을 모방학습한 것이 아이들의 흑인 혐오증의 결정 요인이다(정범모, 2000: 279).[10)]

10) 흑인을 차별하는 현상은 여러 영역에서 쉽게 확인할 수 있지만 대표적인 경우로 스포츠 영역을 통해 그 실상을 설명할 수 있다. 스포츠 영역에서 인종과 관련된 문제의 대부분은 흑인 선수들이 겪는 명시적・암묵적인 차별에 있다. NBA에 흑인 선수들의 비중이 두드러질 정도로 높은 것은 그만큼 흑인 선수들이 많이 지원하기 때문일텐데 이 또한 사회적 조건과 무관하지 않다. 일정 정도의 경기장, 야구 글러브, 배트 등이 반드시 필요한 야구 경기와는 달리 농구는 농구공 하나만으로도 연습이 가능하기 때문이다. 상대적으로 열악한 경제 상황에 처해 있는 흑인들이 적절한 지원 없이는 야구보다는 농구를 더 많이 선택할 수밖에 없는 상황임을 알 수 있다. 흔히 흑인들은 스포츠 분야에서 과도한 성취를 거두고 있다고 간주된다. 하지만 이것은 흑인들이 처한 차별의 다른 표현일 뿐이다. 스포츠 이외의 영역에서 성공한 흑인들이 그만큼 부족하다는 사실을 역설적으로 드러내는 일이다. 전체 미국인 가운데 정치가, 변호사, 의사 중 흑인이 차지하는 비율이 5% 정도에 불과하다는 사실과 스포츠 영역에서의 수치를 비교하면 이는 뚜렷해진다. 1968년 US 오픈에서 우

부모가 외부의 경찰이라면 아동의 양심은 내부의 빛, 즉 내부의 경찰이라고 볼 수 있다. 먼저 부모의 초자아가 확고해야 할 것이다. 부모가 흔들리지 않아야 아동도 흔들리지 않는다. 아이들은 부모의 말을 따르기보다는 그들의 행동을 모방한다. 엄마가 아이를 보고 공부해라 하면서 자기는 틈만 있으면 텔레비전만 보고 있다면, 아이는 공부하기보다는 텔레비전 보기를 배운다. 부모로서는 의식적으로 좋은 말을 하기는 쉽지만, 자신의 행동을 본보기가 되도록 의식적으로 통제하는 일은 쉽지가 않다. 대개는 무심코 습관적으로 행동하는 것이 보통이다. 그 습관적인 행동은 그들 자신이 어렸을 때 그들의 부모에게서, 어른들에게서 모방으로 물려받은 행동일 가능성이 크다. 따라서 여간 강한 교육적 의지나 변혁적인 사회적 압력 없이는 기성의 행동은 큰 변화 없이 이어져갈 가능성이 크다. 강고한 자기성찰 없이는 대개 부모는 자신들의 부모가 그랬던 것처럼 아이를 기른다. 세대에서 세대로 이어지는 이런 끈질긴 모방학습의 기제를 유의한다면, 부모는 스스로의 본보기 행동을 심각하게 반성하고 그 행동을 고쳐잡을 필요가 있다.

아버지는 아무리 사회가 어지럽고 범죄가 늘어도 그런 부조리에 가족, 특히 자녀들이 휩쓸려 들어가지 않도록 막아주는 구실을 하게 된다. 아버지가 옆에 있기만 해도 마음이 편안하고, 어떤 위험도 여겨낼 수 있는 것 같은 느낌을 갖게 하는 것을 정서적 안정의 역할 또는 성격 형성의 역할이라고 한다. 아버지

승한 최초의 아마추어 선수이자 호주 오픈과 윔블던에서도 우승한 흑인 테니스 선수 아서 애시(Arthur Ashe)는 UN에서 인종차별 철폐를 외치는 연설을 하는 한편, 흑인 청소년들에게 확률적·현실적으로 성공하기 어려운 프로 스포츠 선수의 길을 목표로 삼기보다 변호사나 의사가 되는 공부를 하는 것이 훨씬 실현 가능한 목표라고 가르쳤다. 아서 애시는 흑인이 출세하는 길이 운동선수나 연예인이 되는 길뿐이라는 잘못된 인식으로 인해 대다수 흑인 청소년들이 불가능한 길로 접어들고 결국 흑인은 스포츠라는 영역에 갇혀 흑인끼리 경쟁하는 불합리하고 모순적인 상황에 이른다고 보았다. 버지니아에 있는 아서 애시의 동상은 한 손에는 테니스 라켓을 다른 한 손에는 책을 들고 서 있다(여국현, 2013).

의 본질적이고 전통적인 역할의 변질 자체에도 문제가 있지만 아버지가 가정 안에서 희미한 존재가 되어가고 있다는 것이 실은 더 큰 문제이다. 오늘날 가정교육의 기능을 문제삼을 때 걱정스럽게 거론하는 것이 바로 아버지 부재현상이다. 아버지 부재현상은 가정교육상의 문제와 남성적 역할의 격하와 이미지 약화의 문제를 초래하였다.

6. 부모: 수단적 기능, 표현적 기능

파슨스(T. Parsons)는 아버지는 수단적 기능을 행하는 존재라고 했고, 어머니는 표현적 기능을 행하는 존재라고 했다. 수단적 기능이란 주로 경제적인 기능과 과제 관련적 기능을 일컫는다. 돈을 벌고, 가계를 유지하고, 집안에 큰 문제거리가 생기게 되면 그것을 해결하는 기능을 주로 담당한다. 19세기경까지만 해도 동·서양을 막론하고 아버지의 권력은 절대적이었다. 18세기경 서양에서는 아버지의 권위는 국가의 법과 동일하여 자식을 징계, 감금, 투옥할 수 있었다. 작가 발자크(H. de Balzac)는 그의 자전적 소설(1816)에서 엄했던 아버지를 다음과 같이 묘사한 바 있다.

> 내가 고등학교를 졸업했을 때 아버지는 서재 바로 옆에 내 방을 정해 주고 자고 일어나는 시간이며 눕고 앉는 시간까지도 규제하고 엄하게 감시하였다. 나의 행동이나 공부는 시간적·공간적 올가미에 얽혀 털끝만큼도 나의 의사가 스며들 틈을 허락받지 못했다. 저녁밥을 먹는 동안에도 정확한 금전출납을 보고하지 않으면 안 되었을 만큼 아버지는 무서웠다.

어머니는 감정적이고 양육적인 기능을 갖고 있는데, 가정을 따뜻하게 하고 식구들을 부드럽게 감싸고 위로하고, 아이들에게 먹을 것과 입을 것을 마련해

주어서 건전하게 커가도록 한다. 파슨스가 아버지를 수단적 기능을 행하는 존재로, 어머니를 표현적 기능을 행하는 존재로 명명한 배경에는 어머니의 역할이 아버지의 역할보다 더 힘이 있는 것이라는 의미가 담겨 있다.

어머니는 무기력하게 태어난 아이에게 생존에 필수적인 영양분을 제공하고, 신체적 보호와 안정을 보장한다. 적어도 이러한 제공과 보장은 생후 1년까지 무조건으로 필요하다. 장기간 어머니와 격리되어 있거나, 어머니가 없어서 고아원 등과 같은 시설에서 양육된 아이들은 신체적 · 심리적 발달에 지체현상을 보이는데, 특히 심리적 발달(인지적 · 정서적 · 사회적 발달)에 결함을 갖게 되어 성장 후의 대인 관계 적응이 원활하지 못할 수 있다(계몽아동연구소, 1988: 45).

프롬(E. Fromm)은 아버지를 정의를 대표하는 존재로, 어머니를 자비를 대표하는 존재로 보았다. 아버지는 가정 안에서 공정하지 못한 것, 부당한 것, 잘못된 것을 시정하고 심판하고 징벌하는 존재인 셈이다. 어머니는 감싸주고 용서하고 사랑하고 정을 베푸는 존재이다. 이 두 역할이 조화를 이룰 때 건전하고 원만한 가정을 이룰 수 있다.[11] 아버지와 어머니 모두가 정의의 보호자, 법의 집행자가 되면 가정은 딱딱하고 무서운 공간이 되고, 그 반대로 아버지와 어머니 모두가 사랑의 실천자, 정만 베푸는 사람이 된다면 집 안에 규율과 질서가 안 선다는 것이다. 또 한 가지, 아버지와 어머니의 역할이 역전이 되면 아이들에게 성적 동일시에 혼란이 일어날 수도 있다(계몽아동연구소, 1988: 39).[12]

11) 정의를 대표하는 존재의 역할과 자비를 대표하는 존재의 역할 사이의 어느 지점에 놓여야 할 원칙으로 가정 내에 통용되는 규칙을 가지고 있는지 그리고 이를 얼마나 준수하는지 여부도 중요한 고려 대상이 될 수 있다. 문제가정을 대상으로 한 연구에서 문제가정에는 거의 공통적으로 일관성 있는 가정 규칙이 없다는 사실을 발견할 수 있다. 자고 일어나는 시간도 일정하지 않으며 가족원의 역할에 대한 규정 역시 찾아볼 수 없다. 가정 규칙의 부재와 문제아동 사이에 관련이 있다는 점을 보여주는 연구가 있는데 신체적 폭력이 빈번히 사용되는 가족에서 가정 내 규칙의 결여가 발견될 가능성이 높다(김준호 · 안호용 · 김선애 · 김선업, 2002: 237).

분명한 것은, 아버지와 어머니의 역할에 대한 고전적·이론적 접근과 대응은 이제 불가능한 지점에 놓여 있다는 데 있다. 전통사회에서 가족이란 인간에게 그냥 주어지는 것이었다. 인간은 신분, 서열, 종교 같은 규정에 따라 태어나는 것이었고 가족생활이란 그 규정에 의해 표준화되어 있었다. 산업화 이후에는 정상가족(normal family)의 신화가 뿌리내렸다. 성인 한 쌍과 자녀들로 구성된 동거가족인 정상가족은 결혼해서 죽을 때까지 유지되었으며 남편은 일자리를 가지고 밥벌이를, 아내는 가정과 가족을 위해 소임을 다하는 모델이었다. 그러나 정상가족 신화는 지속되지 않았다. 고등교육을 받은 여성들이 경제활동에 대거 참여함으로써 성별 분업이라는 이 모델의 핵심 메커니즘이 해체되었다.[13)]

---

12) 이를 부모의 감독자로서의 역할과 관련하여 설명하자면, 감독(monitering)은 간접통제를 강조하는 허쉬류의 사회통제이론(Hirschi, 1969)에서는 물론이고 직접통제를 강조하는 패터슨류의 학풍(Patterson, 1982)에서도 중요한 요인으로 간주되고 있다(김준호·안호용·김성애·김선업, 2002: 235). 감독은 한마디로 자녀의 행방에 대한 전반적인 주의를 의미한다. 부모는 자녀가 어디에 있는지, 누구와 있는지, 무엇을 하고 있는지 등 자녀의 활동이나 친구관계에 대해 알고 있어야 한다. 비행소년의 부모들은 자신의 자녀가 어디에 있는지, 무엇을 하는지, 그리고 누구와 함께 있는지를 상대적으로 잘 모르는 경우가 많으며 자녀가 친구를 선택하는 데 적절한 조절을 잘 못한다. 일반적으로 비행은 주위 환경이 좋지 못한 지역에서 많이 발생하지만 이러한 지역에 살고 있다고 해서 모든 청소년이 비행을 저지르는 것은 아닌데, 이때 부모의 적절한 감독이 주위 환경의 영향력을 완충시키는 작용을 하며 위험을 감소시키는 기능을 한다. 부모의 감독은 특히 아동기 후기와 청소년기 초기·중기에 걸친 성장 과정에 아동행동에 중요한 영향을 미치는 것으로 확인되고 있다(김준호·안호용·김성애·김선업, 2002: 234-235).

13) 그렇지 않아도 여성학 연구영역에서의 가족 연구의 초기 과제는 따뜻한 안식처라는 가족 이데올로기를 전복하는 작업이었다. 남자는 밖에서 돈을 벌고 여성은 집안에서 가사를 돌보며 자녀를 양육하는 일에 전념해야 한다는 성별 분업 관념과, 직장이라는 공적인 세계는 남성의 영역이며 가정이라는 사적인 세계는 여성의 영역으로 여기는 공사 분리의 관념을 배경으로 한 우애적 가족(companionate families) 개념은 서구에서 가족을 바라보는 강고한 모델이었다. 여성학자들은 이 이데올로기가 정의롭지 못한 가부장이 가족을 지배하는 왕국이 되도록 방치하는 폐해를 가져왔다고 비판하며 부부관계를 동반자 관계로 바라볼 것을 주문해 왔다. 최근 여성학자들의 가족에 대한 관심은 일-가족 양립(work-family balancing)의 문제에 있다. 일과 가정의 관계를 대립적으로 만든 사회시스템을 어떻게 개

불안정한 고용과 불규칙한 노동시간, 부모의 지리적 이동과 별거 같은 상황이 확산·확장되고 있음에 유의할 필요가 있다. 하지만 그럼에도 불구하고 자녀가 출생하는 경우 양육과 교육에는 일정한 안정성과 규칙성이 필요하다는 사실이다. 현대의 가족생활은 '시공간의 곡예'가 될 수밖에 없으며 여러 가족 구성원의 다양한 일정을 함께 맞추는 것은 복잡한 과제가 아닐 수 없다. 이러

선할 것인지의 문제이다. 육아나 간병 등과 같은 돌봄노동(caring)에 대한 해석도 사회의식을 바로잡는 논점이 아닐 수 없다. 돌봄노동이란 자녀 양육을 위해 노동시장을 떠났다가 다시 노동시장에 재진입하려는 여성이 주로 선택하게 되는 노동으로 저임금인 이 노동의 가치를 어떻게 평가할 것인가의 문제를 안고 있다(Beck-Gernsheim, 박은주 역, 2005). 경제적·사회적·인구학적 변화에 따라 전세계적으로 돌봄노동의 규모와 중요성은 매우 커졌다. 한국을 포함한 많은 나라에서 돌봄노동자는 노동력을 구성하는 의미 있는 부분으로 자리 잡게 되었다. 하지만 여전히 돌봄노동은 다른 노동에 비해 임금수준이 낮고 열악한 노동으로 평가되고 있다(홍경준·김사현, 2014). 돌봄노동은 동기적 측면에서 시장노동과 구분되지만 정서적이고 도덕적인 특성 그 자체는 표준화되거나 상품화되는데 한계가 있다. 현금급여 중심의 돌봄노동제도화는 가족 내 성별분업을 강화할 수 있으며, 전근대적이며 불평등한 권력관계의 노동과정을 가져올 가능성이 높고, 돌봄노동력 자체를 양극화시킬 수 있으며, 더불어 좋은 일자리로서의 돌봄일자리 확대를 어렵게 하는 문제점 등이 있다(이숙진, 2011). 자본주의적 가부장제 사회에 뿌리 깊은 여성의 돌봄노동 책임에 대한 문화적 관념과 실천, 그로 인한 돌봄노동의 비가시화와 저평가의 무게가 엄중하기 때문이다. 자본주의 사회가 여성에게 열어 놓은 시장노동의 기회는 전통적인 성별분업 규범과 실천의 점진적인 해체를 가져왔음에도 불구하고 가정과 시장 영역에서 무급가사노동과 돌봄노동의 상당 부분을 여성이 책임지고 있는 현실을 근본적으로 바꾸지 못하고 있다(윤자영, 2016). 모성노동이 상품화되었을 때 나타나는 특성을 유급의 가사서비스노동자와 이들을 고용한 여성에 대한 심층면접 자료수집과 분석에 의하면(김경희·강은애, 2008) 첫째, 모성노동이 상품화될 수 있는 조건은 40~50대 여성이 가지고 있는 어머니다움과 성적으로 안전하다고 여겨지는 탈성애화된 이미지임을 보여 주었다. 둘째, 유급노동자들이 수행하는 모성노동은 모성을 보인다. 모성노동의 규칙은 고용주들이 실천하고 싶어 하는 이상적이고 규범적인 모성이며, 노동자는 이를 수용하고 자신의 노동을 가시화하기 위하여 현실보다 미화된 모성노동을 수행하고 있다. 셋째, 가사서비스노동자들은 유급노동의 경험을 통해 직업의식 혹은 노동자 정체성을 형성하고 있지만, 이것은 모성을 제대로 실천하지 못하는 전문직 젊은 엄마에 대한 비난이 바탕이 된 모성이데올로기에서 비롯된다는 점에서 역설적이다.

한 상황에서 가족의 시간을 관리하고 인생을 기획하며 조정하는 것은 대개 여성이다. 남녀가 가사노동을 평등하게 분담하고 자녀를 함께 양육하며 국가의 복지혜택을 받아 육아 휴직할 수 있는 북유럽식의 가족생활은 분명히 현대 서구 가족생활의 일부이다. 하지만 이는 고용이 안정되고 복지제도가 갖춰진 상황에서 이를 누릴 여건에 놓여 있는 개인에게만 해당되는 현실이다. 신자유주의 사회에서는 일자리가 없어도 혹은 너무 좋은 일자리를 가져도 가족생활을 편안하게 영위하기가 어렵다. 신자유주의 사회에서의 성공신화는 규칙적인 노동과 안정된 생활, 한 지역에 머무르는 삶과는 거리가 멀기 때문이다(백영경, 2011: 212). 신자유주의 사회에서의 가정교육은 시공간의 곡예 속에서 이루어지는 교육으로서, 그 과제의 막중함을 인지하고 그 과제의 난맥상을 풀어내는 작업이라고 말할 수 있다.

7. 가족구조의 변화와 아동·청소년의 삶

청소년 문제에 대한 논의 양상으로 가족에 대한 얘기 중에서 결함이 있거나 불완전한 가족과 비행 간의 관련성은 가장 보편적이고 지속적인 주제로 다루어 왔다. 그러나 결손가족과 비행에 관한 경험적 연구 결과들 역시 어떤 결론을 내리기 어려울 정도로 일관성을 찾기 어렵다. 결손가족을 비행의 중요한 원인으로 제시한 연구와 후속 연구들은 결손가정이 비행의 주요 원인이라는 데 반론을 제기하고 있다. 문제가 없는 결손가족보다는 문제가 있는 일반가족이 비행소년을 만든다는 지적과 함께 문제 있는 가족을 더욱 중요한 요인으로 간주한다(Nye, 1958). 결손가족과 비행 간의 상관성이 발견되었다 하더라도 결손 이전에 이미 많은 긴장이 선행한다는 점에서 긴장을 보다 근본적인 원인으로 간주해야 한다는 것이다. 기존의 경험적 연구들을 재분석한 연구 결과들은 결손가족과 비행의 관계가 전혀 없지 않으나 그 관계는 미약하며 양자 사이의 관계가 좀 더 구체화될 필요가 있음을 지적한다. 결손가족은 비행의 직접적인 원인이라기보다는 간접적인 원인이며 양자 사이에 미약한 관계가 일부 발견되지만 중대한 비행보다는 사소한 비행과 관련성이 있음을 보고하고 있다. 또한 결손의 영향력이 성별로 다르다는 견해도 있다. 결손의 영향력은 남자아이보다 여자아이에게 더 크게 나타난다는 근거도 제시된 바 있다(Sterne, 1964). 이와 더불어 비행의 종류에 따라서 결손가족의 효과가 같지 않다는 주장도 있다. 그리고 이혼으로 인한 결손과 사망으로 인한 결손 등 결손의 유형별로 비행에 미치는 효과가 동일하지 않은 점도 지적되었다. 결국 지금까지의 연구 결과에 의하면, 대체로 결손가족과 비행의 일반적 관계에 대해서 회의적이며 일부 양자 간 관련성이 발견된 경우에도 구체적이고 특정화된 것임을 보여주는 것이라고 평가할 수 있다(김준호 · 안호용 · 김성애 · 김선업, 2002: 230-231).

부부간 불화는 가족 성원들 간의 관계 가운데 자녀의 문제행동에 영향을 미치는 대표적인 부정적 요인으로 지적되어 왔다. 부부간 불화는 아동의 공격적 행동뿐만 아니라 성인 범죄의 선행요인으로 주목받아 왔다(McCord, 1979: 1477-1486). 부부간 갈등은 부모에게 스트레스로 작용하여 부모로 하여금 부적절한 자녀관리를 하도록 하며 종국에는 자녀가 비행이나 반사회적 행동에 빠져들게 하기 때문이다. 부부간 불화는 또한 자녀에 대한 원만한 부모로서의 역할 수행을 어렵게 한다. 결혼에 만족하고 남편에게 감정적 지지를 기대할 수 있는 부인은 어머니로서의 역할 수행에 있어서도 원만한 반면 배우자와의 관계에 문제가 있는 부인은 그만큼 자녀에게 소홀하게 되어 자녀의 적절한 훈육 기회를 가지지 못하며 결과적으로 비행을 방치하게 된다. 나아가 부부간 불화는 자녀학대를 낳게 된다. 결혼생활에 만족하지 못하는 부부일수록 자녀를 처벌하거나 아니면 자녀에 지나치게 집착함으로써 자녀의 이상행동을 유발하기가 쉽다. 부부 불화와 아동학대는 매우 밀접한 관련을 가지고 있는 것으로 주목받고 있는 변인이며 가정에서 학대를 당할수록 자녀의 비행 가능성은 증가하는 것으로 보고되고 있다. 이렇듯 부부간 불화를 비롯하여 갈등적 가족관계는 전체적인 가정 분위기를 불안정하게 하며 자녀에게도 갈등적인 상황을 낳음으로써 자녀에게 부정적인 영향을 미치고 나아가서 자녀가 부정적 행위에 빠져들게 하는 배경으로 작용한다(김준호 · 안호용 · 김성애 · 김선업, 2002: 232-233).

부부와 자녀만으로 이루어진 부부가족의 경우와 마찬가지로, 조부모 또는 삼세대 방계가족 성원과의 실질적인 관계의 특성이 고려되어야 할 것이다. 조부모와의 동거가 손자 · 손녀에게 미칠 수 있는 효과는 부모가 자녀에게 할 수 있는 여러 가지 기능의 보완이다. 많은 경우에 손자 · 손녀는 부모보다는 조부모에게 더 많은 사랑과 보살핌을 받기 때문에 부모-자녀 간의 갈등관계가 상당한 수준 완충작용을 갖는 계기가 되기도 한다. 특히 부모 중 한 사람이 사망하였을 경우에 조부모의 역할은 매우 중요하다. 부모 중 한 사람이 사망하여 결손가족이 되었을 경우에 핵가족은 여러 가지 부작용이 있을 수 있지만 조부모가 생존하여 같이 산다면 부정적인 영향으로부터 상당 부분 완충작용을 보여줄 수 있다. 사망한 경우가 아니더라도 부모가 자녀를 감독하기가 사실상 힘든 경우 조부모가 가까이 있어 손자 · 손녀를 보살핀다면 청소년이 나쁜 길로 빠질 가능성을 줄일 수 있다. 그러나 단순히 조부모와의 동거가 조부모 역할의 실행을 의미하지는 않는다. 전통적인 확대가족과 오늘날의 조부모 동거가족은 근본적인 차이가 있다. 전통적인 확대가족에서 조부모는 가부장적 권위를 확고하게 유지할 수 있었지만 오늘날의 조부모는 부양 대상으로 그 위상이 격하된 경우가 허다하다. 집안에서의 역할이 주변적인 상태에 그친다면 그만큼 손자 · 손녀에 대해서 실제 영향력을 행사한다고 보기는 어렵다(김준호 · 안호용 · 김성애 · 김선업, 2002: 238-239).

최근 10년 동안 우리 사회에서 결혼, 가족, 아이, 평생 부부라는 근대적 제도는 가장 집요하게 공격당하고 또 그만큼 신속하게 허물어지고 있다. 현대 사회에서는 각 가정이 고유하며 분리된 부분 세계를 구성한다. 이러한 사실이 결혼 후보자들에게 훨씬 더 큰 노력을 요구한다. 결혼은 더 이상 '일생의 결합'이 아니라 '취소될 때까지의 결합'이라는 생각(순환일부일처제)이 확산되었으며, 인공수정 기술의 발달은 전통적인 부모의 신분 개념조차 변화시켰다. 정상가족이라는 개념은 점차 현실적합성을 잃어가고 있다. 멀리 떨어져 사는 가족, 한부모 가족, 동성애 가족 등 급격한 변화가 이루어지고 있다. 새로운 방식으로 관계를 맺고 있는 새로운 가족들이 등장하고 있다. 가족(the family) 이후에 무엇이 오는가에 대한 대답은 간단하다. 바로 가족들(families)이다(Beck-Gernsheim, 박은주 역, 2005). 정상가족 모델이 적합성을 상실하자 '가족의 종말'을 예상하거나 거론하기도 했지만, 이제 결합과 친밀함과 공동체에 대한 동경에다가 자기만의 독자적인 삶에 대한 욕구가 결합된 새로운 가족들이 탄생되고 있다. 결혼 경험이 있는 부부가 새로 결혼해서 얻은 자녀가 이전 결혼에서 얻은 자녀들과 동거하는 '협상가족'을 빗댄 "여보, 여보 빨리 와보세요. 당신 아이와 내 아이가 우리 아이를 때리고 있어요."라는 농담은 '가족 이후' 출현할 가족관계의 복잡한 윤곽을 함축적으로 보여준다. 사람들은 어쨌든 홀로 살 수는 없고 관계를 맺으며 살 수밖에 없다. 이제 가족은 운명이 아니라 선택이며 실험의 대상이 되었다. 기존의 가족 모델(the families)의 운영 원리가 따뜻함, 친밀함, 연대감 등이었다면 앞으로 출현할 가족들(families)의 운영 원리는 근대적 합리성에 따라 합리적으로 관리되는 하나의 프로젝트가 될 것이라는 말이다(Beck-Gernsheim, 박은주 역, 2005).

CHAPTER

11

자유학교운동과 탈학교론

자유학교운동과 탈학교론

1. 학교란 무엇인가?

학교(Schole)의 어원 분석을 통해 학교의 본질을 말하자면, 학교의 교육목적과 내용과 방법은 기본적으로 탈세속적 · 비실용적 · 관조적 지식을 추구하는 것을 본질로 삼는다(김안중, 1995). 당장 생활에 필요한 것이나 특정한 목적에 종속되는 것은 인간의 자유로운 이성 활동을 제약하기 때문에 학교교육의 내용으로 부적합하다. 세상 잡사와 일정한 거리를 유지하려는 이러한 학교론은 지리적 · 물리적으로도 저잣거리가 아닌 한적한 곳에 학교를 세우도록 하였다. 구체적인 교육내용은 비록 달랐어도 학교가 속세와 일정한 거리를 유지하려는 전통은 동서양에서 유사한 양상을 보여 왔다. 그러나 흔히 자유교육이라고 불리는 이러한 전통은 근대사회에 들어와 커다란 굴절을 경험하기에 이르렀다. 로크(J. Locke)로 대표되는 근대 계몽사상가들은 학교를 사회의 개조 또는 개선을 위한 유력한 수단으로 활용하고자 하였고 그 결과 학교교육은 자유교육 전통과는 달리 기본적으로 실용적 목적을 추구하게 되었다. 과학과 기술의 발달, 산업생산의 증대, 학교교육의 확산이 상호 긴밀하게 관련되면서 근대사회가 전개된 것은 근대 학교교육이 지닌 성격의 단면을 보여준다(이종태, 2001).

하지만 이러한 과정을 거치면서도 근대의 학교교육이 단지 공장의 부속기관으로 바뀌지는 않았다. 오웬(R. Owen)의 공장 부속학교가 생산노동과 교육의 결합이라는 종합기술교육 사상을 낳았고 그것이 상당기간 사회주의 교육의 기본 틀을 이루었지만, 자본주의 체제하에서는 생산노동은커녕 노작조차도 학교교육 안에서 큰 자리를 차지하지 못하였다. 대체로 근대의 학교교육 역시 구체적인 삶의 현장에서 다소 떨어져 추상화된 내용을 위주로 하여 이루어졌다는 말이다. 이것은 근대교육에서도 자유교육의 전통이 일정한 영향력을 발휘하고 있다는 얘기인데, 실생활과 별로 관련이 없는 인문적 주지교과가 학교교육의 핵심을 이루고 있는 것은 그 단적인 증거이다. 따라서 근대의 학교교육은 한편으로 실생활에 유용한 기여를 할 것으로 기대되면서도(특히 이는 국가정책의 목표나 개인 차원의 교육목적이 된다), 다른 한편으로는 일상적인 실용성을 초월한 지식의 세계를 탐구하는 것이야말로 그 본연의 임무(이는 일부 교육학자들이나 교사에 의해 강조됨으로써 확고한 정통성을 획득하고 있다)임을 요구받는 이중성을 지니고 있다(이종태, 2001: 237-238).

2. 니일, 섬머힐 학교

오늘날 대부분의 학교는 즐거운 곳이 되지 못하며, 강압적이고, 무미건조하며, 지나치게 주지주의적이며, 심미적 감각을 위한 교육이 이루어지지 못한다는 지적을 받고 있다(Silberman, 1971; Perrone & Kohl, 이현남 · 조연순 · 송용의 역, 1987). 이러한 현실에 대한 극복 대안으로 여러 자유학교운동이 등장하였고 탈학교론이 이어졌다. 그중에서도 가장 급진적인 견해라고 볼 수 있는 것이 니일의 섬머힐 학교이다.

니일(A. S. Neill, 1883~1973)의 교육사상은 전통적인 사고에 의해서는 생각할 수조차 없는 급진적인 교육개혁론에 해당한다. 니일의 사상은 영국은 물론 미국에 확대되어 자유학교운동(free school movement)을 일으켰다. 니일은 1921년 5명의 어린이를 데리고 섬머힐(Summerhill)이라는 학교를 세웠다. 이 학교는 영국 런던에서 동북쪽 약 160km 떨어진 서포오크(Suffolk)주 레이스턴 마을에 자리잡고 있으며 학생 수는 보통 50명 내외이다. 이 학교에는 5세가 되면 입학할 수 있으며 16세가 되면 학교를 떠난다.

섬머힐 학교의 특징은 성선설에 입각한 아동관을 갖고 있다는 점을 들 수 있다(Neill, 1960: 3-7). 프롬(E. Fromm)은 니일은 "어린이는 선하다"는 확신을 갖고 있다는 점을 제일 먼저 꼽았다(Neill, 1960: ix-xvi). 니일은 아동은 악한 존재가 아니라 선한 존재라는 완전한 신념을 갖고 있었다. 40년간 아동의 선에 대한 이 신념은 흔들리지 않았다. 아동은 선천적으로 어질며 만일 어른들이 어떤 종류의 암시도 하지 않고 혼자 내버려둔다면 아동은 발전할 수 있는 데까지 발전할 것이라고 강조하였다.

섬머힐 학교는 강요가 없는 자유로운 활동을 철저히 보장하였다. 신문들은 이 학교를 '자기 좋은 대로 하는 학교(go-as-you-please school)'라고 부르면서 그것이 마치 규칙도 모르고 예의범절도 없는 원시 야만인들의 집합인 것처럼 말한다. 섬머힐 학교는 자유를 허용하는 학교를 만들기 위해 모든 훈련과 암시, 모든 도덕적 훈련과 종교교육을 포기하였다. 니일의 교육론에서 대전제는 자유이며 이는 니일의 사상 전체를 관통하는 개념이다. 섬머힐 학교에서는 아동들이 자유와 선택의 원리에 의해 배우고 생활하도록 하였으며 그 교육의 목적은 자기 자신이 되는 것(to become oneself)이었다. 주체성의 관점에서 니일은 아동들에게 학습 선택의 자유를 폭넓게 부여하고 흥미에 기초한 학습을 하게 함으로써 학습자와 학습이 일체가 되는 학습의 주체성을 실현하였다(박용석, 2011).

섬머힐은 공포나 증오에 의해 삶이 어지럽혀지지 않는 건전하고도 자유로운 인간을 길러내려는 것이었다. 프롬은 『섬머힐: 아동 양육에 대한 급진적 접근』(*Summerhill: A Radical Approach to Child Rearing*)의 개정판 서문에서 니일의 교육원리에 대해 "일방적으로 부과된 훈육이나 처벌은 공포심을 자아낸다"는 인식과 함께 "따라서 어린이에 대한 지나친 훈육은 해롭고 건전한 심리적 발달을 저해한다"는 신념을 실천하였다고 지적하였다(Neill, 1960: ix-xvi).

섬머힐 학교는 민주주의를 기본으로 삼는 자치학교이다. 모든 사람이 동등한 권리를 가지고 있다. 학교 총회에서 6세짜리 어린이의 한 표나 교장의 한 표는 똑같은 비중을 차지한다. 사회생활에 관한 법률, 즉 처벌과 규제 등 모든 것이 매주 토요일 밤에 개최되는 학교 총회의 투표로 정해진다. 여기서는 모든 직원과 학생이 나이의 차별 없이 한 표를 행사한다. 결국 자유스러운 어린이는 자치라는 것이 얼마나 중요한가를 몸소 배운다. 이곳의 민주주의는 외부에서 실시되는 민주주의보다 훨씬 우월하다.

> 자유는 결코 방종을 의미하는 것이 아니다. 이 원칙은 매우 중요한 것으로 개인에 대한 존중은 상호적이어야 한다. 교사가 아이들에게 강제력을 사용해서는 아니 되는 것과 마찬가지로 아이들도 교사에게 강제력을 사용할 권리는 없다. 어린아이가 자신은 어린아이라고 해서 어른을 방해하거나 어린아이로서 할 수 있는 여러 방법으로 어른에게 압력을 가해서도 안 된다.

니일은 위에서와 같이 관계성의 관점에서 자유에 따른 책임의 문제를 섬머힐 학교의 자치(self-government)를 통해 해결하였다. 자치를 통해 인간관계에서 발생하는 책임의 문제를 강제적 권위가 아니라 상호 합의된 공동체적 권위에 의해 해결하였다. 이는 아동들에게 타인을 의식하고 존중하는 능력을 자연스럽게 길러주는 결과를 가져다주었다(박용석, 2011).

니일은 섬머힐 학교를 통해 창의성이 풍부한 아동을 육성하려고 하였다. 섬머힐의 12세짜리 아동은 외부 학교의 12세짜리 아동보다 쓰기와 셈하기는 뒤질는지 모르나, 창의성을 필요로 하는 시험에서는 단연 섬머힐의 학생이 우수할 것이라는 자신감을 드러냈다. 섬머힐 학교에서는 행복한 시민을 기르고자 하였다. 니일은 "나는 신경질적인 학자보다는 행복한 거리의 청소부를 길러내는 학교를 찾을 것이다"라고 행복의 중요성을 일깨웠다(Neill, 1960: 116).

니일은 시험과 숙제도 배격했으며 권위와 억압에 의한 종교교육과 도덕교육도 반대했다. 니일은 기독교에 대하여 적의를 나타내면서 기성의 정통종교는 이 세상에서 가장 유해한 전염병이라고 극언하였다. 니일은 정통 기독교는 신이 하늘에 있지 않고 바티칸(Vatican)과 캔터베리(Canterbury)에 있다고 비꼬았다.[1)] 니일은 "마지막 종교가 없어질 때까지는 아마도 세상은 행복을 발견하지 못할 것이다. 종교 속에 나는 그들의 추한 자매인 자본주의와 공산주의도 포함시킨다"고 말하였다. 프롬도 섬머힐 학교는 종교교육을 하지 않는다는 사실에 주목하였다(교육고전문헌연구회, 1975: 317).

> 싸움은 신학을 믿는 자와 신학을 믿지 않는 자와의 싸움이 아니다. 그것은 인간의 자유를 믿는 자와 인간의 자유를 억제하는 자와의 싸움이다. 마침내 언젠가는 오늘날의 진부한 종교와 신화를 받아들이지 않을 새로운 세대가 올 것이다. 새로운 종교가 나타나게 될 때에는 그것은 인간의 원죄를 부인할 것이다. 새로운 종교는 인간을 행복하게 만듦으로써 신을 찬양할 것이다.

니일은 한 마디로 철저한 자유주의자였다. 그는 자서전에서 "자유는 하나의 세계관이며, 이 광적인 세계를 살면서 하나의 위대한 희망이다"라고 했다. 니일은 행복의 감정은 사람이 자유를 느낄 때에만 가능하다고 말하여 행복과 자유를 불가분의 것으로 설명했다. 그는 자유를 정의하여 "자유란 남의 자유를 침해하지 않는 한에서 자기의 하고 싶은 일을 하는 것"이라고 했다.

니일은 정신분석학적 입장에서 인간을 해석하여 아동은 선악 행위를 의지의

1) 니일의 교육사상과 학교교육론이 갖는 의미에 비추어 볼 때 그의 종교권력에 대한 신랄한 비판은 특히 한국사회의 상황에서 새겨둘 대목이다. 아시아(특히 한국)에서 종교적 상품화의 전통이 강하다. 1990년대에 세계에는 극적인 변화가 일어났다. '메가시티'와 '메가처치'가 거의 동시에 지구촌에 출현한 것이다. 메가시티는 통상 1천만 명 이상의 인구를 갖는 거대도시 지역으로 정의된다. 메가처치는 한국에서는 10,000명 이상(미국에서는 평균 2,000명 이상)의 사람들이 주일 예배에 참석하는 개신교회를 일컫는 용어이다. 2014년을 기준으로 볼 때, 현재 한국에는 총 19개의 메가처치가 있다. 그중 다수가 서울 수도권의 메트로폴리탄 지역에 있다. 미국식 빈영의 복음과 기적적인 것과 물질적인 것을 강조하는 한국의 (무속적) 전통(아프리카 혹은 아메리카 인디언 전통도 포함) 양자 사이에 '선택적 친화성'이 작용한다는 주장도 있다(김성건, 2014).

힘으로 좌우할 수 있는 이성적 존재가 아니라, 역동적 추진력인 무의식에 의해 그 행위가 좌우되는 존재로 보았다. 니일은 "심리학이 무의식의 중요성을 발견하기 이전에는 어린이를 이성적인 존재로 생각하여 선을 행하거나 악을 행할 의지의 힘을 가진 것으로 생각했다. 또 어린아이의 마음은 백지와 같아서 교사가 그 위에다 가르침의 길을 그려야 한다고도 생각했다"고 술회한 바 있다. 니일은 인간의 정신은 이드(id)라는 본능, 자아(ego), 초자아(superego)의 세 가지로 형성되어 있다고 보았다. 이것이 의식과 무의식의 정신현상을 일으키고 인간 행위는 의식에 의해서가 아니라 무의식에 의해서 좌우된다고 보았다.

섬머힐 학교의 목표는 행복, 성실, 조화, 사회성 등에 있지 결코 학업성적을 올리는 데 있지 않았다. 이 학교는 어린이에 대한 자율적인 정신은 실제화되고, 자치와 창조의 태도가 함양된다. 자기의 인격을 표현할 수 있는 자유를 부여한 곳에 게으르거나 우둔한 자가 있을 수 없음은 분명한 사실이다. 한마디로 말해서 섬머힐은 누구나 자신의 자유를 얻지만 자신을 표현하는 일이 남의 자유를 방해하지 않도록 만들어진 하나의 사회조직이다.

니일의 교육사상은 영국에서는 완고한 보수적 전통 때문에 오히려 일반적으로 배격되는 양상을 보여왔다. 니일 자신이 말하듯 영국 런던의 거리에서 지나는 신사를 붙들고 섬머힐 학교를 물으면 그런 학교 이름은 들어보지 못했다고 말할 것이라고 했다. 하지만 니일의 사상은 일찍이 해외의 진보적 교육자들에게 영향을 끼쳤다.

니일이 문화적 유산과 지적 요소를 경시한 점은 그릇된 태도였다는 지적도 있다. 아동에게는 학습과 생활의 새로운 모험으로 향해 나가도록 많은 자극을 주어야 함에도 불구하고 니일은 이를 간과하거나 과소평가하는 과오를 범했다고 보는 것이다. 니일은 프로이드 사상에 너무 사로잡힌 나머지 성을 과대평가하는 오류를 범했다는 지적도 있다.[2] 니일이 인간 행동의 동기를 성에 의해 좌우되는 것으로 보았던 것은 지나치게 단순한 견해라는 것이다. 극단적으로 자유방임적인 진보적 교사들은 어쩌면 어떤 형태의 제재나 징벌도 비도덕적이며 비교육적이라고 생각할지도 모른다. 그러나 이러한 생각은 학교 밖의 현실과 유리된 학교생활을 허용하는 것으로 그치고 만다. 니일은 아동의 자유를 강조하였으나, 규칙과 제재의 권위를 완전히 배제한 상태에서의 자유로운 학교를 건설할 수는 없었다. 아동의 세계는 일반 문화체제와 더불어 생활하는 성인사회와 분리해서 전개될 수 없으며, 그러한 세계에서 이루어지는 교육이 바람직하다고 할 수도 없다(이돈희, 1983: 311).

권리를 중시하는 견해는 니일 사상의 중요한 주제이다. 사람들은 니일을 전형적인 아동중심 교육이론가로 오해하고 있다(Degenhardt, 성기산 역, 1987: 131). 니일은 진보주의 교육자들 가운데서 이단자였다. 니일은 진보주의 교육자들의 도덕적인 풍조에 반대했으며, 성장이론가들의 글을 읽어본 적도 없다. 니일에 의하면, 공부하고 싶은 어린이는 자신이 좋다고 생각하는 시기에 공부할 것이다. 어린이가 공부하고 싶어 하지 않는다면, 어느 누구도 그에게 공부를 강요하거나 그 강요를 정당화할 수 없다. 원칙적으로 니일은 어린이들이 보다 매력적인 수업을 받도록 하기 위해 새로운 교육과정과 교수방법을 시험해 보려고 하지 않았다(Degenhardt, 성기산 역, 1987: 132).

급진적이고 실험적인 니일의 자유주의 교육론에 대해서는 찬반의 논쟁이 있다. 한편으로는 니일을 20세기의 가장 위대한 진보적 교육사상가라 평하고 그의 『섬머힐: 아동 양육에 대한 급진적 접근』을 성스러운 책으로, 섬머힐 학교를 성스러운 장소라고 찬양한다. 그러나 다른 한편의 사람들은 니일을 유토피아적 몽상가이며 교육 돌팔이라고 혹평하는 사람도 있다(조용태, 2002: 124). 이와

2) 니일은 정신분석학자인 라이히(W. Reich)의 영향을 받아 신체와 정신 간의 밀접한 연관성을 믿고 심리적 억압, 특히 성적 억압이 신체의 경직이나 병을 유발시킨다고 보았다. 죄악감으로부터의 해방, 육체적 · 심리적 억압으로부터 해방된 자유로운 분위기가 건강에 좋다는 점을 말하였다(조용태, 2002: 120).

같은 찬반에도 불구하고 그의 자유주의 교육사상이 종래의 전통적 교육에 과감하게 도전함으로써 많은 사람에게 일련의 신선한 충격을 던져준 것은 사실이다. 니일의 아동교육사상은 실존주의의 핵심 개념인 본래성(authenticity)을 확보한 사상체계이기도 하다. 본래성의 개념은 자유의 존재로서의 자기인식, 존재의 주체성, 존재의 관계성을 통해 설명될 수 있다. 니일의 교육구상과 실천은 오늘날 전 세계 대안교육의 형성에 많은 영향을 끼쳤으며 특히 아동교육사상과 실천은 실존주의의 본래성을 학교단위의 교육에서 가장 이상적으로 실현한 사례로서, 오늘날 자신의 본래성 추구와는 거리가 먼 우리 아동교육의 현실을 되돌아보게 한다(박용석, 2011).

3. 톨스토이, 야쓰나야 빨랴나 학교

러시아의 문호, 사회개혁가, 교육개혁가였던 톨스토이(L. Tolstoy, 1828~1910)는 농민 자녀를 위한 자유학교를 세운 교육자이자, 민중을 위한 사회활동가로서 폭넓은 삶을 살았다. 특히 톨스토이의 글 『전쟁과 평화』(*War and Peace*)는 그 근본 목적이 전쟁의 오류를 보이기 위한 교육적 성격에 있다. 톨스토이가 이 작품에서 의도한 것은 크림전쟁의 패배로 상처 입은 조국의 영광과 국민정신의 위대함을, 나폴레옹 군대를 패주시킨 1812년의 역사적 사건에 되돌아감으로써 회복시키는 일이었다. 톨스토이는 인류의 운명을 지배할 수 있다고 믿는 오만한 인격 나폴레옹에 대항해서 러시아 농민병사와 그 사령관 쿠투조프(Kutuzov)가 승리한 것이 바로 러시아의 승리라고 보는 것이다. 톨스토이는 이러한 눈에 띄지 않는 민중이야말로 러시아 정신의 체현자이자 역사를 움직이는 주인공이라고 보았다(Mayer, 1962: 138-151).

톨스토이는 1894년 자신의 영지 야쓰나야 빨랴나(Jasnaja Poljana)에 지금까지 와는 전혀 다른 형태의 어린이들의 삶과 자유를 존중하는 개혁적인 학교, 야쓰나야 빨랴나 학교(톨스토이학교)를 설립하였다. 톨스토이가 야쓰나야 빨랴나에 세운 첫 번째 학교는 현재 러시아 공교육 안에 100여 개 학교로 그 맥을 이어가고 있다. 러시아 교육을 말하는 데 톨스토이를 중심으로 이야기하는 이유는 러시아가 페레스트로이카(Perestroika) 이후 교육혁신의 실마리를 톨스토이의 교육사상과 톨스토이 학교에서 찾고 있기 때문이다.

학교가 설립되고 시간이 흐를수록 톨스토이의 명성은 민중들 사이에 점차 높아졌다. 톨스토이는 열린 교육(open education)의 선구자로서 역사적 근거와 철학적 성격을 보여주었고, 특히 교육의 본질을 예술의 관점에서 조명하는 작업에도 열중하였다(Perrone & Kohl, 이현남 · 조연순 · 송용의 역, 1987; 송순재, 2000). 톨스토이는 성서의 예술적 가치에 주목하였다. 만남, 우정, 증오, 적대감, 투쟁과 전쟁 등에 관한 적나라하고도 예술적인 묘사, 그리고 거기에 담긴 교훈은 세상 어느 것과도 비할 데 없는 가치를 갖는다고 생각했다. 톨스토이는 성서가 아동 독본의 최초 표본이자, 국민 독본의 최상의 표본이 되어야 마땅하다고 생각했다. 톨스토이의 『인생론』(1887)은 사실상 예수의 가르침을 이야기로 풀어낸 것이라 해도 과언이 아닐 정도로 성서의 가치에 주목하였다(Tolstoy, 박형규 역, 1977).[3]

3) 톨스토이가 『인생론』에서 예수의 가르침을 이야기로 풀어냈을 정도로 성서의 가치에 주목하였다. 하지만 톨스토이에게 프로테스탄티즘은 중요한 사회적 의의를 지니는 사건으로 경험되지 못하였으며 프로테스탄티즘의 교의가 개인들의 정신과 삶에 미친 영향을 묘사하면서 줄곧 부정적인 평가를 내렸다. 톨스토이는 『안나 카레니나』, 『참회록』, 『부활』 등의 작품을 통해 그 사회의 영적인 분위기를 묘사하면서 프로테스탄티즘에 대한 자신의 평가를 반영하였다. 또한 프로테스탄티즘의 전사들이 보이는 속죄의 교의, 그들의 믿음에 진실성이 결여된 것을 간파하고서 그들을 전혀 호감을 주지 못하는 인물들로, 그들에게 강한 적대감을 드러냈다. 프로테스탄티즘 교의의 거짓을 폭로하는가 하면 프로테스탄트들을 비롯해 삶이 그들의 믿음과 일치되지 않는 신자들을 비판하였다. 톨스토이는 기독교 교회의 연합을 가로막는 서로에 대한 적대적인 태도에 실망하고서 어떤 교회에도 속하지 않기로 결심하였

오늘날의 교육미학적인 눈으로 보았을 때 톨스토이는 매우 인상적인 교육사상가임이 분명하다. 톨스토이는 많은 작품을 통해 삶의 과정에서 예술이 차지하는 위치가 얼마나 중요한지를 보여주었을 뿐만 아니라, 참된 인간 형성을 위한 교육과 교수–학습 과정에서 예술이 갖는 성격과 의미를 정확하게 파악하였기 때문이다. 톨스토이는 1897년에 저술한 『예술이란 무엇인가』*(What is Art)*에서 어떤 예술이 좋은 예술인가에 관해 말하고 있는 듯 하지만, 실제로는 어떻게 살 것인가에 대한 논의로 마무리되었다. 톨스토이에게는 음식도, 예술도 모두 음식 그 자체나 예술 그 자체로서가 아닌, 그가 추구하는 궁극의 윤리를 전달하기 위한 코드로 작용한다(석영중, 2009).

톨스토이는 자신의 학교 야쓰나야 빨랴나에서 행한 수업 도중 몇몇 아이들과 나눈 대화에서 이 세상에는 실익만이 존재하는 것이 아니라 아름다움이라는 것이 존재한다는 사실에 대해 가르쳤다. 아이들은 무엇 때문에 보리수가 자라는지, 노래는 또 무엇 때문에 배우는 것인지에 대해 차츰 깊이 생각하게 되었다. 어떤 아이는 도덕적 아름다움, 즉 선(善)에 대하여 한층 폭넓게 이해하였다. 현세를 영리하게 살아가는 데 요긴한 실익과 그것과는 별도로 존재하는 형상적인 아름다움과 정신적인 아름다움에 관한 이야기는 교육의 본연을 짚어내

다. 프로테스탄트 교회를 비롯해 모든 교회를 거부했지만, 역설적이게도 그의 정신적 특성 속에서 프로테스탄티즘 정신과의 모종의 유사성을 발견할 수 있다(허선화, 2011). 지금껏 『부활』은 톨스토이의 회심 이후 『인생론』을 토대로 작성된 소설이라는 점에서 문학성이 떨어진 작품으로 평가받곤 하였다. 톨스토이는 『부활』에서 '심미적 합리성'에 기반을 둔 존재의 부활을 참된 인간의 부활로 표상하였으며 주체다운 주체란 자연성의 회복을 통해 삶의 원리를 정립할 수 있는 존재라고 보았다. 내면의 숭고한 아름다움에 대한 직관을 통해 삶의 보편적 원리를 정초한 주인공을 자율적 주체로 형상화했던 것이다. 반면 심미성을 철저하게 배제한 채, 도구화된 이성을 토대로 대상을 규정하고 이를 마치 가장 아름답고 보편적인 원리인양 간주하는 '합리적 심미성'에 대해 경계하였다. 교회의 계시에서 신앙을 찾지 않고 존재의 내면에서 신앙을 도출하려 했던 톨스토이에게 심미적 감수성을 배제한 이성은 타락의 원흉이었다(최인선, 2014).

는 의미가 있으며, 과학적 · 경제적 가치를 중심에 두고 아름다움과 예술적 가치를 변두리로 내모는 현실에 대한 성찰의 근거가 될 수 있다(송순재, 2000).

톨스토이 학교가 철학의 문제를 역설하고, 교사의 철학과 역할이 중요하다고 보았던 것은 교육프로그램 베끼기 식의 접근법으로는 휴머니즘 교육의 이상을 실현할 수 없다고 보았기 때문이다. 톨스토이의 교육이념은 인간은 스스로 자유로운 존재여야 한다는 학교철학으로 이어진다. 톨스토이 학교는 전설적인 자유교육활동의 공간이었다. 톨스토이의 이념이 갖는 파급력은 의외로 넓은 지평을 갖고 있다. 1917년에 러시아에 소련정부가 세워졌을 때 당시 공산당은 교육정책과 목적을 분명히 정하지 못하였다. 당시 공산당은 영국의 점진주의적 사회주의자를 닮았거나 아니면 톨스토이의 추종자들이어서 마르크스의 변증법적 유물론에는 익숙하지 못한 사람들이었다.[4] 그들은 자유로운 사회에서의 자유로운 개성의 발달을 사회주의적 교육의 궁극적 목표라고 생각하였다. 그들에게 자유와 개성의 개념이 공동체와 훈련의 원리보다 더 중시되었던 것이다(이돈희, 1999: 130).

러시아는 페레스트로이카 이후 상당수의 교사들이 학교를 떠나기 시작했다. 그와 함께 붕괴되어 가는 학교를 되살리기 위한 교육운동도 일어났다. 각 학교들은 그 운동의 출발점을 톨스토이의 교육사상과 실천에서 찾았다. 톨스토이가 실천한 교육활동은 당시에도 러시아의 공교육에 대한 문제 제기였고, 이는 오늘날에도 학교교육의 개혁에 유효하다고 평가를 받기 때문이다. 톨스토이는 19세기에서

---

4) 톨스토이는 유물론자로 오해받기도 했다. 1901년 제1회 노벨문학상이 발표되기에 앞서 가장 유력한 후보는 러시아 문호 톨스토이였다. 그런데 심사위원회는 "가장 탁월한 이상주의적(idealistic) 작품에 문학상을 주라"고 한 노벨의 유언에서 이상주의(idealism)를 관념론(idealism)으로 잘못 읽었다. 심사위원회는 톨스토이가 말년에 사유 재산을 부정하고 교회 공동체운동을 펼쳤다는 점을 들어 그를 유물론자로 여기고 수상 대상 명단에서 제외하였다(오태진, 2010).

20세기로 넘어가는 전환점에서 강제적이고 획일적인 국가의 공교육체제를 문제 삼았다.

톨스토이의 눈에 비친 당시의 학교교육은 국가의 충복이나 관리를 양성하기 위한 강제체제일지언정, 진정으로 아이들을 위한 곳이 아니었다. 복종과 정숙이 강제적으로 요구되는 학교에서 긴장된 주의집중과 두려움이 아이들에게 내면화 될 때 교사를 마치 적처럼 대하고, 그곳에 즐거운 배움이란 없다. 톨스토이의 사상은 이름하여 아름다운 학교운동이었다. 이 아름다움이란 외관의 미에 그치는 것이 아니라 아이들의 삶을 아름답게 하자는 의미이다. 아이들의 삶의 자리, 가정과 학교를 아름답게 하자는 얘기이다. 아이들의 내면에 깃들어 있는 잠재력을 이끌어 내고 가르치는 데 더 많은 고등교육, 더 많은 학습시간, 더 많은 학교를 세우는 쪽의 발상이 아니라 우리가 머무는 공간이 교육에 중요한 요소로 작용한다는 철학을 실질적으로 보여준다는 데 있다. 아름다움은 예술적 감성, 가르침의 내면이 아름다움으로 뒷받침될 때 진정한 아름다움일 수 있기 때문이다(송순재, 2000).

톨스토이는 전 생애에 걸쳐 '교육은 삶의 실험'이라는 철학을 다양한 방식으로 실천하였다. 톨스토이는 일기 쓰기를 통해 자신의 삶을 실험하면서 자기 교육을 하였고, 또한 토지 개혁과 농노 해방 및 사회 개혁을 위해 장원을 경영하고 학교 교육을 실험하였다. 톨스토이는 사회 실험을 위해 직접 활동에 참여하였고 저술을 통해 사람들을 계몽코자 하였다. 하지만 톨스토이의 장원과 학교 실험은 실패하였다. 이는 그의 실험이 농민들이 원하는 것이 아니라 자신의 우월적 동정심에 근거했기 때문이다. 농민을 기반으로 장원을 경영해야 하는 것과 마찬가지로 교육도 학생들의 삶을 실험하는 것이어야 한다. 삶을 실험하는 교육에서는 교육의 목적이 교육 외부로부터 주어지는 것이 아니라 교육하는 행위 그 자체가 목적이 되어야 한다. 그런 교육은 억압과 착취가 없는 사회를 지향한다(이종원, 2018).

4. 일리치, 학교-공생-에너지-의료

학교교육에 대해 급진적인 비판을 가하고 있는 대표적 인물로 사회사상가이며 평론가인 이반 일리치(I. Illich, 1926~2002)를 꼽을 수 있다. 일리치는 근대사회를 예리하게 비판해 온 사상가 중의 한 사람이다. 오스트리아 빈에서 태어나 로마의 그레고리언대학교에서 신학과 철학을 공부했으며, 잘츠부르크대학교에서 박사학위를 받았다. 1950년대에는 미국 뉴욕시의 교구 신부였으며, 푸에르토리코의 가톨릭대학교 부학장을 지냈다. 1960년대에는 푸에르토리코와 멕시코에 비교문화연구센터를 설립했다. 1980년대에는 미국, 멕시코, 독일을 오가며 강의했다.

일리치의 이름이 널리 알려지게 된 계기는 『탈학교사회』*(Deschooling Society, 1971)*[5]를 통해서이다. 일리치는 삶의 전 과정 속에서 교육이 제대로 이루어질 수 있도록 하기 위해서는 학교라는 교육기관을 없애야 한다는 탈학교교육론을 주장하였다. 일리치에 따르면 교육의 중요한 목적은 자유로운 마음을 기리고 필요한 전문적 기술을 습득하게 하는 데 있다. 그러나 학교교육은 그 강제성으로 인하여 자유로운 마음을 기르는 데 실패하고 있는 것은 물론, 기술의 습득에 있어서도 그 효율성이 매우 낮은 제도라는 점에서 교육의 목적을 달성하는 데 적합한 기관이 되지 못한다. 예컨대 외국어를 가르치는 경우를 보면, 개인이 몇 개월 정도만 노력해서 배울 수 있는 수준을 학교에서는 십여 년 동안 많

5) 일리치(I. Illich)의 『탈학교사회』*(Deschooling Society,* 1971)와 라이머(E. Reimer)의 『학교는 죽었다』*(School is Dead,* 1971)에서는 아동·학생들의 교육과정 선택을 지지하는 논증을 보여준다. 하지만 아동·학생들이 자신의 교육을 선택한다는 생각에는 의미 없는 일이라는 지적도 있다(Degenhardt, 성기산 역, 1987: 135). 선택은 이용 가능한 가능성에 관한 폭넓은 이해에 의거해서 고르는 것을 의미한다. 이미 그 가능성에 관해 많이 배우지 않았다면, 우리는 그처럼 현명한 선택을 할 수 없다. 선택은 상당한 정도의 형식교육이나 비형식교육을 전제로 하는 것이기 때문이다.

은 비용을 들여서 가르치면서도 제대로 가르치지도 못한다는 것이 일리치의 지적이다. 이 점에서 일리치는 학교가 교육을 독점하는 사회가 아니라, 개인이 원하는 시간과 장소에서 자유롭게 배울 수 있는 평생교육사회의 건설을 주장하였다(조화태 · 김계현 · 전용오, 2002: 57). 일리치는 제도적 모습을 갖는 학교교육이 한 국가 내에서의 지배-복종을 정당화할 뿐만 아니라 강대국의 약소국에 대한 지배도 합리화하며 국제 자본주의체제의 정당성까지 지지하고 있다고 질책한다. 일리치는 학교교육을 통해서 나타난 교육격차가 객관적 · 합리적 결과로 인식되고 그에 따라 사회적 불평등이 정당화되는 현상을 신랄하게 비판하였다. 억압-복종의 관계로 실현되는 사회적 불평등은 개인적 재능과 노력의 격차에 의한 불가피한 결과가 아니며 자본주의와 제국주의 체제를 유지하기 위해 지배계급과 강대국이 조성한 사회구조적 모순의 필연적 산물이라고 보았다. 말하자면 제도교육은 불평등 구조와 억압적 지배를 정당화하고 영속시키는 도구적 장치에 해당한다는 것이다(오욱환, 1999b: 97).

일리치는 『탈학교사회』(*Deschooling Society,* 1971), 『공생을 위한 방법』(*Tools for Conviviality,* 1973), 『에너지와 공평』(*Energy and Equity,* 1974), 『의료의 한계』(*Limits to Medicine,* 1976) 등 일련의 저작을 내놓았다. 교육(『탈학교사회』), 에너지문제(『에너지와 공평』), 의료행위(『의료의 한계』)로 관심이 흩어져 있는 듯하지만 그 지향은 일관된 것이다. 학교제도를 폐지하고, 차량 속도를 제한하고, 의사의 의료독점체제를 거부하자는 일리치의 논의는 일면 실현 불가능한 제안처럼 보이면서도 다른 한편 현대 문명사회에 대한 날카로운 비판과 함께 많은 영향을 끼쳤다(이승환, 2001; 김종철, 2009).

일리치의 의료독점체제를 거부하자는 제안의 의미를 거시적 차원에서 읽어내기 위해 최근까지의 서양-미국 의료계에 대한 조망과 성찰이 필요하다. 미국에서는 의료화에 의해 급증한 청소년 정신과 환자에 대한 연구가 있어 왔다. ADHD와 청소년 조울증은 각각 1990년대와 2000년대에 미국에서 급격한 증가를 보인 대표적 청소년 질환이다. 1990년과 1995년 사이에 ADHD로 진단된 청소년은 94만7,208명에서 235만7,833명으로 증가했고, 조울증(bipolar disorder)은 1994년에 약 2만 명에서 2003년에 80만 명으로 40배나 증가했다. 뉴욕타임즈는 청소년 정신과 진단의 놀라운 증가는 미국의 제약회사와 정신과 의사들이 만들어내는 의료영역 넓히기와도 관련이 있다고 보도하고 있다. 특히 제약회사의 사업 확장을 위한 노력과 그에 수반된 시장의 논리가 아동·청소년들에 대한 의료화와 깊은 관련을 가지고 있다. 의료화를 연구하는 사회과학자들은 이러한 상업주의가 의료화 확산의 중요한 추동력임을 오래전부터 지적해 왔다. 그리고 이러한 미국의 상황은 한국의 상황과 무관하지 않다. 지금 한국사회에서 눈에 띄게 증가하고 있는 소아·청소년의 행동·감정 장애 진단과 약물 투여가 이러한 연결을 가시화한다. 서양의료가 문화사회적 국경들을 자유롭게 넘나드는 데 사용하고 있는 특별비자는 '권위'라는 이름의 비자이다.[6] 당대의 가장 권위적인 체계인 과학기술과 연계됨으로써 서양의료는 배타적인 권위를 가지게 되었고 그러한 권위를 세계화의 물결 위에서 충분히 활용하고 있는 것이다. 이러한 과학의 권위를 등에 업은 의료적 해결방식은, 자칫 그 권위의 힘으로 인해 사회문화적 원인을 등한시하는 결과로 나타날 수 있다. 서양의료 권력은 질병의 사회문화적 측면에 대한 무시로 연결되거나, 인간의 건강과 생명에 대한 이슈들을 서양의료담론이 전용해버리는 결과를 낳곤 한다(김태우, 2013).[7]

6) 서양의료가 누리는 권위는 권위가 아니라 권력이라고 칭하는 것이 적절할 것이다. 서양의료의 권위가 인간에 대한 다양한 이해와 논의를 억누르는 권력화 현상을 보이고 있기 때문이다(김태우, 2013: 256).

7) 서양의료담론은 문화인류학의 통과의례(rite of passage)를 연상케 할 정도로 생애사적 전환기, 그 변화의 길목을 가로막고 의료의 도움이 필수적이라고 외쳐댄다. 아동·청소년들의 키를 키워준다는 성장 클리닉, 남녀 중년들을 대상으로 하는 갱년기 클리닉 등은 생애사적 전환기에 개입하는 대표적인 양상에 해당한다. 요즘에는 성형수술 또한 이러한 배경 위에서 의료화를 진행해나가는 경향이 뚜렷하다. 지금의 한국사회에서, 고3에서 대학생으로의 전환

사회문화적으로 만들어진 고통은 그 사회문화적 문제에 대한 고려를 통해 문제를 풀어가야 한다. 예컨대 한국사회의 자살문제의 경우, 정신질환의 생물학적 설명과 의료적 대처만으로는 제대로 된 예방이 어렵다. IMF 이후의 사회적 변화로 인해 양산된 한국사회의 자살문제가 사회문화적 측면의 논의 없이 우울증 환자의 약물치료만으로는 해결될 수 없다는 것은 자명한 사실이다(안정훈 · 지선미 · 남미희 · 추여진 · 이윤희, 2010; 김태우, 2013). 서양의료담론은 자살률이 높고 그 증가추세가 세계에서 가장 가파르다는 한국사회에서 어떤 힘이 될 수 있는가에 대한 성찰이 요망된다는 점도 지적해둘 필요가 있다. 자살률이 높은 사회는 구성원 간의 유대감 형성이나 사회통합 측면에서 심각한 결함을 드러낼 수밖에 없다. 우리나라는 최근 수년간 매일 40명 정도 자살하는 나라이다. 자살로 인해 해마다 조그만 읍 단위 인구가 사라지는 셈이다(김규원, 2017: 111–112).[8)]

은 관혼상제 중 관례(冠禮)에 해당하는 생애사적 전환기이다. 이 중요한 시기에 성형이라는 제의의식(ritual)을 통해 전환기를 맞이하라고 권하고 있다. 그리하여 이미 한국사회는 성형공화국이 되고 말았다. 많은 성형외과가 '고3 할인'을 공공연히 내세우며 생애의 변화에 대한 의료화를 시도하고 있다. 전통적 관례도 머리 모양의 '변형'을 통해 통과의례를 치르는 것을 보면, 수능 후 '성형'도 통과의례의 측면을 가지고 있다. 하지만 이윤추구가 의례진행자의 의도의 중심에 있다는 것은 관례와 큰 차이를 보인다. 성장기를 지나 어른이 되면 나이듦(aging)에 대한 의료화 담론들이 한국인들을 기다린다. 나이듦과 노화는 가장 장기간의 그리고 가장 광범위한 인구집단과 관련된 의료화 영역이다. 노안이 오고 기력이 떨어지는 시기를 40대로 잡는다면(한국인의 기대여명을 감안할 때) 앞으로 약 40년이 노화의 이슈와 함께 하는 삶이 되기 때문이다. 이렇게 폭넓은 기간이 노화문제와 묶이며 의료화 대상이 되는 것은, 먼저 이 기간의 생애가 많은 질병에 노출되는 시기이기 때문이다. 하지만 무엇보다도 중년 이후의 나이듦 자체를 비정상적인 상태로 보는 의료 담론들이 40년이라는 긴 세월의 통째 의료화를 가능하게 한다. 최근에 회자되고 있는 '안티-에이징'이라는 용어는 노화에 대한 대표적 의료화 담론이다. 노화는 누구나 거쳐가야 하는 생애사적 과정임에도 불구하고, 서양의료담론에서는 노화라는 자연스러운 변화의 과정을 병적 상태로 규정한다. '에이징'에 붙어 있는 '안티'라는 접두어는 마치 노화를 피하고 극복해야 할 대상으로 여기게 하는 인식론적 효과를 충분히 얻어내고 있다(김태우, 2013: 257–258).

8) 2015년 한 해 동안 자살자 수가 13,513명으로 집계되었는데, 이는 2011년 충청남도 서천군 서천읍 인구 수(13,539명)와 거의 동일하다(김규원, 2017: 111).

일리치는 현대사회를 사는 인간이 다른 가치의 소중함은 모두 잊어버린 채 경제 가치만을 소중하게 여기는 '경제적 인간(homo economicus)'으로 변해버렸다고 질타한다.[9] 21세기 생태적 패러다임의 전개를 위해서는 생태계와 사회계 간의 공생을 도모해야 한다는 것이다.

일리치는 한때 프레이리와 우정을 나누었으나 나중엔 프레이리가 "충분히 래디컬하지 않다"고 비판했다. 일리치는 근대 자체를 비판하였다. 기계적 장치나 시스템 자체를 바람직하지 않다고 보았던 일리치는 학교 없이도 풍요로웠던 과거 민중의 삶을 이상으로 삼았다. 응당 학습의 제도화된 기구인 학교를 부정하였고, 학교에 안 가면 배움이 없는 사람이라는 고정관념을 넘어서라고 촉구하였다.

일리치는 인간에게 최고의 가치는 돌봄이지만 제도적 돌봄을 말하는 복지국가 시스템에는 문제가 있다고 말하며, 성경의 착한 사마리아 사람 이야기에 주목하였다. 착한 사마리아 사람은 누구의 명령이나 부탁, 제도적 의무와 상관없이 스스로 쓰러진 사람을 부축하고 여관에 데려다 주고 치료해 주었다. 일리치는 이 이야기야말로 기독교 정신의 핵심이라고 지적하였다. 아무런 강박도 없이, 비제도적으로, 자율적으로 다친 사람을 돕기로 선택한 것이다. 이처럼 전적으로 자유에 맡겨진 친절이 중요하다는 점을 말하였다.[10] 일리치는 희망

9) 근대 사회에서 인간의 삶을 노예의 삶으로 만드는 것이 무엇인지를 탐구하는 과정에서 일리치가 주목한 역사적 경험은 중세 말 공유지의 사유화 과정에서 일어난 '경제적 인간(homo economicus)'의 탄생이다. 인간은 자급적・자치적 존재가 아니라 늘 무언가를 욕망하는 존재, 상품과 서비스에 의해 기본적 욕구가 충족되어야 하는 소비자이자 산업노동력이 되었다. 일리치는 '경제적 인간'의 탄생이 어떻게 사물 안에 내재하는 모든 차이와 경계를 문질러버리고 그 자리에 균질성, 규범, 시스템을 도입함으로써 경제 획일주의에 근거한 '평등의 신화'를 만들어냈는지를 밝힌다. 일리치에 따르면 그 과정은 삶의 다양하고 풍요로운 의미(자유, 은총, 축복, 우연)를 파괴하고 인간 존재를 '근대적 노예'로 전락시키는 과정이었다(박경미, 2015).

10) 제도적 복지는 인생을 각박하게 만든다. 복지서비스를 받는 노인은 관청에서 월급 받고 자

(hope)과 기대(expectation)를 구분하여 설명하였다. 희망은 자연의 선량함을 믿는 것이며, 기대는 인간이 계획하고 통제한 결과에 의지하는 것이다. 마치 예상치 않던 사마리아 사람에게서 도움을 받고서, 그 강도 만난 사람이 느꼈을 경이로움 같은 것이다. 이는 시스템이 줄 수 없는 희망이다(김종철, 2009).

5. 프레이리, 은행저금식 교육

일리치(I. Illich), 라이머(E. Reimer), 홀트(J. Holt) 등과 함께 탈학교론자(de-schooler)로 잘 알려진 브라질의 프레이리(P. Freire, 1921~1997)는 교육의 궁극적 목표를 인간 해방으로 보고 이를 실천한 인물이다. 프레이리는 저개발국인 브라질에서 성장하면서 일찍이 굶주림과 투쟁하는 데 일생을 바치겠다고 결심하고 문맹퇴치 교육에 힘썼다. 1950년대에는 농민들에게 글을 가르치면서 독자적 교육방법을 개발했고, 1963년에는 브라질 국립 문맹퇴치 프로그램의 책임을 맡기도 했다. 1964년 군사쿠데타 때 체제전복 혐의로 투옥되었고, 석방된 뒤 국외로 추방되어 전 세계를 돌아다니며 문맹퇴치 프로그램의 입안과 실천을 도왔다. 프레이리의 교육사상은 제3세계의 가난한 성인들과의 교감에 근거하고 있으

신을 도우러 오는 사람보다는 자유로 곁에 와주는 고양이를 더 좋아한다. 거기에 정열과 진정성이 없기 때문이다. 그런 점에서 일리치는 제도와 계획에 대해 알러지 반응을 보였다. 미국의 강철 왕 카네기(A. Carnegie)는 결혼을 하면 어머니보다 아내를 더 사랑하게 될까 봐 평생을 어머니만 모시고 살았다. 스위스의 신학자 바르트(K. Barth)는 부모님을 하느님의 대리자라고 썼다. 엄동설한에 노부모가 죽순을 먹고 싶다고 하면 그게 없을 줄 알면서도 온 세상을 뒤져 헤맨다는 효행 이야기나 효녀 심청처럼 효를 위해 목숨을 바치는 사례도 있다. 효란 어디까지나 순리며 자연스러움이다. 반포지효(反哺之孝)에서 보여주듯 그것은 당연한 순리여야 한다. 노부모를 모시면 각종 혜택을 준다는 싱가포르식 효행장려지원법도 이를 본받겠다는 우리의 접근법도 효도강제법이나 다를 바가 없다.

며, 그의 성인교육학은 이들의 의식화 곧 현실사회의 구조적 억압에 대한 각성을 일차적 목표로 하고 글읽기를 부수적 목표로 하고 있다(Freire, 1972, 1973). 그의 성인 문해교육은 세상과 글을 읽히기 위한 학습이며 의식화 교육은 억압의 구조를 간파하게 함으로써 심리적 굴종을 극복하도록 유도한다(오욱환, 1999b: 96). 제도에 의해 운영되는 학교교육이 민중의 피억압 상태를 유지 · 강화하기 때문에, 민중의 구조적 모순에 대한 간파 곧 의식화로서 선별에만 집착해 온 학교교육을 대처해야 한다고 주장한다. 일리치와 프레이리의 관점을 종합해서 말하자면, 이들은 의식화를 진정한 의미의 교육이라고 확신했고, 탈학교운동을 인간을 해방하고 공동체사회를 건설하는 지름길로 확신하였다(오욱환, 1999b: 97).

프레이리는 기생충에 감염되어 배만 볼록한 어린이나, 30대 나이에 이가 다 빠져 할머니로 보이는 여자들, 기진맥진한 남자들, 말라빠지고 구부정한 사람들을 클로즈업시키면서 자본주의의 그 대단하다는 우월성에 대해 지적하였다(Freire, 교육문화연구회 역, 2002: 150-151).

> 거대한 브라질 도심에서 어린 소년 소녀들이 죽어나가는 것을 관조적 시선으로 바라보는 우월성은 도대체 무엇이란 말인가? 8백만 민중계급 자녀가 학교에 입학한 후 많은 수가 학교에서 추방되고 있다. 이 모든 것이 자본주의적 근대화라고 일컬어진다. 내가 보기엔 현실 사회주의의 실패 요인은 사회주의적 꿈이 아니라 권위주의적 체제 탓이다. 그들은 이것을 부인하겠지만, 스탈린(I. Stalin)뿐만 아니라 마르크스(K. Marx)와 레닌(V. I. Lenin) 또한 이에 대한 죄과를 인정해야 할 것이다. 이것은 마치 자본주의의 경험에서 긍정적인 요소는 결코 그 자본주의 시스템이 아니라 민주적인 체제인 것과 같다.

프레이리는 학교교육의 비인간화된 획일적 교육을 은행저금식(banking concept) 교육개념으로 규정하고, 현대 학교의 특징은 아동 · 학생에 대한 수농적 복종을 강요하는 데 있다고 지적하였다.[11] 프레이리는 학교교육이 중립적이어야 한다는 거짓 신화와 침묵문화를 넘어서야 한다고 지적하면서 학교교육은 대등한 인간관계에서 시작하는 대화중심의 교육이어야 한다고 주장했다. 프레이리는 전통적인 교수 개념을 은행저금식 교육이라고 했다. 은행저금식 교육이란 지식을 소유하고 있는 교사가 지식을 지니지 못한 학생에게 그것을 나누어주는 것을 말한다(Brent, 윤팔중 역, 1989). 이런 방식의 교육은 인간을 비인간화시키는 기능을 한다.

> 은행저금식 교육이라는 개념으로부터 논리적으로 도출되는 것은 다음과 같다. 교사의 역할은 학생들이 입문해야 하는 세계를 제공하는 일이다. 교사의 일은 …… 그가 진리라고 생각하는 정보를 학생에게 주입시키는 것이다. 인간은 수동적인 실체로서 세상을 수용하는 존재이기 때문에, 교육은 인간을 더욱더 수동적으로 만들어 그들을 세상에 적응시키는 것이다. 교육받은 사람은 세상에 잘 어울리는 적응된 사람이다. 이것을 실제적인 장면에 옮기면, 압제자들이 창조해 놓은 세계에 피압제자들이 의구심을 갖지 않고 잘 적응하느냐 않느냐에 따라 압제자들의 안정이 좌우되기 때문에 은행저금식 개념은 압제자들의 의도에 부합되는 것이다(Freire, 1972: 47).

아무것도 모르는 학생은 모든 것을 알고 있는 교사에게 복종해야 한다. 교육체제의 기능은 지식을 교과목에 저장해두고 "정(正)의 현상"을 유지하는 동시에

11) 프레이리의 교육학에서 주입식 교육에 대한 비판은 예금(banking) 또는 예탁(depositing) 개념을 통해 이루어진다(Freire, 교육문화연구회 역, 2002: 70-71). 종래의 교육은 은행저금식(banking) 교육으로서 억압자의 세계를 수용하게 하는 도구에 불과했다. 은행저금식이란 교육을 은행에다 돈을 맡기는 저축행위로 비유한 것이다. 교사와 학생이 서로 쌍방적 의사교환의 관계에 있는 것이 아니라, 교사는 학생의 마음에 무엇인가를 맡기면 학생은 그것을 수용하여 정리하고 보관한다는 것이다. 잘 안다고 여겨지는 사람이 잘 모른다고 여겨지는 사람에게 지식을 전달하고 주입하는 행위가 은행저금식 교육이다. 무의미한 지식의 코드를 머리에 많이 채워 넣는 것이 곧 지적 역량을 뜻하는 오늘날 프레이리의 은행저금식 교육 개념은 각별한 성찰의 의미를 갖는다(이돈희, 1999: 269).

사회적인 변화("반(反)의 힘")를 억제한다. 프레이리는 교과전문가로 알려진 교수 전문가들이 만들어놓은 지식을 교과로 구획지어 놓음으로써 그런 지식들은 현 사회 질서를 재창조하기 위한 것이 되지 못하고, 현상을 유지하기 위한 정적 지식(靜的 知識)에 해당한다고 주장하였다. 왜냐하면 지식이 수동적 지식으로 받아들여지는 경우에 학생들의 의식은 "반(反)적인 변화"를 위한 창조적 힘을 가질 수 없기 때문이다. 프레이리는 은행저금식 교육의 관점에서 "인간은 의식적인 존재가 아니라 차라리 의식을 소유하는 존재이다"(Freire, 1972: 48)고 말하였고, "은행저금식 개념은 실재를 신비화하여 세상에 사는 사람들에게 사실을 은폐시킨다"(Freire, 1972: 49)고 말하였다. 결국 교육의 은행저금식 개념은 허위의식을 강화시킨다는 것이다.

대안적인 교육을 제안하는 사람은 주제중심으로 조직된 통합교육과정을 주장한다. 대화식 교사는 문제제기식 교육방법을 통해 수업을 진행시켜 가야 한다. 교사와 학생이 서로 협력하여 문제를 찾고 창조적이고 혁신적인 해답을 찾기 위해 노력해야 한다. 프레이리는 "문제제기식 교육은 혁명적인 미래성을 띠고 있다. …… 또한 그것은 인간의 역사적 본성과 일치하기 때문에 사람들로 하여금 자신의 불완전성을 자각할 수 있게 하여 그 자체로서 출발점과 대상과 목표를 갖춘 역사적 운동이 되는 것이다"고 하였다(Freire, 1972: 57).

실재에 관한 지식은 강의, 말, 분필, 시청각 기자재 등에 의해서 드러나거나 발견될 수 있다. 실재에 관한 지식은 문제를 제기함으로써 학생과 자기 자신에게 모든 역사적 발전의 근본이 되는 창조적이고 변증법적인 과정을 재현하는 대화식 교사에 의해 표출된다. 프레이리가 말하는 피압제자란 단순히 경제적으로 가난한 사람뿐만 아니라 은행저금식 교육을 받는 모든 사람을 지칭한다. 여기선 교사와 학생이 동등한 입장에서 문제를 제기하고 해결책을 찾고자 대화하는 대안적 교실이 중시된다. 이런 대화를 통해 도출된 지식만이 진정한 지식이며, 이런 지식은 지식이 상호 독립된 교과목으로 분할될 수 있는 것으로 생각하는 한 획득될 수 없다. 사실상, 상호 독립된 교과목으로 구성된 교육과정은 여러 교과목이 서로 "반(反)의 상태"에 있고, 교과목들이 변화되지 않는 상호 대립의 상태를 최종적인 것이라고 전제하고 있다. 그러나 주제별로 조직된 통합교육과정은 실재의 진정한 본질−총체로서의 우주의 본질−을 반영하며 모순은 결코 최종적인 것이 아니라는 것을 전제한다. 그리하여 대화식 교사는 문제를 제기하고 지식의 합 또는 통합을 이루며, 허위의식을 제거하고 진정한 교육을 할 수 있다(Brent, 윤팔중 역, 1989: 104–106).

미국의 인본주의 교육비평가들 그리고 라틴아메리카의 의식화론자들과 탈학교론자들은, 비도덕적 사회와 도덕적 인간이라는 대립적 구도 위에서, 자본주의 사회에 도구적으로 기여하는 제도교육=학교교육을 전면적으로 개혁함으로써 인본적 공동체를 건설할 수 있다고 주장한다. 인본주의 교육비평가들과 의식화론자들은 인본적·인간해방적 교육이 의식화된 교육자들에 의해 주도될 수 있다고 생각하며 교사와 교육자들의 자율성과 영향력을 높이 평가한다(오욱환, 1999b: 97). 그러나 이들의 교육적 대안과 그에 따른 사회적 성과, 다시 말해서 인본주의적 교육개혁을 통한 사회구조적 모순의 타파는 너무 순진한 발상이라고 비판되면서 의식화와 탈학교운동을 둘러싼 논쟁이 전개되었다(Gartner, Greer and Riessman, 1973; Hargreaves, 1974; Apple, 1977; Pitt, 1980; 오욱환, 1999b: 97 재인용). 이들은, 현존사회에 내재되어 있는 구조적 모순을 예리하고 강도 높게 비판함으로써 사회적 공감을 얻었지만 사회의 보수성과 지배집단의 집착을 간과하고 인간에 대한 신뢰에만 과도하게 의존한 대안 교육체제를 제시함으로써 순진한 낭만주의자로 평가받기도 하였다(오욱환, 1999b: 97). 자본주의 사회의 제도교육에 대한 비판은 마르크스주의 경제학자들인 보울즈와 긴티스에 의해서 더욱 체계적이고 강력하게 제기되었다(Bowles and Gintis, 1976; Cole, 1988; 오욱환, 1999b: 97–98). 그러나 이들의 비판은 높은 강도에도 불구하고 사회변동의 실마리조차 제시하지 못하였다. 그 이유는 자본주의 경제구조가 붕괴되어야만 사회가 변화하고 그 결과로서 교육의 변화를 기대할 수 있기 때문이다. 이들의 논조에 따르면, 자본주의 경제구조의 붕괴는 인간의 능력을 초월하는 것이고 교육의 변화는 사회변동의 결과로서 일어나기 때문에, 인간은 사회변동을 주도할 수 없으며 교육 역시 아무런 역할도 할 수 없다(오욱환, 1999b: 97-98).

6. 홈스쿨과 교육

오랫동안 학교가 교육을 담당해 오면서 교육일반(education)과 학교교육(schooling)이 같은 것이라는 인상은 강화되어 왔다. 그러나 일종의 사회운동으로까지 번져가고 있는 홈스쿨운동은 공교육제도가 지구상에 도입된 이래 200여 년간 교육을 독점해 왔던 학교체제에 큰 도전이 되고 있다. 말하자면 홈스쿨은 '일정한 자격(예: 교사자격증)을 가진 사람이 일정한 공간(예 : 학교)에서 정부가 가르치라고 지정한 것(예: 교과서)을 가르치는 것'이 교육이라고 믿어 온 관행과 신화를 깨뜨리고 있다(김재웅, 1999: 256).

메이슨(C. Mason)의 교육사상을 홈스쿨링의 사상적 기반으로 삼기도 한다. 메이슨은 『가정교육』을 비롯한 여러 책들을 저술하고 학교를 설립하는 등 자신의 교육사상과 방법을 알리는데 그치지 않고 실행을 통해 교육의 본질을 되찾고자 하면서 일생을 아이들과 부모를 위한 교육에 전념한 영국의 교육사상가이다. 메이슨의 교육사상의 핵심은 아이들의 본성, 삶, 관계, 그리고 의지에 기초한 교육으로 정리된다. 메이슨의 교육사상을 홈스쿨링의 사상적 기반으로 볼 수 있는 이유는, 그 교육 기반이 가정에 있고 부모를 비롯한 성인의 역할에 초점을 두고 있으며, 아이들이 자기 주도적인 학습을 할 수 있도록 해 주기 때문이다. 따라서 메이슨의 교육사상을 통해 홈스쿨링에서 기억할 것은 교육의 주체는 성인이 아닌 아이들이고 교육의 본질은 가정에서 비롯된다는 사실이다

(김은주 · 안세정, 2010). 홈스쿨링은 부모가 직접 교사가 되어 가정에서 자녀를 가르치는 것을 의미하며 자기 주도적 학습, 개인의 특성과 개성을 존중하는 교육, 삶에 기반을 둔 교육 등을 추구한다. 홈스쿨링의 궁극적인 목적은 올바른 교육에 도달하는 것이다(김은주 · 안세정, 2010).

미국과 영국에서 홈스쿨을 운영하는 공통된 특징을 보면 ① 기존 학교교육에 대한 학부모의 불만(특히 학교를 혐오하게 하고 부정적인 친구 관계를 가져오는 훈육과 못살게 굴기), ② 다양한 교육방법을 통하여 학교보다 학부모가 더 나은 교육을 실시할 수 있다는 확신, ③ 학부모의 강한 종교적 확신, ④ 학교에서의 아동에 대한 개인으로서의 존중감 부족, ⑤ 학부모의 강한 이데올로기적(종교를 제외한) 가치관, ⑥ 가정의 지리적 이동 등을 들 수 있다. 홈스쿨을 비판하는 사람들은 흔히 홈스쿨 학생들이 집안에만 갇혀 있기 때문에 사회성 발달에 문제가 있다는 것을 지적한다. 실제로 1970년대까지만 해도 각종 언론에 홈스쿨은 사회에 적응할 줄 모르는, 약간 정신이 이상한 사람들이 하는 것으로 비꼬는 투의 기사가 많았던 게 사실이다. 그러나 사회성 발달과 관련이 많다고 하는 특별활동과 지역사회 봉사활동 면에서 보면, 홈스쿨 학생들이 결코 집안에만 틀어박혀 있지 않음을 알 수 있다. 그리고 오히려 홈스쿨을 실시하고 있는 가정의 학부모들은 일반학교에서 쉽게 발견되는 학교폭력, 기물 파괴, 교사의 아동학대, 마약, 임신, 시험 커닝 등 비도덕적 행위들 때문에 학생들의 사회성 발달에 문제가 많다고 우려한다(Ballmann, 1995; Klicka, 1995; 김재웅, 1999 재인용).[12)]

12) 세계사적 차원에서 보면, 학교교육의 부실이나 그 역기능으로 인한 존폐 논의는 이미 1960년대 말에 시작되어 1970년대에 본격적으로 제기되었다. 대표적인 사례로 실버만(Silberman, 1970)의 『교실의 위기』나 일리치(Illich, 1971)의 『탈학교사회』, 그리고 그 뒤를 이은 신마르크스주의의 공교육 비판이나 재생산이론 등을 들 수 있다. 그러나 이들에 의해 제기된 위기론은 학교교육의 규범적 정당성에 관한 것이라고 할 수 있다. 당시에 학교교육 또는 공교육은 어떠해야 한다는 규범적 요청(예컨대 개성 존중 또는 평등의 실현)이 있었음에도 실제로는 학교교육이 전혀 거기에 부응하지 못하고 있다는 이유에서 그 존재가

한국은 검정고시 제도를 통하여 학력을 인정받을 수 있는 길이 이미 열려 있기 때문에 굳이 홈스쿨의 합법화, 즉 학력 인정을 위한 학부모의 집단적인 노력이 필요하지 않을지도 모른다. 물론 검정고시 제도가 중학교 또는 고등학교부터는 학교를 보내지 않아도 됨에도 불구하고, 현재까지는 집안이 불우하여 정규학교에 다니지 못하는 사람들을 위한 제도로 인식되어 온 경향이 강하다. 여기에, 경우가 다른 얘기로 내신성적에서 불이익을 받을 것으로 예상되는 일부 특수목적고등학교 학생들이 학교를 자퇴하여 검정고시를 통해 대학에 진학하는 사례도 많다. 이미 학교교육에 대한 불신과 불만에 대한 해결책으로 시작된 대안학교 운동이 민간 차원에서 조용하게 인기를 끌고 있다는 사실은 홈스쿨 제도의 도입에 관한 논의도 확장될 가능성마저 없지 않다. 학교폭력, 집단따돌림(왕따) 등 학교의 사회적 문제는 많은 학생과 학부모들이 학교를 기피하게 만들고 있다. 교실붕괴, 학교붕괴라는 용어로 표현될 정도로 학교에서의 교육이 거의 포기될 지경에 이른 이후로 보다 적극적인 자세로 교육의 대안을 모색하고자 하는 학부모가 점점 늘고 있다(김재웅, 1999: 271-272).

치가 부정되었던 것이다. 그런데 이러한 급진적인 비판에도 불구하고 학교교육은 계속해서 더욱 확대, 강화되어 온 것이 사실이다. 그것은 학교교육이 사회적으로 고유한 영역을 차지하고 있으며 동시에 그것이 사회적 효용성을 인정받고 있음을 웅변한다. 비판은 소수인 반면, 사회적 주류는 학교교육을 필요로 했던 것이다. 그러나 한국사회에서 제기되고 있는 학교교육 위기론은 아주 다른 양상을 보이고 있다. 그것은 단지 도덕적 정당성의 문제가 아니라 학교교육의 존재 가치 자체에 대한 문제제기의 성격을 지니기 때문이다. 예컨대 학교의 지식-정보 전달 기능이나 교사-학생 사이의 소통 불능 현상, 일부 낙관적 정보사회화론자들이 말하는 가까운 미래사회에서의 학교무용론 등이 그것이다. 그 배경은 이른바 문명사적 전환이라고 일컬어지는 시대적 · 사회적 변화이다. 한 마디로 새로운 사회의 도래와 그로 인한 교육환경의 변화는 종래 학교교육의 존재적 위기상황을 만들고 있다는 것이다. 단지 학생들을 가르치기 어렵다든지, 교사와 학생들이 학교에서 이미 마음이 떠났다든지, 정부 당국이 일관된 정책을 펼치지 못한다든지 하는 증상 위주의 논의가 아니라 그러한 증상들의 저변에 깔린 위기의 실체 또는 성격이 무엇인지를 파악할 필요가 있다(이종태, 2001: 229-246).

학교가 아니면 교육을 받을 수 없다는 생각에서 벗어나 가족 구성원 스스로 자녀들을 공부시키겠다는 사람들을 지원하는 민간단체('민들레')도 생겨났다. 홈스쿨 또는 대안교육을 실천하는 사람들이 회원인 이 단체는 "학교는 필수가 아닌 선택"이라는 구호 아래 1999년 1월부터 『민들레』라는 잡지도 발간하고, 회원들 간의 정보 교환, 특별활동 지원 등을 통하여 새로운 교육문화를 만들어 가고 있다(김재웅, 1999: 271).

장기적으로 보면, 한국에서의 홈스쿨도 영국이나 미국처럼 정부와 학부모 사이의 교육에 대한 주도권 싸움으로 번질 가능성이 있다. 정부의 입장은 교육의 공공성을 강조하여 의무교육=의무학교취학으로 이해할 가능성이 높은 반면에, 학부모는 교육에서 학습자의 학습권을 강조하여 자녀교육에 대한 학부모의 권리를 내세울 가능성이 있다.[13] 홈스쿨에 대한 이러한 상반된 견해 중에서 교직단체와 교원노조는, 미국에서처럼, 정부와 같은 입장에서 홈스쿨의 확산에 대하여 우려의 목소리를 나타낼 것이다. 그 명분은 다분히 교육적 언어로 치장되겠지만, 실제로는 그들의 정치적·경제적 이해관계가 반영될 것으로 예상할 수 있다. 만일 홈스쿨이 합법화된다면, 우리나라의 경우에는 이미 무성하게 번창하고 있는 입시산업 종사자들이 어떠한 형식으로든지 홈스쿨을 지원하는 입장을 띠게 될 것이다. 이럴 경우, 영국이나 미국과는 달리 홈스쿨은 교육의 본

---

13) 홈스쿨링은 오늘날 학교에서 발생하는 문제점들로부터의 탈피를 위해, 그리고 사회와 교육환경의 변화에 따른 적응을 위해 많이 이루어지고 있다. 만약 홈스쿨링이 교육적으로 의미가 있는 것이라면 이를 합법화하여 국가가 관리·감독할 필요가 있다. 홈스쿨링을 법률적으로 허용하기 위해서는 우선 홈스쿨링이 현행 헌법상 허용되는 것인가부터 검토가 필요하다. 헌법은 제31조 제2항에서 의무교육을 규정하고 있어서 홈스쿨링이 헌법상 허용되지 않는 것으로 해석될 여지도 있기 때문이다. 홈스쿨링은 부모의 교육권, 학령 아동의 교육권, 국가의 교육에 관한 권한 등의 충돌을 야기한다. 그럼에도 현행 헌법상으로도 홈스쿨링은 가능한 것으로 해석되고, 부모와 학령 아동의 기본권과 국가의 권한이 조화롭게 보장될 수 있다(주영달, 2017).

질 회복 측면보다는 학교교육의 비효율성을 대체하는 대안교육의 형태가 될 가능성이 높다. 일괄해서 말하자면, 한국의 경우 홈스쿨이 도입·운영된다면, 이는 미국과는 달리 종교적인 이유에서라기보다는 주로 학교교육에 대한 불신과 불만 때문이라고 할 수 있다(김재웅, 1999: 271-272).

CHAPTER

12

교사론

1. 교사에 대한 시선과 교사론
2. 교직의 전문성과 교직윤리
3. 교사의 책무

교사론

1. 교사에 대한 시선과 교사론

(1) 교사론의 출발

대부분의 교사들은 선입관이나 기대감을 갖고 어깨가 무거워진 채 새 학기를 맞는다. 교사들은 학생들을 대하기도 전에 우수한 학생, 열등한 학생, 평범한 학생에 대한 정보와 접근법을 이미 갖추고 있다. 교사들은 새 학기가 되면 성적, 지능지수, 인성검사, 학부형 면담자료, 행동발달 및 학습태도 등에 관한 기재사항이 담겨 있는 생활기록부를 넘겨받는다. 생활기록부는 학생들의 학교생활을 분석할 수 있는 자료가 되기도 하지만 다른 한편으로는 학생들에게 어떤 기대를 갖는 교사에 대한 경고와도 같은 것이 된다. 교사들은 영리한 학생, 똑똑하다고 소문난 학생, 우스운 소리를 잘 하는 학생, 게으른 학생, 난폭한 학생, 선동적인 학생, 거짓말을 잘 하는 학생 등 모두를 분류하여 이에 대응한다. 이를 눈치채는 학생들은 교사가 자신들에게 기대하는 대로 행동한다.

학생에 대한 교사의 선입관은 이상하리만큼 학생들의 행동에 영향을 끼친다. 학교 성적은 우수하나 신경질적이며 즐거움을 잘 모르는 한 학생이 긴장을 풀고 쉬고 있는 것을 보았을 때 교사가 건네는 말 한 마디, 또는 교사에게 문제아로 보였던 학생이 새로운 출발을 해볼 요량으로 조용하고 순종적인 학생이 되고자 했을 때 교사가 던지는 말 한 마디는 학생의 삶과 지향에 결정적인 영향을 끼칠 수 있다. 교사의 한 마디 말을 듣는 순간, 학생은 죄의식을 느끼거나, 자신을 학대하거나, 아니면 반항적인 모습으로 변할 수도 있다.

어떤 열등한 학생이 문제에 대한 정답을 맞히고 나서 교사로부터 지나친 칭찬을 들었다고 가정해 보자. 학생은 오히려 당황하고 부끄러워서 숨어버리고 싶을 것이다. 유치원에서도 교사는 아이들에 대한 선입관을 버리지 못한다. 어떤 불우한 환경을 가진 어린이가 잘못을 저지르거나 언어에 문제가 있을 때, 교사는 이 아이들은 잘못할 수밖에 없다고 단정짓지만, 생활수준이 높거나 특권층의 자녀들이 똑같은 잘못을 범할 경우 이를 단순한 실수라고 생각한다. 백인 교사들은 학생의 피부가 희면 희을수록 가장 착하고 지능이 높은 학생이라는 평가를 내리는 경향이 있다고 한다. 문제는 이러한 경향이 대부분 교사들 자신도 의식하지 못하는 가운데 이루어진다는 데 있다(Perrone & Kohl, 이현남 · 조연순 · 송용의 역, 1987: 60-63).

교사의 아동의 가정환경과 가족구조에 대한 인식과 태도 역시 아동의 내면에 끼치는 영향을 감안한다면 주의가 필요하다. 아동에 대한 교사의 인식과 태도는 교사의 성별, 연령, 교리주의적 성향, 성격, 결혼지위, 아동의 가족지위에 대한 정보에 따라 조금씩 상이하지만, 전반적으로 가족지위에 따른 아동에 대한 인식이 부정적으로 정형화되는 경향이 있다(송다영 · 성정현 · 한정원, 2003). 이러한 태도는 학령기 아동의 발달과업을 완수하는데 중요한 영향을 미칠 것이다. 교사들이 아동의 사회적 · 학업적 · 정서적 기능을 평가하는데 다양한 지표들을 활용하지만, 결과적으로 부정적인 평가를 함으로써 아동은 교사의 부정적인 인식과 기대, 자기 충족적 예언에 적응해 버릴 수 있다(Guttman et al., 1988; Jacoby, 2000; 송다영 · 성정현 · 한정원, 2003: 273 재인용). 따라서 한부모가족 아동이 부모의 이혼이나 사별로 인한 스트레스를 잘 극복하고 통합적인 발달을 이룰 수 있도록 원조하기 위해 교사들의 인식과 태도의 전환은 물론 사회복지적 차원의 개입까지 고려할 필요가 있다(송다영 · 성정현 · 한정원, 2003: 273-299).

교사가 갖는 선입관이나 기대감은 의외로 파급력이 크다. 문제 학급으로 지목된 학급의 학생들은 나쁜 행동을 하기 쉽고, 우수 학급으로 알려진 학급의 학생들은 성적이 뛰어날 것이라는 그 특별한 기대에 부응하는 경우가 많다. 이를테면 "개에게 사나운 이름을 붙여 주어라(그러면 사나워질 것이다)"고 하는 말이 뜻하는 바와 같다. 마찬가지로 학생에 대한 교사의 기대는 학생의 성적에 영향을 끼친다. 몇 가지 연구에 의하면 성적이 비슷한 학생들을 대상으로 그들의 성적이 오를 것이라는 교사의 기대에 따라 얼마간 성적에 향상이 있음을 보여주고 있다. 이렇게 교사가 갖는 선입관과 기대감이 학생의 삶과 지향에 영향을 끼친다는 사실은 자성예언(self-fufilling prophecies)의 개념을 통해 설명할 수 있다(Rosenthal & Jacobson, 1968; Tibble, 이용남 · 고형일 · 이지헌 · 이용환 역, 1981).

(2) 교사론의 질곡

교사들의 주된 비판 가운데 하나는, 교육학 이론이 너무 이상적일 때가 많다는 점이다. 교육학자들은 아동 · 학생들과 매일 씨름하고 있는 교사들의 실제 세계에 관하여 이야기하는 것 같지 않으며, 교육에 대한 그들의 처방은 사실적이 아니라 환상적으로 들리는 것이 대부분이다. 예를 들면, 아동 · 학생은 성스러울 만큼 천진난만하며 배우는 데 무척 열심이고 지칠 줄 모르는 호기심을 갖고 지적 발견이라는 끝없는 항로로 나아가고 있다고 가정한다. 그러나 교사들의 실제 경험에서는 교실에서 단 하루만 지내보면, 자신들이 살고 있는 세계에 선천적인 호기심을 가진다는 아동 · 학생에 대한 개념이 거짓임을 증명하기에 충분하다. 오히려 모든 교실상황에서는 그 역이 사실인 것처럼 보인다. 천진난만이나 태생적 호기심이라는 개념보다는 원죄라는 개념이 보통의 어린이에 관한 진리에 더욱 가까울 것 같다.

불손하다, 무례하다, 시무룩하다, 반항적이다, 부주의하다, 이기적이다, 게으르다 등의 단어가 호기심이 많다, 협동적이다, 부지런하다 등과 같은 말보다 아동 · 학생의 본성을 요약해 내는 데 더욱 정확한 것처럼 보인다. 아마도 교사들은 아동 발달을 설명하는 데, 아동에 대한 셰익스피어식(마지못해 학교에 다닌다는)에 가까운 설명을 선호할 것이며, 사탕발림을 하거나, 구슬리거나, 내키지 않는 아동 · 학생을 몰아세우는 일 등에 대한 필요를 인정하는 학습이론을 추구한다고 보아야 할 것이다. 이렇게 교육이론에 대한 교사들의 불만은 학습과 아동발달에 관한 이론이 교실에 대한 관찰과 경험을 동해 도출된 것이 아니라고 불평한다. 교육학자들이 말하는 아동 · 학생은 가공적인 선인(善人)이거나 상상력에 의해 만들어낸 희망적인 창조물이라는 것이다(Tibble, 이용남 · 고형일 · 이지헌 · 이용환 역, 1981: 159-160). 그만큼 교육현장에 대한 인식과 논의, 특히 교사론을 구성하는 현실은 복잡다단한 것이어서, 교육사태를 성급하게 일방적 · 단정적으로 규정하기 어려운 문제를 안고 있다.

교육현실의 문제를 설명하는 명제로 흔히 "교육의 질은 교사의 질을 능가하지 못한다(As is the teacher so is the school)"는 말을 무비판적으로 수용하거나 적용하는 경우가 많다. 이들은 "물은 연원을 거슬러 흐를 수 없다(A stream of water can never rise higher than its source)"는 물리학적 현상을 근거로 교사론을 구성하고자 한다(Brubacher, 1947). 하지만 이러한 신념은 교육 문제에 대한 인식과 처방의 차원에서 반드시 옳다고 말할 수는 없다. 위의 명제는 본래 교사의 위상과 존재의 중요성을 강조하기 위한 의도에서 나온 말임에도 불구하고, 사람들은 흔히 학교교육에 관한 책임의 대부분을 교사가 감당해야 한다는 의미로 받아들인다. 교육과정을 실행하는 교사의 역할과 영향력이 크다는 것은 공지의 사실이다. 그러나 교육의 성과에 영향을 끼치는 요인은 교사 요인 말고도 많이 있다.

역사적으로 보더라도, 훌륭한 인격과 위대한 성취를 이루어낸 인물들이 모두 훌륭한 교사와의 만남을 필연의 전제로 삼지는 않았다. 학문과 교육, 수양과 공부의 본질은 자체 동력과 자기활동의 궤적을 통해 설명될 수 있다. 교육의 성과가 빈약하다거나 교육에 관한 심상치 않은 문제가 노정되었을 때, 그 책임을 교사의 탓으로 쉽게 돌리는 무책임도 위의 명제에 대한 맹신과 무관하지 않다.

훌륭한 교사를 만나는 일은 중요한 일이며, 그래서 교사의 품성과 자질과 전문성을 거론하는 일은 교사론의 핵심을 차지할 수밖에 없다. 하지만 교육의 구조와 틀이 갖는 문제 현실을 바로잡는 일은 교사론과 별개의 영역으로 우리 앞에 가로놓여 있다. 이 문제에 대한 해법은 교사론으로 포섭할 일이 아니라 교육체제, 특히 교육과정체제에 대한 발상의 근본적인 전환을 통해 모색되어야 한다. 학교교육에 관한 한 교육행정·정책은 사실상, 생리적으로 교육과정을 중심에 놓고 배치되어 왔다. 교원정책과 교육재정에 관한 업무 역시 애초부터 교육과정을 지원하기 위한 기능으로 설정되어 있다고 보면 틀림이 없다. 교원정책은 교육과정을 수행하기 위한 교사 확보를, 교육재정은 교육과정을 차질 없이 준비하기 위한 재원 마련을 전제로 하는 것이며, 이는 일제와 미군정에 의해 마련된 교육구조와 설계도를 사실상 그대로 이어받은 것이라고 말할 수 있다.

한국사회의 경우, 전인교육, 인성교육, 창의성교육, 몰입교육 등과 같은 표어들로 넘쳐난다. 아동·학생은 인격적 존엄성에 근거하여 고집스러울 정도로 자신의 고유함을 스스로 형성해 나가는 존재여야 하건만 현대의 교육정책과 교육현실에서는 국가나 사회의 경제발전 및 세계 경쟁력 확보를 위한 자원으로 다뤄진다. 자신이 원하는 것이 무엇인지 깨닫도록 교육을 하는 것이 아니라, 사회가 요구하는 내용을 통해 남들과 끊임없이 경쟁하도록 학생을 내모는 교육이 활개치고 있다. 교육의 본질에 대해 질문하다가는 실용 가치가 없는 허황된 생각에 시간을 낭비한다는 질타를 받을지도 모른다. 교사들이 처한 이러한 상황은 교육의 의미 지평을 현격하게 축소해야만 할, 경험주의 이론과 이에 기반을 둔 공학적 실천에 지배받는 상황이다.

2. 교직의 전문성과 교직윤리

(1) 교직의 전문성

전문직에 대해 종류의 문제가 아닌 정도의 문제로 접근 해석하는 경향이 있다. 모든 직업은 어느 정도 전문직이며, 그 전문직으로서의 정도는 시대에 따라서, 사회적 조건과 가치에 따라서 변화할 수 있다고 본다. 이러한 관섬에서 보면, 하나의 직업에 대해 전문직인가 아닌가를 묻는 것은 질문 자체가 잘못된 것이며, 사람들이 자신의 직업을 전문직으로 확립하고자 어떤 조건 속에서 어떤 노력을 하는가라는 질문이 필요하다고 볼 수 있다(지정민, 2014: 186).

현대사회의 전문직화와 전문성에 대해서는 긍정적 평가와 부정적 평가가 교차하고 있다. 전문성에 대한 긍정적 평가에 의하면, 전문직화는 현대사회의 여러 문제를 해결할 수 있는 열쇠가 된다고 기대하는 입장이다. 전문직 종사자들이 발휘하는 합리적이고 효과적인 판단능력은 관료제의 일방적인 통제를 극복할 대안이 될 수 있으며, 동시에 소비자 대중들의 변덕스러운 요구가 가지는 한계를 보완할 수 있다. 전문직화는 관료주의나 시장과 구분되는 제3의 논리를 가능케 해준다(Freidson, 2001; 지정민, 2014: 187 재인용). 전문가들은 풍부한 지식과 고도의 기술을 효과적으로 사용함으로써 관료의 억압과 시장의 이기심으로부터 사회를 구해낼 수 있다고 본다. 개인의 입장에서도 전문가가 된다는 것은 사회적 존경과 일에 대한 독립성을 얻도록 하여 삶의 행복감과 안정감을 높여준다. 반면 전문성에 대한 부정적 평가에 의하면, 전문직화는 기존의 문제들이 보다 세련된 형태로 악화되는 결과를 초래할 수 있다고 우려하는 입장이다. 전문직화를 비판하는 논자들은 전문가가 그들 자신의 이익을 위해서 대중을 이용하고 착취하는 일이 벌어질 수 있다고 지적한다(Chafetz, 1996; Lieberman, 1970; 지정민, 2014: 187 재인용). 이러한 비관주의적 입장에 따르면, 전문가는 일반인들과 구별되는 일종의 독점을 형성하는 경향이 있으며, 그 결과 시간이 지남에 따라서 점차 본래의 생산성과 효율성을 상실하게 된다. 특정 전문집단이 보유하는 지식과 기술은 사실상 일반인들이 이해하기에는 너무나 어려운 수준의 것이므로, 지식과 기술의 힘을 사용하여 그들은 손쉽게 대중을 기만하고 전문가의 전제적 권력을 구축할 수 있다는 것이다. 결국 전문가가 추구하는 유일한 관심은 자신의 경제적 · 사회적 이익을 확대하는 데에 있고, 공적 이익은 도외시하게 된다. 더욱이 전문가 자신이 관료제의 한 일부로 포섭되는 일은 얼마든지 가능하며, 거대한 조직 내에서 그들조차도 연약한 개인에 지나지 않게 될 위험이

항상 따른다고 본다(지정민, 2014: 187).

전문성에 대한 긍정적·부정적 평가를 통해 정리하자면, 어느 직업이든 간에 전문직화의 과정은 결코 무조건적으로 찬양해서도 안 되고 무조건 비난해서도 안 된다. 전문직화의 과정을 어떤 식으로 거치는가에 따라서 그것이 개인과 사회에 긍정적인 효과를 낼 수도 있고 부정적인 결과를 가져올 수도 있다. 이 점에서 전문직화의 문제와 관련해서는 거대담론보다는 각 직업에 대한 보다 미시적인 관점에서 역사적·사회적 경험과 발전과정을 면밀히 분석 고찰하면서 전문성을 발휘하는 작업이 필요할 것이다(지정민, 2014: 187). 교직의 전문성에 대한 깊은 논의를 위해 특히 해방공간의 정초기를 구체적으로 들여다볼 필요가 있다는 지적도 역사적·사회적 경험에 대한 면밀한 분석을 전제로 한 것이다.[1)]

교육의 공간, 교육의 장면에서 힘의 중요성을 힘차게 말할 수 있기 위해서는 우선 전문성의 본질에 대한 정확한 의미 규정과 적용이 필요하고, 거기에는 교사의 자율과 윤리가 유기적 응결체로 갖추어져야 한다. 교육장면에서 시작도 끝도 중요한 가치, 어김없는 가치는 바로 인간 존중이다. 인간은 어떤 상황에

1) 교직의 전문성에 대한 깊은 논의를 위해 특히 해방공간의 정초기(1945년 8월~1950년 6월/1953년 7월)를 구체적으로 들여다볼 필요가 있다. 남북 분단과 더불어 남한은 미군정청(재조선미국육군사령부군정청=United States Army Military Government in Korea)이 일제 식민지 통치기구였던 조선총독부를 접수하였고, 그 산하 학무국의 교육행정사무를 인수하였다. 이는 민의를 수렴하고 반영한다는 민주주의를 원천적으로 배제한 기형적인 수용방식이었다. 특히 부족한 교사를 충원하기 위하여 12개월에서 18개월 정도의 속성 교육과정을 통해 교사를 양성한 것은 당시의 사정을 이해 못할 바 아니나, 민족주체의식의 부족과 더불어 기회주의와 무사안일주의를 배태하는 학교현장 문화를 만들어 내는 계기로 작용하였다. 이러한 상황에서 교직의 전문성을 거론한다는 것은 무망한 작업이 아닐 수 없다. 과거의 친일적 사고와 행동에 대한 철저한 반성 없이 다시 친미적 사고와 행동으로 쉽사리 전환하는 것이 마치 사회지도층의 출세방식인양 피교육자들에게 비추어질 수 있었다는 점에서도 이는 비교육적·반교육적 장면을 극명하게 드러낸 것이기도 했다(김규원, 2017: 72-74).

서도 도덕적으로 의미 있고 가치 있는 존재로 간주되어야 한다. 아동 · 학생을 존중한다는 것은 특정한 목적과 관계가 없다. 그것은 교사의, 아니 우리 모두의 일반적인 의무이므로, 특정한 교육상황이나 체제와 관계없이 중요하다.

힘보다 강한 것은 덕이다. 『후한서』에는 "몸으로 가르치면 따르고(以身敎者從) 말로 가르치면 반항한다(以言敎者訟)"는 말이 나온다. 삶은 배우고 몸으로 실천하는 데 그 의미가 있다. 몸으로 표현되지 않는 재능은 없으며, 몸으로 드러나지 않는 지식은 가식일 뿐이다. 이 같이 몸으로 표현되는 의사소통적 행위는 정직한 얼굴빛(눈빛, 낯빛)에서 출발한다. 그렇지 않고 말로, 힘으로 가르칠 때, 그 가르침은 힘을 갖지 못한다. 그 역설이 교육현장에서 진실로 통용되는 것을 알기란 어렵지 않다. 그래서 예로부터 교육장면에서는 덕을 권장할 뿐 굳이 힘을 가르치지 않았다. "힘을 믿는 자(恃力者)"와 "덕을 믿는 자(恃德者)"를 나누어 논하는 일은 교육방면의 중요한 과제였다. "힘으로 제압하면 변방을 얻고 덕을 행하면 천하를 얻는다"는 동양적 가르침도 같은 맥락에서 해석할 수 있다.[2)]

교사의 전문성에 대해 논의할 때, 오늘의 한국사회에서 그 실체에 대한 정확한 접근과 이해가 필요하다는 지적도 있다. 교사들 스스로가 전문성을 가져야

2) 사회과학 방법론 내에 계량화된 수치를 이용할 수 있게 해 준 여론조사와 통계는, 의심이 많은 사람들도 믿게 만든다는 점에서 권능을 발휘한다. 사람들이 여론조사나 통계에 주눅드는 까닭은, 그것이 과학적이고 객관적이라고 믿기 때문이다. 하지만 여론조사는 혹세무민하는 현대적 마술일 수 있다. 여론조사에 대한 기본 지식을 갖추고, 조사 결과를 비판적 · 주체적으로 수용할 줄 알아야 한다. 그래야만 여론조사라는 지식 권력으로부터 휘둘리지 않게 된다. 상업적인 목적에서 이루어지는 시장조사는 말할 것도 없고, 정치적 여론조사나 교육연구기관이 의뢰하는 조사와 통계방법 역시 연구자와 의뢰자의 관점이 반영되기 마련이다(이성용, 2009). 그 관점이 도덕성을 갖출 때만 교육적 효율성을 보장받을 수 있다. 플라톤은 미(kalos)와 선(agathon)이 하나가 된 상태인 칼로카가티아(kalokagathia)라는 이상을 내세웠다. 듀이는 도야, 본성의 개발, 교양, 사회적 효율성 등도 도덕적 특성으로 보면서 사회생활에 효율적으로 참여하는 힘을 기르는 교육은 곧 도덕교육이 될 수 있음을 주목하였다. 힘은 덕과 만날 수 있다는 얘기이다. 오로지 힘만을 내세운다면 그것은 진선미의 연합이 아닌, 가식과 위선의 상태로 전락할 수도 있다.

한다고 말하지만, 이는 전문성 이데올로기로부터 자유롭지 못하다는 반증이며, 교육현장에서 교사 자신의 노력과 욕구를 담아낼 마땅한 사유체계가 없는 현실에 주목해야 한다는 지적도 있다. 교사 집단은 교육의 사명감과 식견과 기량의 문제에 대해 고민하고, 준비하고, 이를 현장에 적용하면서도, 반드시 이를 전문성의 틀로 표방하지 않는다. 1990년대 중・후반에 이르러 부쩍 강조되기 시작한 전문성 개념은 교사의 자기발전의 문제로 여겨지기보다는 외적 부과의 성격을 짙게 띠고 있다.

교사들을 상대로 하여 전문성 신장을 말하는 것은 지금 교사들에게 전문성이 없거나 형편없는 수준에 머물러 있다는 전제가 깔려 있음에 유의할 일이다. 이러한 방향과 성격의 전문성 이데올로기는 교사들의 교육에 대한 주체적 전망을 어렵게 만들고, 학교교육의 위기를 교사집단의 역량 부족의 문제로 환원시킬 공산이 크다. 교직사회를 거래관계로 바라보는 외부의 시선(수요자중심교육관)을 의식하는 가운데, 학교 및 교실상황의 역동성=불확실성에 대응하는 방향으로 전문성의 심층을 구축하는 노력은 계속되어야 한다.[3)]

3) 교사, 학생-학부모, 교육현장, 교육내용의 역학에 대한 성찰적 논의를 위해 사회인류학에서 제시하는 거래 분석(transactional analysis)의 방법을 숙고할 필요가 있다. 사회인류학자 바츠(F. Barth)는 거래 분석이란 틀을 통해서 개인의 전략을 분석하고 이로부터 사회구조가 출현하는 과정을 파악하려 했다. 바츠는 특히 노르웨이의 청어잡이 선박의 이동 패턴을 거래 분석을 통해서 규명하려고 시도했다. 청어잡이 선박의 이동 패턴은 일련의 선택의 결과였다는 해석이다. 각 선박의 선장들은 드넓은 바다에서 어디로 가서 고기를 찾을 것인지를 선택해야 한다. 물론 선장들은 기상뉴스와 음파탐지 데이터, 그리고 다른 선박들의 움직임 등 다양한 정보를 갖고 있었다. 그렇지만 이런 정보는 제한적이며 불완전했고, 결국 그는 선택과 관련해서 불확실한 상황에 처해 있었다. 이런 불확실한 상황에서 바츠는 많은 선박들이 특정 구역에 운집하려는 패턴을 목격했다. 물론 이런 운집 패턴은 어획에 그다지 유리하지 않았다. 독자적으로 드넓은 바다를 찾아다니면 청어 때를 만날 경우, 오히려 홀로 많은 수확을 걷을 가능성이 높기 때문이다. 그럼에도 많은 선박들은 서로의 움직임을 주시하면서 따라가려는 경향을 뚜렷이 나타냈다. 바츠는 선박들의 이같은 운집 현상을 선장과 선원들 사이에 이루어지는 거래 개념으로 설명했다. 선장이 독자적으로 이동하기 위해서는 선원들

전문성의 실체에 대한 규정보다 표방을 앞세우다 보니, 전문성이란 교사가 학생들의 성적을 향상시키거나 업무능력을 효율적으로 발휘하는 것과 같은 학교현장의 즉물적인 요구에 부응하는 기능적·기술적 용어쯤으로 이해되는 경우가 많다. 이와 같은 경우의 전문성을 전문성이라고 한다면, 그 전문성으로 진정한 교육을 성취하기는 어렵다. 교육은 가치실현의 과정으로 교육적 성취와 발달에 반드시 가치가 관련되어야 한다. 요컨대 무가치적으로 업적만 지향하는 다른 활동과 교육활동을 구별할 수 있는 기준도 가치성에 있다. 교육의 전문성은 실용성, 유용성, 효율성을 넘어 본질적으로 생활의 발견, 가치의 실현이라는 전체적 전망을 통해 확인할 수 있는 것이다.

듀이가 교사론에서 지적한 것처럼, 교육의 전문성은 모든 교사가 ① 학습자(learner), ② 지적 지도자(intellectual leader), ③ 동반자-안내자(partner and guide), ④ 현명한 부모(wise parent), ⑤ 사회 봉사자(social servant), ⑥ 예언자(prophet), ⑦ 의사(physician), ⑧ 공학기술자(engineer), ⑨ 개척자(pioneer)[4], ⑩ 예술가(artist)

의 신임이 절대적으로 필요하다. 선원들은 다른 선박보다 어획고가 현격히 떨어지는 것을 가장 싫어하기 때문이다. 그런데 다른 선박들도 다 같이 어획고를 높이는 데 실패한다면 그것은 크게 문제될 것이 없다. 다음 어로 철에도 선원들을 모집해야 하는 선장의 입장에서 청어 떼를 찾아낼 자신이 없다면 다른 선박들을 따라다니는 것이 사실상 가장 안전한 방법이 되는 셈이다. 드문 경우이지만, 독자적으로 어로활동을 하는 선박의 선장은 오래전부터 청어 떼를 찾아내는 수완을 발휘하여 선원들의 신임을 두텁게 쌓은 선장이었다. 바츠의 거래 분석은 사회인류학에서 구조기능주의와의 공식적인 결별을 의미했다. 그의 기치 아래 많은 학자들이 개별적인 행위에 초점을 맞춘 다양한 연구들을 쏟아냈다(김용환, 2009: 128-129). 여기서 선장을 교사, 선원을 학생-학부모, 바다를 교육현장, 청어를 교육내용이라고 했을 때, 교사의 개별 행위는 어떤 방향과 지향을 보여야 하는지를 검토하는 소재가 될 수 있겠다.

4) 듀이가 교사에 대해 개척자의 삶을 주문한 것은 시사적이다. 교사는 직업특성상 변화를 거부하는 보수적인 성향을 띠기 쉽다. 개척자 정신을 발휘하기 쉽지 않다는 뜻이다. 교사는 학생시절부터 지금까지 걸어온 앎과 삶의 궤적에 비추어 볼 때, 변화에 대한 수동적 태도와 더불어 자신이 누리는 기득권을 자발적으로 포기하는 일이 어려운 경우가 많다. 이런 까닭에 변화가 절실히 필요한 시대를 맞이하면서 외부로부터의 간섭과 독려가 학교현장의 변화

로서의 역량을 갖추는 일이어야 한다(이주한, 1999). 듀이의 메시지는 자명하다. 교사는 교과의 이름으로 자신의 성벽을 쌓아서는 안 된다. 그리고 전문성의 이름으로 자신의 역할을 교실 수업과 학업 성취라는 제한적인 목표에 고정시켜서는 안 된다. 학생과 학교를 넘어, 인간과 사회의 근본과 질서를 주제로 삼고, 이를 교육할 수 있을 때에 진정으로 전문성을 발휘한다고 말할 수 있다. 교사의 전문성은 결국 인간, 사회, 교육의 문제를 탐구하고 대안을 모색하는 넓은 안목과 지평을 확보하는 일인 것이다. 교육이 단순한 지식이나 기술의 전수로 그친다면, 그 총량이 아무리 과대하다 하더라도 그것은 진정한 의미의 교육이 될 수 없다.

(2) 교직의 자율성

지나친 지시행정은 교사의 전문성에 대한 암묵적인 부인 내지는 무시로 이어지기 쉽다. 교사의 전문식견을 존중하고 따르기보다는, 오히려 교사를 행정지시에 따라야 할 존재로 보기 때문이다. 교사의 전문성에 대한 암묵적인 부인은 교사행정 전반(교사양성, 교사 재교육, 인사행정 등)에도 영향을 끼친다. 전문성이 별로 필요 없다는 생각에서는 교사란 아무나 아무렇게나 교육해서 내보내면 되고, 각급 교육행정직에 굳이 교사 출신을 쓸 필요도 없다는 생각이 횡행할 것이기 때문이다(정범모, 2000: 165-166).

어원적으로 자율성은 자신에 대한 법, 즉 독력으로 법을 제정하는 자기입법을 의미한다. 이는 정치적 의미에서 자기입법에 의한 자기통치를 말하는 것으로 독립적인 정치의 힘과 권리를 갖는 도시와 국가에 적용된 메타포이다. 자율

를 추동하는 힘으로 작용해 왔다. 이러한 외부로부터 주어지는 변화보다는 내부 구성원 중심의 자발적이고 자율적인 학교 변화가 가장 바람직한 형태이자 이상적인 모형이다. 학교 변화는 자발적 · 자율적 차원에서 이루어져야 하며, 여건상 불가피한 경우에 한해 외부 인사의 개입을 통한 학교 거버넌스의 변화를 도모할 일이라고 본다(김규원, 2017: 127).

성은 단순한 사고와 행동의 자유를 의미하지 않고 또한 타인에 의한 강제가 없는 상태만을 시사하지 않는다. 개인의 독립적 선택과 결정을 위한 준거 확립이 외적 통제에 방해받지 않을 만큼 개인의 마음의 상태가 독립되어 있다면 자율적이라고 말할 수 있다(정호표, 2002: 45).

자율성은 자기책임의 개념을 논리적으로 함의한다. 그러므로 자신의 선택과 행동이 적합한 이유나 증거에 대한 고려 없이 수행된다면 무책임하고 비자율적이 된다. 권위주의적 타율 지시행정을 지양하고 교사의 전문적인 자율을 신장함이 없이는 교사의 사기는 앙양될 길이 없고, 교사의 사기가 앙양됨이 없이는 지금 여러 교육의 폐해는 백년하청일 수밖에 없다. 하나의 아이러니는, 3공화국 이후 역대 정권마다 교육개혁을 요란하게 시도했지만, 그때마다 타율의 정도는 증대했다는 사실이다. 정작 개혁의 주체가 되어야 할 교사집단은 점점 더 사기가 떨어지고 개혁을 외칠수록 교사는 개혁에서 멀어져 갔다. 지시와 통제, 타율의 성격을 배제하지 않는 한, 교직의 자율과 전문성을 보장하기란 어렵다. 어떤 반 편성으로 어떻게 가르치고 어떻게 평가하느냐라는 문제는, 교사의 직전교육과 계속연수를 통해 쌓아온 교사의 전문, 자율사항으로 보장되어야 한다(정범모, 2000: 166).

교사 간의 생생한 전문적 정신을 계발하기 위해서는 교육의 자율과 책임이 요청된다. 자율과 책임을 근거로 삼을 때 교육에 대한 식견과 기량과 사명감도 제대로 갖춰질 수 있다. 교사의 전문지사에 대해 이래라 저래라 간섭하면, 일에 신도 안 나고 일이 되지도 않는다. 전문직이 자율을 생명으로 하는 것은 이 때문이다(정범모, 2000: 166).

교사가 자율의 영역을 누리지 못하고 외부・상부・여론의 간섭과 지시사항만을 이행해야 한다면, 전문성을 제대로 발휘할 수 없게 된다. 밖에서, 위에서 주어지는 자율성이란 학교의 다양화를 통해 경쟁을 가속화시킬 수단쯤으로 인식되는 것이며, 거기에 교육의 민주적 조건에 대한 고려는 깃들 수 없다. 자율성과 방기, 우호적 개입과 간섭을 혼동하는 것도 자율성에 대해 잘못된 용법이 적용되고 있음을 보여준다. 자율성을 부여해야 할 영역에서는 불필요하게 간섭하면서, 정작 개입이 필요한 곳에서는 자율성을 핑계로 방기하는 일도 비일비재하다. 교육의 실물(교육의 현장)을 제대로 파악하고, 정확한 문제의식을 바탕으로 하여 자율성이 추구될 때, 교사의 전문성도 제대로 발휘될 수 있다.[5)]

(3) 교직윤리

전문직으로서의 교사에게 요구되는 자질과 윤리는 결국 교사 개개인의 행위를 제약한다. 공동체의 일원인 직업인이 개인의 의사에 따라 마음대로 행동한다면 공동체를 지탱하는 직업윤리는 의미를 상실하게 될 것이다. 교사의 전문성과 교직윤리의 중요성을 강조하는 데는 그만한 이유가 있다. 우리는 강조할 필요가 없거나 이미 관심을 갖고 있는 것은 강조하지 않는다. 현재의 상황에서 필요하고 부족한 것을 중심으로 진술이 이루어지는 바, 교직윤리가 학교교육의 현장에서 운위되는 것은 그만큼 그 결핍의 심각성을 반영한 것이라고 보아야 한다. 이 교직윤리는 전문성의 확보라는 구상과 동일선상에서 논의되는 성격을 갖는다. 교육에 대한 진정한 힘은 인간 존중이라는 윤리적 근본으로부터

5) 교사의 정치적 기본권은 공무원으로서의 이른바 '특별권력관계'론과 '전체 국민에 대한 봉사자'론에 의해 선거권을 제외한 나머지 권리는 거의 전면적으로 부정되고 있는 것이 한국사회의 현실이다. 그러나 그것은 대한민국 헌법에서 그 근거를 찾을 수 없는 낡은 이론의 계수 또는 권위주의 체제의 잔재일 뿐이다. 교사는 최대한 정치적 기본권을 보장받아야 한다. 교사는 학교에서 학생과 함께 그 정치적 권리가 복원되어야 하며, 제도적으로는 교사회를 학생회와 함께 학교의 법정기구로 설치함으로써 교사들이 조직적으로 학교운영에 참여할 수 있도록 하여야 한다. 그뿐만 아니라 보호자회 및 주민대표자회와 함께 지방교육자치의 풀뿌리네트워크를 형성함으로써 교육정책의 결정에도 참여해야 한다. 이는 민주시민의 양성이라는 교육목표를 이루는 일이자 헌법이 보장하는 교육의 자주성・전문성・정치적 중립성을 구현하는 길이기도 하다. 교사의 기본권으로서의 정치적 기본권과 교육직무권한으로서의 수업권이 최대한 보장받을 때에 교권도 제대로 확립될 수 있다(오동석, 2010).

나온다. 교사의 전문성이란 학생에 대한 사랑과 신뢰와 인내를 기반으로 할 때 발휘될 수 있다. 이는 그들에게 상처를 주지 않는 배려의 마음이며, 교사를 교사답게 만드는, 존경받는 교사상을 위한 원천이기도 하다.

교사의 전문성이란 학생에 대한 사랑과 신뢰와 인내를 기반으로 할 때 제대로 발휘될 수 있다. 마시멜로 실험은 어린 시절 형성된 인내심이 인생에 얼마나 큰 영향을 미치는지를 보여준 유명한 심리학 실험이다. 1966년 미국 스탠퍼드대의 미셸(W. Mischel) 박사가 네 살짜리 꼬마 653명에게 마시멜로 하나를 주면서 15분 동안 먹지 않으면 두 개를 주겠다고 제안했다. 그 결과 절반의 아이들은 15분을 참지 못하고 마시멜로에 손을 댔다. 15년 뒤 마시멜로를 먹지 않고 오래 참은 아이일수록 학업 성적이 우수했고, 마시멜로의 유혹을 참지 못한 아이들일수록 비만, 약물중독 등 문제가 많았다. 실험의 결과를 알고 있는 사람이라면 마시멜로에 손을 댄 아이들의 부족한 인내심에 혀를 차게 된다. 겨우 15분을 참지 못해 마시멜로를 하나 더 먹을 수 있는 기회를 놓쳤기 때문이다. 하지만 이 실험을 인내심에 관한 실험 정도로 치부하는 것은 곤란하다. 마시멜로 실험은 첫 실험((1))과 대부분의 사람들이 잘 모르는, 그러나 더 중요한 후속 실험((2), (3))이 있다(김미라, 2014).

BOX

마시멜로 실험

1. 첫 번째 마시멜로 실험

선생님이 4살 된 꼬마들에게 마시멜로 사탕이 한 개 들어 있는 접시와 두 개 들어 있는 접시를 보여준다. 지금 먹으면 한 개를 먹을 수 있지만 선생님이 돌아올 때까지 먹지 않고 있으면 두 개를 주겠다고 한다. 그리고는 마시멜로가 하나 들어 있는 접시를 아이 앞에 남겨놓고 방에서 나간다. 꼬마들의 반응은 선생님이 나가자마자 먹어버리거나, 참다 참다 중간에 먹어버리거나, 선생님이 돌아올 때까지 끝까지 참고 기다리거나였다. 1966년 미셸(W. Mischel) 박사팀은 1966년에 마시멜로 실험에 참가했던 653명의 네 살배기 꼬마들을 15년 후 다시 만났고,

1981년 그 유명한 마시멜로 연구 결과를 발표했다. 마시멜로를 먹지 않고 오래 참은 아이일수록 대학입학시험(SAT)뿐만 아니라 대부분의 삶의 영역에서 우수한 결과를 성취하고 있었다. 더 나아가 이후의 추적 연구는 절제력을 보이지 못한 꼬마들이 비만, 약물중독, 사회 부적응 등의 문제를 가진 성인의 삶을 보내고 있는데 반해 인내력을 발휘한 꼬마들은 성공적인 중년의 삶을 살고 있음을 보고했다. '인내심=미래의 성공'이라는 공식을 각인시킨 계기가 되었다. 이후의 유사 연구들에 따르면 마시멜로 효과는 너무나 강력해서 지능지수보다도 더 예측력이 뛰어났고, 인종이나 민족에 따른 차이도 거의 없었다. 4살 때 보여준 만족 지연력이 향후 인생의 성패를 결정하는 주요 요인이라는 얘기이다. 4살 꼬마의 마음속 무엇이 이런 차이를 만든 것일까. 이런 의문을 해결하기 위해 1989년 미셸 박사팀은 후속 실험을 한다.

2. 두 번째 마시멜로 실험

1980년대의 두 번째 실험은 1960년대의 첫 번째 실험과 모든 것이 동일하고 몇 가지 점만 차이가 있었다. 가장 눈에 띄게 다른 점은 꼬마 앞에 남겨놓은 마시멜로 접시에 뚜껑을 덮었다는 것이다. 마시멜로를 직접 보지 않는 것만으로도 꼬마들이 기다리는 시간은 거의 두 배나 길어졌다. 뚜껑을 덮지 않았던 실험에서는 평균 6분 이하를 기다린 꼬마들이 뚜껑을 덮자 11분 이상을 기다렸다. 마시멜로 앞에서 꼬마들이 참지 못한 이유는 무엇일까. 타고난 성향(nature)일까. 양육환경(nurture)일까. 두 번째 연구결과를 보면 참을 수 없는 이유 중 하나는 적어도 마시멜로 그릇에 뚜껑을 덮지 않은 어른이었다. 그러나 이게 다가 아니다. 2012년 록펠러 대학의 키드(C. Kidd) 박사팀이 발표한 마시멜로 실험은 마시멜로를 눈앞에 두고 절제력을 보여준 꼬마와 그렇지 않은 꼬마를 만드는 중요 요인이 무엇인가에 대한 일부 해답을 보여준다.

3. 세 번째 마시멜로 실험

꼬마들에게 컵을 예쁘게 꾸미는 미술 작업을 할 것이라고 설명하고 크레용이 놓여 있는 책상에 앉게 한다. 그리고는 조금만 기다리면 책상에 놓여 있는 크레용 외에 다른 꾸밈재료를 줄 터이니 기다리라고 한다. 몇 분 후 한 집단의 꼬마들에게는 새로운 미술 재료를 주고(신뢰 환경, reliable environment), 다른 집단의 꼬마들에게는 재료가 있는 줄 알았는데 없다고 사과하며 약속했던 새로운 재료를 주지 않는다(비신뢰 환경, unreliable environment). 이렇게 신뢰와 비신뢰를 경험한 각 집단의 꼬마들에게 이어서 고전 마시멜로 실험을 했다. 놀랍게도 선생님의 행동이 믿을 만하다는 경험을 한 유치원 꼬마들이 선생님의 행동은 믿을 수 없다는 경험을 한 꼬마들보다 4배 이상의 시간을 참으며 기다렸다. 이 실험 결과는 마시멜로 실험을 이렇게 반박한다. 마시멜로를 빨리 먹어치운 어린이 가운데 일부는 인내심이 부족해서가 아니라 "나중에 돌아오면 하나를 더 주겠다"는 어른의 말을 의심했기 때문이다. 불신이 깔린 불안정한 환경에서 자란 어린이는 기회가 있을 때 일단 "먹는 것이 남는 것"이라고 생각한다는 것이다(강양구, 2018).

마시멜로를 앞에 놓고 절제력을 보인 4살 꼬마가 인생 전반에서 성공한다는 것을 알려준 것이 첫 번째 스탠포드 마시멜로 실험, 마시멜로 접시 뚜껑을 덮는 것만으로도 절제력이 증가한다는 것을 알려준 것이 두 번째 스탠포드 마시멜로 실험, 꼬마에게 약속을 지키는 것이 절제력을 기르는 데 얼마나 효과적인가를 알려준 것이 록펠러 대학의 세 번째 마시멜로 실험이었다. 사람이 살아가는 과정은 그 자체가 수많은 마시멜로 실험의 연속일 것이다. 절제력이 없다고 한 개인에게 책임을 물을 수도 있지만, 마시멜로 그릇에 뚜껑을 덮어주는 사회 속에 우리가 살게 된다면, 약속된 마시멜로는 반드시 얻을 수 있다는 믿음이 있는 사회 속에 우리가 살게 된다면 많은 사람들이 절제력을 보여주는, 근사한 신뢰 사회가 될 수 있다(김미라, 2014). 향후 더 큰 보상을 위해 현재의 만족을 지연하라는 구도는 단지 인내의 문제로 설명될 수 없다. 인내하면 과실이 돌아온다는 선순환 구조의 신뢰가 깨진 사회일수록 인내의 덕목과 의미만을 강조하는 것은 제대로 된 접근이 될 수 없다. 인내는 인내, 신뢰는 신뢰가 아니라 인내와 신뢰의 선순환 구조를 관계와 사회 속에서 갖추어야만 건강한 논의는 비로소 시작될 수 있다. 고통을 참으면 더 큰 결실이 돌아올 것이라는 신뢰를 보여줄 수 있는 사회 체제에서 인성에 대한 본연적인 가르침은 가능하다.

눈앞에 놓인 달콤한 마시멜로를 참는 아이들이 미래에 성공할 가능성이 높다는 마시멜로 실험은 부모들이 양육기준으로 삼을 만큼, 유명한 실험이었다. 정말 마시멜로 하나로 아이들의 미래를 예측할 수 있는지에 대해선 늘 의문이 따랐고, 재실험이 반복되었다. 마시멜로 실험 결과에 대해 전혀 다른 해석을 내놓기도 한다. 결론은 4세 때의 마시멜로 실험 결과와 청소년기 학교 생활과 학업성적은 거의 아무런 관계가 없다는 것이다. 부모들이 마시멜로 테스트 결과를 자녀의 성공과 실패로 결부시키는 것을 경계해야 한다는 조언은 귀담아들을 필요가 있다. 오늘도 수많은 아이들이 부모나 교사들이 설치한 '마시멜로' 라는 시험대 위에 올라서 있다. 부모나 교사들이 발견해야 할 것은, 작은 마시멜로 정도로는 결코 가려낼 수 없는, 내 아이들의 잠재된 가능성이어야 할 것이다(김이진, 2018).

교사는 학생들을 가르치면서 학생들이 응당 윤리의식과 도덕적 태도를 형성하도록 이끌기도 한다. 교사에게서 윤리와 도덕이라는 말을 분리시킬 수 없는 까닭이 여기에 있다. 교사의 윤리의식은 자연히 학생들의 윤리의식을 형성하는 데 기여하게 된다. 교육은 사람됨의 과정이며, 사람됨은 인간의 도리를 배우고 실천하는 일을 바탕으로 삼는다.

교사에게는 아직은 미성숙한 어린이를 성숙한 인간으로 발달시켜야 한다는 임무가 주어져 있다. 이런 측면에서 교사는 부모 대행인(in loco parentis)이자 국가나 사회의 대리인이라고 말할 수 있다. 교사에 대한 신뢰와 교사의 교육적 권위는 교육적 관계, 즉 인간 사이에서 협조하고 지원하는 만남의 연결고리 그 자체라고 말할 수 있다. 교사를 학생이 신뢰하는 것이야말로 교육적 관계의 핵심을 형성한다.

하지만 불행하게도 한국의 교육상황은 교사와 학생 사이의 신뢰감 형성을 어렵게 할 뿐만 아니라, 교육을 사회적 성공과 지위 획득의 수단으로 전락시키는 경향을 보이고 있다. 학력 경쟁이 심화되는 상황도 문제이지만, 교권의 추락을 현실로 인정해야 하는 상황 역시 문제이다. 이러한 상황에서는 전문성이 확보되어 있다 할지라도, 전문성을 투입하고 적용하는 일은 여의치 않은 상황으로 귀착될 수밖에 없다. 교육이 인간과 인간의 만남과 상호작용을 전제로 하는 활동임을 감안한다면, 경쟁 일변도와 교권 추락의 현실에서 교육의 본연을 추구한다는 것은 어불성설에 가깝다.

포스트모더니즘의 사회를 살아가는 아동·학생을 감당해야 할 교직윤리의 무게는 더욱 무겁다. 교육과 수업의 영역은 말할 것도 없고, 역사와 문화와 미래에 대한 조망과 전망, 진실과 정의와 자유 등의 규범에 대한 존중 등이 동시적으로, 그리고 동일한 가치선상에서 교사의 직업윤리로 중시되어야 하며, 이를 위해서도 교사는 끊임없는 자기연마와 도야의 과정을 거치지 않을 수 없다. 교사는 가르치고 사회적으로 행동하는 가운데 아동·학생이 올바른 인성을 갖게 할 수 있다. 항상 교육에 대해 위임받은 바는 생활능력을 가질 수 있도록 하는 데 도움을 주는 것이었지만, 오늘날은 공동사회가 함께 살아남기 위한 방안도 제시할 수 있어야 한다. 평화를 위한 교육, 민주주의 교육, 과학·기술의 책임 있는 이용, 생명의 존엄과 삶의 의미에 대해 고민하고 성찰하고 전망을 제시할 수 있는 역량까지도 교사의 중요한 활동범주에 해당한다.

3. 교사의 책무

(1) 학습지도의 책무

교사의 책무로는 학습지도의 책무, 인간형성의 책무, 사회적 책무를 들 수 있다. 이들 책무는 하나로 엉켜 있다. 한유(韓愈)는 〈사설〉(師說)에서 나이(年之先後)나 신분(身之貴賤)을 묻지 않고 도가 있는 곳에 스승이 있다고 했다(道之所存 師之所存). 성인(聖人)에게는 정해진 스승이 없으며 스승을 특정한 사람으로 규정하기보다는 전도(傳道), 수업(授業), 해혹(解惑)의 과정에 참여할 수 있다면 누구나 누군가의 스승이 될 수 있다는 얘기이다. 한 사회의 건전성은 그 사회에 도를 가르치고, 실천적 모범을 보여주고, 의문을 풀어주는 사람들에 의해 유지된다고 말할 수 있다(신영복, 2004).

학교의 기능 중 문화유산의 전달은 대단히 중요한 기능이며 이는 주로 교과를 통해 이루어진다. 방대한 문화유산을 일정 기간 내에 전달한다는 것은 어려운 일이다. 여기에 전이가가 높은 문화내용을 합의하고 교과내용에 반영하는 작업이 요청된다. 이를 흔히 지식의 구조, 일반원리, 핵심적 아이디어 등으로 부르며, 이는 특히 학문중심 교육과정에서 주목하는 바이기도 하다. 교사는 각 교과에 있는 지식의 구조를 파악하고 가르쳐야 한다. 이 지식의 구조에 의한 교육내용은 학교단계에 관계없이 거의 동일하다고 볼 수 있다. 교사에게는 지식의 구조를 아동·학생의 수준에 맞게 전환하는 능력으로서의 전문성이 필요하다.

교사는 지적 문화유산을 보존하는 사람이며, 동시에 아동·학생으로 하여금 이 문화유산에 도전하게 하고 변화시키도록 하는 사람이다. 교사는 아동·학생으로 하여금 지적 문화유산을 창조하고 발전시키도록 도와주어야 한다. 역사와 문화와 미래에 대한 조망과 전망을 수행하는 일은 교사의 전문성을 위한 중요한 전제이다. 이를 공자는 『논어』에서 "옛 것을 알고 새로운 지식을 터득하면(溫故而知新) 가히 스승이 될 수 있다(可以爲師矣)"고 하였다. 스승이 되기란 쉽지 않은 일이다. "옛 것을 알고 새로운 지식을 터득한다"는 사실만 가지고 보면, 이는 단지 교사의 전문성에 대한 설명으로 보이지만, 이어지는 "가히 스승이 될 수 있다"는 말의 중요성에 비추어 볼 때, 스승으로서 갖춰야 할 사회적·윤리적 과제에 대한 끊임없는 관심과 재구성 작업이 교사에게 요청된다는 사실을 알 수 있다.

교사는 교육방법상의 전문지식을 필요로 한다. 교사는 각 교과지식뿐만 아니라 이를 전달하는 교수방법에 대한 지식을 더욱 가져야 한다. 오늘날과 같은 고학력사회와 전문가 독점문화의 사회에서 학교의 교과지식 자체는 다른 사람들과 비슷한 수준에 있을 수 있다. 만약 교사가 실질적으로 다른 사회인과 구별되는 직업적 능력으로 사회적 승인을 받고 전문성을 확립하려면 교육방법에 관한 지식을 더욱 갖추어야 한다. 탐구학습이나 발견학습 등은 전통적 강의중심의 방법보다도 더욱 교사의 방법적 능력을 요구한다.

교직사회에서는 초등학교에서 중·고등학교까지 12년간의 교육이 어떤 체계(계통)를 갖추어야 하는가에 대한 분리불안증과 강박관념이 매우 강하다. 그 안에서 펼쳐지는 교육내용이 아동 · 학생에게 항상 유익한 것은 아니며 오히려 해가 되는 수도 있다. 현실은 가르치는 일을 자동판매기처럼 무책임한 반복적 경험으로 채우는 경우가 많다. 한 해 동안에 무엇 무엇에 관해 완전히 배우게 되며, 어떤 달과 어떤 주에는 수업진도가 어디까지 나가야 한다는, 전체주의적 교육과정으로부터 벗어나는 일은 교육학적으로 중요한 과제라고 말할 수 있다. 교사로서 학생들이 알아야 할 지식을 가르치지 않으면 안 된다는 강압적 의식과 가르치지 않았을 경우 겪는 죄의식을 탈피해야 한다. 사실상 체계적인 계열을 찾아 가르쳐야 한다는 교육관은 우매한 것이다. 왜냐하면 교육내용은 수직 · 수평적으로 습득되는 것이 아니라 오히려 우발적으로 이루어지는 것이기 때문이다. 이는 사닥다리 모형(조직적이고 체계적인 것)보다는 거미줄 모형으로 형상화, 설명될 수 있다(Perrone & Kohl, 이현남 · 조연순 · 송용의 역, 1987: 90-91).

강제적 방법에 의해 효과를 내는 일은 학교교육의 목적에도 어긋난다. 교육의 과정에서 좀 더 나은 보상을 부여하는 외재적 동기를 사용하는 수도 있으나, 내재적 동기를 갖도록 하는 일이 가장 가치 있다. 위대한 교사는 내재적 가치의 단서를 끊임없이 제공하여 그 가치가 내면화되도록 아동 · 학생에게 자기교육(self-education)의 길을 열어주는 사람이다. 교사는 아동 · 학생이 지식을 스스로 발견하도록 해야 한다.

(2) 인간형성의 책무

교사는 단순한 지식 전달자, 지적 기능공이 되어서는 안 된다. 오늘날의 지식기반사회에서 전문적 지식과 지적 능력이 중시되지만 교육활동은 기본적으로 전인적인 과업이다. 고대 동양사회에서 사용된 인사(人師)와 경사(經師)의 구분, 즉 인간을 가르치는 교사와 경전을 가르치는 교사의 예는 고대서양사회에서 소크라테스와 소피스트적 교사상의 구분과 유사하다. 교사는 소피스트보다는 소크라테스를, 경사보다는 인사를 먼저 지향하도록 해야 할 것이다. 이는 서적중심의 교육을 배격하기보다는 인격교육, 인간교육을 지향하는 서적교육이 되어야 한다는 의미로 해석될 수 있다(정호표, 2002: 249–250). 헤르바르트는 교육의 단계를 관리, 교수, 훈련의 세 단계로 구분하고, 두 번째 단계의 교수를 '교육적 교수'와 '비교육적 교수'로 나누어 설명하였다. 교육적 교수는 도덕적 품성의 형성에 기여하는 가르침이며, 비교육적 교수는 단순히 지식이나 기능의 전달에 머무는 가르침이다. 헤르바르트의 요지는 모든 교수활동은 교육적 교수를 지향해야 한다는 데 있다. 교사는 어떤 교과를 담당하는가와 상관없이 인간형성의 책무를 갖는다는 것을 말해준다.

오늘날 우리는 교사를 기능적 직업인으로 규정하는 데 익숙해 있다. 이는 교사–학생 관계의 비인격화를 조장하며 학교교육 자체가 학원에서의 지식학습과 구분될 수 없도록 만든다. 학교교육의 본질은 학교 수업이라는 과제와 수업 외의 인성교육이라는 과제로 분리된 과정을 통해 성취되는 것이 아니다. 헤르바르트가 교육적 교수라는 표현을 통해 제시했던 것처럼 인격교육과 지식 습득은 학교교육의 수업 현장에서 동시적으로 추구되어야 한다(정영근, 2006: 128–131).

칸트는 『도덕의 형이상학 기초』(*Grounding for the Metaphysics of Morals*)에서 "너 자신의 인격에서와 같이 모든 다른 사람의 인격에서 인간을 단지 수단이 아닌 목적으로 대하도록 행위를 하라"는 정언명법을 제시하였다. 이 정언명법은 모든 교육의 궁극 목적을 규정하는 포괄적 의미를 갖는다. 교육자는 인간을 이해하고 인간을 존중해야 한다. 모든 아동·학생이 상이한 생활방식과 세계관을 갖고 있기에 이를 수용하고, 각자가 인간적 자존심과 긍지를 갖도록 지도해야 한다. 교육자는 개인이 자아의식의 주체로서 행위할 수 있도록 조력해야 한다. 교육자의 인간적 성숙과 시범자로서의 자세가 필요하다. 교육에서 직접적 전달에 의한 가르침보다 간접적 모방과 동일시의 기제에 의한 파악이 더욱 가치 있을 수 있기에 교육자의 인간적 모범이 중요하다는 얘기이다. 사회적 효율성과 도덕성이 다르지 않다는 듀이의 지적은 시사하는 바가 크다. 교육력을 제고하기 위해, 교사의 인간과 사회를 향한 무한한 애정과 교육을 위한 자기혁신과 노력이 삶 그 자체로서 펼쳐질 때, 드디어 교사의 전문성은 교육의 이상을 실현하는 저력을 발휘할 수 있다.[6)]

교사는 항상 모방과 동일시의 대상이 되기 쉽다. 교사는 무의식적으로 아동·학생이 모방하도록 하는 방법에 의해, 혹은 다른 뛰어난 인간에 대한 존중에 의해 자신의 모습이 투사되도록 해야 한다. 학교에서 상이나 칭찬도 아동·학생이 교사와 동일시하는 것을 촉진시키는 방법이며, 이에 따라 학교의 규범적 질서를 준수하게 함으로써 아동·학생의 인격 발달에 기여하는 수단이 될 수도 있다. 여기에 비해 벌은 응징적으로 비치기 쉬우며 소외감을 일으키기 때문에 인격의 성장에 지장을 초래할 가능성이 높다(정호표, 2002: 249-250).

---

6) 굳이 칸트를 인용하지 않더라도 교육자는 인간과 사회를 향한 무한한 애정과 교육을 위한 자기혁신과 노력을 보일 수 있어야 한다. 수업 장면-질문상황을 예를 들어 말하자면 학생에게 질문할 때 교사들의 태도 및 행위는 교사-학생 상호작용에 심대한 영향을 끼친다. 많은 초등학교 교사들은 학생이 정답을 말하지 못하거나 오답을 하여도, 혹은 대답을 못한 학생에 대해 다른 학생들이 야유하는 경우에도 그럴 수도 있는 일로 받아들이는 경우가 많다. 학생들 역시 교사의 이해와 격려가 담긴 지도에 고무되기도 한다. 질문에 대답 못한 학생을 야유하다가도 교사가 이를 나무라면 자신의 잘못된 태도를 시정하는 경향을 보인다. 그러나 중등학교 교사들은 학생이 답을 말하지 못하는 원인을 주로 공부를 게을리하는 태도 때문이라고 인식하는 경우가 많으며, 많은 경우 다른 학생을 지명하여 질의-응답의 상황을 해결하는 경향을 보인다. 그러나 학생들은 교사가 다른 학생을 지명하는 처리방식을 선호하지 않는다. 모른 척 지나쳐버리는 경우에도 해당 학생을 무시하는 행위로 지각하고 더욱 부정적인 반응을 보인다. 이와 같은 교사와 학생들의 반응을 볼 때, 학생들이 질문에 제대로 답변을 못해서 당황해하거나 위축감이나 열등감을 느낄 때, 교사는 바른 답을 생각해 볼 수 있는 기회를 준다든가, 괜찮다고 위로하는 등의 행동을 통해 자기표현과 자신감을 향상시킬 수 있을 것이다. 또한 제대로 대답하지 못했을 때, 학생들의 인격을 손상시키는 언행을 하지 않음으로써 그들에게 자아 수용을 가르칠 수 있다. 그리고 대답하지 못한 학생을 야유하는 상황일 때, 교사가 당하는 학생의 입장에 대한 진지한 고려를 유도함으로써 타인 배려의 기회를 제공할 수 있다(조연순·김아영·허미화·김인전, 2001).

(3) 사회적 책무

교사들은 명시적으로 사회선별기능을 수행하지는 않을지라도 교육평가를 수행하는 과정에서 이 결과가 사회적 선별에 활용되기도 한다. 교사는 사회로부터 교육을 위탁받은 사람으로서 사회적 역할과 책무를 갖는다. 교사는 아동·학생의 교육뿐만 아니라 전체 사회의 교육적 책무 수행자로서 중추적 역할을 수행하는 것으로 볼 수 있다. 그러므로 교사는 지역사회봉사자로서 사회문화유산의 관리자로서 역할을 수행해야 한다. 교사는 사회의 공적 전통과 유산을 분배 전달하는 사회적 기관으로 볼 수 있다. 따라서 교사는 교육의 공공성 때문에 생기는 여러 역할에 해당하는 임무를 가진다. 교육의 공정하고 평등한 분배, 사회발전을 위한 인간 능력의 실현, 교육적 이익의 사회적 기여, 모든 사람의 교육권 보장과 학습권의 존중 등을 실현해야 한다. 이는 사회정책적 문제일지라도 그 구체적 실현은 교사의 책무이다. 예컨대 아동·학생의 교육권을 보장하기 위해 국가는 학교라는 제도적 기제를 제공하지만 이의 실천은 개별 교사의 노력에 의해 가능하다(정호표, 2002: 251).

가정 배경에 관계없이 모든 아동에게 공통된 교육경험을 제공한다는 것은 초등학교와 중학교까지는 해당되겠지만 고등학교부터는 인문계와 전문계로 구분되어 통로가 균등하게 열려져 있는 것이 아니다. 학교가 중시하는 교육경험이나 내용들이 중류계층의 가치를 반영한다고 볼 때 교육과정이 소수에게만 유리하게 봉사하는 것으로 보일 수도 있다. 고등학교를 마치고 대학에 진학하는 대신에 직업세계로 들어가기를 원하는 학생들에게 학교는 이른바 활용될 수 있는 지식이나 기술을 가르쳐 직업 준비를 시켜 줄 책임이 있다. 한편 학교가 똑같은 시설과 함께 교사들에게 똑같은 봉급을 지불함에도 불구하고 좋은 학군이나 나쁜 학군이라는 말이 쓰이는 것은 그만큼 교육평등이 이루어지지 못하고 있다는 반증이다. 학교는 이렇게 쉽게 파악하기 어려운 여러 특성으로 인해 교육 불평등을 초래하기 쉽다. 교사의 사기(teacher morale), 학생들에 대한 교사의 기대, 학생들의 학습에 대한 관심의 수준 등도 학생들에게 영향을 주는 문제임을 생각한다면 이는 사실상 교실과 학교 안의 현상으로 머물지 않는다. 교사가 사회적 차원의 책무를 고민해야 하는 까닭이 여기에 있다.

CHAPTER

13 정서교육론

1. 빛의 철학과 정서
2. 단원목표를 통해 본 정서
3. 현상학적 삶의 세계이론과 정서
4. 학교 정서교육의 실제
5. 시적 일치: 정치와 교육이 만나는 지점

정서교육론

1. 빛의 철학과 정서

고전적 주지주의 철학은 정서를 인간의 이성적 사유와 판단에 방해를 주는 것으로 생각했다. 심신이원론적 합리론의 전통에 따르면, 정서는 이성이 결정한 목적이나 원리를 실현하는 것을 방해하기 때문에 정서가 저급한 능력으로 간주된다. 인간이 정서에 지배되고 좌우된다는 것은 그만큼 윤리적으로 부자유스러운 존재라는 얘기이다(정호표, 2002: 308).

플라톤은 당시 그리스 사회가 부패한 원인 중의 하나는 문학을 위주로 한 교육이 인간의 감성과 기억에 지나치게 의존하였고, 의도적인 것은 아니었지만 그로 인하여 감성이 중시되면서 상대적으로 합리적 이성을 경원했기 때문이라고 보았다. 교육의 대부분을 시문학에 의존하는 사회가 이성보다는 감성에 의존하게 되어서 전반적으로 그리스 사회가 이성에 근거한 정의를 실현하는 데 어려움을 겪었다는 것이다.

플라톤이 보기에는, 인간의 삶을 향상시키기 위해서는 감성보다는 이성에 의지하여 살아가는 습관을 가져야 한다. 이상사회를 이루기 위한 교육적 관점에서 보면, 시는 진리에 입각하여 이성에 호소하는 것으로 묘사되어야지 감성에 호소하는 것으로 묘사되어서는 교육의 목적을 이루기 어렵다는 생각이었다. 이는 예술적 가치와 인성교육의 관점을 분리시켜 이해하는 현대사회에서 철학적 이성과 예술적 감정에 대한 논의를 어떻게 추구해야 할 것인가를 말해주는 중요한 의미를 갖는다(이명준, 2001: 123-128).

인지이론에서는 정서와 인지를 통합 상태로 취급한다. 모든 지적 탐구와 노력은 정서적인 것과 관련을 가진 것으로 보고 있다. 그러나 이러한 접근은 정서에 대한 이성의 규제라는 메커니즘을 드러내는 꼴이다. 이는 계몽주의 시대의 유산이 너무 크고 그 그림자가 너무 짙다는 뜻이기도 하다. 계몽(enlightenment)을 프랑스에서는 빛의 철학(philosohie des lumi res)이라고 불렀다. 그 사상적 특징은 종교적 몽매함에 대해 이성의 빛을 내세운 것이었으며, 진보에 대한 무한한 기대를 가슴에 품게 하여 과학기술의 진보와 문화의 향상에 대한 낙관론을 제시한 것이었다. 그 과정에서 정서에 대한 이성의 우위를 표방하거나, 이성을 정서의 규제자로 간주하는 관점은 일상처럼 받아들여졌다.

정서를 합리적 · 인지적인 것으로 보는 것은 정서에 대한 이성의 영향을 강화하는 것에 해당하며 정서의 사회적 상황성을 무시하고 나아가 정서의 감정적 측면을 지나치게 간과하기 쉽다. 정서는 역사적 · 사회적 · 문화적 토대로부터 더욱 영향을 받는다. 정서와 감정은 비분절적이며 살아 있는 실천적 의식 속에 뿌리를 박고 있다. 감정의 구조는 그 태생적 성격 때문에 언어로 분절화하는 일에 난점이 있다(김종서 · 이영덕 · 황정규 · 이홍우, 1997: 194-195).

2. 단원목표를 통해 본 정서

우리가 일생을 살아가는 동안에 하게 되는 가장 먼 여행은 머리에서 가슴까지의 여행이라고 한다. 냉철한 이성보다는 따뜻한 애정이야말로 진정 우리를 힘차게 만들기 때문이다. 양심적인 사람이 가장 강한 사람이라는 뜻이며, 이론을 말하기는 어렵지 않지만 이를 인간적 품성으로 감싸서 함께 걸어가는 일은 쉽지 않다는 것을 지적하는 말이다(신영복, 2007). 그런데 머리에서 가슴까지의 여행이 끝은 아니다. 또 하나의 가장 먼 여행이 남아 있다. 그것은 바로 가슴에서 발까지의 여행이다. 발은 실천이며, 삶이다. 삶과 교육에 대한 논의 과정에서 정서와 정서교육의 문제가 어떠한 성격과 의미를 갖는지를 보여주는 대목이다.

블룸(B. S. Bloom)은 『교육목표 분류학』*(A Taxonomy of Educational Objectives)*에서, 교육의 목표를 인지적 영역(cognitive domain), 정의적 영역(affective domain), 심동적

영역(psychosomatic domain)으로 나누어 설명하였다. 인지적 영역에는 지식, 이해력, 적용력, 분석력, 종합력, 평가력 등이 포함되고, 정의적 영역에는 감수 혹은 주의(receiving or attending), 반응(responding), 가치화(valuing), 가치 또는 가치 복합에 의한 인격화(characterization by a value or value complex) 등이 포함되며, 심동적 영역에는 근육이나 운동기능을 강조하는 목표로서 자료나 대상의 조작, 신경근육적 조정이 요구되는 활동 등이 포함된다.

블룸의 분류를 받아들인다면 단원목표는 각 영역별로 진술하는 것이 바람직하다. 교수—학습지도안을 작성할 때에 단원목표를 '이해'의 목표, '태도'의 목표, '기능'의 목표로 분류하여 진술하는 것이 일반적이다. 그런데 이러한 단원목표 진술방식에는 문제점이 있다. 모든 인지적 영역을 '이해' 속에 포함시킬 수 없으며, 모든 정의적 영역을 '태도' 속에 포함시킬 수 없기 때문이다. 이해는 인지적 영역의 일부에 불과하며, 태도는 정의적 영역의 일부에 불과하다. 수업목표 세분화를 주장하는 입장(Mager, 1962)에서는 ① 수업목표가 학생에게 명백할수록 수업성취는 향상된다. ② 수업목표가 명백해야 학습경험을 제대로 선정 및 조직할 수 있다. ③ 모든 수업목표는 관찰될 수 있는 행동적 용어로 진술할 수 있다. ④ 수업목표의 세분화 작업을 소홀히 하는 것은 교사가 게으르기 때문이라는 의견을 제시하였다. 반면 수업목표의 세분화를 반대하는 입장(Eisner, 1966)에서는 역동적이고 복잡한 교수—학습 과정에서 나타나는 결과는 사전에 내용을 행동으로 세분화할 사안이 아니라는 견해를 제시하였다(김종서 · 이영덕 · 황정규 · 이홍우, 1997: 194–195).

정서(emotion)는 정의적 영역의 부분을 나타내며 이의 한 측면으로 간주될 수 있다. 정서는 사상의 다측면성과 인간의 주관성 때문에 순수한 사적 체험의 성격을 갖는 것이므로, 이를 구조적 규칙과 논리적 체계로서 설명하기 어렵다. 분노, 공포, 희열 등의 정서는 인간에게 신체적 · 생리적 변화를 일으킬 수 있다. 특히 단원목표 중 정의적 영역의 대부분의 목표는 세분화하여 행동적인 용어로 진술할 수 없는데도 이를 세분화된 목표와 함께 나열식으로 진술함은 불합리하다. 니일은 지식이 아닌 정서와 감정을 지향하는 학교(Hearts, not Head in the School)를 언급하면서, 오늘날의 교육이 인간의 정서와 감정을 무시하고 지식 위주의 교육에 치중한 나머지 세계의 불안과 불행의 원인을 만들었다고 주장하였다. 니일에 의하면 감정과 두뇌가 연결되는 방법으로 교육이 이루어져야 한다. 인간의 본능과 자연성을 악하게 보는 데서 출발한 종교교육과 인간을 이성적 존재로만 보아 무의식적 동기를 무시하고 의지에 의해서 인간 행동이 좌우될 수 있다고 보는 것을 반대하였다(Neill, 1960: ix-xvi).

3. 현상학적 삶의 세계이론과 정서

서양철학은 탈레스(Thales of Miletus)가 자연을 관찰하면서 경이로운 우주에 대한 궁극적 존재를 찾는 것으로 시작한 이래, 지금까지도 우주의 본질에 대한 탐구를 통하여 끊임없이 계속되고 있다. 우주의 본질을 인간의 밖(자연)에서 찾으려고 하면서 시작된 자연철학은 자연을 관찰하여 우주를 하나의 물질로 환원하려고 시도하였다. 하지만 외계에서 세계의 본질을 찾으려고 한 자연철학의 시도는 우울한 실패로 끝나고 말았다. 그 이후, 우주의 본질에 대한 탐구는 존재와 비존재를 규명하려는 존재론적이고 형이상학적인 관점에서 시도되었다. 피타고라스(Pythagoras)는 우주의 근본원리를 수(數)의 원리로 표현할 수 있다고 보았다. 피타고라스학파는 도형도 수로 표시하였으며, 이 방법은 오늘날의 수학에서도 매우 유용하게 쓰이고 있다. 피타고라스는 오르피우스교(Orpheus)의 영향을 받아 수에 대한 탐구를 영혼 정화의 한 방법으로 보고 수를 연구하기도 하였다. 영혼을 정화해야 하는 이유는 영혼의 윤회를 믿었기 때문이다. 피타고라스 자신은 물론이고 그보다 뒤의 피타고라스학파들도 영혼의 윤회를 믿고,

영혼의 정화를 위하여 수학을 연구하였다(Lamprecht, 1963). 이러한 사상의 경향은 플라톤으로 하여금 영혼불멸성을 이해하고 그 필요성을 인정하도록 하였고, 그것이 상기설(anamnesis)과 더불어 형이상학의 중요한 한 축을 이루었다(이명준, 2001: 69-73). 이로부터 서양철학사에서 이성의 철학, 이성의 활약을 만나는 일은 일상처럼 여겨지게 되었다.

하지만 현상학적인 삶의 세계이론에 의하면, 인간의 근본지향성은 이성의 활동이 아니다. 인간은 느끼고 사랑하는 존재로서 감정을 통해 대상을 지각한다. 지각하고 사고하는 활동은 감정과 정서적 지향성에 뿌리를 두고 있다. 세계의 사물은 단순히 객관적으로 주어진 것(객관주의 지식관)이 아니며 주체의 지향적 활동의 산물(구성주의적 지식관)이다. 객관주의에서 말하는 지식은 외부에서 심어주는 것이다. 구성주의적 지식관에서 지식은 내가 흡수하는 것이다. 지식은 개인이 능동적으로 만들어가는(구성하는) 것이라는 견해는 원효의 일체유심조(一切唯心造) 이래 동양에서는 오랜 전통적 견해이나, 서양의 경우 지식이란 구성되는 것이라는 견해가 본격적으로 대두한 것은 18세기 이후이다(목영해 · 박균섭 · 송도선 · 강기수, 2009).

실존주의는 이성과 논리에 근거하는 합리적 접근에 의한 세계 인식에 회의를 제기한다. 이성과 논리에 의거하는 객관적 · 도식적 접근은 일상세계에 대한 이해를 지극히 어렵게 만든다고 하였다. 사르트르는 이성이 세계를 발견하는 능력이고 정서가 이 발견에 대한 주관적인 반응의 영역이라는 전통적인 가정을 부정하였다. 나아가 때로는 앎이나 이해까지도 정서에 의해 좌우된다고 보았다. 사르트르는 이를 포도송이를 통해 설명한 바 있다. 먹음직스러운 포도송이를 보고 손을 뻗어 보았으나 닿지 않았을 때, 그 포도는 나의 의식을 통해 신맛이 나는 덜 익은 포도로 변하게 된다. 손이 닿지 않은 곳의 포도는 곧 신포도(sour grapes)가 되는 것이다. 달콤한 레몬(sweet lemon)도 있다. 사람들은 아무리 신 레몬일지라도 그것이 내 것이라면 달다고 생각하는 것이다. 사회심리학

(social psychology)에서는 이를 일컬어 인지불화를 해소하는 행동으로 규정한다. 나중에 자책감이나 죄책감을 극복하기 위해 현실을 왜곡하여 자존심을 보호하려는 방어기제를 심리학에서는 합리화(rationalization)라고 한다. 그러나 합리화는 상대방을 기만하는 속성을 갖기 때문에 사실은 불합리하다. 이를 교육심리학에서는 신포도 심리기제(sour grapes mechanism), 단 레몬 심리기제(sweet lemon mechanism)라고 일컫는다. 인간은 있는 그대로의 세계가 아닌 의식을 통해 변형된 세계를 접한다고 말할 수 있다. 불교 천태(天台)의 관점에서 본다면 이러한 방식의 앎은 실상이 아닌 허상이다.

이상의 논급을 통해, 인간에게 감정과 정서는 세계 인식에 일차적이며 이성은 세계 인식에 이차적이라는 사실을 알 수 있다. 정서가 인간생활의 한 부분이나 측면으로 제시되기보다는 인간생활을 의미 있게 통합시키는 구심점이 된다. 정서에 의해 인간은 대상에 직접적으로 접근하게 되며, 정서가 인식의 방향과 의미를 결정하는 역할을 한다. 듀이도 이성과 정서의 분리에 대해 경고하면서, 지적인 측면과 정서적 측면은 인간활동에서 통합적으로 작용하며 정서도 합리성과 분리될 수 없음을 말하였다. 너무나 친숙한 이원론인 이성과 감정, 몸과 정신, 지식과 경험, 수단과 목적, 이론과 실천, 공과 사의 분리를 염려하는 것은 그것이 삶과 교육의 본연을 분절적으로 마주하도록 만들기 때문이다.

4. 학교 정서교육의 실제

학교교육뿐만 아니라 교육이 지향하는 이상적 인간상은 통합적 전인에 있으므로, 모든 교육은 인간능력을 의도적으로 나누기보다는 전체성을 전제로 삼아야 한다. 인간의 심리현상에 관한 개념들은 실체에 관한 대응으로 볼 수 없다. 이는 의도적으로 구성된 것이다. 요컨대 인지, 정서, 의지 등 인간의 정신능력은 인간생활에 함께 작용하고 있다. 그러므로 이들을 구체적으로 분리하여 고찰하기 어렵다. 그렇지만 인간의 마음에 대한 분리된 구성적 개념이 인간 형성에 대한 설명을 효율적으로 할 수 있다. 이런 장점 때문에 학교교육 목표도 인지적 영역, 정의적 영역, 심동적 영역으로 구분하고 있다. 특히 아동·학생의 흥미, 태도, 자아개념, 동기 등과 같은 정서적 색조(affective entry characteristics)는 국지 현상(local phenomenon)을 보이는 것이 두드러진 특징이다. 학생들은 자신의 성공이나 실패에 대한 피드백을 대부분 학급이나 학교 안에서 받을 뿐, 그밖의 전국적 규모의 학생집단에서 받지 않는다(김종서·이영덕·황정규·이홍우, 1997: 381–383). 그만큼 학교와 학급 안에서 이루어지는 정서교육은 각별한 중요성을 갖는다고 말할 수 있다.

정서적 성장을 위한 학교교육은 교육과정의 균형과 조화를 필요로 한다. 수학, 과학 등 개념적·추상적 원리에 따른 객관적 지식을 취급하는 교과보다는 대상과의 직접적·감정적 접촉을 요구하는 교과가 정서적 능력의 성장에 더욱 관련된다. 예술과 문학 등의 교과는 인간의 감정에 기반을 둠으로써 정서교육에 필수적이다. 이 교과들은 타인의 감정을 직접 혹은 상상적으로 느끼게 하며, 자신의 감정을 순화시키고 나아가 타인의 정서 이해에도 조력하여 감정이입과 공감의 형성에 기여하게 한다(정호표, 2002: 327). 예술과 문학 등의 교과는 가장 특수한 소재를 다루면서 가장 보편적 인간 정서를 드러내는 활동이다. 걸작이나 명작은 다 특수한 시대, 나라, 상황을 소재로 다루면서도, 널리 세계 거의 모든 사람이 공감할 수 있는 보편적인 정서를 드러냈기에 걸작이고 명작이다.[1)]

1) 한국영화사상 처음으로 100만 관객을 넘어선 영화 〈서편제〉(1993)는 큰 기대를 갖고 칸느 영화제에 출품하였다. 하지만 〈서편제〉는 수상작이 되지 못했고 〈패왕별희〉와 〈피아노〉가 칸느영화제 황금종려상을 공동수상하였다. 〈서편제〉가 수상직이 되지 못한 이유로 아버지가 수양딸의 득음–한의 소리를 내도록 하기 위해 약을 먹여 눈을 멀게 한 장면이 인류의 보편적 정서와 가치에 어긋난다고 보았기 때문이라는 전언이다. 〈서편제〉의 이야기는 변성

정서적 교과와 주지적 교과 간의 균형 못지않게 교과의 전달방법에 대한 고려도 필요하다. 정서적 교과를 포함한 어느 교과라도 개념적 이해, 논리적 정당화 등을 중심으로 하는 명제적 지식으로 구성된 지적 학문과 같은 방법으로 가르친다면, 감정과 정서적 요소가 개재되기 어려울 것이다. 정서적 능력은 명제로 가르칠 수 없는 것이다. 비록 명제적 지식으로 구성된 교과라 할지라도 그 내용과 교수방법을 삶의 의미, 경이, 사랑, 열정 등과 같은 정서와 결합시킨다면 이 교과도 정서적 성장에 기여할 수 있다. 요컨대 학교교육에서 정서적 성장을 저해하는 요인은 지적 교과 중심의 주지주의 교육에 있다기보다는 교육에 대한 기능적·도구적 관점과 학교교육을 지배하는 지적 접근방식의 주도성과 우월성에 있다(정호표, 2002: 327).

인간의 전인적 발달을 위해 필요한 정의적 행동에 속하는 다양한 행동 특성도 교육과정에 반영되어야 하며, 동시에 이를 가르치고 평가해야 한다. 그동안 정의적 발달, 사회성, 흥미와 태도, 자아개념, 가치와 평가관, 도의심, 정신건강 등에 관련된 정의적 영역의 행동이 교육과정, 교수의 대상으로 부각되어 본 일이 없다. 이러한 행동은 그 개념, 교육과정 개발, 교수방법의 투입도 어렵고 평가도 어려운 것이 사실이다. 하지만 정의적 행동에 대한 교수나 평가가 어렵다고 해서 이를 교육활동에서 제외해도 된다는 명분은 없다(김종서·이영덕·황정규·이홍우, 1997: 398).

아동·학생에게 정서적인 의미를 주지 못하는 학교는 법적·합리적 권위에 의해 단순히 지식을 전달하는 기관으로 전락될 가능성이 크다. 아동·학생에게 정서적 의미를 주지 못하는 학교만 문제인 게 아니다. 학교가 갖는 한계를 감안해야 하겠으나 이는 온정 없는 정치적 프레임과도 깊은 연관이 있다. 교육

기 이후 음역이 내려가는 것을 막고 여성의 음역을 내도록 하기 위해 거세당한 남자 가수의 슬픈 초상을 그린 영화 〈파리넬리(Farinelli the Castrato)〉(1994)와 겹친다.

문제에 대한 조악한 상황 인식과 과장된 걱정을 드러내는 일에는 간혹 정치적 욕망이 개입되는 경우를 접할 수 있다. 그런 정치는 정치를 위해서도 틀린 것이다. 논쟁에는 본질적 고민이 반영되어야 한다. 이념을 고수하는 수단으로 교육논쟁을 불러일으키는 것 또한 교육에 대한 예의가 아니다. 가끔 외국의 어느 학교에서 학급 아이들 전부가 까까머리를 했다는 소식을 접한다. 항암치료를 받느라 민둥머리가 된 친구가 소외감을 느끼지 않도록 학급 아이 전부가 까까머리가 되는 것이다. 부모와 학교가 아이들에게 가르쳐야 하는 것은 그런 개별성에 대한 존중이다(정혜신, 2010). 정서교육이 따로 있지 않다. 삶의 일상에 공기처럼 묻어나는 그런 교육이어야 한다. 기획, 과장, 전시, 홍보의 기법과 동원교육의 형태로는 정서교육의 본연을 추구할 수 없다.

아동・학생에 대한 교사의 정서적 대응도 중요하다. 아동・학생의 정서적 성장과 어떤 대상에 대한 정서적 태도는 교사의 정서에 의해 크게 영향을 받게 된다. 모든 교육활동에서 교사가 직접 가르치는 정서보다는 교육활동에서 무의도적으로 나타나는 상호작용, 동작, 태도, 언행 등 우연적 과정을 통해서 전수되는 아동・학생의 정서적 성장이 더욱 효과적일 수 있다. 더욱 암시적으로 작용하는 정서가 영향이 클 수가 있다. 그러므로 정서적 성장에 작용하는 잠재적 교육과정에 대한 배려가 필요하다(정호표, 2002: 327).

교사 자신의 정서적 성장도 중요하다. 교사 자신이 사고, 정서, 의지 등 여러 능력의 조화로운 통합을 성취했을 때, 이상적 모델로서 기능할 수 있다. 구체적으로 교사의 정서는 학급분위기 조성과 아동・학생과의 친근한 인간관계, 애정의 표현 등 다양한 방법으로 나타날 수 있다. 교수활동에서도 과학으로서의 교수 개념보다 예술로서의 교수 개념이 정서에 대한 접근을 더욱 용이하게 할 것이다. 또한 교사의 인간 존중의 태도, 자아실현에 대한 높은 기대, 잠재능력에 대한 신뢰감 등도 아동・학생의 정서적 성장을 위한 필요조건이 될 수 있다. 인간은 삶에 관련되는 모든 일을 전체적으로 파악하고 통합적으로 접근한다. 학교교육도 정서적 · 인지적 · 도덕적 능력을 조화롭게 개발하여 통합된 전인을 지향하는 교육이어야 한다(정호표, 2002: 328).

학교교육에서도 이성과 정서의 분리를 지향하면서 이성의 우선성을 인정하는 교과구조와 방법을 지향해 왔다. 교과지식도 정서적 상태에서 독립하고 정서에 지배를 받지 않고 주관성과 개인의 전망과 감정이 개재되지 않은 것일 때 가치를 갖게 된다는 것이다. 정서는 인간능력의 중요한 영역을 차지한다. 따라서 정서를 의도적으로 억제해야 할 대상으로 규정짓는 것은 그 설정이 잘못된 것이다. 잠재능력의 개발과 자아실현의 교육은 그 개념 속에 정서적 능력의 성장도 포함하고 있다는 사실을 아는 것이 중요하다.

5. 시적 일치: 정치와 교육이 만나는 지점

골맨(D. Goleman)은 정서적 능력을 자기 감정을 아는 능력, 자기 감정을 삭일 줄 아는 능력, 어떤 목적을 위해서 충동을 자제하는 능력, 남의 감정을 감지하는 능력, 적절한 인간관계 행동을 취할 줄 아는 능력 등으로 규정하였다(Goleman, 1995). 골맨은 여러 실증을 들어가며 정서적 능력이 지능지수보다도 학업, 결혼생활, 직장생활, 사업경영, 정치적 입신과 처신에 결정적인 요인이라고 단언하였다. 감수성의 개념을 확대해서 인간에 대한 감수성, 사물에 대한 감수성, 사회에 대한 감수성으로 도식화해 볼 수도 있다(정범모, 2000: 62-63). 인간적 감수성이란 남의 감정을 감지하는 것을 가리킨다. 남의 슬픔이나 아픔을 민감하게 감지하고 내가 당한 것처럼 느끼고 이해하는 일, 슬퍼하는 사람을 적절히 위로할 줄도 아는 일을 말한다. 예술성과 시적 정취(詩心, 詩的一致)는 사물에 대한 감수성과 깊은 관련이 있다. 사회에 대한 감수성은 사회복지, 사회정의, 환경문제 등에 대한 사회의식이나 책임의식을 일컫기도 한다. 이 모두가 정서교육을 위한 관심사와 주제의식으로 녹아들어야 한다.

남의 슬픔이나 아픔을 민감하게 감지하고 내가 당한 것처럼 느끼고 이해하는 일, 슬퍼하는 사람을 적절히 위로할 줄도 아는 일은 시심(詩心)-시적 일치(詩的一致)의 개념을 통해 설명될 수 있는 부분이다. 애쉬(T. G. Ash)가 유럽통합의 미래를 시적 일치의 개념을 통해 설명한 것은 시사하는 바가 매우 크다. 유럽통합에 우선 필요한 것은 경제 그리고 그것을 추진할 수 있는 정치기구이지만, 이에 더하여 유럽인의 마음속에 하나의 유럽이라는 꿈을 살려 나갈 수 있게 하는 시심-시적 일치가 있어야 한다는 것이다(김우창, 2013).

애쉬의 생각으로는 메르켈(A. Merkel) 이전의 독일 지도자들의 경험과 그것을 넘어서는 이상 또는 이념에는 그러한 시심-시적 일치가 들어 있었다. 브란트(W. Brandt), 슈미트(H. Schmidt), 콜(H. Kohl) 총리와 같은 사람들은 전쟁이나 홀로코스트 또는 독재 등을 경험한 사람들이다. 그들은 무엇보다도 이러한 일들이 되풀이되기를 원하지 않았다. 여기에 바탕을 둔 유럽의 미래에 대한 비전은 브란트 총리의 생각과 정책에 가장 잘 드러나 있다. 브란트 총리의 말에 따르면, 독일인들의 희망은 "나라 안에서나 밖에서나 좋은 이웃들의 나라"가 되는 것이다. 이러한 생각을 국제 관계에서 실현하고자 한 것이 그의 동방정책이었다. 브란트는 동방정책의 기치 아래 동독과의 평화적 관계 그리고 더 나아가 폴란드와 당시 소련 등과의 화해를 추구하였다. 방법은 거창한 것이 아니라 '작은 발걸음 정책'으로 조금씩 평화 관계를 구성해 나가는 것이었다(김우창, 2013).

브란트 총리의 독일과 유럽의 미래를 위한 비전이 시적 감동을 줄 수 있는 것이라면, 그 중요한 부분은 과거를 되돌아보고 그때 이루어진 잘못을 뉘우치는 것에 관계된 것이라고 할 수 있다(브란트 자신은 나치의 등장과 함께 노르웨이 그리고 다시 스웨덴에 망명하고 노르웨이 시민으로서 반파시스트 운동에 참여하였기 때문에 나치 독일의 범죄에 대하여 책임을 느낄 필요는 없었다). 브란트 총리를 비롯하여 독일에서 볼 수 있는 철저한 화해의 정신은 우리에게도 익혀야 할 매우 중요한 교훈이라 할 것이다. 그

인간적 성격은 브란트 총리가 바르샤바를 방문하였을 때, 바르샤바 의거 기념비 앞에서 '자기도 모르게' 무릎을 꿇었던 사건에서 시적으로 표현되었다(김우창, 2013).

1970년 12월 7일 독일 총리 브란트가 폴란드 바르샤바의 희생자 위령탑 앞에서 무릎 꿇고 사죄하는 장면은 잘 알려진 얘기이다. 자기가 속한 집단의 범죄에 대해 사죄하는 아름다움을 보인 것이다. 브란트는 이에 대해 "인간이 말로써 표현할 수 없을 때 할 수 있는 한 가지 행동을 했을 뿐입니다"라고 했다. 독일 총리의 진심어린 사과와 참회로, 폴란드와 유럽은 물론, 전 세계는 독일을 용서하고 신뢰할 수 있게 되었다. 이 역사적인 사건은 "무릎을 꿇은 건 한 사람이었지만, 일어선 것은 독일 전체였다"는 평을 받았다. 브란트가 총리로 재직하던 시절, 당시 동독 총리 호네커(E. Honecker)의 조카딸이 서독으로 망명을 신청했다. 총리의 조카라는 신분이기에 그녀의 망명은 독일 전체에 큰 충격을 가져올 수 있었다. 브란트는 망명 신청 사실을 비밀에 붙이고, 일단 이 여성을 동독으로 돌려보냈다. 그리고 호네커 총리와 긴밀하게 연락을 취했다. 일주일 뒤 호네커 총리의 조카딸이 브란트의 제안대로 정식 여권을 가지고 서독에 무사히 들어와 사랑을 이루게 되었다. 이때 호네커 총리는 "사랑하는 사람은 사랑하는 사람한테 가는 것이 옳다"는 성명을 발표했다. 독일 젊은이들은 브란트를 가장 좋아하는 독일 정치가로 뽑는다. 1990년 동서독이 통일되던 당시에도 콜이 아닌 브란트를 독일 통일의 아버지로 칭송했다.

CHAPTER

14

인성교육론

1. 인성교육의 불안한 지형
2. 행동과학적 접근, 인지발달적 접근, 가치명료화 접근
3. 가정, 학교, 사회, 그리고 인성교육
4. 학교교육의 본연에 대한 고민

인성교육론

1. 인성교육의 불안한 지형

우리나라의 교육이념은 1949년 이래 '홍익인간'으로 교육법에 명시되었지만 제도권의 교육이나 제도권을 벗어나 있는 교육에 별로 큰 영향을 주지 못하였다. 매우 아쉽게도 오늘날 이 땅에는 국가의 교육이념과 교육목적을 깊이 있게 따져서 말하는 이들이 거의 없다. 국가의 교육정책을 주도하는 이들조차 교육이념과 교육목적에는 큰 관심을 두지 않는다. 말하자면 홍익인간의 이념은 살아 있는 교육이념이 아니라 장식적 수준의 교육이념으로서의 가치밖에는 그 의미가 별로 없었다고 말할 수 있다(이계학, 1997; 최봉영, 2007).

건국 초기부터 공교육의 실질적인 교육이념으로 기능을 발휘해 온 것은 정권에 따라 수시로 바뀌어 온 일민주의교육, 국민교육헌장, 충효교육, 새마을교육, 국민정신교육 9대 덕목 등과 같은 이데올로기 교육이었다. 이렇게 국가수준의 실질적인 교육이념이 홍익인간의 이념과 어떠한 논리적인 관련을 맺고 있는지를 확연하게 밝혀주지 못했기 때문에 일반 국민은 물론, 교육을 관장하고 주도하는 사람들도 교육이 지향해야 할 바를 알 수 없을 정도로 혼미는 계속되었다.

'도덕'이 교과의 이름으로 등장한 것은 1973년 제3차 교육과정 때부터이지만, 이미 1963년의 제2차 교육과정에서도 '반공 · 도덕'의 이름으로 설정되어 있었다. 다만 그 지도는 교과로서가 아니라 학교생활을 통해 이루어지도록 하였다. 1973년 '도덕과' 설정의 취지 및 구성 내용을 통해 확인할 수 있는 것은 '도덕과'에 대한 사회적 · 정치적 요구였다. 내용면에서 한국적 민주주의, 국민교육헌장, 유신이념, 반공교육 등이 강조됨으로써 전반적으로 순수 도덕과 윤리학에 관한 내용보다는 국가의 현실적인 정책 이념을 앞세웠다는 사실을 알 수 있다(조난심, 1988).

도덕교육이 순수 도덕과 윤리학을 지향하지 못했다는 혐의는 바로 전체 교육과정의 개정과 함께 이루어지는 '도덕과' 교육과정의 개정이 정치적 변혁기와 일치하고 있다는 점에서 확인할 수 있다. 1973년 도덕과의 신설은 1972년의 유신이념을 정당화하기 위한 것이자 국시로 강조하던 반공교육을 강화하기 위한 것이었으며, 1981년의 개정은 1980년 제5공화국의 탄생에 따라 국민 정신교육과 새마을운동 정신을 고취하기 위한 것이었다. 이러한 굴절과 변형이 가능했던 것은 그 기반과 배경에 항상 강자의 권력에 촉수를 대고 있는 긍정의 철학이 자리잡고 있었기 때문이다.[1] 이론을 실천과 결합하기 위해 학자들이 현실에 뛰어드는 일은 추천할 일이지만, 그것이 억압과 배제가 넘쳐나는 부정적 현실을 긍정하는 철학을 학교 공간에 홍포하는 일이라면, 그것은 도덕·윤리의 본의를 훼손하고 인성교육의 지향을 비트는 심각한 문제를 초래할 수밖에

1) 긍정의 철학은 한국사회를 철학이 없는 사회로 만들었을 뿐만 아니라 도덕적 무능감의 확산과 도덕적 담론의 소멸을 초래하였다. 흔히 한국철학 1세대의 대부로 평가받는 박종홍은 긍정철학의 창시자라고 할 수 있다. 박종홍은 일제강점 말기에는 총독부 학무과 촉탁을, 5·16 군사 쿠데타가 일어난 직후에는 국가재건최고회의 기획위원을 맡았다. 박종홍의 학식과 성품에 관계없이 그의 철학은 조선총독부와 군사정부가 행한 억압과 폭력의 배경음악이었다. 박종홍의 현실 긍정철학은 그가 초안을 마련한 국민교육헌장에서 절정을 이루었다. 이승만 정권에서 문교부장관을 지내면서 폭력 통치의 정당성을 외친 안호상과 전두환 정권의 문교부장관으로서 국민윤리 교육론을 통해 안보 이데올로기 교육을 강화한 이규호의 철학 역시 긍정철학의 계보를 잇는다(박구용, 2006; 김석수, 2008). 같은 선상에서 국민윤리학회 5·6대 회장(1981~84)을 역임했고 오랫동안 국민윤리 교육론을 부르짖은 한승조가 일본의 대표적인 우익 잡지(『正論』, 2005. 4.)에 발표한 글에서 한국의 작금의 친일파 단죄는 공산주의·좌파사상에 기인한 어리석은 행위라고 규정하면서, '한일병합'이야말로 우리에게는 '다행'이고 '축복'이며 '감사'한 일이라고 발언한 사실은 우리를 당황스럽게 한다. 한승조의 발언은 국가적·민족적 선택의 차원에서 강자에게 자신의 운명을 귀속시켜야 한다는 친일지상주의론이라 규정할 수 있다. 긍정의 철학을 수용하는 개체에 따라서는 이렇게 잘못된 역사와 현실마저도 긍정의 대상으로 용인하는 미덕을 발휘하기도 한다. 이 대목에서 우리는 한말의 위정척사파들이 일제의 강압과 침탈에 대해 의병을 일으켜 저항하거나 나라를 잃은 치욕을 못 이겨 자결의 길을 택했던 강고한 정신에 주목할 필요가 있다. 이항로, 최익현, 황현 등 위정척사를 주장했던 유학자들이 왜 근대화·문명화시켜 주겠다는 강점자들의 인류애 넘치는 사명의식에 동조하지 않았는가, 잘 먹고 잘 살면 되었지 무엇 하러 목숨까지 바쳐가며 문화적 정체성을 고수하고자 안간힘을 썼는가에 대해 생각해 볼 일이다(이승환, 1997).

없다. 이는 인성교육론이라는 역사적 구조물의 정체성 혼미현상을 단적으로 보여주는 일이다. 당대의 인성교육론은 이렇게 불안한 지형 위에서 정체성 혼미를 겪으면서도 그 외피는 다음과 같은 이론적 근거를 통해 분식되었다.

> 대략 70년대 초부터 본격적으로 교과목화되어 가르치기 시작한 도덕(윤리)은 몇 차례에 걸친 교육내용과 방법상의 혁신이 시도되었다. 대체적으로 초창기에는 덕목 중심의 도덕교육에 치중되었으나, 80년대 중반에 들어서면서부터는 피아제와 콜버그의 이론에 토대를 둔 인지발달론적 도덕교육이 정착되기에 이른다. 아울러 이 시기에 잠재적 교육과정의 관점이 도덕교육의 한 가지 이론으로 주목받게 되어, 학교문화의 변혁을 통한 인성과 도덕성의 성장과 발달에 대한 관심이 급등하게 된다. 90년대에 들어서면서부터는 학교에서의 교과목 교습만으로 도덕 · 인성 · 시민교육이 잘 되기를 기원하는 것에 대한 회의와 의구심이 크게 돋아난 시기였다. 그래서 도덕(윤리)의 주당 수업시간수는 줄이되, 모든 교과에서 도덕교육을 함께 이루도록 교육과정의 구성 지침이 바뀌게 된다. 즉 도덕 교과의 수업시간수는 줄이되, 학교 전체에서의 도덕교육은 강화한다는 방침이 전망되기도 했으나, 이런 취지는 6차 교육과정을 통해서 달성되지 못하여 결국 도덕과의 수업시간수만 줄어든 꼴이 되었다. …… 결국 인성교육이든 시민교육이든 이 두 가지 영역의 교육은 학교의 교과교육의 일환으로만 추진되어서는 별 효과가 없으리라는 것은 이미 널리 알려진 이야기가 되어버렸다.(문용린, 1997)

긍정의 철학에 의해 구성되고 홍포된 학교의 도덕 · 윤리교육은 인성교육에 대한 진정한 담론을 불가능하게 만들었다. 그동안 정치적 환경과 사회 · 문화적 의식과 가치관의 변화와 함께 도덕 · 윤리 교과는 많은 변모를 거듭했지만, 여전히 교과의 본연과 정체성을 확보하지 못한 현실에 놓여 있다. 도덕 · 윤리 교과의 내용 대부분은 '가정' 교과와 '사회' 교과에서 가르치는 내용과 대동소이하게 겹치는 것들이다. 그도 그럴 것이 도덕·윤리 교과는 이른바 생활공간의 확장에 따라 그에 맞는 도덕규범을 설명하고 주입하는 방식으로 씌어져 있는데, 가정생활에서의 예절은 '가정' 교과서에서 다루는 것이며, 민족이나 국가와 관련된 규범, 그리고 인류공동체나 환경에 관한 바람직한 규범은 모두 '사회' 교과에서 다루는 것이다. 게다가 도덕·윤리 교과는 통일문제까지 교육내용으로 껴안고 있으니 굳이 따지자면 개인의 양심이나 개성에 대해 추상적으로 서술하는 부분을 제외하자면 다른 교과와 차별화되어 독자적으로 존립해야 할 이유가 없다(김상봉, 2005).

2. 행동과학적 접근, 인지발달적 접근, 가치명료화 접근

근대교육의 시작과 더불어 인간 형성에 관한 막중한 책임을 껴안은 학교에서는 인간 형성의 핵인 덕육을 중시하지 않을 수 없었다. 그런데 이 지점에서 겪는 딜레마는 학교에서 덕육을 중시한다는 사실과 인성교육의 척박한 현실 사이에는 어떠한 함수관계도 포착되지 않는다는 데 있다. 하지만 생각을 조금만 깊이 해보면, 이는 하등의 이상할 것도 없는, 오히려 너무도 당연한 현상이라고 말할 수 있다. 현대사회에서는 학교의 역할과 과제를 제시하면서 학교가 막중한 책임을 감당하기를 기대하지만, 그 기대가 전적으로 온당하다고 말하기는 어렵다. 그 기대는 학교뿐만 아니라, 가정도 사회도 함께 감당해야 할 공동 책무의 성격을 띠는 것이기 때문이다. 전통사회의 교육론에서는 수신(修身)의 키워드를 통해 개인의 내면적 각성과 스스로의 역할을 강조하였으며, 따라서 수신의 과제와 책무를 학교에만 떠넘기는 일은 없었다.[2)]

2) 전통사회의 지식인들은 인성에 대해 언급할 때는 언제나 지배계층을 대상으로 삼았다는 사

전통사회의 수양·공부론은 수신(修身)-제가치국평천하(齊家治國平天下), 수기(修己)-치인(治人), 수기(修己)-안인(安人) 등의 구조로 제시되는 바와 같이, 교육의 내재적 목적(爲己之學)을 추구하고 자기반성과 책임의식(反求諸己)을 고양하는 것을 기본 특징으로 삼는다. 이는 자각된 도덕의식(修身, 修己)을 갖추어야만 진정 사회적 책임과 우환의식(齊家治國平天下, 治人, 安人)을 보여줄 수 있다는 가르침을 분명한 구도로 제시한 것이라고 말할 수 있다. 수양·공부론의 이념적 지향은 시간 차원(用工時分)과 공간 차원(用工地頭)을 거시적으로 엮는 평생학습의 추구, 그리고 자체동력과 자기활동의 이름으로 전개되는 수양과 공부를 특징으로 한다. 요컨대 전통사회의 수양·공부론에 의하면, 교육의 전개 과정에서 중요한 것은 학생 자신의 의지와 열정이며, 그들 자신의 끊임없는 자기반성과 책임의식의 실천에 있다는 점이다.

교육문제에 대한 지적과 논의에서 교사의 품성과 자질과 전문성에만 초점을 맞추는 일은 그리 온당한 일이 아니다. 교육의 모든 문제를 교사의 개인적인 능

실에 주목할 일이다. '항산'조차 보장되지 않는 기층민에게서 '항심'을 기대할 수는 없으므로, 항산을 마련해준 뒤에야 비로소 인성교육을 할 수 있다고 보았기 때문이다. 전통사회의 지식인들은 가진 자들에게는 인성 회복을, 가지지 못한 자들에게는 항산을 보장해 줄 것을 주장했다. 인성교육이 절실히 요청되는 상황일수록, 인성교육의 우선적 대상은 권력과 부를 쥔 사람들이어야 하며, 도덕성 회복을 먼저 실천해야 할 대상도 바로 권력과 부를 쥔 사람들이어야 한다고 보았다(이승환, 1997). 이러한 인식의 연장선에서, 가정에서의 부모의 역할과 사회에서의 기성세대의 역할에 대한 충분한 고려와 함께 학교에서의 교사의 역할이 제시되었다는 사실을 확인할 수 있다. 당시에는 덕성과 인격을 문제삼는 발언으로 적어도 학교교육에 책임을 전가하거나 부담을 안기는 경우는 찾아보기 힘들었다. 당시의 학교교육이 갖는 문제 현상에도 불구하고, 그 문제마저도 가정과 사회라는 공간과 격리된 문제가 아니라는 인식이 작용했기 때문이다. 전통사회의 경우, 학문과 교육, 수양과 공부는 주체의 자체동력과 자기활동에 관한 문제라는 인식이 작동했을 뿐만 아니라, 책임 소재에 대한 접근 역시 모두가 이로부터 자유롭지 못하다는 인식이 강하게 작용하였다. 이는 오늘날의 가정과 사회가 학교에 대해 갖는 기대나 학교를 향해 보이는 태도가 갖는 문제를 비판적으로 이해할 수 있는 근거로 삼을 필요가 있다.

력이나 노력의 문제로 돌리는 가운데, 교육의 목표와 성취를 설명하려는 방식으로는 교육 본연의 문제를 해결하기 어렵다. 교육의 문제나 위기의 상당부분은 교육체제, 특히 교육과정의 위기에서 비롯되는 것이기 때문이다. 교육과정의 변화는 대학의 학문 분과 체제를 건드려야 하는 것이기 때문에 접근과 논의가 용이치 않다는 문제를 안고 있다. 인성교육은 학교현장의 중요한 관심 주제이며 교육과정체제에 직결된 논의의 성격을 갖는다. 인성교육과 교육일반이 유리된 구조를 갖는 가운데, 인성교육이 교육일반의 '부분 장치' 내지는 '장식물'처럼 인식되거나 처치의 대상으로 취급되는 한, 인성교육의 전망을 거론하는 일은 무의미한 작업으로 그칠 것이다.

학교에서 가르치는 수많은 교과는 각각 그 목표하는 바가 다른 바, 어떤 교과목은 지식의 이해만으로 충분하나, 어떤 교과는 기능의 숙달도를 포함시켜야 하며, 어떤 교과는 결단과 의지의 변화까지도 교육목표로 넣어야 한다. 그간 인성교육은 이런 교과적 특성을 충분히 고려한 특성화된 교육이 되지 못하였다.

인성교육은 행동의 변화를 전제로 하는 가치 · 덕목의 내면화를 지향하는 교육활동이다. 이와 같은 내면화가 가능하기 위해서는 ① 지식의 이해가 기본적으로 구비되어야 하고, ② 행동의 연습과 습관화가 병행되어야 하며, ③ 필요한 장소와 시기에서 요구되는 행동을 할 수 있도록 결단과 의지가 형성될 수 있어야 한다. 그러나 학교현장의 인성교육은 세 가지 중의 어느 하나를 배타적으로 강조하는 가운데 전개되어 왔다. 그간의 인성교육은 지식의 이해에 치우쳤고, 이를 측정하는 데 머물렀으며, 이로 인해 평가의 자족성을 충분히 확보하지 못하였다(문용린, 1997).

가치의 내면화와 평가의 자족성에 관한 부연 설명을 위해서는 인성교육론이 다양화 · 복잡화의 양상을 보인 저간의 사정을 통람할 일이다. 인성교육 체계에 관한 언어와 방법으로는 행동과학적 접근, 인지발달적 접근, 가치명료화 접근

등을 들 수 있다. 우리나라의 경우에는, 1970년대에 들어서면서 읽을거리 중심의 인성교육이 비판받으면서 위의 접근법이 차츰 모색되기 시작하였다. 행동과학적 접근이 인성교육론의 구성에 시사하는 바로는 인간의 성격, 욕구, 가치, 도덕 등은 모두 관찰할 수 있는 행동으로 정의되며, 인성교육이 이루어질 수 있는 환경 조성, 수업목표와 학습행동의 세분화, 실천과 체험의 중요성 등을 교육의 원리로 삼고 있다는 점이다.

행동과학적 접근의 뒤를 이은 인지발달적 접근과 가치명료화 접근은 교사가 학생들에게 특정한 가치를 주입하거나 직접 가르치려는 시도를 반대한다는 점에서, 그리고 인성교육의 목표를 도덕 판단력과 사고력의 증진에 둔다는 점에서 인식을 같이한다. 인지발달적 접근은 이론적 착상이 탁월하다는 평을 받지만, 도덕적 정서의 중요성을 간과한 점, 정의나 권리의 문제에 배타적으로 치중한 점, 사고가 행위를 유발할 수 있다는 낙관에 빠진 점, 덕과 습관의 중요성을 경시한 점 등이 문제로 지적되었다. 가치명료화 접근은 분석철학과 현상학과 실존철학을 동원하여 언어적 혼란의 해소를 도모하거나, 판단 배제 및 서술 그 자체를 강조하거나, 가치에 대한 수용-거부의 문제를 개인의 선택과 결단으로 일임하는 등의 논지를 취하지만, 인지발달적 접근에 비해 이론체계가 빈약하다는 비판을 받아왔다.

인지발달적 접근과 가치명료화 접근은 비지시적 접근과 지향이라는 특성상 윤리적 상대주의를 조장했다는 거센 비판에 직면해야 했다. 1980년대 이후 이들 접근법이 소멸과 퇴조의 길을 걷게 된 배경과 미국사회의 보수화 경향이 겹치는 것은 우연이라고 보기 어렵다(한국도덕윤리과교육학회, 1998). 그런데 그 소멸과 퇴조의 빈 자리에 아이러니하게도 읽을거리 중심의 인성교육론이 다시 등장하였다. 도덕·윤리에 관한 교훈이나 이슈를 제공하는 읽을거리나 자료집을 통해 인성교육을 실시해야 한다는 고전적 접근법이 다시 주목받기 시작한 것이다.

> 교과서는 도덕(윤리)적인 교훈이나 이슈를 제공하는 읽을거리를 담고 있는 일종의 자료집(resource book)의 형태를 띠어야 한다. 긴 소설이나 희곡의 경우에는 제목과 간략한 요약만을 실어주고, 토론 제목만을 제공한다. 그리고 기타 읽을거리로서 미담이나 에피소드 등은 짧을 경우 그냥 전문을 실어준다. 물론 이 경우에도 사고와 토론을 촉발하고 질문과 논의점을 간략히 제시할 수 있을 것이다. …… 아울러 이런 교과서 즉 자료집을 가지고 진행되는 도덕(윤리)수업에서는 평가도 달라져야 한다. 도덕수업의 자료로 선정된 소설이나 에피소드를 많이 그리고 진지하게 읽도록 하는 것이 바로 도덕교육의 목표가 되기 때문에, 그 책과 에피소드를 읽었는지와 잘 읽었는지(즉 잘 이해하고 있는지)를 체크하는 것이면 평가로서 족하다. 그 책을 읽고 "도덕적이 되었는지 아닌지"를 점검하는 것은 지나친 욕심이며, 가능하지도 않다. 그간의 도덕교육 평가는 "도덕적이 되었는지 아닌지"에 관심을 쫓아왔는 바, 이제는 "도덕적이 되는 데 필요하다고 생각되는 자료를 많이 그리고 제대로 읽었는지"를 평가하는 쪽으로 바뀌어야 한다.(문용린, 1997)

위의 지적은 교과서의 현행 구조를 파격적으로 탈피해야 한다는 의미로 읽힌다. 읽을거리나 자료를 정선하여 이를 널리 읽히면, 학생들의 도덕 판단력과 사고력이 증진될 것이라는 의견인 것이다. 읽을거리 중심의 인성교육에 관한 예로는 베네트(W. Bennett)의 덕목 이야기(stories of virtues)와 셀만(R. Selman)의 읽기 중심 교육기법(story-telling method for perspective taking ability)을 들 수 있다(문용린, 1997). 베네트는 도덕적 전통에 대한 지식(moral literacy)을 갖게 하는 것이 당면 과제라는 생각에 따라, 학교는 마땅히 학생들의 인격 함양에 도움이 되는 구체적인 인격 특성을 가르쳐야 한다고 주장하였다.

베네트는 특히, 인지발달적 접근과 가치명료화 접근은 우정, 사랑, 신뢰, 존중, 배려와 같은 삶의 중요한 지표를 배제한 채, 인간의 삶과 도덕성을 차가운 계산의 논리로만 간주하는 잘못을 저질렀다고 비판하였다. 또한 두 접근은 추론이나 가치화 과정에만 치중하였을 뿐, 도덕적 습관이나 행동의 차원을 무시했다고 비판하였다. 셀만은 도덕적 교훈에 관한 이야기를 많이 해주는 것(story-telling)이 교사의 역할이라고 보았으며, 도덕의 문제에 대해 교사가 확고한 입장을 표명함으로써 학생들이 가치 혼란에 빠지지 않도록 해야 한다고 역설하였다(한국도덕윤리과교육학회, 1998).

읽을거리 중심의 인성교육론이 다시 힘을 얻게 된것은 책을 많이 읽고 생각을 많이 할수록 도덕성이 높은 존재로 성장할 것이라는 사실을 그동안 소홀히 했다는 반성에 따른 것이지만, 한편으로는 사람됨/사람다움을 평가하는 일은 지나친 욕심이며 사실상 불가능하다는 것을 선언한 것이라는 점에 주목할 일이다. 인성교육의 문제와 관련하여, 도덕적 인간인가 아닌가를 분간하는 일도 어려운 일이지만, 설령 이를 분간해 낸다고 하더라도 그것이 학교에서 인성교육을 받은 결과인지, 가정교육이나 사회교육에 따른 효과인지를 구분하기도 어렵다. 게다가 사람됨/사람다움의 진정한 연원은 타고난 본성('신의 시여')에 있다는 『메논』식의 의견이 추가될 경우, 학교라는 제한된 공간과 한정된 시간 속에서 인성교육을 완결짓겠다는 발상은 무모하고도 어리석은 일이 아닐 수 없다.

3. 가정, 학교, 사회, 그리고 인성교육

삶 그 자체가 수양·공부의 과정이라는 오래된 미래의 지혜를 받아들인다면, 학교와 인성교육의 관계를 논하는 일보다는 삶과 인성교육의 관계를 논하는 일이 문제의 본원과 실체에 제대로 접근하는 일일 것이다. 국어교육의 예를 들면, 학교에서 하는 국어교육은 한 인간의 언어적 성장에서 극히 미미한 정도만 차지한다는 게 일반적인 지적이다. 인간의 언어 능력은 대부분 삶 속에서 획득되고 성장하는 것이기 때문이다(노명완, 1991). 인성교육의 경우도 동일한 접근 논리가 성립한다. 삶과 교육과의 밀접한 관계는 국어교육에서 두드러지게 나타나듯, 인성교육에서도 무거운 과제로 다가온다. 학교에서 하는 인성교육은 한 인간의 인격적 성장에서 극히 미미한 정도만 차지한다고 말할 수 있다. 사람됨/사람다움이라는 것은 대부분 삶 속에서 획득되고 성장하는 것이기 때문이다.

학교교육의 현실, 특히 덕성 함양과 인격 확립에 관한 문제를 근본적으로 살피기 위해 인성교육에 관한 과목의 존폐 여부를 따져야 한다는 주장은 역사적·철학적 논의의 배경을 지니고 있다. 학교의 인성교육에 지금처럼 도덕·윤리 과목을 별도로 설정할 필요가 있는 것인가, 아니면 다른 교과에 흡수시켜 인성교육을 겸하도록 하는 것이 바람직한 일인가에 관한 문제가 남아 있다(소흥렬, 1991). 이는 뒤늦은 문제 제기이면서도 인성교육의 본연과 근본을 따지는 중요한 논점이 아닐 수 없다.

> 도덕·윤리 교과와 관련하여 보다 근본적인 문제를 제기하고 싶다. 즉 일제시대에는 '수신'으로, 군사독재시대에는 '반공·도덕'으로 일제의 지배와 독재체제의 정당화를 위하여 특별히 고안된 이 과목이 새 천년이 시작된 민주화된 오늘날의 우리 사회에도 계속 필요한 것인가? 이 질문은 어느 학과가 도덕·윤리 교사 양성에 더 적합한가 하는 질문보다 논리적으로 선행한다. 도덕교육은 별도의 교과로 설정될 것이 아니라 모든 교과에서 공히 이루어져야 한다고 주장한 듀이는 독재체제가 아닌 오늘날과 같은 민주화된 사회에서 직접적인 수업을 통하여 도덕성을 형성할 수 있을 것으로 기대하는 것은 '감상적 마술'에 의존하는 것과 다를 바 없다고 경고한 바 있다. 만약 듀이의 주장이 옳은 것이라면 독립 교과로서의 도덕·윤리 교과는 그 존립 근거를 잃게 된다.(전국철학교육자연대, 2001)

인성교육론이 학교교육의 지형에 관여하는 방식을 보면, 우리의 학교교육이 지식교육 중심으로 짜여져 있기 때문에 덕성 함양과 인격 확립을 위한 교육체제로서는 크게 미흡하다는 견해를 들 수 있다. 이들은 응당 정(情)과 의(意), 혹은 덕(德)과 체(體)에 관한 교육이 지식교육과 함께 이루어져야 한다고 주장한다. 입시체제와 맞물려 지식 위주의 교육이 팽배한 우리의 교육현실에서 이러한 문제 인식은 일면 수긍이 간다. 예컨대 인성교육은 교과교육 수준에만 머물지 말고 학교 전체를 도덕의 장으로 만들어, 학교 전체를 단위로 하는 인성교육 프로그램을 개발·운영해야 한다는 주장을 들 수 있다.[3)]

학교교육이 교과교육 중심으로 진행된다는 것은 그만큼 교육과정의 파편화 현상으로 인해, 칸막이 된 교과와 그 교과의 지식의 구조가 중시된다는 것을 의미한다. 이러한 현실에서 학교가 낱낱의 교과활동이나 교육프로그램 운영에

3) 학교 전체를 도덕의 장으로 삼아 인성교육을 실천해야 한다는 취지에 따라 콜버그의 정의 공동체 프로그램(Just Community Approach)에 주목하는 경우도 있다. 정의 공동체 프로그램의 운영을 위해, 주당 1~2시간의 도덕·윤리시간을 반별 활동시간으로 활용할 것을 방안으로 제시하기도 한다(문용린, 1997). 뒤르켐(E. Durkheim)의 집단주의 교육이론에 고무되어 새롭게 제시된 콜버그의 후기적 구상인 정의공동체 프로그램은 학교의 잠재적 교육과정이 학생들의 도덕성 함양과 증진에 기여할 것이라는 교육학적 표방이기도 하다. 이 프로그램의 핵심 아이디어는 학생들이 공동체 생활에서 발생하는 도덕적 갈등과 딜레마를 다루도록 허용함으로써 공동체에 대한 책임감을 고양하고, 민주적 참여의 중요성을 제고하기 위한 것이다. 그러나 콜버그의 야심찬 기획에도 불구하고 이 프로그램은 학교현장에서 널리 활용되지 못하였다. 현지의 정황도 이러할진대, 한국 학교교육의 특수성을 감안하지 않고, 이 프로그램을 거칠게 도입하여 성과를 쉽게 보겠다는 발상이라면, 이는 인성교육의 본연을 오도할 가능성이 높다. 이미 짜여진 교육과정과 각종 학교행사 일정을 진행하는 일도 벅찬 현실에서 이제까지와는 구분되는 별도의 인성교육 프로그램을 추가로 도입·운영해야 한다고 요구하는 것은 교육에 대한 열정이나 진정성의 문제로 기릴 사안이 아니다(조난심, 1997). 이는 인성교육을 기존의 교과교육 활동과는 다른 별도의 프로그램으로 파악하여 접근하고자 하는 잘못된 관점에서 파생되는 문제이며, 무수한 인성교육 프로그램과 사례들이 자칫 이와 같은 방식으로 학교교육에 도입되는 것이라면, 이는 인성교육의 전망을 위해서도 바람직한 일이 아니다. 인성교육을 위한 별도의 프로그램을 갖는다는 사실 자체가 나쁜 것이 아니라, 그것만을 인성교육으로 인식하는 오도된 관점과 계량적 성과를 재촉하는 단견이 오히려 학교교육의 현실을 왜곡하고 인성교육의 본연을 훼손하는 결과를 낳는다는 점에 문제의 심각성이 있다.

는 적극성을 드러내면서도, 그 활동과 프로그램이 덕성 함양과 인격 확립에 어떻게 유기적·통합적으로 작용할 것인지에 대해 절실하게 고민하고 검토하는 경우는 드물다. 따라서 과연 교과교육이 균형 있고 통합된 인격체의 형성과 추구 문제에 어떠한 의미를 갖는지를 질문하고, 학교교육의 적절성을 거시적으로 조망, 검토하는 일이 중요하다. 인성교육의 본연을 논한다는 것은 학교교육의 구조와 지향에 대한 근본적인 문제 제기의 성격을 갖는 것이기 때문이다(조난심, 1997). 인성교육에 대한 논의는 통합된 인격체를 지향하는 학생의 관점에서, 미래의 학교체제를 구상해 볼 필요가 있다. 인성교육이 덕성 함양과 인격 확립을 지향하는 것이라면, 그 교육은 응당 '도덕과 교육'과 '사회과 교육'의 영역을 넘어서는 교과교육 전반, 더 나아가 학교교육 전반의 문제로 규정되지 않으면 안 된다. 미래의 교육에서는 인성교육에 대해 별도의 프로그램을 통해, 그리고 분절되고 칸막이 된 교과를 통해 가능할 것이라는 협애한 인식을 버리고, 자율적이고 통합적인 인격체를 지향하는 진정한 수양·공부론을 인성교육의 지향처로 삼아 이를 실천할 수 있어야 한다.

학교교육이 체계적인 지식과 기술을 가르치는 일을 구체적인 내용으로 삼는다고 하더라도, 그것이 궁극으로 목적하는 바는 인간의 전체적인 성장을 기하는 데 있다. 학교교육 본연의 목적은 인격체의 도덕적 통합을 성장의 중핵으로 삼는 데 있다. 그러므로 학교교육은 반드시 도덕·윤리 교과를 설정하지 않더라도 전체적인 활동 그 자체가 인성교육을 지향하는 것이어야 한다. 이는 학교교육에 관한 구상과 실천의 역사를 통해 얼마든지 확인할 수 있다.[4] 덕성 함양

4) 학교교육의 역사적 경험과는 달리, 근대적 현실과 지향은 학교교육의 전체적인 활동 그 자체가 인성교육과 역방향으로 치닫고 있다. 이는 학교의 본질에 대한 배반이다. 지식과 기술의 팽창과 분화는 학교가 도덕적으로 통합된 인격을 형성하는 일에 다각적인 장애로 다가온다. 비교적 도덕성 형성과 가까운 관계를 지니고 있는 교과마저도 각기의 지식체계가 고도의 독자적 영역을 발전시키면서 도덕교육적 요소를 점차로 제거시켰다. 국어의 경우에 언어

과 인격 확립에 관해서는 특정 교과에 국한된 문제가 아니라 모든 교과가 유기적 협동체계를 통해 극복해야 할 중대 사안인 것이다.

인성교육의 전체적 구상은 가정과 학교와 사회를 연계하여 각각의 역할을 부여하는 방식의 구도로 나아가야 한다. 현대사회에서도 여전히 인간 형성의 이념이 펼쳐지는 기반은 가정과 학교와 사회이다(이계학, 1992). 가정과 학교와 사회가 칸막이로 나뉘어 있지 않다는 사실은, 개인적 삶의 완성과 행복은 바람직한 사회공동체의 수립과 불가분의 관계에 있다는 사실을 통해 확인할 수 있으며, 이는 일찍이 플라톤이 『국가론』의 전체적인 구상을 통해 제안한 바 있다. 혹자는 가정과 사회의 도덕교육적 기능이 약화, 상실되었기 때문에 학교가 특별한 사명감을 가지고 이를 감당하고 추진해야 한다고 말한다. 하지만 가정과 사회가 도덕교육의 기능을 사실상 포기한 상황에서, 학교의 인성교육이 성과를 내기란 어렵다는 데 문제가 있다. 오늘날 학교의 현실이 어떠한 상황에 놓

적 규칙과 문학적 요소를 체계적으로 가르치고자 할 때, 언어와 문학 속에 담긴 도덕성 혹은 그것과 더불어 이루어지는 도덕성은 그만큼 관심의 대상에서 멀어진다. 음악, 미술 등의 정서적 교과도 예술성에 대한 관심을 더욱 철저히 요구함으로써 도덕성을 도외시하는 경향을 보이고 있다. 더욱이 역사, 지리 등의 사회과는 다른 교과에 비하여 덕성 · 인성과 밀접한 관계를 가지고 있지만, 이 부문도 현대에 와서는 과학적 사고와 판단을 더 중시하고 각기 자체의 학문체계를 발전시켜가는 과정에서 인격 형성에 관계된 측면은 소홀히 취급되고 있다. 이와 같이 전통적 교과목이 점차로 각기 독자성과 전문성을 발전시켜 나감으로써 교과의 직접적 관심사가 아닌 도덕성은 과거보다 훨씬 더 본영에서 멀어지는 경향을 보이고 있다(이돈희, 1995). 바로 이러한 현실 때문에, 모든 교과를 통해 도덕교육을 추구해야 한다는 발상은, 도덕교육을 받들고 존중하는 일이 아니라 오히려 도덕교육을 포기하자는 얘기나 다름없다는 지적도 있다. 교과마다 각자의 교과활동에 집착한 나머지 도덕교육활동에 관심을 가질 여유가 없게 될 것이며, 그로 인하여 어느 교과도 도덕교육에 책임을 지려고 하지 않을 것이기 때문이다. 하지만 이러한 현상이 빚어진다면 그것은 앞서 말한 바 학교의 본질에 대한 배반이다. 덕성의 함양과 인격의 확립은 학교교육의 본연에 관한 일이며, 따라서 근대 학문의 분과 체계나 분화 양상이 어떠한 변모를 보인다 하더라도 그 본연이 경시될 수는 없는 일이다. 학교가 거시적 구상을 통해 이를 감당하고 여기에 가정과 사회의 부응과 협력이 이어질 때 문제는 새로운 국면과 해법을 맞을 수 있다.

여 있으며 가정과 사회가 학교를 향해 기대하는 바가 진정 무엇인가를 생각해 본다면, 위의 주장은 책임있는 발언, 현실적인 제안이라고 보기 어렵다.

원론으로 돌아가서, 가정과 학교와 사회의 존재 의의와 관계 역학은 다원성과 통합성이라는 원리를 통해 설명할 수 있다. 다원성의 원리는 현대교육에서 가정과 학교와 사회가 각각의 감당해야 할 역할과 책임을 수행해야 한다는 점을 시사한다. 어느 시대를 막론하고 교육에 영향을 미치는 세력에 대한 관심과 논의는 중요한데, 이는 가정과 학교와 사회가 각각의 이름으로 세력을 형성하고 있다고 보아도 좋을 것이다. 이 중에 어느 한 세력이 과도한 영향력을 행사하게 될 때, 교육이 파행과 파탄을 겪게 된다는 사실을 역사를 통해 확인할 수 있다. 오늘날 사회적 문제가 일어날 때마다 인성교육의 중요성을 강조하면서, 분절된 공간 또는 격리된 주체나 대상을 향해 책임을 묻고자 하지만, 이는 구조적 모순과 문제가 발생한 배경과 기반을 정확히 짚어내고 문제의 본질을 추적하는 데 실패했음을 의미한다. 교육 주체의 통합성의 원리는 현대 교육에서 가정과 학교와 사회라는 교육의 세 주체가 통합적으로 역할을 수행해야 한다는 점을 시사한다. 가정과 학교와 사회는 교육에 대해 추구하는 가치도 상이하며 그것을 실현하고자 하는 방식도 차이를 가질 수밖에 없다. 가령, 사회는 국가 발전이나 인적 자원 개발이라는 도구적 가치를 추구하는 반면, 학교는 인성 함양이나 창의성 개발과 같은 본질적 가치를 표방하기 마련이며, 가정은 사회적 출세라는 가치관에 경도되지 않을 수 없다는 점을 지적할 수 있다. 그러나 세 주체가 추구하는 가치와 그 실현방법이 일관성 있게 통합되지 않고서는 인간의 형성이라는 교육 본연의 과제는 실현될 수 없다(김병희, 2008).

4. 학교교육의 본연에 대한 고민

도덕교육은 별도의 교과로 설정될 것이 아니라 모든 교과활동을 통해 호흡활동이 이루어져야 한다는 문제의식은 학교교육의 본연을 이해하고 거론하는 중요한 출발점이다. 하지만 이러한 발상이 환상으로 취급되고 비현실적 주장으로 폄하되는 것이 현존 상황이며, 그만큼 학교 안의 인성교육론은 오랜 기간 본영을 벗어나 있었음을 역설적으로 보여주는 것이라고 하겠다(한국인격교육학회, 2010). 현존 상황에서 인성교육의 구상과 구성, 그리고 이의 사회적 승화는 지극히 어려운 사태에 직면해 있다. 이를 개념화하자면 인성교육의 대중성을 확보하는 일이 그만큼 난망하다는 뜻이다. 오늘날과 같이 인성교육의 실천력과 현실적 접합력이 떨어지는 상황에서 무엇을 고민하고 반성해야 할 것인지에 대한 보다 근본적인 통찰이 필요하며, 그 통찰의 중심에는 인성교육의 대중성에 대한 고민을 토대로 하여 대안이 모색되어야 한다는 점이다. 대중성의 문제란, 가정과 학교와 사회를 아우르는 가운데 그 전체적 맥락 속에서 논의의 범주와 지향을 갖추고 이를 추구해야 한다는 뜻이다. 대중성의 의미에 주목할 때, 가정과 학교와 사회 간의 개별성의 원리와 통합성의 원리를 전제로 한 인성교육만이 유효하며, 자체 동력과 자기활동의 원리를 존중하는 선상에서 인성과 교육의 관계와 역학을 거론하는 체계를 확립할 수 있다.

0교시(정규수업 전 보충수업), 심야보충수업, 야간자율학습, 우열반 편성 등을 제도로써 보장하겠다는 학교자율화라는 그럴듯한 명칭의 이면에는 학교와 학생을 무한 경쟁의 세계로 내모는 반교육의 기제가 숨어 있다.[5] 학교는 나와 너,

5) 학교교육활동에 대한 청소년들의 학습참여방식을 통해 인성교육의 이상이 현실적으로 얼마나 동떨어진 얘기인지를 점검할 수 있다. 청소년들의 일탈학습문화를 특징짓는 학생들의 일탈학습행동으로 입시집착학습행동(입시에 관련 없는 수업회피, 학원공부 또는 학원숙제하기 등), 수업과 상관없는 딴짓 하기(수업시간에 잠자기, 핸드폰으로 문자메시지 보내기, 잡담하기, 옆 친

그리고 우리에 대한 이해를 강조하는 곳이어야 한다. 정직, 책임, 배려, 공정성, 자신과 타인에 대한 존중 등의 윤리적 가치를 내면화하고, 역지사지의 자세, 이해와 관용, 타협과 조정을 가르치고 배우는 곳이어야 한다. 인성교육의 이상과 지향과 범주도 이상의 논점을 이탈하지 않는다. 그러나 현실은 이와는 크게 달라, 학교 안의 학원을 지향하는 현실, 학급이 곧 학생의 상대적 위치를 말해주는 우열반 편성체제를 지향하는 현실에는 학생의 삶과 고통에 대한 절실한 고민이 드러나 있지 않다.

인성교육론과 관련해서, 심각한 문제인 것은 우리 사회에 사실상 아동·학생에 대한 담론이 사라졌다는 사실이다. 한국사회에서 학교는 교육 본연의 활동이 펼쳐지는 공간이 아니며, 한국사회에서 학생은 그들의 인격과 존엄성을 보장받는 존재가 아니다. 학교에 자율성을 부여할수록 학교가 입시학원으로 미끄러지는 현실에서, 학생들이 덕성 함양과 인격 확립을 향해 삶의 목표를 세우는 일 자체가 불가능하며, 그들이 인격체로서 존중받을 리는 만무하다. 이렇게 잘못된 방향으로 무서운 결말을 향해 우리의 교육이 치닫는 현실에서, 이제 인성교육을 거론한다는 것이 과연 어떠한 호응과 파장을 불러일으킬 수 있다고 보는 것인지, 그리고 이러한 문제를 바로잡겠다는 교육개혁론이 겨냥하는 바는 그동안 무엇이었고, 개혁을 통해 달라진 것은 무엇이었는지에 대해 우리 모두를 향해 묻지 않을 수 없다.

구와 장난치기 등), 수업의욕상실행동(수업준비 안 하기, 빈 가방 들고 학교 등교, 무기력한 상태로 멍하니 앉아있기 등), 등교거부 관련 행동(지각, 조퇴 혹은 무단조퇴, 무단결석 등), 반항심약행동(자퇴, 가출, 자살 등), 대항적 탈학교행동(탈학교모임을 통한 학습, 홈스쿨링, 학력·학벌철폐 연대 참여) 등을 지적할 수 있다. 이처럼 청소년들의 학습문화는 교육의 본질을 가꾸는 쪽보다는 일탈학습문화로 변질된 경우가 많다(이영호, 2002).

CHAPTER

15

지식융합론

1. 표방: 지식의 융합
2. 팔리시, 비베스, 라블레
3. 견고한 장벽: 문과 · 이과
4. 창의적이고 유연한 교육의 길
5. 지식은 모두가 한 핏줄의 후손

지식융합론

1. 표방: 지식의 융합

오늘날 우리는 '잡동사니', '잡종', '잡학' 등의 단어에서 보듯이 '잡(雜)'이라는 의미를 다소 가치가 떨어지는 기타 부류 정도로 생각하는 경향이 있다. 이러한 '잡'이라는 한자의 폄하적인 의미로 인해 도서 분류상의 잡가(雜家)를 이런저런 분류 항목에 속하지 못한 기타 잡서류 혹은 그다지 중요치 않은 잡다한 도서류 정도로 인식해 오고 있다. 그렇지만 중국 최초의 자전인 한나라 허신(許愼)의 『설문해자』에서는 '잡(雜)'이라는 글자에 대해 "襍(雜의 本字)은 다섯 가지 색깔이 섞여 있다는 뜻이다[五彩相會]. 衣는 의미부분이고[從衣] 集은 발음 부분이다[集聲]"라고 풀이하였다(『說文解字』, 衣部, 「雜」). 『국어』의 위소(韋昭)의 주석에서는 '雜'은 '合'과 같은 뜻이라고 되어 있다. 고대 중국에서 '雜'이라는 글자의 본래 뜻은 "여러 사물을 모으다" 혹은 "여러 사물이 합쳐져 있는 상태"를 가리키는 말이었음을 알 수 있다. 즉 '잡(雜)'이라는 글자의 최초의 의미는 여러 가지 사물이 섞여 있다는 뜻으로 현재의 "다소 가치가 떨어지는 잡다한 것"이라는 의미와는 거리가 있다(안정훈, 2013: 14-28).

잡가(雜家)라는 명칭은 한나라 유향(劉向)－유흠(劉歆) 부자가 처음 사용한 용어이다. 잡가라는 범주는 의관(議官)으로부터 시작한 것으로, 이들은 유가와 묵가의 장점을 아우르고[兼儒墨], 명가와 법가의 핵심을 합한 지적 체계였다[合名法]. 나라의 제도에는 이 모두가 필요함을 알았고 왕도정치란 이 모든 것을 꿰뚫고 있어야만 한다고 보았다. 이것이 바로 잡가의 장점이다. 그러다가 후에 어설픈 자들이 이를 시도한 경우에는 방만하고 잡다해져서 중심사상으로 귀결되는 바가 없었다. 잡가의 특징은 당시의 여러 학설의 장점을 종합하여 치세에 도움이 되는 학문으로 만들었다는 데 있다. 이 일을 의관(議官)이 맡았음을 알 수 있다. 제 선왕(齊 宣王) 당시 상당수의 직하(稷下) 문인들이 왕으로부터 저택과 벼슬을 하사받고 정치에는 종사하지 않고 의론에만 전념했다(不治而議論)는 기록(『史記』, 卷

46,「田敬仲完世家」)으로 보아 이들 의관은 당시 제나라의 식객 혹은 빈객의 신분이었으며, 직하 학풍으로 미루어 볼 때 백가의 학설에 두루 통하였을 것으로 보인다(馮友蘭, 2000). 잡가의 최초의 의미는 오늘날 우리들이 생각하는 것처럼 어디에도 속하기 애매한 '집합으로서의 잡서들'이 아니라 여러 학설을 종합한 '종합 학문적 서적들' 혹은 '교차연구 학문분야'에 더욱 가깝다고 봐야 할 것이다. 잡가 항목에 수록된 전적의 양이 유가, 도가, 음양가에 이어 네 번째로 많다는 사실은 잡가라는 항목이 여러 부류를 수록하고 남은 기타 항목으로서가 아닌, 당시 학술사의 상당부분을 차지했던 하나의 주요한 학술적 흐름이었음을 반증한다(안정훈, 2013). 잡가—잡학은 발생사적 배경에 비추어볼 때 '잡동사니', '잡종', '잡학'의 의미가 아니라 종합학문, 교차연구 학문, 지식의 융복합을 추구하는 학적 체계였던 것이다.

요즈음 우리 사회에서 통합 또는 융합에 대한 사회적 기대가 작지 않다. 거기에는 세부적인 분과 학문에 갇혀 이른바 '전문 바보'처럼 지냈던 스페셜리스트의 한계를 극복하고 인류의 문명사적 전환기에 인간과 사회를 새롭게 전망하려는 제너럴리스트의 열망이 담겨 있다. 대학에서 교양교육이 강화되고 있는 것도 교양교육(general education)이 글자 그대로 제네럴한 교육인 만큼 다학문적이고 간학문적이며 횡단학문적인 다양한 방법으로 학문들의 본래적 일체성을 회복한다는 추세의 표출로 읽힐 수 있는 것이다. 따라서, 교양교육의 기초로 실행되는 말하기와 글쓰기 교과목은 관습적으로 특정 분과 학문에 의해 지배된 낡은 도구 교과목에서 벗어나 인문·사회·자연 전반에 걸쳐 통합 또는 융합의 통찰을 구현해야 할 것이다(노관범, 2010).

20세기 끝자락에, 분리된 학문을 발전적으로 아우르겠다는 통합의 바람이 불기 시작했다. 21세기 들어 이 바람은 지식의 융합을 표방하는 시대를 만들었다. 지식융합이라는 이름 아래 인문학, 사회과학, 자연과학, 예술, 종교를 하나의 끈으로 묶으려는 경향이 등장했다는 것은 그만큼 현 상태의 지식과 학문체계가 결핍의 징후를 보이고 있다는 사실을 말해준다. 스노(C. P. Snow)는 인문학과 자연과학의 대립 양상을 일컬어 '두 문화(The Two Cultures)'로 규정한 바 있다. 이는 지식과 학문의 역사에 비추어 볼 때, '두 문화'가 하나의 뿌리였다는 전제를 가지고 주장한 것이라고 말할 수 있다.[1)]

근대교육의 등장과 더불어 학교교육은 교과와 시간표에 의해 지식의 덩어리

1) 스노(C. P. Snow)가 1959년에 말한 '두 문화' 문제는 과학 문화와 인문 문화 사이의 심각한 괴리현상을 지적한 것으로써, 이후 이 두 문화 개념은 과학기술과 인문사회 사이의 갈등과 격차를 의미하는 핵심어로 통용되고 있다. 조금 다른 맥락이기는 하지만 생물학자 윌슨(E. Wilson)은 1975년에 스노와 비슷하게 두 문화에 대한 문제의식을 가지고 자신이 새로이 주창한 사회생물학(sociobiology)을 통해 두 문화의 통합을 전망하였다. 윌슨은 이를 더욱 발전시켜 1998년에 컨실리언스(consilience)=통섭이라는 개념으로 두 문화의 통합에 관한 관점을 체계화하였다. 이영희는 스노의 두 문화 개념, 사회생물학에 투영된 두 문화 문제, 그리고 윌슨의 통섭 개념들에 대한 비판적 고찰을 통해 이들이 과학기술과 인문사회를 진정으로 통합하는 데 한계가 많음을 주장하면서, 두 문화의 극복 문제는 매우 중요하고 시급한 과제이므로 두 문화 문제의 극복을 위한 하나의 대안으로서 연방주의적 과학기술학(federalist Science and Technology Studies=federalist STS)이라는 개념의 유용성을 제안한 바 있다(이영희, 2010). 스노가 규정한 두 문화는 문과와 이과로 나눠 고등학교 교육을 실시하는 한국교육의 현실에도 그대로 적용될 수 있는 말이다. 두 문화 사이의 대립, 특히 은연중에 드러나는 인문학에 대한 자연과학의 우월성에 대해 최재천은 신화, 문학적 상상력, 인문정신, 정신분석학 등에 대한 자연과학자의 '거친 판결문 낭독'이라고 표기한 바 있다(도정일 · 최재천, 2005). 언제 어디서든 지식융합의 미명 아래 학문 제국주의와 과학 파시즘이 불거질 수 있음을 보여주는 대목이기도 하다(김흡영, 2008). 우리나라의 학문과 교육에서는 이른 바 문과와 이과의 구분이 유난히 심하다. 고등학교 상급반이 되면 모든 학생이 예외 없이 문과나 이과 중 하나를 선택해야 하고, 일단 선택한 후에는 줄곧 자신이 선택한 과의 테두리에 갇혀서 반대쪽 과로부터는 차단된 채 엄격한 구분과 차별 속에서 생활하도록 제약받고 있는 것이다. 그러나 이 구분은 실체에 바탕을 둔 것이 아니라 근본적으로 인위적이고 임의적인 것이다. 그리고 이 구분은 우리의 교육과 학문에 많은 폐단을 빚고 있다. 이러한 선택을 하도록 강제한다는 것은 그 나이의 학생에게는 퍽 가혹한 일이다. 문과 · 이과의 구분이라는 것 자체가 근본적으로 임의적일 뿐 아니라, 설사 그 같은 구분이 가능하다고 하더라도 실제로 적성이 문과나 이과 어느 한쪽에 뚜렷이 기우는 사람은 아주 드물며, 그 기울어짐을 판정하는 일도 쉽지 않기 때문이다. 그럼에도 학생들은 반드시 문과와 이과 어느 한쪽을 선택해야 하며 일단 선택한 후에는 그 선택이 학생 자신의 앞날에 굉장한 제약을 가하는 테두리로 작용하게 된다(김영식, 2007: 125-126).

를 쪼개고 나누는 방법이 동원되었다. 지식융합이라는 이상과 정신을 담아내기에는 너무 버거운 현실의 집약체가 바로 학교인 셈이다. 특히 입시 위주, 경쟁 지향의 현행 학문 패턴과 교육방식을 감안한다면 학교교육 현장에서 지식융합의 이상을 구현하기란 결코 쉽지 않다는 것을 알 수 있다.

만약 우리의 삶에서 열린 질문이 용납되지 않는다면 우리에게는 폐쇄적인 지식세계에서 살아가는 존재가 되고 말 것이다. 이제 지식의 세계는 상호 간에 놓여 있는 장벽을 헐어야 한다. 열린 지식의 세계는 반쪽 지식을 용납하지 않는다. 만약 대학에서의 교육 역시 인간의 됨됨이를 대상으로 하고 인격 형성의 과정이라고 본다면 대학은 열린 지식을 통해서 학생들에게 열린 인격(offene Persoenlichkeit), 성숙한 인격(reifende Persoenlichkeit)을 형성하는 데 기여해야 한다. 왜냐하면 아무리 훌륭한 지식일지라도 반쪽밖에 알려줄 수 없는 폐쇄지식세계로는 대학이 더 이상 전체성 지식을 통한 삶의 전체성을 교육해 낼 수는 없기 때문이다. 결국 대학은 열린 지식과 열린 인격 형성을 통하여 전체성 지식과 삶의 전체성 교육을 이루어내야 한다. 물론 이러한 일들이 대학에서는 과학과 과학함을 매개로 강구되어야 할 것이다. 왜냐하면 대학은 보편타당한 객관지식의 세계를 찾아내기 위해서 또는 삶에 대한 객관적 이해의 근거를 마련하기 위해서 이미 처음부터 과학 또는 과학함이라는 특정한 사유와 실천의 방법을 차용하고 있기 때문이다(이상오, 2006: 94-95).

지식의 융합을 말하기에 앞서, 그동안의 지식의 분화, 학문의 경계 짓기가 나름의 의미를 갖는다는 사실에 주목할 일이다. 그 경계 짓기가 전문 지식의 발굴과 구성 및 체계화 과정에 기여했기 때문이다. 그때는 넓게 아우르는 일을 뒤로 한 채, 깊이를 천착하는 일이 학문의 발전을 가져왔다. 이를 인정하는 바탕 위에서 분과학문의 벽을 허물고 학제 간 연구를 수행하고 지식융합의 틀을 갖추어 나갈 때, 학문의 내적 논리를 공고히 할 수 있음은 물론 교육현실의 문제를 극복할 수 있는 대안 모색도 가능할 것이다. 과거처럼 분과학문을 고수하는 일은 학문 간의 맥락을 놓치게 될 우려가 높지만, 그렇다고 전후 맥락에 대한 이해 없이 학문 간의 융합을 외친다고 해서 능사는 아닐 것이다. 지식의 융합을 말하기에 앞서, 그 융합이 지닌 가치와 방향, 관점과 태도를 고려하는 일은 그만큼 중요하다.

지식융합시대를 기화로 학교교육의 실효성을 문제 삼는 일은 이제 일반적인 사실이 되었다. 특히 기업에서는 학교교육을 탓하면서 사원 선발 후 별도의 재교육을 실시하는 데 많은 비용을 감수한다고 불만을 털어놓기도 한다. 이는 지식융합과 학교교육의 문제에 대한 여러 생각거리를 제공한다. 특정 지식과 학문의 굴레를 벗어나는 일은 자신이 처한 제약과 한계를 극복할 수 있는 힘을 전제로 한다. 그 전제를 수인하는 범위 안에서 스스로의 노력과 제도적 뒷받침이라는 이항의 동시적 진행은 의미를 발휘할 수 있다.

2. 팔리시, 비베스, 라블레

지식융합에 관한 이상과 현실을 말하기 위해서는 지식왕국에 대한 원천적 · 계통적 이해가 필요하다. 하나의 세계 안에 살면서 서로 의사소통이 되지 않아 보이는 지식왕국들이 서로 다리를 놓아 교류하고 살펴보니 사실 그들은 한 핏줄의 후손들이었다. 그것은 무엇보다 우리의 자연스러운 상식과도 맞아떨어지는 문제이기도 하다. 세계가 하나라면, 그 세계를 설명하는 지식 체계도 하나여야 한다는 생각은 지극히 마땅한 것이다(박승억, 2008).

문제는 지식왕국에 대한 원천적 · 계통적 이해를 통해 밝혀지는 사실은 당황스러운 수준이었다는 데 있다. 프랑스의 유명한 도예가였던 팔리시(B. Palissy)는 1580년 출간된, 소르본느대학교 교수들의 풍토에 대한 긴 독설인 『훌륭한 논의』 *(Discours admirales)*에서 철학은 자연을 관찰하는 기술이라고 규정하고, 이 기술은 결코 지식인들과 철학자들의 전유물이 아니라고 단언하였다. 오히려 이 기술은 지구상의 모든 사람에게 전파되어야 하며, 이것은 책 위주의 문화와 철학적 전통을 강력하게 거부하는 사물 예찬(cult of things)을 통해서만 생겨날 수 있다는 것이다.

에라스무스(D. Erasmus)와 토마스 모어(T. More)의 친구였던 철학자 비베스(J. L. Vives)는 유럽의 학자들이 기계의 구조나 농업, 직조, 항해 등에 관련된 기술적인 문제에 진지한 주의를 기울일 것을 주장했다. 작업장이나 공장에 들어가서 장인들에게 질문을 하고 그 작업의 세부적인 것까지 알게 되는 것을 부끄럽게 여겨서는 안 된다는 것이다. 비베스에 의하면 자연에 관한 지식은 철학자나 변증론자의 손에만 달려 있지는 않다. 사실 농부와 장인들이 위대한 철학자들보다는 자연을 훨씬 잘 알고 있다. 농부와 장인들은 자연 속에서 그리고 자연에 대해서 작업한다. 철학자들과는 대조적으로 그들은 굉장한 이름을 붙인 일련의 허구적 존재들을 만들어 내지는 않았다(Rossi, 1970/ 김영식 편, 1983).

> 변증론자들은 자신들이 전혀 알고 있지 못하는 자연에 대해 울화가 치밀어 그들 스스로를 위해 또 하나의 자연을 만들어 냈다. 말하자면 형식(formality), 개체(individuality), 관계(relation), 플라톤의 이데아, 그리고 이를 처음 생각해낸 사람들조차 이해할 수 없는 기괴한 것들로 구성된 자연이었다. 변증론자들은 자연의 모든 것에 대해 매우 장엄한 이름을 붙여놓고 이를 형이상학(metaphysics)이라 불렀다. 만약 어떤 사람이 자연에 대해서는 완전히 무식하거나 혐오감을 띤 지능을 가지고 있고 그 대신 난해한 것들이나 어리석은 꿈에 흥미가 끌리는 생각을 가지고 있으면, 사람들은 그가 형이상학적 지능을 가지고 있다고 말할 것이다.

비베스를 이어, 라블레(F. Rabelais)는 『위대한 가르강투아의 무서운 생애』*(Vie très horrificante du grand Gargantua)*라는 저서에서 장인들의 작업에 관한 연구를 완전한 교육의 필수적 요소로 포함시켰다. 포노크라테스(Ponocrates)의 지도 아래 어린 가르강투아는 광범위한 신체적 단련과 섞어가며 자연과학, 산수, 기하학, 음악 등을 공부했다. 춥거나 비오는 날에는 학생은 조작이나 그림의 기술을 공부하고 스승과 같이 금속이 어떻게 단련되는가 혹은 대포가 어떻게 주조되는가를 보러 가기도 했다. 또한 그들은 대장장이, 보석세공사, 연금술사, 시계제작사, 인쇄공, 오르간 제작자, 염색공 등을 방문하기도 했다(Rossi, 김영식 편, 1983: 214).

베살리우스(A. Vesalius)는 1543년에 발간한 『인체의 조직에 관해서』*(De humani corporis fabrica)*에서 이론과 실천의 연결을 위해 분투노력하였다. 동시에 베살리우스는 공허한 지식의 소유자인 교수와 푸줏간 주인과 같은 처지로 전락한 해부사의 모습을 비판적으로 그렸다. 베살리우스 말고도 당시 문학적 · 수사학적 성격의 교육을 기술 수련과 직업 준비에 역점을 두는 교육으로 바꾸려는 주장과 견해를 접하기는 어렵지 않다(Rossi, 1970/ 김영식 편, 1983: 215-216).

> 게르만족의 침입 이후 그 이전에 크게 융성했고 올바로 수행되었던 모든 과학이 쇠퇴하고 파괴되었다. 그때에, 그리고 맨 처음 이탈리아에서, 상류층 의사들이 고대 로마인을 흉내 내어 손으로 하는 작업을 경멸하기 시작했다. 그들은 환자에게 필요하다고 생각되는 치료 중 손을 쓰는 치료는 노예에게 맡기고 자신들은 감독만 했다. 환자를 위한 음식 요리나 관리는 간호사에게 맡겼고 투약은 약사에게, 손을 쓰는 수술은 이발사에게 맡겨졌다. 이런 식으로 해서, 시간이 지남에 따라 어떤 의사는 자신이 내과의사(physician)라고 공언하면서 약의 처방과 분명치 않은 질병에 대한 식이요법만을 손수 처리하고 나머지 의료 활동은 그들이 노예보다 별로 낫게 여기지 않았던 외과의사(surgeon)에게 내주었다. 이런 식으로 해서 그들은 불행하게도 자신들을 무엇보다도 자연의 관찰을 기초로 하는 의술의 가장 중요하고 오래된 분야(의술에 진정 다른 분야들이 있을 수 있다면)로부터 분리시켰다. 손을 써서 하는 수술의 전 과정이 이발사들에게 넘어가자 의사들은 곧 장

> 기에 관한 진정한 지식을 상실하였을 뿐만 아니라 해부학의 실제 역시 종말을 고하게 되었다. 물론 이런 개탄스러운 현상은 수술의 임무를 떠맡은 사람들이 해부학 서적을 읽기에는 너무 무지했던 반면 의사들은 수술의 위험 부담을 더 이상 받아들이려 하지 않았기 때문에 일어났다. …… 의술의 분리는 우리의 학교에도 오늘날 유행하는 것과 같은 가증스러운 제도를 도입해서, 한 사람은 인체를 해부하기만 하고 다른 사람은 그 부분을 설명하기만 하는 일이 생겨났다. 설명을 하는 사람은 까마귀처럼 높은 단 위에 자리잡고 심한 경멸의 태도를 가지고 자신이 직접 관찰한 것이 아니라 다른 사람의 책에서 기계적으로 암기했거나 설명도에 나와 있는 사실에 대해 단조로운 설명을 되풀이한다. 화술에 무지한 해부사는 학생들에게 설명할 능력이 없으므로 의사의 설명을 좇아야 하기 때문에 잘못 짜여진 순서에 따라 시범을 보이고 의사들은 해부 작업 자체에는 전혀 손을 대지 않고 작업자의 도움을 받아 거만스럽게 학생들을 지도하면서 말만 일삼는다. 따라서 모든 것이 형편없이 교육되고 쓸데없는 질문으로 많은 나날을 보내며, 학생들은 푸줏간 주인이 고깃덩어리를 가지고 의사에게 가르쳐줄 수 있는 것보다도 빈약하고 혼동된 교육을 의사들로부터 받는다.

지식융합은 사회문화적 현상이면서 학교교육의 진행을 문제 삼는 메시지를 담고 있다. 학교교육이 지식융합이라는 화두로부터 자유로울 수 없는 것은, 학교 안의 파행과 고질이 하필이면 지식에 대한 단절적・배타적 추구 양상을 띠고 있기 때문이다. 단절과 배타를 특징으로 하는 교육 문제는 사실상 해체와 재구성의 운명을 안고 있는 교과구조의 문제이다. 그런데 우리는 구조를 그대로 놔둔 채 현상만을 문제 삼는 소모와 낭비를 거듭해 왔다. 그 구조는 국・영・수 중심주의로 엉킨 학벌 시스템이다. 한국사회로 무대를 옮기면, 두 문화(The Two Cultures)와는 또 다른 프레임의 국・영・수 중심주의가 한국교육의 전체상을 좌우하고 있음을 알 수 있다. 국・영・수 중심주의의 위력 앞에서는 슈뢰딩거(E. Schroedinger)식의 물리학 중심주의도 윌슨(E. Wilson)식의 생물학 중심주의도 결코 대항마가 될 수 없다.[2)]

3. 견고한 장벽: 문과 · 이과

1993년에 처음 실시되어 현재에 이르고 있는 대학수학능력시험의 경우, 이 시험이 처음 시행된 1993년에는 문과 · 이과의 구분 없이 모든 수험생들이 같은 문제를 풀도록 했고, 그 결과 문과 · 이과를 구분하여 교육하는 현행 제도 속에서 어느 한쪽 학생들에게 유리하고 다른 쪽은 불리한 문제점이 노정되었다. 사실은 이 문제점이야말로 문과 · 이과로 구분하여 가르치는 우리나라 고교 교육제도의 현실을 단적으로 보여준다. 그처럼 임의적이고 무리한 구분 때문에 우리 고등학교 교육이 학생들로 하여금 균형잡힌 대학수학능력을 함양하도록 해주지 못하고 있었다. 그러나 이에 대한 우리 사회나 교육당국의 대응은 문제점 해소를 위해 더욱 균형잡힌 고교교육을 모색하는 방향으로가 아니라 이 제도에 문과 · 이과의 구분을 다시 도입하는 방향으로 이루어졌다(김영식, 2007: 132). 문과 · 이과의 임의적 구분이 학생들에게 균형잡힌 교육을 시키는 것을 막음으로써 문제를 빚은 원인임을 보지 못하고 오히려 그 구분을 절대적인

2) 생물학이 지식융합의 전략적 베이스캠프로 자리잡은 까닭은 물리학과 인문학 사이의 거리는 너무 먼 반면, 생물학은 그 둘을 효과적으로 연결시켜 줄 수 있는 중간지대라고 보기 때문이다. 물리학을 중심으로 통합과학을 시도한 기존의 환원주의는 '뇌'라는 독특한 대상에 대한 이해가 적었기 때문에 실패할 수밖에 없었다는 지적도 있다(박승억, 2008). 하지만 한국의 학교현장에서 이러한 지식융합론은 모델로 존중받기 힘들다. 문과와 이과를 나누어 가르치는 현실, 문과생은 사실상 자연과학을 공부하지 않아도 통하는 학교현실은 국 · 영 · 수 중심주의의 전형적인 반영이다.

전제로서 받아들이고 있음을 알 수 있다.[3)] 사실상 교사, 학부모, 교육행정가, 정치인 등 우리 사회의 구성원 모두가 학문과 관련된 모든 것을, 때로는 학문 외적인 것들까지를 문과와 이과로 나누는 것을 철칙으로 신봉하고 그 철칙에 맞지 않는 상황에는 맹목적으로 저항하기까지 하는 버릇에 젖어 있다(김영식, 2007: 132-133). 또한 우리 사회는 문과와 이과를 구분할 뿐만 아니라 이 둘이 서로 엄격하게 대칭과 균형을 이루어야 한다고 생각한다. 예를 들어 초・중등교

3) 문과・이과의 구분은 실체가 있는 본질적인 구분이 아니라 지극히 임의적인 구분이다. 문과・이과 사이의 장벽은 각각에 속하는 분야들 사이에 실제로 존재하는 것이 아니라 단지 우리 머릿속에 관념상으로 존재하거나 사회 속에 제도적으로 존재하는 것이다. 따라서 문과・이과 사이에서 우리가 느끼는 뚜렷한 차이라는 것은 양쪽 분야들의 내용과 성격에 실재하는 것이기보다는 관념적, 제도적 장벽이 만들어낸 허상일 뿐이다. 문과・이과의 구분이 본질적인 것이 아니기에, 그 구분이 과거부터 있었던 것은 아니다. 실제로 우리는 과거의 많은 위대한 학자, 사상가들이 철학, 역사, 신학, 자연과학 등 모든 분야에 두루 관심을 가지고 깊은 조예를 지닌 경우를 많이 보게 된다. 예를 들어 뉴턴이 신학과 철학에, 그리고 로크나 볼테르가 과학에 깊은 관심을 가졌으며, 동양에서도 주희나 이황 같은 유학자가 천문역법과 같은 분야에 깊은 관심을 가지고 공부했다. 사실 이는 인간과 세계의 여러 문제에 폭넓은 관심을 가진 진지한 학자들로서는 당연한 일이었다. 학문 분야들이 다루는 대상이 자연, 사회, 정신 등으로 뚜렷이 나누어질 수 있으리라는 것이 이 구분의 밑에 깔린 전제이고 그것이 어느 정도 들어맞는 면이 없는 것은 아니지만, 이것은 오늘날 사회와 학문을 두고서는 엄청난 착각이다. 문제는 융합과 통섭의 대상이어야 할 학문분야들을 문과나 이과 어느 한쪽으로 구분해줌으로써 학생들의 공부의 폭을 좁혀버리는 데 있다. 학생들이 전공을 너무 일찍 택해서 생기는 문제들이 아니라 모든 분야를 문과나 이과 한쪽으로 구분하고 그 둘 사이에 엄격한 장벽을 두기 때문에 생기는 문제인 것이다. 최근 들어 어려서부터 컴퓨터와 휴대폰 등 첨단장치들을 접하며 자라온 어린이들에게서는 과학기술에 대한 장벽이 뚜렷이 눈에 띄지 않는다는 것은 다행이다. 오히려 이들은 과학기술에 대해 친밀감과 호감을 가지고 있는 경우가 많다. 그러나 문제는 이런 어린이들이 고등학교에서 하는 대학입시공부가 그 호감과 친밀감을 앗아가고, 문과・이과의 경직된 구분이 이들의 머릿속에 견고한 장벽을 구축한다는 사실이다. 동서양 양쪽의 전통 모두에서 문과・이과 구분과 비슷해 보이는 구분이 없었던 것은 아니었지만 어느 쪽도 오늘날 우리 사회에서 보는 것 같은 경직된 성격의 구분과는 관계가 없는 것이었다. 실체도 없고 역사적으로도 근거가 없는 임의적 구분이 순전히 관습에 의해 지속되면서 심각한 문제를 빚고 있는 이같은 상황을 타파하고 제대로 된 균형 잡힌 중등교육을 시행해야 할 당위성이 너무나 명백하다(김영식, 2007: 133-146).

육이나 대학의 교양교육에 있어 사회 교과목과 과학 교과목, 심지어는 국어 교과목과 수학 교과목이, 절대적으로 균형을 이루고 똑같은 비중을 지녀야 한다고 생각한다. 문과 · 이과 평등의 철칙 앞에, 과학기술이 사회와 문화 속에서 점점 중요해져 가는 현대의 상황에서 모든 학생에게 과학기술의 교육을 더 강화함으로써 그들이 앞으로 생활해 나가야 할 현대사회와 문화에 제대로 대처하자는 당연한 주장 같은 것은 제대로 논의의 대상조차 되지 못하고 만다(김영식, 2007: 133).

지식융합시대의 결정체로 들 수 있는 것이 바로 논술 교육의 장면이다. 논술은 교과 시스템 안에 착근하지 못한 채 유랑하는 신세이지만 입시산업의 인기상품으로 각광받고 있다. 그런데 논술은 학교현장에서 사실상 국어 교과의 연장이다. 그 내용이 인문 · 사회, 과학 · 기술, 예술 분야의 지식과 학문적 성과를 아우르는 것이라 할지라도 이를 국어 교사가 담당하는 것이 일반적인 추세이다.

사실 논술 교육을 어느 특정 전공자가 전담하거나 독점할 필요는 없을 것이다. 그러나 어떤 전공자가 논술 교육을 담당할지라도, 세계관, 가치관, 비판적 사고와 같은 철학의 분야를 중시하지 않을 경우 실패할 수밖에 없다. 예컨대 국어나 문학 전공자가 논술 교육의 적임자라는 생각은 무지의 소치라기보다는 무비판적 사고의 전형적인 예이다. 초등학교 6년과 중 · 고등학교 6년, 무려 12년 동안 어떤 다른 교과보다 많은 시간을 할애하여 국어, 문학, 읽기와 쓰기 교육을 받은 학생들이 별도로 논술 교육을 받아야 한다는 사실을 이해하기는 힘들다. 그러기에 철학계에서는 국어 교육 담당자들을 향해 지금에라도 책임을 통감하고, 철학과 비판적 사고를 별도로 연구한 후에 논술 교육에 임해야 할 것이라고 말한다. 학교현장에서 철학의 본령을 어겨가며 주로 국어 교사가 논술 교육을 담당하고 있음에 대한 비판적 지적이다(김광수, 2006).[4)]

국어 교과가 논술 영역을 확장주의의 대상으로 삼기에 앞서 우선적으로 점검할 문제가 있다. 모든 교과가 그렇다고 생각하지만, 특히 국어 교과는 도덕성 형성과 밀접한 관계를 갖는다. 국어의 경우, 문법, 화법, 논리 등의 언어적 규칙과 시, 수필, 소설 등의 문학적 요소를 체계적으로 가르치고자 할 때, 언어와 문학 속에 담긴 도덕성 혹은 그것과 더불어 이루어지는 도덕성은 대단히 중요한 교육의 의미를 지닌다. 하지만 국어 교과는 국어라는 이름의 지식체계를 다듬고 고도의 독자적 영역을 발전시키면서 도덕교육적 요소를 점차로 제거시켜 왔다. 합리적 사고와 객관적 증거에 의존하는 탐구방법을 중시함으로써 냉철한 이성적 판단을 강조하지만, 감정, 의지, 정열, 동정 등과 같은 정서교육·도덕교육의 측면은 자연히 덜 중요한 요소로 취급한다. 현대에 와서는 과학적 사고와 판단을 더 중시하고 각기 자체의 학문체계를 발전시켜 가는 과정에서 인격 형성에 관계된 측면은 소홀히 취급되고 있다. 이와 같이 전통적 교과목이 점차로 각기 독자성과 전문성을 발전시켜 나감으로써 교과의 직접적 관심사가 아닌 도덕성은 과거보다 훨씬 더 교과의 본영에서 멀어지는 양상이라고 말할 수 있다(이돈희, 1995).

4) 문제는 그 논술이 일으키는 파급효과에 있다. 논술은 학생들의 운명을 좌우하고, 사교육시장의 황금알이 되고, 출판사들의 기획 상품이 되고, 철학과 국문학의 주도권 다툼을 촉발시키는 대상이기도 하다(김광수, 2006). 지식융합의 이상은 이렇게 교육현장에서 버젓이 무시되고 있음을 알 수 있다. 철학계 일각에서는 1996년 말부터 주요 대학의 논술 문제를 평가하여 언론에 공개한다든가 학교 교사와 학원 강사들을 대상으로 논리·논술 지도자 연수를 실시한다든가 하는 일에 앞장서왔다. 이를 두고 철학자들이 점잖지 못하게 '진창'에 발을 담갔다고 질책을 받기도 했다지만, 진창에 빠지더라도 황금알을 차지하겠다는 태세인 것은 분명하다. 논술은 사교육시장의 황금알이기 이전에 철학계의 황금알이기 때문이다. 이쯤해서 철학계의 속내를 들여다보는 일은 헛된 일은 아니라고 본다. 철학적 소양은 비판정신의 함양이며 이는 토론문화의 형성과 민주적인 국가 건설에 피할 수 없는 요건이다. 그것은 누구나 다 아는 얘기이다. 문제는 철학이라는 '교과'를 강조하는 과정에서 드러나는 교과 이기주의와 '철학'이냐 '윤리'냐 하는 교과 간의 갈등이라는 불편한 모습을 지켜봐야 한다는 사실이다. 그 연장선에서 그 변형으로 등장하고 있는 것이 바로 논술에 대한 철학계의 애정과 집착이다.

자율학습으로 장면을 바꾸어 얘기하더라도, 역시 논점은 국·영·수 중심주의에 있다. 자율학습의 자율이란 주로 학습의 방법을 말하는 것이고, 그 내용은 대부분 이득과 경쟁에 관계된 것이다. 그 내용이 설령 통합교과와 통합지식을 갖추고 있다 하더라도 그것이 이득과 경쟁을 도모하는 것인 한, 이는 왜곡과 파행으로 읽힐 뿐이다. 정규수업도, 보충수업도, 그리고 자율학습도 담아내는 내용은 동일하고 동질적이다. 자율학습이 처음에는 낯설고 반강제적이어서 괴롭지만, 그 취지와 목표를 잘 이해하고 따라오다 보면 마침내 몸에 익히게 되어 강요당한다는 느낌 없이 저절로 학습하게 된다고 한다. 그 목표에 학교도 학부모도 함께 동의하고 있다. 자율학습은 무한경쟁의 논리가 교육현장에 드러난 것에 불과하며, 그 내용은 사회경제적으로 결정된다고 말할 수 있다(허우성, 1997).

지식융합을 천명하는 일은 그 가치와 방향, 관점과 태도를 문제삼는 기획이다. 자신의 내면의 움직임과 삶의 전 과정을 이해하도록 도와주는 것이며, 자연과 사물에 대해서 셈하지 않는 태도, 비소유적 태도, 개방의 태도를 가르쳐주는 것이어야 한다. 하지만 현실은 아쉽게도 학교 안팎의 구분을 넘어 철저한 변혁을 기다리는 형국이다. 세계와 국가는 고원한 이상과 품격은 멀리하면서도 기업과는 지척지간에 있다. 그 구도와 궤적을 따라 세계, 국가, 기업, 교육이 동일한 욕망을 갖고 앞을 향해 나아간다(허우성, 1997).

학교교육에서 지식융합의 이상을 말하기에 앞서 학교교육의 현실은 이렇게 근본적인 해결 과제가 가로놓여 있는 셈이다. 이를 무시한 채, 지식융합의 가치를 내걸고 이를 위한 교육개혁에 동참하라고 말하기에는 교육의 현실이 너무 버겁다. 그것은 학교교육의 과부하 상태를 부추기고 지식을 융합이 아닌 혼합·혼돈의 상태로 빠트릴 수 있다.

4. 창의적이고 유연한 교육의 길

한국의 교육은 극히 위험한 길을 걷고 있다. 창의적이고 유연한 교육의 길 대신에 주입식 암기교육에 극단적으로 가치를 부여하고 있기 때문이다. 디지털 체계가 등장하기 전에는 단일한 교육체계나 교육방법이 모든 분야에 적용되어야만 했다. 강요된 역할에 순응하지 못하는 어린이들은 모두가 낙오했다. 높은 성적을 받지 못한 자녀를 둔 가족은 실의에 빠졌다. 잘못된 교육체계에 대해, 학교 밖에서 배울 게 더 많다는 사실에 대해 부모들이 인식하거나 행동을 보이지 못하였다. 그런데 이제 홀연히 디지털 세계가 출현해 상이한 학습 분야를 통합하고 나섰다. 예술과 과학과 공학 분야 사이의 완고한 장벽을 날려 보내기 시작했다(Negroponte, 1995).

가벼움과 즐거움만 쫓는 시대에, 지식융합의 이상에 역행하는 교육현실을 응시하면서 그 해법을 궁리하기란 여간 복잡다단한 일이 아니다. 오늘의 문제를 직시하고 함께 숙의, 선택해 나가는 의견이 절실한 상황이지만, 우리의 교육문화와 교육정책의 형적을 감안한다면 지식융합의 길은 험난하고도 먼 길이 아닐 수 없다.

교육 분야의 극히 위험한 길, 주입식 암기교육에 극단적 가치를 부여하는 현실은, 여전히 진행형이다. 학교현장에서는 창의성 교육, 다양성 교육, 인성교육을 표방한다. 하지만 이는 그야말로 씁쓸한 기획이다. 표방과 실천이 겉돌고 있는 현실에서 창의적이고 유연한 교육의 길은 요원해 보인다. 홀연히 다가온 학습 분야의 통합을 위한 움직임, 예술과 과학과 공학 분야 사이의 완고한 장벽을 허무는 일은 강고한 방법적 기준을 요하는 문제인 것이다.

지식융합의 발생사적 성격을 들여다보면, 그 안에 지대 추구라는 욕망이 꿈틀대고 있음을 발견할 수 있다. 경제(기업경영)의 중요성 때문에 교육을 말하고, 교육을 말하기 위해 학교교육의 비효율성과 비생산성을 지적하는 수순을 밟는 것도 이 때문이다. 얼마 전까지만 해도 인문학의 위기라는 말이 유행처럼 번졌는데, 요즘은 인문학 열풍이라는 말이 떠돈다. 어찌하여 위기가 열풍으로 순식간에 변한 것일까. 인문학 열기는 비단 시민강좌뿐만 아니라 출판이나 그 밖의 사회행위에도 번지고 있다. 기업 경영이나 광고 개발에 관한 책에도 인문학이 신묘한 수식어로 쓰인다. 인문학이 바야흐로 세상살이의 척도처럼 대접받고 있는 것이다. 인문학 서적은 최소한 인간을 수단이 아니라 목적으로 대해야 한다는 정도의 덕목만큼은 제시해 놓은 책들이다. 그럼에도 요즘의 인문학 열기를 온전히 받아들이기는 어렵다. 몇 해 동안 우리가 신자유주의 원리(효율과 경쟁)에 따라 전면적으로 해체, 재구성되어 왔음은 주지의 사실이다. 그 과정에서 우리의 내면은 살벌한 양육강식의 논리로 산산이 파괴되기 시작했으며 누구에게나 가능할 법했던 중산층의 꿈 또한 여지없이 뭉개지기 시작했다. 이 전투에 어린 자녀들까지 합류하게 되지 않을까 하는 두려움은 자연스레 내면에 대한 성찰로 이어졌으며 이것이 기본적으로 인문학 열기의 파토스가 되었다. 수많은 인문학 강좌와 독서 특강과 철학 모임은 이 절박한 요구에 기반을 하고 있는 것이다.[5] 그럼에도 꽤 많은 강좌들이 대체로 당대성이 생략된 일반 교양강좌라는 측면이 강하다. 과거의 중산층 문화에 대한 욕망이 꽃꽂이나 노래교실로

5) 우리는 학교교육에서 독서교육의 일환으로 독서의 계절을 내세우는 경우를 쉽게 접할 수 있다. 독서에 계절이 따로 있을 리 없지만 인문학 강좌나 독서 특강에서도 가을을 독서의 계절로 내세우면서 천고마비를 그 근거로 제시하기도 한다. “천고마비의 계절, 전국에 부는 독서페스티벌 열풍”, “천고마비의 계절, 가을엔 독서를 하자!”, “천고마비의 계절, 독서 문화 행사 풍성” 등이 대표적인 사례이다. 하늘이 높고[天高] 말이 살찌는[馬肥] 좋은 계절이니 독서에 매진하자는 뜻을 내보인 것이다. 하지만 중국에서 이 말은 “하늘이 높고 말이 살찌는 가을이 되면 흉노족이 늘 쳐들어 왔으니[匈奴到秋高馬肥], 다가올 변고에 미리미리 대비해야 한다[變必起矣宜豫爲備]”는 뜻이었다. 흉노족의 침입은 말이 살찌는 가을에 주로 일어났다. 이와 같은 배경을 안다면 천고마비를 독서와 연관 짓는 일은 터무니없는 것임을 알 수 있다. 독서의 본의를 조금만 생각해 보더라도 독서에 계절이 따로 있다는 발상은 인문학의 시간과 공간을 벗어난 얘기가 아닐 수 없다.

드러났다면 이제 신중산층 문화의 한 유행으로 인문학 강좌가 이쁘장하게 포장되어 소비되고 있는 것은 아닌가, 걱정해야 하는 형국이 되었다(정윤수, 2009: 16).

비효율성과 비생산성을 극복하는 확실한 대안은 아쉽게도 경쟁밖에 없다. 이제 상이한 학습 분야를 통합하는 시대, 예술과 과학과 공학 분야 사이의 완고한 장벽을 날려보내는 시대에, 같은 사물을 이해하는 데는 참으로 다양한 방법이 있을 것이다. 그 방법은 진정한 의미의, 본연적 의미의 창의적이고 유연한 길이어야 한다.

대학에서 마련하는 강좌 역시 같은 맥락의 걱정이 앞선다. 냉정하게 말해 대학이 인문학의 산실인가 하는 질문은 요즘의 풍경에서 우문이 되고 있다. 일부 대학의 풍경은 인문학의 산실이 아니라 그처럼 현실성 없는 것은 과감히 생략하고 생산성만 최고의 가치로 제시하는 경쟁문화가 창궐하고 있다. 그럼에도 대학이 특정 계층이나 지역주민들을 향해 인문학 강좌를 개설하고 있다. 실은 적지 않은 수익 발생과 특정 계층의 커뮤니티라는 사회문화적 자본의 형성으로 귀결되는 일이 되기 쉽다. 지역주민을 위한 인문학 강좌 또한 명망 높은 인사들의 연속 특강일 뿐 특정 주제나 분야에 대한 깊이 있는 공부로 이어지지는 않는다. 유의해야 할 것은 이 열풍이 헛헛한 마음을 근사한 말로 잠시 채우는 일이 되어서는 곤란하다는 것이다. 그렇기 때문에 '당대성'이라는 화두가 반드시 필요하다. 그저 들으면 좋고 안 들어도 무방한 한가로운 강좌가 아니라 오늘의 이 불안하고 경쟁적인 삶을 제대로 응시할 수 있는 관점이 녹아 있는 강좌가 필요하다. 그리하여 그 많은 강좌를 들은 후 오늘 이 시대의 많은 문제들이 바로 자신의 실존적 불안과 무관하지 않다는 것을 인식하게 될 것이며 그때에 비로소 더 많은 공부와 성찰을 위해 밤늦도록 책을 읽게 될 것이다. 그제야 우리는 인문학 열풍이 제대로 불고 있다고 말할 수 있는 것이다(정윤수, 2009: 16).

일의 성패를 예단할 수 있는 유구한 기준이 있다. 특별한 계기나 사건의 충격을 통해 비로소 움직이는 일이 아니라, 일상적으로 이루어지는 인간 내면의 성찰과 완성의 과정을 취하는 일일 때, 그것은 진정성과 함께 그 성취를 보장할 수 있다는 사실이다. 지식융합의 시대를 낯익게 받아들이는 것은 우리가 맥락을 외면하고 관계를 소홀히 해서는 안 되는 시대를 살아가고 있다는 반증이다. 이는 데카르트 이래 현상의 한 부분만 관찰했던 개인주의와 단순계 과학의 시대를 지나 복잡계 과학의 시대로 접어들었다는 증거이기도 하다.[6]

조각조각 나뉜 분업의 장면을 통해 우리는 수많은 탈책임성을 목격해 왔다(김광웅, 2008). 정책을 통해 교육현장을 규정하는 수많은 계기와 충격을 통해서도 탈책임성의 현주소를 목격, 확인할 수 있다. 그러고 보면 학교교육에 관한

---

6) 이즈음에서 사회와 문화가 복잡한 성격을 띠게 되면서 점점 많이 나타나는 복합학문 분야들의 경우이다. 예컨대 심리학 · 지리학 · 해양학 · 전산학 · 정보학 · 방송학 등의 분야를 각각 문과와 이과 어느 한쪽에 소속시킨다는 것은 많은 문제를 일으키며 사실상 불가능하다. 억지로 어느 한쪽에 소속시키게 되면 이들 분야 자체의 성격에 큰 제약과 왜곡이 나타날 것은 쉽게 알 수 있다. 이들을 각각 문과와 이과에 소속시킴으로써 당연히 다루어야 할 많은 내용들을 이들 분야들로부터 차단시켰으며 그 접근방법에도 제약을 가했다. 문학, 역사, 철학 등 전통적인 인문학의 핵심 분야들을 보아도 진정한 인문학이 되기 위해 이들 분야는 당연히 우리가 살고 있는 사회와 문화의 모든 영역을 대상으로 해야 하는 것이다. 그럼에도 불구하고 문과 · 이과의 경직된 구분과 격리 상황은 이들 인문학 분야가 오늘날 사회와 문화에서 가장 중요한 현상인 과학기술을 외면하거나 제대로 다룰 수 없도록 하고 있다. 문과와 이과에 해당하는 내용의 차이보다는 제도적 장벽이 더 큰 어려움을 주고, 가장 극복하기 힘든 어려움은 학생들 자신과 주위 사람들이 지닌 관념의 장벽이다(김영식, 2007: 139-142). 서양의 전통 속에서도 문과 · 이과의 구분 비슷한 것이 있었고, 이것이 후에 두 문화의 문제(two-culture problem)라는 말로 언급되었음에 주목할 일이다(Snow, 1959). 하지만 한국사회에서만큼 그 정도가 심각한 것은 아니었다. 서양에서 문과와 이과에 해당하는 말들이 있다면 인문학(humanism) 또는 인문주의(humanities)와 과학(science) 또는 과학기술일 것이다. 이것들이 서로 대비된 것은 19세기에 이르러서였다. 그러나 자세히 보면, 이 구분 역시 문과 · 이과 구분과는 본질적으로 다른 것이다. 특히 주목해야 할 것은 과학기술과 대비된 것이 우리의 문과가 아니라 그보다 훨씬 좁은 범주의 인문학이었다는 것이다. 인문학이 대항했던 것은 과학기술만이 아니라 실용성, 전문성을 중요시하는 당시 문화와 교육의 새로운 조류 전체였고, 굳이 양쪽으로 나누자고 들면 우리가 문과에 소속시키는 대부분의 사회과학 분야들이나 직업학문분야들도 당시로서는 인문학과 반대쪽에 속했을 것이다(김영식, 2007: 145-146).

교육정책의 성격은 전형적으로 단순계 과학의 특성을 닮아 있다. 교육을 그대로 표준화, 단순화하여 관찰하는 한, 교육문제의 본질에 충실히 다가설 수 없다. 이제 교육행정이 복잡계 과학 시대의 도래를 수용하겠다면, 그에 걸맞은 책무를 감당하겠다는 각오를 갖고 학교교육에 관한 정책적 대응에 임해야 할 것이다.

5. 지식은 모두가 한 핏줄의 후손

지식의 융합을 말하는 시대에, 우리의 학교교육체제는, 학문사회가 다양한 학문의 발전에 제대로 대처하지 못하게 함으로써 학문의 균형 있는 발전을 저해하는 양상을 띠고 있다. 난마처럼 얽힌 학교교육의 현실을 그대로 둔 채 지식융합의 당위만을 역설하는 것은, 실질적 의미를 갖지 못한다. 지식융합의 구호를 외치는 일을 능사로 삼기에 앞서 학교교육의 생태적 지위와 얼개를 파악한 후 그 개성(다양성)을 통합, 논의할 수 있는 실존적 깨달음과 반성이 앞서야 하는 일이기 때문이다. 지식융합을 논하는 일 역시 지식융합의 결정체를 담아낼 수 있는 기반에 대한 자기점검이 우선적으로 필요하다는 점을 지적하고자 한다. 지식융합시대에 걸맞은 학교교과 시스템이 작동할 수 있기 위해서는, 지식은 모두가 한 핏줄의 후손들이었다는 큰 생각이 교육의 일상을 이끄는 그러한 현실을 만들어야 한다.

지식융합의 이상 실현이 버거운 것은 재산, 소유, 경쟁 등의 자본주의의 중심 개념들이 생명 사이의 연계성과 상호 의존성에 대한 자각을 방해하는 현실 때문이다. 경쟁을 제일의 원리로 삼고 있는 자본주의는 경쟁과 질투를 그다지 부정해야 할 일로 여기지 않는다. 오히려 이를 사회발전의 원동력으로 여긴다(허우성, 1997). 우리의 교육정책도 무한경쟁을 부추기는 기획을 포기하지 않는 한, 지식융합의 실천적 전개라는 프로젝트는 학교현실의 조정에 실패하고 퇴장할 가능성이 높다.

작금의 지식융합론에는 한국인의 실존적 삶과 운명을 해석하고 체계화하는 토착적 학문의 힘이 미약하다. 지식융합의 한국적 변이를 통해 지금-여기와 미래의 문제를 말하려는 뜻을 갖고 있지만, 정작 지금-여기에 작동하는 한국 교육의 메커니즘에 대한 이해와 성찰이 결여되어 있다. 연고주의와 정실주의, 가부장적 권위와 성차별, 사회적 형평성과 계층 간의 위화감 등의 문제가 난마처럼 얽혀 있는 사회현실에서 지식융합의 새로운 과제를 역설하는 것은 현장감이 떨어지는 얘기일 수 있다. 작금의 지식융합론에는 한국인의 실존적 삶과 운명을 해석하고 체계화하는 토착적 학문의 힘이 미약하다. 융합에 대한 방법론은 양산되어 있으나 실존적 삶의 문제를 성찰하는 힘의 결여로 인해 융합이라는 작용이 제대로 된 시너지 효과를 낼 수 없다. 우리는 이러한 문제에 대한 원천적 고민을 특히 근현대사에 대한 논의 장면에서 갖게 된다. 지식융합론의 응용판으로서의 융합인재교육=스팀(STEAM: science, technology, engineering, arts and mathematics)에 사실상 빠져 있지만, 진정 융합인재를 지향한다면 한국사회를 살아가는 근본에 대한 성찰과 고민은 아무리 지나쳐도 부족하지 않을 것이다. 한국사회가 사리분별에 어두워 역사를 이념 다툼의 장으로 보며, 어느 한편의 소멸을 주창하는 이 살벌한 시대에 진정 필요한 인재는 무엇인지를 생각해 본다. 적어도 다음과 같은 질문은 무겁게 받아들여야 할 것이다.

> 더 이상 무고한 사람들을 부당하게 희생시키는 범죄를 반복하지 않겠다는 목적. 불가피했다는 논리로도 사람들에 대한 추악한 폭력과 억압과 차별을 결코 정당화할 수 없음을 깨닫게 할 목적. 서로가 연대하고 협력할 때에만 소수 강자의 편취를 막아내고 생존의 위기를 극복할 수 있었다는 것을 배울 목적. 주류와 영웅이 돋보이는 역사, 심지어 정당치 못한 강자의 승리가 주를 이루는 역사라 할지라도 그 이면과 저변에는 다수의 보통 사람들

과 패배를 감수하는 용기 있는 반역자들이 존재했음을 알릴 목적. 그래서 지난 시간의 흐름 끝에 놓여 있는 현재의 처지를 이해하고, 시공간을 관통해 서로서로를 존중할 줄 아는 힘과 지혜를 얻을 목적. 이것이 역사를 다루는 이유이자, 역사를 다루는 방식을 내올 목적이다. 나라와 사람의 품격은 역사를 어찌 다루느냐에 달려 있다 해도 과언이 아니다. 지난 시간의 살핌 속에서 옳고 그름과 맞고 틀림을 가늠하는 기준을 찾아낼 감각을 회복할 수 있기에 그러하다. 또 인간의 나약함과 인류문명의 과오를 확인하며 인류애를 갖고 오만과 편견을 벗어날 반전의 계기를 찾아낼 수 있기에 그러하다. 가령 인종차별이 얼마나 무서운 것이고 터무니없는 것인지는 역사를 읽어야 알 수 있다. 신과 과학의 이름으로 인종을 차별하고 학살까지 했지만, 실상은 경제적 이익과 권력을 향한 탐욕에 불과한 것이었음을, 그래서 꼭 그리하지 않아도 되는 것이었음을 알아내는 길은 역사를 공부하는 것이다. 그리하면 벨기에의 레오폴드 2세가 고무 채취 할당량을 채우지 못했다고 콩고인의 팔목을 하루에 무려 1,308개씩이나 잘라낸 것이, 40년간 2,000만 명에 달하던 콩고 인구를 1,000만 명으로까지 줄어들게 한 것이 도대체 인류문명의 발전에 무슨 소용이 있는 것이었던가라는 물음을 던지게 된다. 작금의 대한민국을 목도하며 역사 읽기와 공부의 중요성을 새삼 체감한다. …… (김윤철, 2014)

한국사회의 막중한 과제를 풀어갈 의지를 갖고 있다면 학문 제국주의, 과학 파시즘, 슈뢰딩거식의 물리학 중심주의, 윌슨식의 생물학 중심주의를 넘어서는 역량의 확보와 따끔한 성찰이 있어야 한다. 그래야만 지식융합론의 표방과 적용을 통해 앎과 삶의 본연을 제대로 구축할 수 있다. 이는 한국사회의 현실과 미래에 대한 막중한 책임감과 사명감을 전제로 할 때에 비로소 가능한 일이다. 그렇지 못한 채, 그저 지금-여기의 문제를 정물 배경으로 삼아 항상 새로운 구호를 유행처럼 받아들이고 때가 지나면 이를 버리는 일을 반복한다면, 책임지고 점검하고 실천적 지성으로 난제를 타파하는 일은 요원한 과제로 남고 말

것이다. 지식융합론마저도 혹여 그런 성격이 묻어 있다면 이는 자칫 해바라기성 지식융합으로, 지식융합 기회주의로 전락할 수 있다.

그런 징후를 잠재우고 그런 우려를 불식시키기 위해서는 구체적인 대안과 해법에 입각한 담론이 이루어져야 한다. "우물을 깊이 파려면 넓게 파라"는 덕담 수준의 지침으로는, 그것이 용기를 줄 수 있을지는 몰라도, 학교현실의 개혁에 실질적인 도움을 줄 수 없다. 이는 지식융합의 실천력을 묻는 자는 많은데 아직 답변이 빈약한 현실의 반영이기도 하다. 학교에 지식융합은커녕 융합할 지식체계마저도 부실한 현실에서, 지식융합의 기치를 구호처럼 내거는 일은 진정한 해법이 아니라 패착일 수도 있다.

CHAPTER

16

수업권, 학습권, 교육권

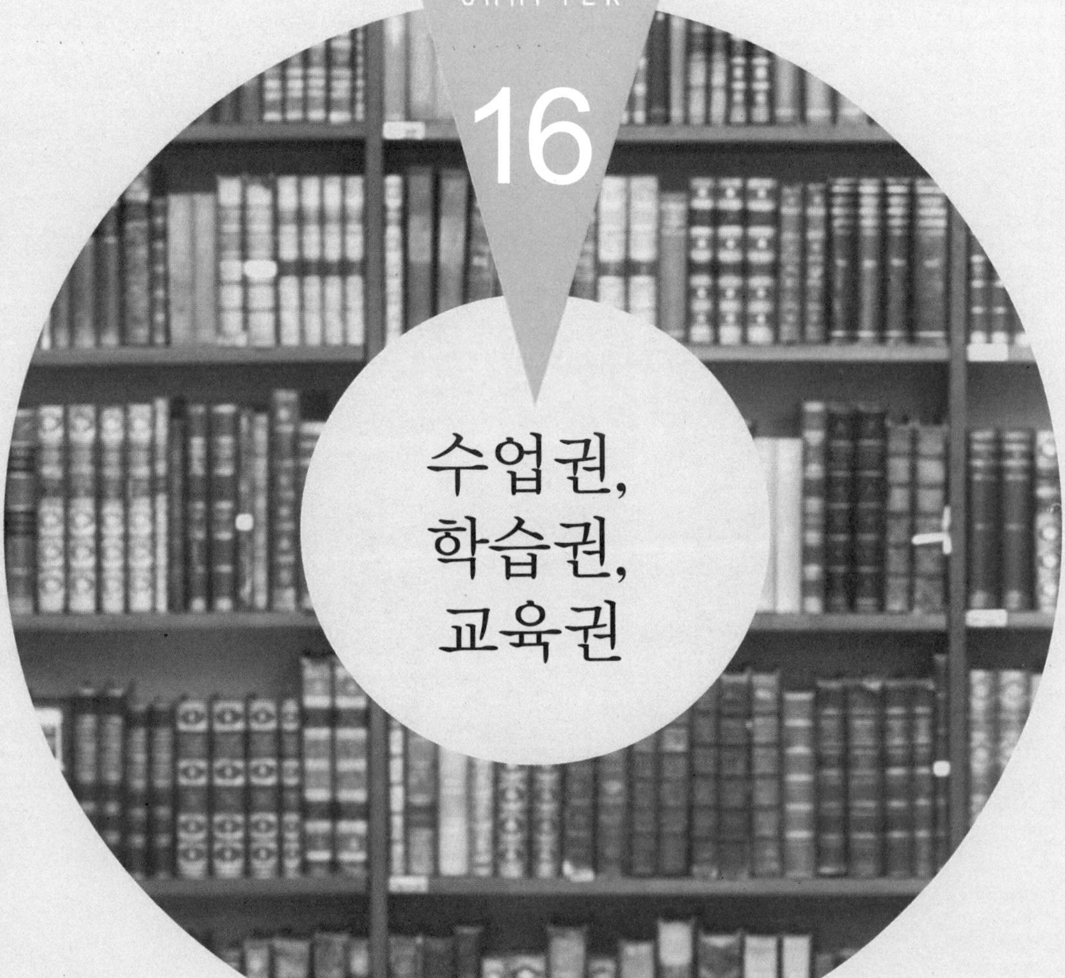

수업권,
학습권,
교육권

1. 교사의 신분 보장과 교권

교사는 국민으로부터 공교육제도의 주관자로서 주도적 지위를 담당하도록 위임받은 존재이다. 교사의 직무는 피교육자인 학생들의 기본적 권리인 교육을 받을 권리와 서로 앞뒷면을 이루고 있다. 교사의 직무는 학생들의 권익과 복리 증진에 기여해야 하는 바, 국가와 사회공동체의 공동이념과 윤리의 테두리 안에서 제약을 받는다(헌재 1991. 7. 22 선고, 89헌가106 결정).

공교육제도의 주관자인 교사에 대해서는 교육의 자주성과 특수성을 위해 그 지위를 두텁게 보장하고 있다. 교권이라는 말은 의미의 다양성을 갖는다. 교권은 교사로서의 권리, 교사의 수업권, 교사의 인권 등의 의미를 함축한다. 그런데 오늘날 다양한 삶을 용인하는 추세로 인해 가정, 학교, 사회 전반에 걸쳐 교권의 비중은 낮아지고 있다. 교육의 규모나 여건·환경의 변화는 교권의 위상에 중대한 성격의 변화를 가져왔다. 우선 교육의 대량화와 형식화와 전문화로 인하여 교사와 학생 사이에 인간적인 접촉[1]이 예전 같지 않게 되었다. 보통 수

---

* 이 글은 경북대학교 사범대학 교육학과(2010). 『교직 실무의 이론과 실제』. 교육과학사. pp. 72-78을 재구성한 것임.

1) 교사와 학생 간에 이루어지는 인간적인 접촉이란 가르침과 배움의 현상이 이루어지는 핵심 전제이다. 교육의 성패는 사실상 인간과 인간의 만남에 의해 결정되기 때문이다. 볼노브(O. F. Bollnow)의 "만남은 교육에 선행한다"는 명제는 만남의 방식과 만남을 통해 맺어지는 인간관계가 교육을 결정하는 본질적 측면임을 말해준다. 만남의 방식과 관계는 소통과 공감을 위한 중요한 전제이다. 교사-학생의 관계는 크게 세 유형이 있다. 공자, 석가모니, 소크라테스, 예수의 경우처럼 위대한 스승 1인이 여러 제자를 모아 가르치는 1 : 多 유형, 루소, 로크, 헤르바르트, 칸트, 헤겔의 경우처럼 가정교사 1인이 학생 1인을 상대로 가르치는 1 : 1 유형, 현대사회의 경우처럼 학교마다 여러 교사가 많은 학생을 수용하여 가르치는 多 : 多 유형이 있다. 현대사회의 학교현장과 교실장면은 인간적인 접촉과 교육의 성취라는 측면에서 볼 때 취약한 현실에 직면해 있다. 오늘날의 학교교육에서 교권과 학생의 인권에 대한 문제가 주변이 아닌 중심의 문제로 부상한 것은 교사-학생의 관계가 多 : 多 유형이라는 거대학교의 구도를 벗어나지 못한 사실과도 관련이 있다. '이름을 되찾는 학교'나 '작은 학교'

백 명에서 천 수백 명이 다니는 도시의 중·고등학교에서는 교사들이 담임교사가 아니고서는 학생의 이름을, 그들의 실존적 상황을 제대로 파악하기 어렵다. 이런 학교를 '거대학교', '익명성의 학교'라고 부르기도 한다. 학생들은 학교 안에서도 담임교사, 수업만 들어오는 교사, 수업에도 들어오지 않는 교사에 대해 보이는 태도와 반응이 각각 다르다. 거대학교의 학생들은 학교 안에서도 자기를 숨기려는 유혹에 빠지기 쉽다. 거대학교의 교사는 아이들 이름도 잘 모른 채, 아이들 개개인의 품성과 개인 사정을 제대로 파악하지 못한 채 수업을 해야 하는 현실에 있다.

교권과 관련하여, 교육의 자주성, 전문성, 정치적 중립성을 강조하는 맥락에 주목할 필요가 있다(헌법 제31조 제4항). 이를 교육의 목적과 관련하여 음미해 보면, 청소년들이 의사 결정의 주체로서 책임감을 가지고 행동하고 전문적인 지식을 연마하고 균형잡힌 사고를 갖기를 바라는 열망이 반영되어 있다고 말할 수 있다. 국가 및 지방자치단체[2]는 교육의 자주성 및 전문성을 보장하여야 하며, 지역 실정에 맞는 교육을 실시하기 위한 시책을 수립하고 이를 실천해야

만들기 운동을 말하는 까닭도 이러한 교육 문제에 대한 천착의 산물로 보아야 할 것이다.

2) 국가 및 지방자치단체는 사실상 행정관료를 뜻한다는 점에 유의하여 교육기본법의 각 조항을 풀이할 수 있다. 한 예로 교육기본법 제17조를 보면 "국가 및 지방자치단체는 학교 및 사회교육시설을 지도·감독한다"고 규정하였는 바, 이 규정에서 '지도'라는 말의 사용은 문제가 있다(정범모, 2010). 국가나 지방자치단체란 실질적으로는 행정관료를 뜻하며, '지도'란 지도하는 자가 지도받는 자보다 일을 더 잘 알고 있다는 것을 전제로 하는 말이다. 행정관료가 일선 교육자보다 교육을 더 잘 안다는 것을 전제로 하는 말이지만, 엄밀히 말해 교육을 잘 알고 있는 자는 교사이지 관료가 아니다. 특히 문제인 것은 '지도'를 아주 넓게 해석하면, 가벼운 권고나 충고에서부터 지시·교시·유시·훈시에 벌칙을 동반하는 강제적 명령까지 포함한다는 데 있다. 이 같은 관료권위주의를 조장하는 말을 벗어나기 위해서는 제17조의 '지도·감독'은 '지원·감독'으로 또는 그런 취지의 개념으로 바꿔야 할 것이다. 그래야만 교육당사자의 인권·교육권·학습권 그리고 그 권한에 따른 책임감이 살아날 것이고, 특히 교육 주체인 교사의 자주적·전문적인 교육권과 책임감이 고양될 수 있을 것이다(정범모, 2010: 240).

한다(교육기본법 제5조 제1항).

학교교육에서 교사의 전문성은 존중되며, 교사의 경제적 · 사회적 지위는 우대되고 그 신분은 반드시 보장되어야 한다(교육기본법 제14조, 교육공무원법 제43조). 국 · 공립학교 교사는 국가공무원법과 지방공무원법의 적용을 받는 한편, 별도로 제정된 교육공무원법을 통해 그 자격, 임용, 보수, 연수 및 신분 보장에 관한 특례 규정을 두어 보호하고 있다. 이는 교직의 전문성과 특수성을 인정하는 법적 · 제도적 표현이라고 볼 수 있다. 사립학교 교사의 복무, 신분 보장에 관해서는 국 · 공립학교의 교사에 관한 규정을 준용하도록 하였다(사립학교법 제55조, 제58조 제2항) 이처럼 사립학교 교사의 신분 보장도 법적으로는 교육공무원에 준하도록 규정되어 있다.

교육은 정치적 중립성이 보장되어야 한다. 헌법에서 교육의 자주성, 전문성, 정치적 중립성을 보장하는 이유는 교육이 국가 백년대계의 기초인 만큼 국가의 안정적인 성장 · 발전을 도모하기 위해서는 교육이 외부 세력의 부당한 간섭에 영향 받지 않도록 교육자 내지 교육전문가에 의하여 주도되고 관할되어야 할 필요가 있다는 데서 비롯된 것이다. 이를 위해서는 교육에 관한 제반 정책의 수립 및 시행이 교육자에 의하여 전담되거나 적어도 교육자의 적극적인 참여 아래 이루어져야 한다. 교육방법이나 교육내용 역시 종교적 종파성과 당파적 편향성에 의해 부당하게 침해 받아서는 안 되며, 교육의 가치중립성이 보장되어야 한다(헌재 1992. 11. 12. 선고 89헌마88).

공교육제도 아래에서 교육의 자주성, 전문성, 정치적 중립성의 보장이라는 헌법 제31조의 명제를 실현하기 위해서는, 교사들은 교육에 대해 무한한 관심과 열정을 발휘해야 한다. 하지만 이는 17세기 독일적 현상으로 드러난 연금술적 교육학의 속성을 보이는 것이어서는 곤란하다. 슈프랑거(E. Spranger)는 교육에 대한 무한한 관심과 열정을 보여주는 교사를 빗대어 연금술사와 같은 존재로 규정한 바 있다. 연금술사가 근처에 널려 있는 돌멩이나 광물을 가지고 금을 만들어 낼 수 있다고 믿었던 것처럼, 교사는 세상 사람들이 별 볼 일 없는 존재로 치부하는 아동·학생에 대한 애정어린 관심과 열정적인 교육을 통해 황금과 같은 이상사회를 만들 수 있다고 믿었다(梅根悟, 1990).

연금술적 교육학은 과거형이 아니라 지금도 교육이론의 관점이나 학교현장의 측면에서 진행형이라고 말할 수 있다. 교육에 의해 사회가 개조되고 변혁되어 유토피아가 실현된다는 생각은 오늘날의 교육학 언어에도 공통된 것이며, 그 신념 때문에 교육의 위력은 실제보다 과장되어 있기도 하다. 교육을 통해 원하는 세상을 만들 수 있다는 독선적인 교육만능론은 연금술의 운명처럼 실패를 겪을 것이다. 그러한 독선적인 교육학은 오늘날에는 더 이상 통용되지 않는다. 교육현장에서 많은 무리한 일들이 벌어지는 가운데, 교권과 학생의 인권이 왜곡의 현실에 노출되기 쉬운 것도 이러한 독선적인 교육학의 횡행과 무관하지 않다. 교권과 학생의 인권을 보호하기 위해서도 교육에 대한 합리적 논의의 범주를 넘어서는 환상은 금물이다. 교육에 대한 합리적 접근과 이해, 그리고 유연한 대응이 필요한 까닭이다.

2. 교사의 수업권, 학생의 학습권, 학부모의 교육권

교사의 수업권과 학생의 학습권이 어떠한 성격과 관계를 갖는지를 묻는 일은 교권과 학생의 인권에 대한 논의와 전망을 위해서도 의미 있는 과제이다. 학교교육에서 교사가 가르치는 권리를 일컬어 수업권이라 한다. 수업권은 교사의 지위에서 생기는 학생에 대한 일차적인 교육상의 직무권한이라고 말할 수 있다. 하지만 교사의 수업권은 어디까지나 학생의 학습권을 실현한다는 전제 아래 인정되는 권리이다. 학생의 학습권은 단순히 학교가 운영하는 교육과정을 이수할 권리에 그치지 않으며, 학생 각자의 인간적인 성장·발달과 인격의 자유로운 발현을 도모하는 적극적이고 포괄적인 권리라고 할 수 있다.

교육의 공공성이나 교육당사자들의 이익을 고려하더라도, 학생의 학습권은 교사의 수업권보다 우월한 지위를 갖는다. 학생의 학습권이 왜곡되지 않고 올바로 행사될 수 있기 위해서는 교사의 수업권은 일정한 범위 내에서 제약을 받을 수밖에 없다. 교사는 마땅히 학생의 학습권을 위해 계획된 수업에 성실히 임할 의무가 있다(헌재 1991. 7. 22. 선고 89헌가106 결정, 헌재 1992. 11. 12. 선고 89헌마88 결정). 보통교육의 과정에 있는 초·중·고교의 학생들은 대학생이나 일반 성인과는 달리, 사물의 시비와 선악을 합리적으로 분별할 능력이 미숙하고, 다양한 가치와 지식에 대해 비판적으로 취사선택을 할 수 있는 독자적 능력이 부족한 존재이다. 이에 교사는 학생들이 지식·덕성의 함양과 체력의 향상을 통하여 그가 속한 시대와 사회의 건전한 인격체로서 독립·발전할 수 있도록 가르치고 보살피는 숭고한 직책을 수행해야 한다고 말할 수 있다.

헌법은 "모든 국민은 능력에 따라 균등하게 교육을 받을 권리를 가진다"(제31조 제1항)고 규정하여 기본권으로서의 학습권을 선언하고 있으며, 교육에 관한 국민의 권리와 의무, 그리고 국가의 책임에 관한 기본적 사항을 정한 교육기본법은 "모든 국민은 평생에 걸쳐 학습하고, 능력과 적성에 따라 교육받을 권리를 가진다"(제3조), "학생을 포함한 학습자의 기본적 인권은 학교교육 또는 사회교육의 과정에서 존중되고 보호된다"(제12조 제1항)고 규정하고 있다.

학습권의 보장은 국민의 인간적 성장·발달 내지 인격의 자유로운 발현을 위한 것으로, 국민이 인간으로서의 존엄과 가치를 가지며 행복을 추구하고 인간다운 생활을 영위하는 데 필수적인 조건이자 대전제이다(헌재 1992. 11. 12. 선고 89헌마88 결정, 헌재 2000. 4. 27. 선고 98헌가16 등 결정). 그런데 학습권은 학생의 학습권이라는 범주 안에서만 머물지 않는다. 이는 교사의 수업권, 나아가 부모의 자녀에 대한 교육권과 함께 논의될 때 그 성격과 의미를 분명히 할 수 있다.

헌법에는 부모의 자녀에 대한 교육권에 대해 명문으로 규정하고 있지 않다.

하지만 부모의 교육권은 모든 인간이 누리는 불가침의 인권으로서, 혼인과 가족생활을 보장하는 헌법(제36조 제1항), 행복추구권을 보장하는 헌법(제10조), 그리고 "국민의 자유와 권리는 헌법에 열거되지 아니한 이유로 경시되지 아니한다"고 규정한 헌법(제37조 제1항)에 의해 지지받는 중요한 기본권이며, 자녀의 행복이라는 관점에서 자녀의 보호와 인격 발현을 위해 부여되는 권리이기도 하다 (헌재 2000. 4. 27. 선고 98헌가16 등 결정; 대법원 2007. 9. 20. 선고 2005다25298 판결).

하지만 부모의 교육권 역시 올바른 교육관에 입각한 대응이어야 한다는 책무가 따른다. 우리의 교육문제에 대해 학부모가 바르지 못한 방향의 길을 걷는다면 이는 보호받아야 할 교육권이기 이전에 마땅히 사회적 지탄의 대상이 될 수밖에 없다. 우리의 학교가 교육붕괴라는 혹평을 받을 정도로 잘못하고 있는 데에는 학부모 탓도 크다. 과도한 이기주의와 과잉 욕심 때문에 빚어지고 있는 학부모의 빗나간 행태가 학교교육을 참담한 지경으로 몰아온 중대한 당사자라는 사실에 주목할 필요가 있다. 자기 자식에 대한 과잉 기대, 과도한 공부 독촉, 공교육 불신, 학교교육에 대한 부적절한 간섭, 교권 침해, 가정에서의 도덕성·정서교육의 부실 등이 학부모에 의해 저질러지는 빗나간 행태이며, 바로 이런 것들이 학교교육의 여러 차질을 불러오고 있다(권 균, 2007: 189).

교사에 대한 평가절하는 가끔 터무니없는 학부모에 의한 교권 침해 사건으로 비화되기도 한다. 학부모가 교실을 들어와 교사에게 언어적·신체적 폭력을 행사하기도 하고, 교무실이나 교장실을 찾아와 교사의 체면을 손상하는 행태도 서슴지 않고, 인터넷에 댓글을 올려 교사의 권위를 떨어뜨리는 따위의 교권 침해사건이 언론에 심심찮게 보도되고 있다. 교사가 학부모로부터 조롱이나 욕설이나 구타를 당하는 일도 비일비재하다. 교사에 의해 자녀가 체벌을 당하거나 차별대우를 받는 등의 학부모를 화나게 하는 원인 제공 따위가 없지는 않겠으나, 어쨌든 그런 교권 침해는 있을 수 없는 일이다.[3] 학부모에 의해 교사의 권위가 훼손되면 더 이상 교사로서의 역할을 수행하기 힘들게 되어 결국 그 피해는 학생에게 돌아갈 수밖에 없다는 것을 학부모는 인식해야 한다(권 균, 2007: 201-202).

3. 기술적 성장주의와 학생의 인권

학생들은 정신적·신체적으로 감수성이 예민하고 행동을 절제하기 어려운 질풍노도의 시기에 있다. 사회환경이 급변하면서 오늘날의 청소년들은 자신의 개성과 자유를 중시하며 기존의 가치관념으로는 이해하기 어려운 행동양식과 사고방식을 가지고 있다. 그만큼 교사들이 관심영역과 개성이 다른 많은 학생들을 효과적으로 교육하기가 어려운 것이 현실이다.

효율성의 미신에 사로잡힌 어른들은 오히려 학생들에게 가혹한 경쟁체제를 강요한다. 과열경쟁의 교육현실은 학생들의 삶과 인권을 근저에서부터 흔드는

---

3) 교권침해를 말할 때, 간혹 "스승의 그림자도 밟지 않는다"고 하는 스승을 우대했던 전통을 들추는 경우를 만날 수 있다(권 균, 2007: 201-202). "스승의 그림자도 밟지 않는다"는 것은 우리의 전통적인 사제 관계를 상징하는 말이다. 모르는 사람이 거의 없을 정도로 널리 쓰이고 있지만, 우리 고전에는 이런 말이 없다. 우리나라 사람들이 스승을 존경하지 않은 것은 아니지만 우리 고전에서는 '스승의 그림자'와 비슷한 말조차 찾아볼 수 없다. "스승의 그림자도 밟지 않는다"는 말은 일본 속담이며, 일제강점기에 우리나라로 들어와 널리 쓰이게 되었다. "스승의 그림자도 밟지 않는다"는 말에는 어폐가 있다. 일제강점기는 교사의 권위가 하늘을 찌르던 시절이다. 문제는 그 권위가 폭력에서 나왔다는 것이다. 무단통치시기의 교사는 제복을 입고 칼을 차고서 교실에 들어와 수업하였다. 학교가 군대와 다름없던 시절이다. 교육현장에 회초리질 이상의 체벌이 등장한 것이 이 무렵이다. 학생은 교사를 두려워하고 절대복종할 수밖에 없었다. 그야말로 스승의 그림자도 감히 밟을 수 없는 시절이었다. "스승의 그림자도 밟지 않는다"는 말은 일제강점기와 그 뒤를 이은 권위주의 시대의 잔재이다. 스승의 그림자도 밟지 않는다는 말은 틀렸다. 스승의 그림자는 밟아야 한다. 학생과 교사가 서로의 그림자를 밟을 정도로 가까이 다가선다면, 교사에 대한 존경과 신뢰는 더욱 돈독해질 것이다(장유승, 2015).

심각한 문제를 갖는다. 과도한 경쟁은 학생의 기본권과 인권을 굴절시킨다. 경쟁은 공동체에 대한 의식과 지향을 무디게 만드는 것임에도 불구하고 대부분의 학부모와 학생들은 경쟁의 대열에 편승해 있다. 이는 학생들의 학교생활이 인권을 유예한 바탕 위에서 이루어지고 있음을 단적으로 보여준다.

포스트모더니즘의 사회를 다양화, 이질화, 다원화 사회라고 일컫는다. 그만큼 개개인의 욕구와 욕망의 분출을 허용하는 비율이 높아졌으며, 이를 인정하는 폭이 넓어졌다고 할 수 있다. 심지어는 개인의 욕구와 욕망이 개성으로까지 치부되면서 이 시대의 장점으로 부각되기도 한다(정영수 · 정영근 · 정혜영 · 노상우 · 이상오 · 김기홍, 1998: 349). 사회적으로 다양하고 이질적이며 다원화된 삶은 교육의 장면에서, 학습자가 교육을 선택하는 시대를 만들어 냈다. 성인교육 및 학교 외 사회교육의 현장은 이미 학습자들의 선택에 따라 교육이 좌우되는 현실에 있다. 이러한 교육형태가 확산되면서 교육자의 의도보다는 학습자의 교육에 대한 요청이 더욱 중요시되었다.

최근 들어, 학부모나 학생의 사정에 따라 학교를 그만두거나 옮기는 일들이 빈번해지면서, 교사와 학생의 관계에 대한 역학도 크게 달라지고 있다고 말할 수 있다. 학습자가 커리큘럼과 프로그램을 선택할 수 있는 권한이 인정되었고, 이러한 경향이 학교현장에서도 나타나고 있다. 오늘날 학교에서 일방적으로 제공하는 필수 교과는 줄이고 선택 교과를 늘리는 방향으로 가고 있다. 이는 학습자가 교육 프로그램을 선택하는 사회교육 현장의 속성이 학교교육의 현장에 파장을 일으키고 있다고 말할 수 있다(정영수 · 정영근 · 정혜영 · 노상우 · 이상오 · 김기홍, 1998: 354). 이렇게 교육현상과 구조가 학습자의 선택과 요청을 따르는 방향으로 나아가면서 학생의 인권에 대한 관심과 비중도 높아지기 시작하였다. 교권과 학생의 인권이 상보적 · 발전적 관계를 띤다고 했을 때, 높아진 학생의 인권에 대응하는 교권의 궤적도 달라질 수밖에 없다. 교사는 가르치고 학생은 배우는 관계로 맺어진 존재라면, 응당 학생의 인권에 대해 교사는 학생들의 주체적인 삶의 실현이라는 차원에서 이들을 지도하는 긴 여정으로서의 인권에 대한 고민과 성찰이 필요하다고 하겠다.

경험적 현실을 가지고 말한다면, 대부분의 학교문화는 억압적이고 획일적이다. 이러한 문화와 분위기 속에서 학생의 인권과 자율을 보장하기란 쉽지 않다. 학생들이 '미시적 파시즘'이 몸속에 녹아 있는 교사들과 만나는 일도 종종 겪는 일이다. 그리하여 학생들은 학교를 되도록이면 자신들과 거리를 두어야 할 공간으로 여기며, 가능한 한 자신이 학생이라는 정체성에 묶여 있기를 거부하는 경향을 보인다(이경영, 2000: 51–52). 이러한 학교 공간에 기술적 성장주의나 엘리트주의가 지도적 패러다임으로 힘을 행사한다는 것은 불편한 일이다. 천재경영론이나 승자독식론이 학교현장에 침윤했을 때, 학생의 삶과 인권의 근본을 논하는 문화를 가꾸기는 어렵다. 사회 전체적 관점과 전망을 가지고 말하더라도, 승자독식 사회라고 하는 것은 사회 해체에 가까운 일이다(이종오 · 조희연 · 홍성태 · 허성우, 2006: 40).

학생을 포함한 학습자의 기본적 인권은 학교교육 또는 사회교육의 과정에서 존중되고 보호된다. 그리고 교육내용, 교육방법, 교재 및 교육시설은 학습자의 인격을 존중하고 개성을 중시하여 학습자의 능력이 최대한으로 발휘될 수 있도록 강구되어야 한다(교육기본법 제12조). 교육기본법은 이렇게 학생의 인권에 대한 전체적 윤곽과 실천적 지향점을 제시하고 있다. 학생의 인권은 인격 존중, 개성 중시, 능력 발휘라는 이상을 그 체계 안에 갖추고 있으며, 이는 교육내용, 교육방법, 교재, 교육시설 등의 기반과 연관 속에서 종합적 · 유기적으로 논의될 수 있다는 점을 분명하게 지적하고 있다.

학생의 인권은 인간의 존엄과 의사를 존중하고 차별을 금지하는 것을 근간으로 할 것이다. 이 당연한 권리가 학교라는 공간, 교육의 장면에서 뒷전으로 밀리는 일이 없도록 하는 교사의 애정어린 관심과 노력, 현명한 지도가 필요하다. 이는 경쟁체제와 엘리트주의에 대한 심각한 고민과 반성적 계기를 통해 실현될 수 있다. 학생의 인권은 청소년이라는 특정적 존재의 인권인 만큼, 그들의 현실에 대한 문제와 직결된 논의가 이루어져야 한다. 이를 위해 학생의 인권에 대한 개념과 관계를 면밀히 살펴보고, 이러한 관심과 논의가 학교현장과 교실장면에서 타당하고 의미 있는 활동으로 이어지도록 하는 방안을 강구해야 한다.

CHAPTER

17

체벌 문제

체벌 문제

1. 교사의 징계권과 체벌

동서양을 막론하고 체벌은 효과적인 교육수단으로 여겨져 왔다. 근대에 이르러 많은 교육사상가들에 의해 체벌이 비판의 대상이 되면서 이에 대한 부정적 인식이 짙어졌다. 영국의 경우, 제2차 세계 대전에서 전체주의 세력과 맞서 싸우는 과정에서 1930년대 후반부터 학교 내 체벌 폐지 요구가 여기저기서 터져 나오기 시작하였다. 하지만 체벌이 폐지될 경우 학급에 대한 교사의 통제가 불가능해질 수 있음을 우려한 교원단체들의 반대는 계속되었다. 결국 1976년과 1977년에 자식의 체벌을 원하지 않았던 스코틀랜드의 두 가족이 영국 정부를 유럽인권재판소에 제소하기에 이르렀고, 영국 정부가 이러한 부모의 뜻을 존중할 의무가 있다는 판결(1982)에 따라 당시의 마가렛 대처 정권은 1986년에 모든 공립학교 내에서의 체벌을 폐지하기에 이르렀다(원태준, 2015). 오늘날에는 미국의 일부 주나 소수국가를 제외한 대부분의 선진국에서 체벌이 비인간적이고 학습에 부정적인 영향을 끼친다는 이유로 금지되고 있다.

한국사회의 경우, 역사 · 문화적으로 체벌에 대해서는 상당히 관용적이었다. 하지만 해방 후 아동중심 교육사상의 영향으로 인해 체벌에 대해 부정적인 입장과 반론을 취하는 사람들이 늘어나고, 아울러 청소년들의 반사회적 · 반윤리적 행동, 폭력범죄의 증가가 사회문제로 부각되면서 체벌에 대한 찬반 논쟁이 심화되었다. 이에 체벌은 신세대의 감각에 맞는 효과적인 생활지도 수단이 아니며, 교육적 효과보다는 정신적 상처를 남기고 폭력을 재생산하는 부작용을 초래할 수 있으므로 인간적 존엄성이 존중되는 풍토를 조성하기 위하여 학교 내의 체벌을 금지하고 이를 교육 관련법에 반영토록 하였다.

법령에 의하면, 원칙적으로 체벌은 인정되지 않는다(초 · 중등교육법 시행령 제77조).[1)]

* 이 글은 경북대학교 사범대학 교육학과(2010). 『교직 실무의 이론과 실제』. 교육과학사. pp. 78-85를 수정 보완한 것임.

학생에 대한 징계권의 범위를 보더라도 교내봉사, 특별교육, 선도처분 등이 명시될 뿐이며, 그 안에 체벌은 들어 있지 않다(초 · 중등교육법 시행령 제31조). 이는 학생을 포함한 학습자의 기본적 인권은 학교교육 또는 사회교육의 과정에서 존중되고 보호된다는 선언과도 지향점을 같이한다(교육기본법 제12조). 이러한 규정에도 불구하고 교육현장의 체벌에 대한 인식에는 온도차가 있는 것이어서, 체벌에 대한 논의나 해법이 간단치 않음을 알 수 있다.

학교의 장은 교육상 필요한 때에는 법령과 학칙이 정하는 바에 의하여 학생을 징계하거나 기타의 방법으로 지도할 수 있다고 규정하며(초 · 중등교육법 제18조 제1항), 학교의 장은 교육상 불가피한 경우를 제외하고는 학생에게 신체적 고통을 가하지 아니하는 훈육 · 훈계 등의 방법으로 지도해야 한다고 규정하고 있다(초 · 중등교육법 시행령 제31조 제7항). 체벌이 교육적 효과가 있는지에 관해서는 별론으로 하더라도, 교사는 불가피한 경우 학교장이 정하는 학칙에 따라 체벌을 가하는 것이 금지되어 있지 않다는 해석이 가능하다. 어떤 경우에 어떤 방법으로 체벌을 가할 수 있는지에 관한 기준은 명확하지 않지만, 징계행위는 그 방법 및 정도가 교사의 징계권 행사의 허용 한도를 넘어선 것이라면 정당한 행위로 볼 수 없다고 판시함으로써 체벌의 가능성과 기준을 암암리에 제시한 바 있다(대법원 1990. 10. 30. 90도1456 판결).[2)]

---

1) 초 · 중등교육법이 정하고 있는 학교장의 징계내용은 특별교육(종래의 정학)이나 선도처분(종래의 퇴학)이다(초 · 중등교육법 시행령 제31조). 따라서 학교장의 징계에 체벌은 포함되지 않는다. 학교장의 징계권에 체벌이 포함되지 않는다면 교사의 체벌행위는 더욱 인정될 여지가 없다. 그러나 다수설과 판례는 일정한 범위 안에서 학교장과 교사의 체벌권 행사를 정당행위로 인정한다. 엄격한 요건 하에서 체벌을 찬성하는 경우, 그 요건은 ① 주관적 요건으로 교육 · 훈육의 목적, ② 객관적 요건으로 다른 징계수단의 부재, 필요성, 대상자의 비행 정도, 연령, 성별, 건강 등을 들고 있다(배종대, 2008: 310).

2) 교육법규는 체벌을 원칙적으로 금지하고 있다. 다만 예외적으로 허용할 뿐이다. 예외의 근거는 초 · 중등교육법시행령 제31조 제7항(2011. 3. 18. 같은 조 제8항으로 개정됨)과 각 학교의 체벌학칙이다. 개정전 체벌법규는 체벌허용 조건을 매우 까다롭게 규정하고 있어 오히려

교사의 학생에 대한 체벌이 징계권의 행사로서 정당행위에 해당하려면 그 체벌이 교육상의 필요가 있고 다른 교육적 수단으로는 교정이 불가능하여 부득이한 경우여야 한다(대법원 1991. 5. 28. 선고 90다17972 판결). 체벌의 수단과 그 정도 및 피해자의 피해 정도를 검토하여 만약 교사의 행위가 체벌로서 허용되는 범위 내의 것이라면 형법 제20조 소정의 정당행위에 해당한다고 볼 수 있다. 하지만 징계의 방법과 정도가 징계권 행사의 허용 한도를 넘어선 것이라면 정당한 행위로 볼 수 없다(대법원 1990. 10. 30. 90도1456 판결). 교사가 학생에게 체벌을 가한 행위가 사회관념상 비난받을 행위로서 불법행위를 구성하는 경우가 있다. 이때, 교사가 주의의무를 다했는지, 중대한 과실은 없었는지에 대한 판단은 체벌을 가하게 된 동기와 경위, 방법과 정도, 체벌을 가한 신체 부위와 상처의 정도 등에 대한 종합적 고려를 통해 이루어진다.

교사가 체벌을 가하는 부위는 다리나 둔부와 같은 비교적 안전한 부분이어야 한다. 신체부분 중 가장 중요하고 위험한 머리부분이라면 이는 문제가 크다. 체벌을 가하는 방법이 회초리나 나무막대가 아니라 구둣발로 여러 번 차는 등 심히 비인격적·비교육적 방법까지 사용하였다면, 그리하여 학생에게 상해를 입히고 후유 장애를 일으켰다면, 이는 교사로서의 직무 연장과 교육상 학생 지도의 목적으로 발생하였다 할지라도 처벌의 대상이다(대법원 1990. 2. 27. 선고 89

체벌금지를 강조한 것과 같다고 할 수 있다. 그럼에도 불구하고 교과부는 초·중등교육법 시행령을 개정하여 제31조 제8항을 제정하였다. 교과부 역시 종전의 시행령 제31조 제7항과 체벌학칙을 제대로 이해하지 못했음을 드러낸 셈이다. 학교체벌의 문제는 법규의 미비가 아니라, 기존 법규를 적정히 해석하고 적용하지 않았기 때문에 발생·방치되었다고 말할 수 있다. 초·중등교육법시행령 제31조 제8항은 불필요한 입법이자, 체벌행정의 실패를 근거 없이 법규의 탓으로 돌린 '책임전가' 입법이다(윤용규, 2012). 미국에서는 공립학교에서의 체벌만이 헌법상으로 문제가 되며, 사립학교에서 이루어지는 체벌은 기본권의 침해에 해당하지 않고 민사상의 불법행위 내지 형사범죄에 해당하는 데 그친다. 미국에서는 체벌문제를 순수한 법률적인 문제로 보고 있다. 체벌문제를 주로 교육정책의 문제로 보거나 보편적인 인권문제로 보는 우리와는 크게 다른 점이다(이종근, 2013).

다카16178 판결).[3] 교사의 학생 체벌이 갖는 한계에 대한 법리적 논의는 다음과 같다(이우태, 2010).

① 교사들은 교육적 수단으로 체벌을 가급적 사용해서는 안 된다. 체벌은 우리나라 법률 체계상 인정되지 않고 있기 때문이다. 만약 교육상

3) 서울시교육청이 체벌 없는 학교 만들기 운동의 하나로 체벌을 사실상 금지한 이후 교사의 학생 체벌을 둘러싼 잡음이 끊이지 않고 있다. 그 대표적인 하나의 사건이 여중생이 체벌하는 교사를 수업 중에 112에 신고하여 경찰이 해당 교사를 연행하는 것이었고, 반면에 과도한 체벌의 부작용도 만만치 않아서 악의적이고 변태적인 폭력체벌에 대한 보도도 적지 않게 들려오고 있는 실정이다. 체벌 전면금지 또는 제한허용 가운데 외국에서는 어떤 지혜를 쓰고 있는지 서울시교육청에서 조사한 내용이 참고가 될 수 있을 것으로 생각한다(배종대, 2008: 310-311). ① 미국: 뉴욕과 캘리포니아 등 27개 주에서 체벌을 법으로 전면 금지하고 있고, 텍사스, 뉴햄프셔 등 13개 주는 체벌을 제한 허용하고 있다. 후자의 예로서 플로리다 주는 길이 2피트, 폭 3~4인치, 두께 1.5인치 이하의 평평한 나무로 엉덩이를 1대에서 5대까지 때릴 수 있으며, 이 경우에도 눈에 띌 정도의 상처를 내는 것은 금지되어 있다. 조지아주는 교장, 부교장의 입회하에 체벌을 시행한다. 로스엔젤레스는 교사 및 학생을 모욕한 자, 교내에서 학생폭력을 상습적으로 행사하거나 실내 분위기를 깨뜨린 자를 대상으로 부모의 사전승낙서를 받은 후에 학교 간부가 참가한 가운데 체벌을 가하도록 하고 있다. ② 일본: 학교교육법에 체벌금지를 명문화하고 있으며, 그 유형은 신체에 대한 실력행사, 육체에 고통을 주는 징계, 구타, 장시간의 기립, 강제단좌(端坐), 식사 불제공, 혹사적 명령 등이다. 그러나 내규상 길이 60센티미터 이하, 지름 1.5센티미터 이하의 회초리나 주걱으로 때리는 것은 허용하고 있다고 한다. ③ 영국: 뉴햄 지방교육당국은 교장 또는 3년 이상의 교직 경험을 가지고 있는 교사에 의해서만 체벌행사가 가능하도록 하고 있으며 여학생에 대한 체벌은 여교사만 행할 수 있다. 뉴캐슬아포인타인 지방에서는 7세 미만 취학아동은 손 또는 둔부를 손바닥으로 때리고, 11세 이상 학생은 정해진 가죽회초리만 사용하게 하고 있다. ④ 기타 국가: 말레이시아에서는 등나무회초리로 손을 때리는 체벌만 허용된다. 태국은 회초리를 표면이 매끄럽고 둥근 것, 직경은 0.7센티미터를 넘지 않는 것으로 한정하고, 매질 횟수는 6회 이내로 제한하고 있다. 오스트레일리아에서는 학교교육법에 체벌과 모욕적 비난, 집단 벌을 금지하고 있다. 스리랑카에서도 장시간 세워두거나 꿇어앉힐 수 없고, 머리를 잡아당길 수도 없다. 스웨덴에서는 교사는 물론 부모가 가정에서 체벌하는 것도 엄격하게 금지되어 있다. 오히려 룩셈부르크는 14세 미만의 어린이에게 의도적으로 상처를 입히거나 구타 등 폭력을 행사하면 1년 이상 3년 이하의 징역 내지 500~5000프랑의 벌금형을 받도록 규정하고 있다(배종대, 2008: 311-312).

의 목적과 필요에 의하고 다른 수단으로는 교정이 불가능하여 불가피하게 행하는 체벌이라도 정당성의 요건을 반드시 갖추어서 실시하여야만 한다.

② 교사가 학생체벌을 행할 시 학교의 징계 절차를 반드시 밟아야만 한다. 위에 제시된 '정당성의 기본 요건'을 충족한 체벌이라도 학교의 징계 절차 등을 밟지 않고 교사 개인의 자의적 판단으로 가한 체벌이 문제가 되었을 경우 적법 절차성을 위반하여 법적인 보호를 받을 수 없다. 나아가 징계권 행사의 주체인 학교와 교사가 이해 당사자 및 부모에게 훈육상 체벌을 통지하여 이해를 구하지 않고 일방적으로 가한 체벌이 문제가 되었을 경우에는 당사자 통지의 이해와 절차 위반에 해당되어 이 또한 법적인 보호를 받을 수 없다.

③ 학교 체벌에 대한 교육관계법을 명시적으로 정비할 필요가 있다. 체벌 관련 법규인 초·중등교육법 제18조 제1항에는 "학교의 장은 교육상 필요한 때에는 법령 및 학칙이 정하는 바에 의하여 학생을 징계하거나 기타의 방법으로 지도할 수 있다. 다만, 의무교육 과정에 있는 학생을 퇴학시킬 수는 없다"라고 규정되어 있다. 그리고 동법 시행령 제31조 제7항은 "학교의 장은 법 제18조 제1항 본문의 규정에 의한 지도를 하는 때에는 교육상 불가피한 경우를 제외하고는 학생에게 신체적 고통을 가하지 아니하는 훈육·훈계 등의 방법으로 행하여야 한다"고 규정되어 있다. 그러나 '기타의 방법'과 '교육상 불가피한 경우'에 관한 해석을 두고 학교현장에서 교사와 학부모 간에 끊임없이 논란이 생기고 있다. 그러므로 체벌 관련 법규에서 해석이 불명확한 '기타의 방법'과 '교육상 불가피한 경우'를 좀 더 구체적이고 명시적으로 수정 및 보완하여야 한다.

④ 체벌 외에 다른 새로운 교육적 방법들에 대한 연구가 필요하다. 체벌이라는 교사의 강압적인 권위보다는 사랑과 신뢰를 통한 권위가 더 효과적이며 지속적이기 때문이다. 예를 들어 체벌에 대한 신조어로서

지벌(智罰)과 덕벌(德罰)이란 말이 있다. 이는 2002년 교육인적자원부가 발표한 중학교 생활규정(예시안)에서도 언급되고 있는데, 지벌이란 학생의 성향에 따라 시 암송이나 감상문 또는 독후감 쓰기, 나의 미래 설계하기 등의 방법으로 지도하는 것들을 의미하며, 덕벌이란 양로원 봉사나 환경보호 활동, 도서관 업무 보조, 장애인 체험, 극기훈련 등의 방법으로 지도하는 것을 뜻한다.

⑤ 학교 현장에서 교사들이 사랑과 신뢰를 통해 아동들을 지도하게 만들기 위해서는 교사들의 사명감, 신념, 자기 성찰에만 기대고 요구해서는 안 된다. 교육재정을 확보하여 학급당 학생 수 감소, 과중한 업무 경감, 법정수업시수의 조기 확보, 교원법정정원확보 등의 제도적 개선이 먼저 이루어져야 하고, 교사가 수업과 생활지도에 전념할 수 있도록 전시행정적인 각종 행사를 줄이고 불필요한 공문 남발과 협조 요청 자제 등의 교육적 노력도 병행되어야 하겠다.

청소년은 인격체로 존중받을 권리와 시민으로서 미래를 열어갈 권리를 가진다. 청소년은 물리적 폭력뿐만 아니라 공포와 억압을 포함하는 정신적인 폭력으로부터 보호받을 권리가 있다. 교사는 사랑의 매라고 하겠지만, 많은 학생과 학부모는 이를 체벌이라고 한다. 심지어 체벌을 학생의 인권 침해라고 단정하고 교사를 형사고발하는 경우도 있다.[4] 체벌에 관해서는 아무리 냉정하고 객관적인 교사라 하더라도 결정적인 상황, 실존적인 장면에서는 자신의 감정과

4) 학부모와 학생들의 체벌에 대한 인식은 학교와 학원에 따라 다르게 이루어지는 경우도 있음을 유의할 필요가 있다. 문화기술지(ethnography)적 연구방법을 채택 활용한 연구(2009년 6~11월. 6개월간. 서울 강남 대치동 소재의 한 유명학원. 13명의 학생과 5명의 강사를 관찰 면접)를 통해 분석한 결론에 의하면, 학생들은 학원체벌과 같은 학원의 교육방침에 대해 종교적 믿음과 같은 놀라운 순응의 자세를 보였다. 아울러 학생들은 학습결과만 좋으면 체벌도 용인할 수 있다는 입장을 보이고 있었으며, 학교에서와는 달리 체벌을 교육적 방법과 가치로 내재화시키고 있었다(한진상 · 김 민, 2012).

흥분을 제어하기 어렵다.

이런 상황에서 교사가 돌출적·감정적으로 가하는 체벌은 교육적 의미도 없고 학생의 반항심을 유발시킬 공산이 크다. 교사 자신의 감정이 섞인 매와 처벌은 문제의 소지가 있으며, 이는 교사 스스로가 자신의 교육적 권위를 실추시키는 일이기도 하다. 교사가 스승으로서의 권위를 되찾을 때 교사와 학생 간의 관계는 인간적으로 회복될 것이며 더 나아가서는 인간 중심의 교육도 가능할 것이다. 중요한 사실은 왜 체벌이 발생하는가에 있으며, 어떻게 하면 교사가 학생들을 체벌 없이 가르칠 것인가에 있다.

2. 교육상 불가피한 경우의 체벌

교사의 체벌 행위가 정당행위에 해당하는지의 여부를 판단하기 위해서는 우선 형법의 기준에 주목할 일이다. 형법에서는 법령에 의한 행위, 업무로 인한 행위, 사회상규에 위반되지 아니하는 행위는 벌하지 아니한다고 규정하고 있다(형법 제20조). 사회상규에 위반되지 아니하는 행위라 함은 법질서 전체의 정신이나 그 배후에 놓여 있는 사회윤리, 도의적 감정, 사회통념에 비추어 용인될 수 있는 행위를 말한다. 목적과 동기의 정당성과 함께 수단의 정당성 또는 수단의 적합성도 고려해야 한다. 물론 수단의 적합성을 판단함에 있어서는 행위의 긴급성과 보충성도 참작하여야 한다.

사회상규에 반하지 않는 정당행위라고 하기 위해서는 ① 행위의 동기와 목적의 정당성, ② 행위의 수단이나 방법의 상당성, ③ 보호이익과 침해이익의 법익 균형성, ④ 긴급성, ⑤ 다른 수단이나 방법이 없다는 보충성을 갖추었는가를 합목적적·합리적으로 판단하여 결정해야 한다(이재상, 2007: 285). 어떤 행위가 사회상규에 위배되는지 아닌지는 구체적 사정 아래 합목적적·합리적으로 고찰하여 개별적으로 판단해야 할 일이다. 체벌 허용론을 택하더라도, 위의 일반 원칙이 준수되어야 위법성이 조각(阻却)될 수 있다.

학교의 장은 교육상 필요한 때에는 법령 및 학칙이 정하는 바에 의하여 학생을 징계하거나 기타의 방법으로 지도할 수 있다(초·중등교육법 제18조 제1항). 그리고 학교의 장은 '교육상 불가피한 경우'를 제외하고는 학생에게 신체적 고통을 가하지 아니하는 훈육과 훈계에 임할 것을 규정하였다(제31조 제7항). 학생에게 신체적 고통을 가하는 체벌은 교육상 불가피한 경우에 한해 예외적으로 허용한다는 취지이다. 학생의 기본적 인권을 특별히 존중하겠다는 정신과 결단이 서려 있음을 알 수 있다. 학생에 대한 체벌은 '교육상 불가피한 경우'에 한정하는 바, 이는 특수하고 예외적인 상황으로 제한적으로 해석하여야 한다. 체벌은 교육상 필요하고 다른 수단으로는 교정이 불가능한 경우에 한한다. 예컨대, 교사의 훈계나 반복적인 지도에 변화가 없는 경우, 남의 권리를 침해하거나 신체·정신·인격적 피해를 입히는 행위, 다른 학생을 이유 없이 괴롭히는 행위, 남의 물건 및 물품을 의도적으로 손상시키는 행위, 학습태도가 불성실한 경우 등을 들 수 있다.

정도가 심하지 않은 체벌은 체벌 대상 학생에게도 학습의 효과를 높여주고, 질서가 유지된 상태에서 공부할 수 있도록 함으로써 다른 학생들의 학습권을 보호할 가능성이 있다. 또 교육목표를 실현하는 과정에서 훈계와 벌, 지도와 징계 등이 필요할 수 있으므로 교사는 체벌을 효과적인 교육방법의 하나로 여길 소지가 있다. 이처럼 학교 체벌에는 체벌 대상 학생과 교사, 다른 학생의 이해관계가 얽혀 있으므로 그 규율의 형식과 내용, 절차는 법령에 의해 엄격하게 이루어져야 한다. 학교마다의 학생생활규정은 체벌의 정당성 여부를 판단할 때 절대적인 기준이 되는 것은 아니지만, 교사가 이를 무시하고 직무상의 재량이라는 이유로 멋대로 체벌을 가하는 행위는 특별한 사정이 없는 한 사회통념상 용인되기 어렵다. 이미 교육관련 법령에서 체벌은 자유롭게 선택할 수 있는 교육방법이 아니라 극히 제한적인 지도방법으로 규정하였고, 학교마다의 학생생활규정은 이를 구체화하였으며, 학교는 민주주의를 학습하는 기본적인 장소이므로 교사는 먼저 인권과 적법 절차를 중시하는 모범을 보여야 한다.

교사는 학생의 실존적 상황과 현실에 귀를 기울이고 적절한 교육방법을 택하여 지도하는 고민과 노력이 요망된다. 체벌로 쉽게 학생들을 통제하려는 것은 교육자로서의 바람직한 태도가 아니다. 자칫 심각한 인권 침해를 불러올 수 있는 체벌보다 학생의 잘못에 대해 책임을 일깨우고 민주적 가치와 인권의식을 체화시키는 대안적 훈육방법, 효과적인 학급경영기법, 학생지도능력을 강구하는 것이 바로 교육담당자의 직무인 것이다.

3. 체벌에 대한 교사의 재량

학생의 교사에 대한 폭력이나 불손한 행동으로 교사의 권위가 실추되는 경우를 들어 체벌의 필요성을 강조하는 견해가 있다. 체벌의 사용이 언제나 정당시되는 것은 아니나, 상황에 따라서는 체벌이 보다 효과적이거나, 체벌이 아니면 질책의 효과가 없다고 할 경우도 있을 수 있다. 이 경우에 체벌의 필요에 대한 판단, 체벌의 구체적 방법의 선택은 역시 교사의 재량에 맡길 사안이다. 그러나 체벌로 교사의 권위를 세울 수 있다는 생각은 종래의 뿌리 깊은 권위주의적 사고에 따른 그릇된 인식이다. 교사의 참된 권위는 학생들에게 신체적 고통을 가하는 데서 나오는 것이 아니라 학생들을 인격의 주체로 대하고 사랑과 관심을 베풀어 지도할 때에 학생들의 마음으로부터 우러나는 것이다.

학교 체벌이 사회적 정당성을 충족할 수 있는 범위는 매우 좁다. 사회통념상 체벌의 객관적 타당성 여부를 판단하는 기준을 정리해 보면 다음과 같다(대법원 2004. 6. 10. 선고 2001도5380 판결 참조).

① 체벌은 교육상 불가피한 경우에만 행해져야 한다. 교육상 불가피한 경우란 훈육이나 훈계 등 다른 교육적 수단으로는 교정이 불가능하여 체벌을 할 수 밖에 없는 경우를 말한다. 교사의 성격에서 비롯되거나 감정을 내세워 행해지는 폭력행위는 교육상 필요한 목적을 위한 것이라고 하기 어렵고, 다른 대체수단으로 지도할 수 있음에도 체벌을 하는 경우에는 체벌의 불가피성을 충족하기 어렵다.

② 체벌의 절차를 준수해야 한다. 체벌 전에 학생에게 체벌의 목적을 알리고 훈계하여 변명과 반성의 기회를 주고, 신체의 이상 유무를 살핀 후 시행해야 한다. 만약 학칙에서 정한 체벌 절차가 따로 있는 경우에는 특별한 사정이 없는 한 그에 따라야 한다.

③ 방법이 적정해야 한다. 체벌은 부득이한 사정이 없는 한 정해진 체벌 도구를 사용해야 하고 위험한 도구나 교사의 신체를 이용해서는 아니 된다. 체벌의 장소는 가능한 한 비공개 장소에서 개별적으로 행해야 한다. 체벌 부위는 상해가 발생할 위험이 적은 둔부 등이어야 한다.

④ 그 정도가 지나치지 않아야 한다. 학생의 성별 · 연령 · 개인적인 사정에 따라 수인할 수 있는 정도이어야 하고, 특히 견디기 어려운 모욕감을 주어서는 아니 된다.

교사는 교육현장에서 구체적인 상황에 대처하여 때로는 덕망으로, 때로는 위엄으로, 때로는 이 양자의 종합을 통해 잘못을 저지른 학생을 올바른 방향으로 인도하여야 한다. 구체적인 방법은 당연히 교사가 재량으로 결정하고 선택해야 할 일이다. 때로는 잘못을 못 본 척하는 것이 필요한 경우도 있고 때로는 엄히 잘못을 질책해야 할 경우도 있다. 두 기준 사이에는 여러 가지 다른 방법으로 대처해야 할 많은 경우가 있다.

교사의 체벌 행위는 재량을 남용하거나 재량의 한계를 일탈하지 않는 한, 형법상으로는 정당한 행위에 속한다. 교사의 재량에 의해 비행 학생을 가벼운 체벌의 방법으로 적절히 훈계하는 것은 교사로서의 본분을 다하고 이를 통해 보람과 행복을 찾고자 하는 헌법상의 행복추구권에 해당한다는 해석이 가능하다. 체벌과 교사의 재량에 관한 사항을 제시하면 다음과 같다.

① 체벌의 대상이 된 학생의 부덕 내지 비행이 얼마나 중대한 것인지 하는 점을 고려해야 한다. 아주 사소한 비행의 경우라면, 초기에 비행의 단서를 뿌리 뽑는 것이 교육상 필요하다는 특별한 사정이 없는 이상은, 체벌의 선택은 재량의 남용이라고 볼 소지가 많다.

② 설혹 잘못이 있다고 하여도 이를 덮어주고 모르는 척 하는 것이 오히려 잘못을 고치게 하는 더 효과적인 방법이 되는 경우도 있는 것처럼, 과연 그 잘못에 대하여 체벌이 필요한 것이었는지 하는 점을 검토해야 한다. 예컨대, 체벌을 가하는 것으로는 이미 개선을 기대하기 어려운, 거의 교정이 불가능하다고 여겨지는, 심각한 학생의 비행에 대해 체벌을 가하는 것은 오히려 체벌의 필요성에 대한 재량을 그르친 것이라는 해석이 가능하다.

③ 교사 자신의 폭력적 성향을 충족시키기 위하여 또는 그러한 성향의 발로로 말미암아 의식, 무의식 간에 체벌이 선택된 것은 아니었는지 하는 점을 고려해야 한다. 교사의 폭력적 성향이나 기질로 인하여 체벌이 행사되었다면 이는 재량의 남용에 해당할 가능성이 높다.

④ 잘못을 저지른 학생 이외의 다른 학생에 대하여 체벌이 미치는 교육적 효과 또는 반교육적 효과를 고려해야 한다.[5)]

5) 사소한 잘못 또는 용서를 받아도 좋을 만한 잘못이라고 다른 학생들이 생각하는 부덕 내지 비행에 대해, 교사가 체벌을 가한다면 이는 다른 학생들의 공감을 얻기 어렵고 그 결과, 교사를 '무오류'로 믿고 싶어 하는 순진한 학생들의 신뢰를 저버리는 반교육적 효과를 일으킨다. 이와 반대로, 마땅히 엄히 질책해야 할 비행을 교사가 방치한다면, 이를 본 학생들에게는 이른바 '깨진 창문' 이론이 제시하는 '무질서의 만연'을 당연시하는 반교육적 효과를 초래한다. 잘못에 대한 체벌이 다른 학생들에게 경각심을 일으켜 자기절제를 유도하는 교육적

⑤ 체벌의 내용과 정도가 비행에 비하여 과도한 것은 아니었는지를 검토해야 한다. 일반적으로 가혹하고 무자비하다고 여겨질 체벌은 어느 경우에도 재량의 정당성을 인정받기 어렵다.

4. 체벌의 가이드라인

교사가 실제로 행사한 체벌이 교사의 재량에 해당하는가, 아니면 재량의 한계를 일탈하거나 남용한 것인가를 분별하는 것은 쉬운 일이 아니다. 이러한 어려움을 감안하여, 이러한 때에는 이런 방법을 쓰고 저러한 때에는 저런 방법을 쓰도록 하라고, 미리 규정을 만들어 놓을 수도 있다. 하지만 구체적인 상황에 맞는 적절한 방법을 모든 경우에 걸쳐 규정할 수는 없는 일이다. 모든 경우의 수를 망라한 규정이라 할지라도, 그것은 본질적으로 교사를 위한 참고용 가이드라인에 그칠 수밖에 없다. 하나의 사례를 들어보자.

> 기록에 의하면, 문제의 학생은 수업일수 91일 중 결석이 39일, 지각이 6일, 조퇴가 2일, 수업시간 불참이 21회나 되었고 평소 성행이 불량하고 교사의 지도에 불응하는 태도를 보였는 데다가 사건 당일에는 다른 학생 3인과 함께 식당에서 라면을 먹고 1교시 수업시간에 25분이나 늦게 들어왔다. 이에 교사는 (여자의) 손바닥으로 뺨을 한 차례 가볍게 때리는 것 정도의 체벌을 가했다.(대법원 2004. 6. 10. 선고 2001도5380 판결)

효과를 갖는다는 것은 당연한 얘기이다. 반면 다른 학생들에게 반교육적 효과를 일으키는 체벌이라면 이는 교사의 재량을 그르친 것이 될 소지가 있다(대법원 2004. 6. 10. 선고 2001도5380 판결 참조).

우선 이러한 경우에, 학생을 질책하지 않고 그대로 방임한다면 문제학생 자신 및 다른 학생들에게, 규칙을 무시하고 태만을 부리고 건방을 떨고 안하무인으로 행동하여도 괜찮다는 반교육적 분위기와 인식을 만연시킬 우려가 있다. 벌 이론에는 응징(retribution)이론, 제재(deterrence) · 예방(prevention)이론, 교정(reformation)이론이 있다(Peters, 1966; Hamm, 2002). 교실현장의 문제는, 특히 위의 사례는 제재 · 예방이론과 깊은 연관을 갖는다. 위의 교사가 가한 체벌 행위가 자신의 폭력적 성향이나 기질에서 연유한 것이라고 볼 자료도 전혀 없다. 나아가 그 체벌이 여자의 손바닥으로 뺨을 한 차례 가볍게 때리는 정도였다면 이를 학생의 잘못에 비추어 과중한 체벌이었다고 보기 어렵다.

문제는 위의 교사가 '신체(손바닥)'를 이용했다는 점이다. 물론 회초리(또는 나무막대)가 아닌 손바닥을 사용한 것은 바람직한 일이 아니다. 그러나 당시 정황에서, 회초리를 휴대하지 않았다거나 가까운 곳에 이것이 비치되어 있지 않은 경우, 상황에 따라서는, 즉석에서 체벌을 끝내고 곧이어 수업을 재개할 수 있도록 현장을 정리하기 위하여, 회초리가 아닌 다른 대체 수단을 재량으로 선택할 수도 있다. 그렇다면 위의 교사가 한 선택을 재량의 남용이나 한계의 일탈이라고 볼 수 없다.

만일 위의 체벌 행위를 형법상의 정당한 행위가 아닌 폭행죄에 해당한다고 판정한다면, 장차 교사들은 교육현장에서 체벌을 가할 경우라고 생각되는 사태를 접하더라도 지도를 쉽게 회피하는 일이 발생할 수 있다. 이렇게 교사가 안일과 나약과 무책임 속으로 도피하게 되면, 그렇지 않아도 기강과 가치관의 심각한 붕괴 위기를 맞고 있는 청소년교육의 장래가 더욱 황폐화되지 않을까 우려된다.[6)]

6) 교사의 체벌 행위 일체를 형법상의 정당한 행위로 인정하지 않으려 한다면 교사를 무책임의 세계로 도피하도록 만들 가능성이 높고, 이로 인해 청소년의 장래는 더욱 황폐화될 우려

교사는 학교장이 정하는 학칙에 따라 불가피한 경우 체벌을 가할 수 있다. 이를 위해, 체벌의 적정 범위와 한계점에 대해서도 엄격하게 규정하고 있다. 교육업무상의 정당행위가 성립하기 위해서는, 체벌이라는 제재의 범위가 사회관념상 비난의 대상이 될 만큼 사회상규를 벗어나지 않아야 한다. 체벌은 교육상 필요하고 다른 교육적 수단으로는 교정이 불가능하여 부득이한 경우에 한한다. 그 경우에 체벌의 방법과 정도는 사회관념상 비난받지 아니할 객관적 타당성이 있어야 한다.

가 크다. 한 걸음 더 나아가 생각할 때 이것은, 양을 훔친(攘羊) 아버지를 고발한 아들을 곧은 사람(直躬)이라고 사직당국이 평가하는 것과 같아서, 아들이 아버지를 숨겨주는 것 가운데에 곧음이 있다고 보는 도덕적 성찰을 근저에서 허무는 것이다(대법원 2004. 6. 10. 선고 2001도5380 판결 참조). 엄격한 법의 잣대로만 판단하기보다는 도덕관념, 사회통념, 건전한 상식 등을 감안하여 판단하는 것이 마땅하다고 하겠다. 『논어』에 의하면, 양을 훔친 아버지를 고발한 사람을 정직하다고 칭찬하는 섭공과 달리, 공자는 이를 도덕적 책임의 실패로 간주한다. 공자는 양을 훔친 아버지를 숨겨 주는 것이 아버지를 고발하는 것보다 상위의 도덕적 책임이라고 보았다. 이는 국가의 이익을 위해 강력한 법으로 개인의 책임을 규정하고자 하는 법가의 관점과 다르다. 공자의 도덕적 딜레마 해법은 혈연에 대한 특수 책임을 강조하는 데서 찾을 수 있다. 공자는 현재의 잘못을 징계하고 보상하기보다는, 앞으로 발생할 다른 도덕적 실패를 막는 것이 더 중요하다고 판단했다. 공자는 잘못에 대한 사회적 징계보다 스스로에 대한 도덕적 실패가 더 큰 문제라고 보았으며, 이런 맥락에서 본다면 공자가 생각하는 진정한 책임은 도덕적 자율성의 확보에서 출발한다고 평가할 수 있다(김선희, 2016).

CHAPTER

18

집단따돌림과 교실폭력 문제

1. 같음과 다름: 집단따돌림과 교실폭력
2. 사례 1: 필통 분실 사건의 표면과 이면
3. 사례 2: 가해학생 부모의 보호·감독 의무

집단따돌림과 교실폭력 문제

1. 같음과 다름: 집단따돌림과 교실폭력

우리 사회에 도덕적 차질이 심각하고, 그 정도가 호전될 기미를 보이지 않고 있다. 거의 모든 사회구성원이 학교교육의 대상이었음을 감안하면, 이런 사회의 도덕적 차질은 일단 학교의 책임이 큰 것으로 볼 수밖에 없다. 그리고 학교현장에서의 도덕적 차질도 심각하다. 집단따돌림, 학교폭력, 시험부정, 청소년비행과 범죄, 어려움에 처한 동료 학생들에 대한 무관심, 불의를 보고도 외면해버리는 나약함, 나만의 이익만 추구하는 이기심 등의 도덕성 문제가 학생들 사이에 상당히 일반적이다. 이들 모두 학교가 그들의 도덕성 교육에 성공하고 있지 못하다는 증거들이다(권 균, 2007: 202-203). 집단따돌림과 교실폭력은 이제 학교현장의 주변 문제가 아닌 중심 문제로, 심각한 교육 현안으로 대두하였다. 집단따돌림과 교실폭력은 학생의 삶과 인권에 관한 근본적 상황을 만들어 낸다는 점에서 공통성을 갖지만, 이 두 현상의 성격은 크게 다르다.

집단따돌림이란 학교 또는 학급 등 집단에서 복수의 학생들이 한 명 또는 소수학생들을 대상으로 의도와 적극성을 가지고, 지속적이면서도 반복적으로 관계에서 소외시키거나 괴롭히는 현상을 일컫는다. 집단따돌림을 당하는 요인은 헤아릴 수 없이 다양하며 피해자와 심층적인 상담을 통하지 않고는 그 원인을 파악하거나 지도하기가 매우 어렵다. 따돌림을 당하는 원인으로 주로 언급되는 것은 신체적인 원인(허약한 신체나 열등한 외모), 성격적인 원인(사회성 부족, 정서 불안), 가정적인 원인(가난, 결손가정), 학업상의 원인(지능이 낮거나 문제를 제대로 해결하지 못하는 경우), 행동상의 원인(청결하지 못한 모습이나 차림새) 등이 있다.[1)]

---

* 이 글은 경북대학교 사범대학 교육학과(2010). 『교직 실무의 이론과 실제』. 교육과학사. pp. 86-92를 재구성한 것임.

1) 지금까지 왕따에 대한 연구는 일반적으로 학교폭력의 범주에서 이루어져 왔다. 그런데 이에 대한 접근과 논의를 "집단따돌림은 일종의 문명화된 사회에서의 폭력 양식"이란 관점에서

집단따돌림을 가하는 방법도 매우 다양한데 이는 크게 신체적인 유형과 심리적인 유형으로 나누어 볼 수 있다. 때리거나 차는 신체적인 방법과 험담을 하거나 악성 소문을 퍼뜨리고 언어적 모욕을 가하여 심리적 손상을 주는 방법 등이 있다. 집단따돌림은 일과성 폭력과는 달리 반복적 · 지속적으로 이루어진다. 이렇게 집단따돌림의 경우 가해자와 피해자 사이에는 힘의 불균형이 존재하며, 그 가해진 행위는 정당하지 않다(Smith, 1991, 이훈구, 2007: 90).

주목할 만한 사실은, 집단따돌림의 가해자는 대개 가정환경이 좋고 경제적으로 풍족한 집안 출신이라는 점이다. 가해학생 중에 저소득층 출신의 학생은 아주 드물다. 대부분의 경우, 집단따돌림의 가해자는 친구를 통제하기 위해, 자신의 존재를 부각시키기 위해, 그리고 집단의 리더가 되기 위해 집단따돌림의 가해 행위를 감행한다. 집단따돌림의 결과 피해자의 폐해는 심각하게 나타나 자살, 살인, 정신장애 등의 충격적인 피해로 이어지기도 한다(김미환 · 최윤진 · 박현주 · 김경미 · 홍경선 · 안정희 · 조문숙 · 이숙원, 2003: 306-307). 그만큼 집단따돌림은 교실폭력보다 피해의 근원성이나 후유증의 측면에서 심각성이 크다는 사실을 말해준다.[2)]

왕따 문제를 조명할 필요가 있다. 문명사회(civilized Society)의 개념은 원시사회와 반대되는 것으로서의 일반적 개념이 아니라 근대국가, 산업사회, 미국식으로 재정의된 개념으로서의 발전사회(developed society), 복지국가, 시민사회, 시민문화 등의 개념들이 포함되어 있다. 따라서 문명사회란 우선은 서구사회이며, 다음으로는 서구적 발전을 따르며 서구적으로 문명화되어간 사회를 일컫는다. 그런데 왕따 현상은 바로 그러한 사회에서, 그것도 전쟁과 혁명 같은 20세기적 거대폭력이 사라진 시대에 나타났다. 왕따폭력은 자생적 · 자치적 폭력사용의 규칙들이 금지되고 무력화된 곳에서 나타난 폭력의 변종이다(채효정, 2013).

2) 집단따돌림의 피해학생은 심각한 후유증을 겪는데, 아이러니하게도 이는 가해학생에게도 마찬가지로 나타난다. 외국의 한 사례 연구에 의하면, 중학교 때 집단따돌림 가해학생이 20년 후 폭력범으로 체포된 확률이 정상적인 학생에 비해 4배나 높았다(Olweus, 1997, 이훈구, 2007: 93). 교실에서 문제를 일으킨 학생은 성장해서도 역시 남을 괴롭히는 사람이 될 가능성이 높다는 것을 보여주는 사례이다. 교사는 집단따돌림이나 교실폭력으로부터 피해학생을 도와주어야 하는 것처럼, 가해학생 역시 이에 못지않게 중요한 구제 대상이라는 사실을

집단따돌림은 인간 행동이 자신의 독자적 판단과 더불어 사회의 어떤 규범에 의한 것이라는 가정(Fishbein의 규범이론)을 통해서도 설명할 수 있다(이훈구, 2007: 95). 집단따돌림 행위의 결정 요소는 자신의 그 행위에 대한 태도뿐만 아니라 주변 친구의 태도가 큰 영향을 준다. 말하자면 가해학생은 피해학생이 꼭 미워서 또는 따돌림을 당할 만하다고 생각해서 집단따돌림의 가해자가 되는 것은 아니다. 주변의 친구들이 피해학생에 대해 따돌림을 받아 마땅하다고 생각하기에 자신도 이에 동조하는 경향을 보인다. 이는 교사가 집단따돌림을 방지하기 위한 대책으로, 교실의 풍토와 분위기를 바꾸는 방향의 교육과 지도가 필요하다는 사실을 말해준다.[3)]

교실폭력은 학급 내의 어떤 폭력적인 학생이 친구에게 폭력을 행사하는 것을 일컫는다. 교실폭력의 가해자는 주로 혼자서 이 학생 저 학생 가리지 않고 폭력을 행사한다. 물론 교실 내에서 집단 간 폭력도 자행된다. 이것은 따돌림이 아니고 폭력이다. 교실 내 폭력과 교실 밖 폭력이 상호 연관되어 있는 경우도 많다. 교실폭력의 가해자는 집단의 리더도 아니고 교실 안에서 인기가 있는 것도 아니다. 그는 단지 두려움의 존재일 뿐이다.[4)] 교실폭력의 피해자는 일정

말해준다. 올베우스(D. Olweus)의 연구 결과는 성인범죄자의 대부분이 어렸을 때 청소년 비행자였다는 수많은 범죄심리학 연구 결과와 일치한다.

3) 집단따돌림/또래괴롭힘 상황에서 직접 당사자인 가해자나 피해자보다 주변인인 일반 학생이 다수를 차지한다. 다수의 주변인의 역할행동에 관한 관심과 연구가 집단따돌림/또래괴롭힘을 감소시킬 수 있다는 문제의식을 보여준다. 주변인의 역할은 유형별로 동조자, 강화자, 방어자, 방관자의 역할유형으로 분류되며 주변인의 역할행동에 영향을 미치는 요인들로는 개인특성, 학교환경 및 사회적 인지, 가족환경, 도덕변인 등이 있다. 이러한 요인들에 따라 집단따돌림/또래괴롭힘 상황에 있는 주변인들은 다른 역할행동을 하는 것으로 나타났으며 개인특성과 학교환경은 주변인의 역할행동에 영향을 미치는 중요한 요인이었다. 집단따돌림/또래괴롭힘 감소를 위한 실천적인 과제로 주변인 역할의 사회생태관점에서의 이해, 주변인 역할의 변화 가능성에 초점 맞추기, 방어자 역할을 하도록 하는 교육과 환경 조성 등이 중요하다(안효영 · 진영은, 2014).

4) 학교폭력은 학교의 문제를 넘어서 사회 전체의 문제로 되었고, 그것이 빨리 해결되지 않을

한 대상이 따로 없다. 폭력 가해자의 기분을 거슬리거나 용돈이 풍족한 학생이 그 피해의 대상이 되기 쉽다. 하지만 교실폭력은 집단따돌림과는 달리, 피해자에게 심한 열등감을 안겨주거나 자존심의 훼손을 가하지는 않는 편이다(이훈구, 2007: 90-91, 93).

집단따돌림과 교실폭력을 명백히 하기 위해서는, 가해학생과 피해학생에 대한 정황을 면밀히 파악할 필요가 있다. 집단따돌림과 교실폭력에 연루된 학생과 그 가해의 심리는 서로 다르다. 집단따돌림은 재미로 그리고 친구를 통제하기 위해 힘이나 권력이 있는 학생이 나약한 학생 또는 미운 짓을 하는 학생을 대상으로 가하는 집단제재이다. 반면 교실폭력은 어떤 도구나 방편으로 행사되는데 주로 가정파탄을 겪고 있는 문제학생이 자기분노 해소, 금품 갈취를 위해 자행하는 것이다.[5)]

경우 사회 전체의 안녕을 위태롭게 한다. 그러나 학교폭력에 대한 당국의 징계와 처벌 위주의 대처는 그것에 대한 책임 회피이고 근본적인 해결을 불가능하게 한다. 왜냐하면 학교폭력은 가해자 개인의 비행만이 아니라 가해자의 가정과 사회의 잘못된 가치관과 양육에 근본적인 원인이 있기 때문이다. 학교폭력의 가해자들은 역기능적 가정에서 성장하여 자신의 공격성을 폭력적으로 행사하는 아이들이다. 정신분석학에서는 공격성의 밑에는 분노-격노, 미움-증오, 시기-질투, 불안-공포, 슬픔-자기연민 등의 정감이 있으며, 그 정감들이 절정에 도달할 때, 사람들은 그 긴장을 해소시키기 위해서 그 절정-정감의 대상이 되는 사람을 공격하여 파괴하려고 하는데 그것이 폭력이라고 주장한다. 그런데 정신분석학에서는 이때 절정-정감의 대상은 폭력행위의 피해자만이 아니다. 폭력행위의 가해자는 피해자 속에서 그를 부당하게 대했던 양육자, 즉 그에게 유아시절에 충분한 사랑을 주지 않았던 부모를 떠올리고 부모를 파괴하려고 한다는 것이다. 모든 폭력행위가 병리적인 이유는 그 때문이다(김성민, 2013).

5) 학교폭력을 가해자의 관점에서 이해하는 작업으로 학교폭력 학생이라고 일컬어지는 어느 중학교 남학생을 1년 가까이 참여 관찰한 결과 다음과 같은 점을 말할 수 있다(서근원 · 문경숙, 2016). 학교폭력 가해학생도 착한 곰과 같았지만, 중학교에 입학하면서 학교폭력의 일상적인 피해자가 되었고, 그 과정에서 학교폭력 학생들이 공유하는 '싸가지'로 일컬어지는 행동 규범을 내재화했다. 그리고 자신이 고학년이 되자 그 규범에 따라서 다른 아이들을 폭행하기 시작했다. 그에게 학교폭력은 복수이고, 정의의 실현이자, 적응의 기제였다. 그가 이처럼 폭력적인 학생이 되어가는 데는 그가 학교폭력의 피해자가 되었을 때 그를 감싸주고

집단따돌림과 교실폭력의 특징은 피해학생이 가해학생보다 항상 더 많이 드러난다는 점에 있다. 피해학생은 자신의 피해 사실을 비교적 솔직하게 말하는 경향이 있는 반면, 가해학생은 자신의 가해 사실을 자백하는 경우가 흔하지 않다. 학생들은 교사가 없는 자리에서 이러한 부덕과 비행을 자행하는 특징을 보이며, 따라서 이러한 문제현상이 교사에게 실상 그대로 포착되기는 어렵다. 그만큼 교사가 집단따돌림과 교실폭력의 문제에 대해 대처하고 지도 방안을 모색하는 일은 지난한 일이라는 사실을 말해준다.

2. 사례 1: 필통 분실 사건의 표면과 이면

청소년기엔 자신을 통제하고 규율할 수 있을 만큼 자아가 성숙되지 않아, 쉽게 좌절하고 쉽게 절망한다. 자신에게 주어진 불행과 고통을 누구도 변화시키지 못할 것이라고 쉽게 믿는 경향이 있다. 그런 자신으로부터 도피하려는 극단적인 선택이 자살이다. 사회학이건 심리학이건 자살 동기를 먼저 사회구조나 인간관계에서 찾는다. 집단따돌림 현상이 청소년의 자살로 이어지기 쉬운 것도 학교 안의 인간관계가 요인으로 작용한다는 사실을 보여준다.

집단따돌림으로 인해 학생이 자살한 사건이 발생했다면, 이는 교장이나 담임교사가 보호·감독 의무를 다했는지의 여부를 묻는 작업이 따른다. 따돌림의 정도와 행위의 태양, 피해학생의 평소 행동 등을 파악하는 일과 함께, 담임교사의 학생지도와 관련하여 보호·감독에 소홀함이 없었는지를 묻게 된다.

의지할 수 있는 인물의 부재, 그리고 그런 사태를 방치하고 폭탄 돌리기 식으로 문제를 해결하고자 한 학교의 조치 등이 연관되어 있었다. 이런 점을 고려한다면, 학교폭력을 바라보는 우리의 시선을 개인의 문제로만 국한하기보다는 공동의 책임으로 전환할 필요가 있다(서근원·문경숙, 2016).

한 중학교 3학년 여학생의 집단따돌림을 당한 양상과 이로 인해 자살에 이른 사건의 개요는 다음과 같다.

> 학생 1, 2, 3과 피해학생 등 4인은 같은 반 친구들로 2001년 3월경부터 배타적으로 어울리는 작은 집단을 형성하여 지내다가 학생 1이 위 집단을 주도하면서 피해학생을 집단에서 배척하였다가 다시 끼워주는 것을 되풀이 하였다. 여름방학 이후부터는 피해학생이 말을 걸어도 아무런 대답을 하지 않는 등 피해학생을 의도적으로 배제하고, 피해학생이 교복을 줄여 입은 모습을 보면서 놀리거나 점심시간에 학교급식소에서 피해학생이 같은 식탁에 앉아 식사하려고 할 때 다른 식탁으로 옮겨 피하기도 한 사실이 있다. 이런 상황에서 2001년 9월 24일 피해학생의 필통이 없어지자 피해학생은 학생 1, 2가 이를 숨긴 것으로 알고 다른 학생들 앞에서 이들에게 따졌다가 자신의 오해로 밝혀져 이들에게 사과하였으나 이들이 피해학생의 사과를 받아주지 않고 오히려 피해학생을 몰아세움으로써 학생 1, 2와의 관계가 더욱 악화되었다. 위와 같은 일이 발생한 후 피해학생은 2001년 9월 26일경에는 교복 대신 검은 스웨터를 입고 오고 자율학습 시간에 자주 교실을 드나드는 등 상당히 불안한 모습을 보였으며, 학생 3에게 자신과 함께 놀아 줄 것을 요청하였는데 이를 알게 된 학생 1, 2로부터 면박을 당하였다. 피해학생은 2001년 9월 27일 등굣길에 다른 반 친구에게 전날 학생 1, 2로부터 면박 당한 일을 이야기하면서 "왕따 당하니까 괴롭고 힘들다"고 말한 사실, 같은 날 점심시간에 학생 1, 2가 다른 학생들에게 "(피해학생의) 성격이 이상하다. 같이 놀지 마라"며 학교급식소로 몰려가 자신만이 남게 되자, 어머니에게 전화하여 "엄마, 나 사실은 왕따야. 전학시켜 줘. 죽을 것 같아"라고 울면서 이야기한 사실이 있다. 같은 날 하굣길에 학생 1, 2가 피해학생에게 약을 올리며 몰아세우기도 했는데, 피해학생은 귀가한 직후인 같은 날 17 : 00경 자신이 살던 아파트에서 투신하여 자살하였다.

학교 교장이나 교사의 학생에 대한 보호·감독 의무는 교육관계법령에 따라 학생들을 친권자나 법정감독의무자에 대신하여 감독하는 의무이다. 집단따돌림으로 인하여 학생이 자살에 이르렀다면, 교장이나 담임교사가 피해학생에 대한 보호·감독 의무를 위반했는지에 대한 검토가 이루어진다. 특히 담임교사가 피해학생에 대한 관찰과 지도 과정에서 자살에 대한 예견가능성(사고 발생의 구체적 위험성)이 있었는지의 여부도 중요한 검토사항이다. 이에 대한 판결 요지를 들면 다음과 같다.

> 집단따돌림으로 인하여 피해학생이 자살한 경우, 자살의 결과에 대하여 학교의 교장이나 교사의 보호·감독 의무 위반의 책임을 묻기 위해서는 피해학생이 자살에 이른 상황을 객관적으로 보아 교사 등이 예견하였거나 예견할 수 있었음이 인정되어야 한다. 다만, 사회통념상 허용될 수 없는 악질, 중대한 집단따돌림이 계속되고 그 결과 피해학생이 육체적 또는 정신적으로 궁지에 몰린 상황에 있었음을 예견하였거나 예견할 수 있었던 경우에는 피해학생이 자살에 이른 상황에 대한 예견가능성도 있는 것으로 볼 수 있을 것이나, 집단따돌림의 내용이 이와 같은 정도에까지 이르지 않은 경우에는 교사 등이 집단따돌림을 예견하였거나 예견할 수 있었다고 하더라도 이것만으로 피해학생의 자살에 대한 예견이 가능하였던 것으로 볼 수는 없으므로, 교사 등이 집단따돌림 자체에 대한 보호·감독 의무 위반의 책임을 부담하는 것은 별론으로 하고 자살의 결과에 대한 보호·감독 의무 위반의 책임을 부담한다고 할 수는 없다.

피해학생이 자살에 이른 직접적인 계기가 된 필통 분실 사건 이후 학생 1, 2의 피해학생에 대한 행동은, 피해학생이 필통을 감춘 것으로 오해한 데 대한 사과를 받아주지 않고 계속 비난한 것으로 이를 사회통념상 허용될 수 없는 '악질, 중대한 따돌림'에 이를 정도라고는 보기 어렵다. 그 이전에 피해학생을 집단에서 배제한 행위도 빈번하지는 않았던 것으로 보이며, 행위의 태양을 보면 폭력적인 방법에 의하지 않고 무관심으로 소외시키는 것이 주된 것이었다. 피해학생의 행동에 관하여 보면, 자살 전날 교복 대신 검정 스웨터를 입고 등교하여 불안한 모습을 보인 점이 평소와 다른 행동으로 보이지만, 결석이나 지각을 하지도 않고, 가정에서도 특별히 우울한 모습을 엿볼 수 없었던 점 등에 비추어, 당시 사회적으로 학생들의 집단따돌림으로 인한 피해 사례들이 보고되고 있었다고 하더라도 이 사건 사고 발생 당시 담임교사가 피해학생이 자살에 대한 예견가능성이 있었다고 인정하기는 어렵다.

담임교사는 피해학생이 가해학생들 사이에 갈등이 있음을 알고 있었으나, 이러한 갈등을 학창시절 교우관계에서 발생할 수 있는 일상적인 문제로 여긴 채 이에 대한 대처를 소홀히 한 직무상의 과실이 있다. 이에 대해서는 교사가 소속한 지방자치단체가 국가배상법상 손해배상 책임을 부담하도록 되어 있다. 하지만 이는 집단따돌림으로 인한 피해에 한하는 문제이며, 자살의 결과에 대해서도 손해배상 책임을 인정하는 것은 아니다. 위의 사건에 대해, 자살의 결과에 대해서도 손해배상 책임을 묻는다면, 이는 보호·감독 의무 위반 책임에 관한 법리를 오해한 데서 비롯된 잘못된 결론이라고 말할 수 있다(이상 대법원 2007. 11. 15. 선고 2005다16034 판결 참조).[6]

6) 학교 교장이나 교사의 학생에 대한 보호·감독 의무는 교육관계법령에 따라 학생들을 친권자나 법정 감독의무자에 대신하여 감독하는 의무이다. 하지만 이는 학교 내에서의 학생의 전 생활관계에 미치는 것은 아니고 학교 교육활동 및 이에 밀접·불가분의 관계에 있는 생활관계에 한한다. 그리고 의무의 범위에 드는 생활관계라 하더라도, 교육활동의 때, 장소, 가해학생의 분별능력과 성행, 가해학생과 피해학생의 관계, 기타 여러 사정을 고려하여 사고가 학교생활에서 통상 발생할 수 있다고 하는 것이 예측되거나 또는 예측가능성이 있는 경우에 한하여 보호·감독 의무가 인정된다(대법원 1994. 8. 23. 선고 93다60588 판결 등 참조).

3. 사례 2: 가해학생 부모의 보호 · 감독 의무

학생들이 같은 반의 학생을 집단적으로 괴롭히고 폭력을 가하여 상처를 입히고 우울증 등의 증상을 겪게 한 경우, 이는 가해학생의 부모들이 피해학생 및 그 부모에게 불법행위로 인한 손해배상 책임을 지는지의 여부, 그리고 그 일이 공립학교에서 발생하였을 경우, 학교의 설치 · 경영자인 지방자치단체가 국가배상법상 손해배상 책임을 지는지의 여부를 가리는 절차가 진행될 것이다. 한 피해학생이 8명의 가해학생으로부터 집단따돌림과 교실폭력에 노출된 사례를 들면 다음과 같다.

> 학생 1은 학교수업이 끝난 후 청소시간에 장난삼아 주먹으로 피해학생의 등을 수 회 때렸다. 학생 2는 학생 1에 합세하여 특별한 이유 없이 피해학생의 등과 팔을 주먹으로 각 1회씩 때렸다. 학생 3은 피해학생의 머리를 손으로 1회 때렸다. 학생 4는 옆에서 공놀이를 하고 있다가 덩달아서 피해학생의 가슴을 오른발로 2번 차고, 자신의 왼손을 피해학생의 얼굴에 갖다 댄 뒤 오른손으로 자신의 왼손바닥을 때렸다. 학생 5는 겁을 먹고 있던 피해학생의 가슴부위를 오른발로 2 내지 3회 정도 걷어찼다. 학생 6은 친구들이 때리는 것을 보고 분위기에 휩쓸려 자신의 주먹으로 피해학생의 등을 세 차례 때렸다. 학생 7은 피해학생의 등을 주먹으로 2회 때린 후, 발로 오른쪽 어깨를 걷어찼다. 학생 8은 자신의 발로 피해학생의 다리와 팔꿈치를 두 번 걷어찼다.

위의 폭력으로 인하여 피해학생은 안면부 좌상, 구내 열상 등 약 3주간의 치료를 요하는 상해를 입게 되었고, 폭행을 당한 이후 사고 상황에 대한 반복적 회상, 대인관계 기피, 가해학생에 대한 적개심, 우울증 등으로 병원에서 외상 후 스트레스 장애진단을 받고 신경정신과적 치료를 받았다. 이렇게 중학생들이 같은 반의 학생을 집단적으로 괴롭혀 상처를 입히고 우울증 등의 증상을 겪게 한 경우에 대한 판결 요지는 다음과 같다(울산지법 2006. 12. 21. 선고 2005가단35270 판결).

① 중학생들이 같은 반의 학생을 집단적으로 괴롭혀 상처를 입히고 우울증 등의 증상을 겪게 한 경우, 가해학생들이 모두 집단따돌림 당시 12세 5개월부터 13세 2개월 남짓 된 중학교 1학년생들로서 경제적인 면에서 전적으로 부모들에게 의존하면서 부모들의 보호·감독을 받고 있었고, 우리 사회에서 학교 내 폭력과 집단따돌림 등이 이미 사회문제화되어 있었으므로 가해학생의 부모들로서는 나이가 어려서 변별력이 부족한 가해학생들이 다른 학생을 폭행하거나 집단적으로 괴롭히는 등의 행위를 하지 않도록 교육하고 보호·감독하여야 할 주의의무가 있음에도 이를 게을리 한 과실로 가해학생들이 피해학생에게 집단따돌림을 가하는 것을 방치하였으므로, 가해학생들의 부모들은 민법 제750조에 따라 집단폭행으로 인하여 피해학생 및 그 부모가 입은 손해를 배상할 책임이 있다.

② 공립중학교의 학생들이 같은 반의 학생을 집단적으로 괴롭혀 상처를 입히고 우울증 등의 증상을 겪게 한 경우, 담임교사로서는 당시의 사회분위기나 자신이 맡고 있는 학급 내 상황에 비추어 피해학생이 가해학생들로부터 집단괴롭힘이나 집단폭행을 당할 수도 있다는 것을 어느 정도 예상할 수 있었으므로, 수업시간 전후로 수시로 돌아보고, 학급의 반장을 통하여 학급 내에서의 집단괴롭힘이나 폭행사건이 발생할 경우 즉각적으로 보고를 하도록 하며, 학급 내에서 종종 동료 학생들을 괴롭히는 가해학생들에 대해서는 보다 적극적인 자세로 훈육하고 위와 같은 집단괴롭힘 등이 발생하지 않도록 필요한 예방조치를 취해야 할 주의 의무가 있음에도 불구하고 이를 소홀히 함으로써 결과적으로 피해학생이 위와 같이 집단따돌림을 당하도록 하는 상황에

> 이르게 하였으므로, 위 중학교의 설치 · 경영자인 지방자치단체는 국가배상법 제2조에 따라 소속 공무원인 담임교사의 위와 같은 위법한 공무수행으로 인하여 피해학생 및 그 부모가 입은 손해를 배상할 책임이 있다.

가해학생에 대한 손해배상 책임과 관련하여, 책임능력이 있는 미성년자의 불법행위로 인하여 손해가 발생한 경우에도 그 발생된 손해가 미성년자를 감독할 의무를 가진 자의 부주의와 상당한 인과관계가 있으면 당해 감독의무자는 손해배상 책임을 져야 한다(민법 제750조). 위의 8명의 학생들은 사건 당시 집단폭행 당시 중학교 1학년생으로서 자신들의 행위에 대한 책임을 변식할 능력을 갖고 있었다. 하지만 경제적인 면에서는 전적으로 부모에게 의존하면서 부모의 보호 · 감독을 받아야 하는 학생들이기도 하다. 또한 우리 사회는 이미 집단따돌림과 교실폭력이 사회문제로 대두하였으므로, 부모라면 응당 변별력이 부족한 가해학생들이 다른 학생을 폭행하거나 집단적으로 괴롭히는 등의 행위를 하지 않도록 교육하고, 보호 · 감독해야 할 주의 의무를 갖는다. 그렇다면 위의 사건은 부모들이 교육하고 보호 · 감독해야 할 주의 의무를 게을리 한 사실로 인해 집단폭행이라는 중대결과가 초래되었다는 책임을 면하기 어렵다.

지방자치단체가 설치 · 경영하는 학교의 교장이나 교사는 학생을 보호 · 감독할 중대한 의무를 갖는다. 담임교사로서 수업시간 전후로 수시로 돌아보고, 학급 반장을 통해 학급 내의 집단따돌림이나 폭력사건이 발생할 경우 즉각적으로 보고를 하도록 하며, 학급 내에서 종종 동료 학생을 괴롭히는 가해학생에 대해서는 보다 적극적인 훈육을 통해, 위와 같은 집단따돌림이 발생되지 않도록 필요한 예방조치를 취해야 할 주의 의무가 있다. 교사는 보호 · 감독의 의무를 다함으로써 학생들이 집단따돌림이나 교실폭력에 노출되지 않도록, 그들의 기본권과 인권이 손상과 침해를 입지 않도록 해야 한다.

참고문헌

강신임(2003). 정보사회 문화와 교육. 서울: 문음사.

강양구(2018). 2018년 마시멜로는 쓴 맛: 개인 의지력보다 부모 능력이 아이의 미래를 만든다. 주간동아. 2018년 6월 20일.

강진웅(2010). 남북한의 국가와 가족: 체제 변화와 가족주의의 변형. 한국사회학, 44(5), 139-175.

강판권(2014). 중국과 한국의 수목인식과 격의: 살구나무와 은행나무를 중심으로. 중국학보, 70, 345-364.

강판권(2015). 중국과 한국의 수목인식과 문화변용: 회화나무와 느티나무를 중심으로. 대구사학, 118, 113-142.

경북대학교 사범대학 교육학과(2010). 교직 실무의 이론과 실제. 파주: 교육과학사.

계몽아동연구소(1988). 부모와 가정교육. 서울: 계몽사.

고선주(2014). 행복한 사회를 만드는 교육학. 파주: 교문사.

교육고전문헌연구회(1973). 교육고전의 이해. 서울: 이화여자대학교출판부.

교육고전문헌연구회(1975). 20세기 교육고전의 이해. 서울: 이화여자대학교출판부.

교육부(1998). 교육 50년사.

권 균(2007). 학부모의 윤리: 학부모는 학교의 우군인가, 적군인가?. 박철홍 · 김병주 편. 교육윤리가 바로 서야 나라가 산다. 파주: 교육과학사.

김경재(2014). 카인의 분노와 냉소적 항변. 한겨레 2014년 9월 18일.

김경희 · 강은애(2008). 돌봄노동의 상품화를 통해 본 모성과 노동. 담론 201, 10(4), 71-106.

김광수(2006). 철학과 논술. 철학과 현실, 69, 128-154.

김광웅(2008). 21세기 지식융합시대의 행정학 연구. 서울행정학회 춘계학술회의 원로논단(2008. 5. 23. 서울대학교 행정대학원).

김규원(2017). 교육문제와 교육정책: 사회학적 접근. 대구: 경북대학교 출판부.

김기숙(2013). 코메니우스의 평화사상의 현대적 의미. 기독교교육정보, 39, 41-75.

김동훈(2013). 무조건적 존중의 대상인가, 두려워하고 경계해야 할 대상인가?: 레비나스와 지젝의 이웃 개념에 관한 변증법적 고찰. 철학논총, 72(2), 263-291.

김두환 · 우혜영(2014). 한국 청소년의 사회적 삶과 자살생각. 사회와 이론, 24, 369-400.

김무길(2005). 존 듀이의 교호작용과 교육론. 서울: 원미사.

김미라(2014). 심리에게 묻다: 마시멜로와 신뢰사회. 대한변협신문. 2014년 1월 6일.

김미환 · 최윤진 · 박현주 · 김경미 · 홍경선 · 안정희 · 조문숙 · 이숙원(2003). 현장 교육학: 교육의 이론과 실제. 서울: 동문사.

김 민(2000). 학교붕괴, 신화인가 현실인가?. 교육인류학연구, 3(2), 1-29.

김병희(2008). '군사부일체'의 교육적 의미. 교육철학, 34, 61-83.

김상봉(2005). 도덕교육의 파시즘. 서울: 길.
김서영(2010). 프로이트의 환자들. 서울: 프로네시스.
김석수(2008). 한국 현대 실천철학. 서울: 돌베개.
김석수(2010). 자율성의 운명과 우리의 현실: 서구 자율성 이론과 연계하여. 사회와 철학, 19, 101-128.
김선희(2016). 양을 훔친 아버지를 숨겨 주어야 하는가?: 『논어』에서 정의와 책임. 인간연구, 32, 7-38.
김성건(2014). 메가시티(Megacity)와 메가처치(Megachurch): 한국의 사례. 신학과 선교, 44, 259-297.
김성민(2013). 학교폭력에 대한 심층심리학적 고찰과 대책. 신학과 실천, 35, 403-434.
김성민(2016). 프로이트와 융의 심층심리학 사상과 그 차이. 신학과 실천, 49, 369-401.
김성식(1950). 대학사. 서울: 금룡도서주식회사.
김순택(1982). 목표별 수업. 서울: 교육과학사.
김안중(1995). 학교의 본질: 오늘날 학교의 기능은 그 본질에 충실한가?. 교육학연구, 33(4), 21-34.
김억환(1987). 신교육사회학입문. 서울: 박영사.
김 연(2009). 가족이 위태롭다. 경북대소식. 2009년 12월 14일.
김영나(2010). 미술가의 사회적 지위. 조선일보 2010년 4월 28일.
김영식(1993). 한국 사회에서의 문과 · 이과 구별의 경직성과 그 폐단. 과학과 철학, 4, 20-34.
김영식(2007). 과학, 인문학 그리고 대학. 서울: 생각의나무.
김용환(2009). 민족, 문화, 인간: 인류학의 창조. 춘천: 강원대학교출판부.
김우창(2013). 경제, 정치, 시(詩). 경향신문 2013년 9월 2일.
김윤덕(2014). 바보야, 문제는 수학이야. 조선일보 2014년 11월 19일.
김윤철(2014). 역사를 다루는 방식. 경향신문 2014년 11월 19일.
김은주 · 안세정(2010). 홈스쿨링(Home Schooling)의 사상적 기반으로서의 Charlotte Mason의 교육사상. 통합교육과정연구, 4(2), 39-64.
김이진(2018). '마시멜로'는 미래를 알지 못한다. EBS 뉴스G 2018년 6월 29일.
김 인(2017). 창의성 교육 재음미. 도덕교육연구, 29(4), 179-198.
김인회 · 정순목(1982). 교육의 역사적 기초. 서울: 대은출판사.
김자중 · 한용진(2016). 근대 '교수(教授)' 개념의 수용에 관한 개념사적 고찰. 한국교육학연구, 22(4), 43-61.
김재웅(1999). 홈스쿨(Home School)의 교육적 · 정치적 의미. 교육학연구, 37(4), 255-274.
김정래(2010). 칸트의 도덕론과 교육이론의 불일치 문제. 교육철학, 42, 27-51.
김정환(1982). 교육의 본질과 과제. 서울: 박영사.
김종덕(2008). 살구의 어원과 효능에 대한 문헌연구. 농업사연구, 7(1), 1-28.
김종서 · 이영덕 · 정원식(1988). 최신교육학개론. 서울: 교육과학사.
김종서 · 이영덕 · 황정규 · 이홍우(1997). 교육과정과 교육평가. 서울: 교육과학사.
김종철(2003). 미국법상 교육의 자주성 · 전문성 · 정치적 중립성. 법학연구, 13(3), 51-85.
김종철(2009). 이반 일리치, 신과 자연에 대한 믿음 없는 세태를 비판함. 가톨릭뉴스 지금여기

2009년 9월 22일.
김준호 · 안호용 · 김성애 · 김선업(2002). 가족의 구조 · 기능과 청소년 비행. 한국청소년연구, 13(1), 225-267.
김창수(1964). 무기력하다는 나 흥부의 항변: 국정교과서에서의 추방설에 대하여. 손세일
_____(1976). 한국논쟁사 Ⅳ: 사회 · 교육편. 서울: 청람문화사.
김철수(1998). 헌법학신론. 서울: 박영사.
김태우(2013). 서양의료, 삶에 개입하는 어떤 관점 그리고 기술. 김정락 외. 현대의 서양문화. 서울: 한국방송통신대학교출판부.
김 헌(2010). 아리스토파네스의 희곡 '구름'. 한겨레 2010년 12월 18일.
김흡영(2008). 통섭을 반대한다: 한국 윌스니안 통섭론의 오류들. 전상인 · 정범모 · 김형국 편(2008). 배움과 한국인의 삶. 파주: 나남.
김희주 · 김병주(2017). 『파이데이아 교육제안』의 전개과정과 현대적 의미. 교육정치학연구, 24(4), 49-76.
남재일(2010). 지제크식 이웃사랑. 한겨레 2010년 12월 18일.
노관범(2010). 나는 새로운 인문학을 꿈꾼다. 고전포럼 2010년 10월 11일.
노명완(1991). 국어교육. 정범모 편(1991). 교육난국의 해부. 파주: 나남출판.
단국대학교부설동양학연구소(1972). 신증유합. 서울: 단국대학교출판부.
도정일 · 최재천(2005). 대담. 서울: 휴머니스트.
목영해 · 박균섭 · 송도선 · 강기수(2009). 교육의 철학과 역사. 파주: 교육과학사.
문교부(1988). 문교 40년사.
문병효(2015). 교원의 정치활동 등의 제한에 관한 소고. 국가법연구, 11(1), 21-37.
문성학(2007). 삶의 의미와 윤리. 대구: 형설출판사.
문용린(1997). 인성 및 시민교육: 교육내용과 방법적 원리의 재개발. 한국교육개발원 창립 25주년 학술대회자료집.
민영순(1975). 발달심리학. 서울: 교육출판사.
박경미(2015). 근대의 공리(公理)와 '우연'의 상실: 이반 일리치(Ivan Illich)의 비(非)근대사상. 신학사상, 170, 41-74.
박구용(2006). 긍정의 철학과 부정의 철학. 한겨레 2006년 9월 6일.
박봉목 · 송화섭(2001). 교육학기초개설. 대구: 학문사.
박봉주 · 김세창 · 이현정(2012). 청주시 초등학교 학교숲 식재현황 연구. 한국산림휴양학회지, 16(2), 119-124.
박상철(2004). 교육과정 개발의 논리: 콜버그의 견해에 대한 비판적 검토. 교육과정연구, 22(4), 237-250.
박숙희(2011). 창의성은 정신병리와 관련이 있는가?. 창의력교육연구, 11(1), 35-50.
박승억(2008). 통섭(Conciliance): 포기할 수 없는 환원주의자의 꿈. 철학과 현상학 연구, 36(2), 197-218.
박아청(2005). 에릭슨의 '생식성'개념의 의미에 대한 인류학적 검토. 교육인류학연구, 8(1), 39-56.
박연호(2010). 자유교육의 전통에서 본 하버드대학의 교양과정 개혁. 교육사상연구, 24(2), 41-69.

박용석(2011). 실존주의의 본래성 관점에서 고찰한 Neill의 아동교육론. 열린유아교육연구, 16(6), 117-140.
박용헌(1998). 발전교육론. 서울대학교 교육연구소. 교육학대백과사전 2. 서울: 하우동설.
박창호(2012). 인터넷에서의 과시: 한국의 사회문화적 맥락과 대비하여. 사회이론, 41, 36-67.
박태균(2005). 1960년대 중반 안보 위기와 제2경제론. 역사비평, 72, 250-276.
반건호(2011). Anna Freud의 삶에 대한 고찰. 정신분석, 22(2), 83-94.
반건호 · 이연정 · 한주희(2015). 소아정신의학 역사 속의 진단기준 발전과 현상학적 기술정신의학. 소아청소년정신의학, 26(1), 1-11.
반건호 · 유지은 · 이연정 · 한주희 · 이아람 · 홍민하(2015). 청소년기의 끝은 언제인가. 정신분석, 26(1), 3-17.
배종대(2008). 형법총론. 서울: 홍문사.
백경미(2014). 외디푸스 콤플렉스에 대한 단상. 충북일보 2014년 3월 18일.
백두현(2011). '가르치다'의 방언형과 그 어원. 대구일보 2011년 2월 23일.
백영경(2011). 변화하는 세계와 전환점에 선 가족 개념. 김정락 외. 현대의 서양문화. 서울: 한국방송통신대학교출판부.
서근원 · 문경숙(2016). "이게 다 학교 때문입니다.": 학교에서 새겨진 폭력. 교육인류학연구, 19(4), 41-81.
석영중(2009). 톨스토이와『다이어트의 윤리』. 노어노문학, 21(4), 407-422.
소흥렬(1991). 도덕교육. 정범모 편. 교육난국의 해부. 파주: 나남출판.
손승남(2013). 19세기 독일대학, 나치시기 독일어권 망명학자 그리고 미국대학의 성장. 비교교육연구, 23(3), 107-130.
손승영(2006). 한국의 가족주의와 사회적 과시: 지속과 변화. 담론201, 9(2), 245-274.
손인수 · 정태범 · 이병진 · 권이종 · 권낙원 · 단현국(1989). 교육학개론. 파주: 정민사.
손준종(2004). 미국 고등교육의 기업화 과정 분석: 그 가능성과 한계. 교육사회학연구, 14(2), 101-128.
송다영 · 성정현 · 한정원(2003). 한부모가족 아동에 대한 교사의 인식과 관련요인에 관한 연구. 한국사회복지학, 52, 273-299.
송순재(2000). 유럽의 아름다운 학교와 교육개혁운동. 서울: 내일을 여는 책.
신영복(2004). 강의: 나의 동양고전 독법. 서울: 돌베개.
신영복(2007). 처음처럼. 서울: 랜덤하우스코리아.
신재영(2011). 번스타인 사회언어학의 학제적 전개와 한계. 국제언어문학, 24, 171-187.
신춘호(2010). '역량'과 '심성': 초등교육의 성격에 관한 성찰. 초등교육연구, 23(4), 1-20.
안정훈 · 지선미 · 남미희 · 추여진 · 이윤희(2012). 우울증, 자살 그리고 한국사회. 서울: 한국보건의료연구원
안정훈(2013). 융합인문학의 고전적 탐색: 중국 고대 목록서 잡가 고찰. 전주대학교 인문대학 워크숍자료집.
안주열(2016). 의무교육제도에 관한 헌법사상사적 고찰: '교육을 받게 할 의무'를 중심으로. 국

가법연구, 12(2), 119-140.
안효영 · 진영은(2014). 또래괴롭힘 상황에서의 주변인 역할연구동향 및 과제. 열린교육연구, 22(4), 95-117.
양금희(2016). 지혜와 평화가 서로 입맞춤할 때: 코메니우스의 '범지혜'에 나타난 평화교육 사상. 한국기독교신학논총, 99, 289-319.
양두영(2017). 미국의 필리핀 식민지에 대한 공교육 도입 정책, 1898~1902. 미국사연구, 46, 175-217.
양승태(2006). 앎과 잘남: 희랍 지성사와 교육과 정치의 변증법. 서울: 책세상.
여국현(2013). 현대 스포츠: 자본과 미디어가 결합한 문화 쟁투의 장. 김정락 외. 현대의 서양문화. 서울: 한국방송통신대학교출판부. 175-201.
오동석(2010). 교사의 정치적 기본권. 민주법학, 44, 199-224.
오성철(2003). 박정희의 국가주의 교육론과 경제성장. 역사문제연구, 11, 53-80.
오욱환(1999a). 한국사회의 교육열에 대한 고유 이론모형의 탐색. 교육학연구, 37(4), 1-28.
오욱환(1999b). 사회변동과 교육의 관계에 대한 이론의 구성. 한국교육, 26(2), 75-113.
오천석(1964). 한국신교육사. 서울: 현대교육총서출판사.
오태진(2010). 쓸쓸한 톨스토이 100주기. 조선일보 2010년 11월 23일.
원태준(2015). 교사의 인권인가, 학생의 인권인가?: 영국의 학교 내 체벌 제도의 폐지 과정 1937-1986. 영국연구, 34, 121-159.
유안진(1982). 육아론. 서울: 문음사.
유안진(1991). 한국여성 우리는 누구인가(상 · 하). 서울: 자유문학사.
윤기옥(2002). 수업모형의 이론과 실제. 서울: 학문출판주식회사.
윤병태(2008). 아리스토파네스와 니체의 반소크라테스주의의 본질. 헤겔연구, 23, 219-239.
윤용규(2012). 체벌논의에 대한 반성적 고찰: 체벌법규의 해석을 중심으로. 형사정책연구, 23(3), 161-198.
윤자영(2016). 돌봄노동과 기본소득 모형. 여성학논집, 33(2), 3-29.
윤태림(1964). 한국인의 성격. 서울: 동방도서.
윤해동(2007). 식민지 근대의 패러독스. 서울: 휴머니스트.
이경섭 · 이홍우 · 김순택(1982). 교육과정: 이론 · 개발 · 관리. 서울: 교육과학사.
이경영(2000). 청소년문화담론, 학교 그리고 선생인 나. 학생생활과 학급운영, 2000년 가을호, 51-52.
이계학(1992). 학교에서의 도덕교육문제. 학교경영, 1992년 4월호, 14-17.
이계학(1997). 교육문화 속의 비합리적 요소. 형성과 창조 5: 한국사회의 비합리성과 부패의 구조. 성남: 한국정신문화연구원.
이기범(2017). 브루너 전 · 후기 교육이론의 한 해석: '서사'와 '범형'을 중심으로. 도덕교육연구, 29(3), 83-111.
이덕하(2010). 진화 심리학 가설은 임시 방편 가설인가?. 광장 2010년 1월 26일.
이돈희(1983). 교육철학개론. 서울: 교육과학사.

이돈희(1995). 도덕성 함양을 위한 학교교육의 과제. 전국국립사범대학 부속중 · 고등학교연합회 세미나자료집.
이돈희(1999). 교육정의론. 서울: 교육과학사.
이명실(2017). '도야' 개념의 수용에 관한 일 고찰. 한국교육사학, 39(4), 61-90.
이명준(2001). 유토피아와 교육: 플라톤의 교육학. 서울: 문음사.
이상오(2006). 대학의 정체성에 관한 교육학적 사유: 슈프랑어의 대학론에 근거하여. 교육학연구, 44(4), 85-114.
이성용(2009). 여론조사에서 사회조사로. 서울: 책세상.
이숙진(2011). 돌봄노동의 제도화와 여성들의 차이. 페미니즘연구, 11(2), 49-83.
이순미(2017). 처첩 가족사에 나타난 남성의 욕망과 근대가족: <창평일기(1969-1994)>를 중심으로. 가족과 문화, 29(2), 40-69.
이승환(1997). 누가 감히 '전통'을 욕되게 하는가?. 전통과 현대, 창간호, 176-197.
이승환(2001). 이반 일리치의 현대 산업문명 비판. 중앙일보 2001년 8월 23일.
이신동(2005). 창의성이 지능만큼 학업성취를 설명할 수 있는가?: Getzels와 Jackson(1962) 연구에 대한 비판. 교육심리연구, 19(2), 505-517.
이영호(2002). 입시경쟁 교육체제에서의 청소년 학습문화. 교육사회학연구, 12(1), 135-171.
이영희(2010). 두 문화, 사회생물학, 그리고 통섭: 비판적 고찰. 인간연구, 18, 69-97.
이우태(2010). 교사의 학생체벌 한계에 대한 법리적 분석. 수산해양교육연구, 22(3), 445-459.
이원영(1985). 부모교육론. 파주: 교문사.
이왕주(2011). 어느 개죽음에 대한 성찰. 철학논총, 65(3), 273-294.
이정옥(2015). 일본식 교양교육과 미국식 교양교육의 수용과정. 교양교육연구, 9(3), 11-39.
이재상(2007). 형법총론. 서울: 박영사.
이종근(2012). 교사의 교육권, 학부모의 자녀교육권, 학생의 학습권의 내용 및 상호관계. 법과인권교육연구, 5(3), 47-68.
이종근(2013). 체벌의 본질과 헌법적 한계: 미국의 체벌 관련판례의 분석을 중심으로. 동아법학, 59, 1-30.
이종오 · 조희연 · 홍성태 · 허성우(2006). 산업화 · 민주화 그리고 이후. 신학사상, 132, 7-55.
이종원(2018). 삶의 실험으로서 톨스토이의 교육과정 실천. 통합교육과정연구, 12(2), 67-85.
이종태(2001). 학교교육 위기의 성격에 관한 일 고찰. 한국교육, 28(2), 229-246.
이주한(1998). 듀이의 사회개혁과 민주적 교육사상 연구. 박사학위논문. 성균관대학교.
이태주(2011). 서구와 비서구 세계. 김정락 · 김태우 · 민유기 외 공저. 현대의 서양문화. 서울: 한국방송통신대학교출판부. 77-102.
이훈구(2007). 학생지도의 윤리: 왕따와 교실폭력에 대한 대책은 무엇인가?. 박철홍 · 김병주 편. 교육윤리가 바로 서야 나라가 산다. 파주: 교육과학사.
이흔정(2004a). 교사의 중간언어(middle language) 넘어서기. 교육문제연구, 21, 207-226.
이흔정(2004b). Bruner의 내러티브 사고양식과 교육. 교육문제연구, 20, 73-91.
이희승(1972). 국어학대사전. 서울: 민중서관.

임태평(2010). 교육철학: 철학과 교육, 평생교육, 교육철학방법. 서울: 교육출판사.
장유승(2015). 스승의 그림자는 밟아야 한다. 고전산문 2015년 6월 22일.
장지원(2014). <<법률>>에 나타난 플라톤의 유아교육론. 교육철학연구, 36(3), 67-84.
장진숙(2012). 직계존속 고소금지조항과 효사상: 헌법상 평등권 및 재판청구권 침해문제를 중심으로. 헌법학연구, 18(1), 203-243.
전국철학교육자연대(2001). 한국 도덕·윤리 교육백서. 서울: 한울.
정범모(1964). 제2경제를 위한 교육 개혁의 방향. 손세일 편(1976). 한국논쟁사 Ⅳ: 사회·교육편. 서울: 청람문화사.
정범모(1966). 발전의 서장. 서울: 배영사.
정범모(2000). 한국의 교육세력: 나라 마음을 방향짓는 사람들. 파주: 나남출판.
정범모(2010). 교육의 향방. 파주: 교육과학사.
정상우(2015). 헌법상 교육의 정치적 중립성과 공법적 과제. 공법연구, 44(1), 1-25.
정영근(2004). 교육학에 "도야(Bildung)" 개념이 필요한가?: 도야의 교육학적 의미와 한국적 논의. 교육철학연구, 32, 165-180.
정영근(2006). 교사를 위한 교육학. 서울: 문음사.
정영근(2007). 인간이해와 교육학. 서울: 문음사.
정영수·정영근·정혜영·노상우·이상오·김기홍(1998). 교사와 교육. 서울: 문음사.
정유석(2003). 마음으로 푸는 심리: 아베롱의 야생 소년. 중앙일보(미주판) 2003년 9월 9일.
정윤수(2009). 팔리는 인문학, 소비되는 인문학. 한겨레 2009년 11월 7일.
정철민·유재봉(2016). 대학 교양교육의 변화: 하버드 교양교육 보고서를 중심으로. 비교교육연구, 26(3), 189-210.
정호표(2002). 신교육학개론. 서울: 교육과학사.
정호표·김병희(2001). 교육사상사. 서울: 교육과학사.
정혜신(2010). 식판의 슬픔. 한겨레 2010년 12월 23일.
조난심(1997). 토론: 인성 및 시민교육-교육내용과 방법적 원리의 재개발. 한국교육개발원 창립 25주년 학술대회자료집.
조석훈(2015). '교육의 정치적 중립성'의 법적 해석과 적용. 교육법학연구, 27(3), 295-332.
조성희·정영순(2015). 죽음준비교육이 노년기 죽음불안에 미치는 영향: 자아통합감의 매개효과를 중심으로. 노인복지연구, 70, 319-348.
조연순·김아영·허미화·김인전(2001). 교사-학생간 상호작용 분석을 통한 인성교육의 현황 및 가능성 탐색. 교육학연구, 39(3), 233-258.
조정호(2004). 삶과 교육. 서울: 청구문화사.
조화태·김계현·전용오(2002). 인간과 교육. 서울: 한국방송통신대학교출판부.
주영달(2017). 홈스쿨링의 헌법적 쟁점. 교육법학연구, 29(2), 161-187.
지정민(2014). 교사 전문성에 관한 역사적 고찰: 미국 미시간 대학교의 교사양성과정 변천 1879-1929. 한국교육사학, 36(3), 183-201.
차경수(1984). 발전교육이론. 서울: 교육출판사.

차미란(2011). 민주주의와 교육: 듀이의 교육이론과 그 대안. 도덕교육연구, 22(2), 239-262.
채효정(2013). 집단따돌림(왕따) 현상을 통해 본 폭력의 문명화 과정. 대동철학, 63, 147-177.
최광선(2006). 개인관계의 사회심리학. 서울: 시그마프레스.
최미리(2017). 하버드대학의 교양교육 사례 연구: 2016년도 개정 교육과정을 중심으로. 학습자중심교과교육연구, 17(6), 263-292.
최병연(2017). 창의성의 어두운 면: 부정적 창의성 및 악의적 창의성 연구 고찰. 창의력교육연구, 17(3), 23-41.
최봉영(1995). 한국인의 사회적 성격(1)·(2). 서울: 느티나무.
최봉영(2007). 대한민국의 교육이념과 교육목적에 대한 검토. 인격교육, 1(1), 1-16.
최선주·한숭희·이병훈·이정희·장성연(2012). 시험형 인간으로 살아가기: 입시경쟁체제에서 형성된 아비투스가 추동하는 삶. 아시아교육연구, 13(1), 73-103.
최은순(2014). 교육의 내재적 관점에서 본 수월성의 의미. 교육철학연구, 36(1), 119-138.
최인선(2014). 심미적 합리성과 합리적 심미성: 톨스토이의 <부활>을 중심으로. 노어노문학, 26(3), 185-210.
최진경(2015a). 코메니우스의 교육개념 팜패디아(Pampaedia) 의미 고찰. 기독교교육정보, 46, 199-222.
최진경(2015b). 코메니우스의 팜패디아(Pampaedia) 교육원칙에 나타난 기독교교육 사상. 교육사상연구, 29(4), 197-213.
한국교육십년사간행회(1960). 한국교육십년사. 서울: 풍문사.
한국도덕윤리과교육학회(1998). 세계의 도덕·윤리교육. 서울: 교육과학사.
한국문학평론가협회(2006). 문학비평용어사전. 서울: 국학자료원.
한국인격교육학회(2010). 인격과 교육 사이의 파열음. 파주: 양서원.
한국철학회(1974). 철학사상의 한국적 조명. 서울: 일지사.
한국철학회(1996). 해방의 철학. 서울: 철학과 현실사.
한기언(1982). 교육원리: 교육철학개설. 서울: 박영사.
한명희(1999). 21세기 한국의 교육학: 현재성의 반성과 비판에 기초하여. 교육학연구, 37(4), 29-48.
한상복·이문웅·김광억(1982). 문화인류학. 서울: 서울대학교출판부.
한준상(1990). 한국 대학교육의 희생: 대학교육 한계의 교육사회학적 이해. 서울: 문음사.
한진상·김민(2012). 강남 유명학원에서의 학생체벌 상황 및 인식에 대한 연구. 청소년복지연구, 14(2), 169-192.
허선화(2011). 톨스토이와 프로테스탄티즘. 노어노문학, 23(1), 341-361.
허 영(2005). 한국헌법론. 서울: 박영사.
허우성(1997). 자율학습: 석가여래가 동쪽으로 온 까닭은?. 철학과 현실, 32, 135-141.
홍경준·김사현(2014). 한국 돌봄노동의 실태와 임금불이익. 한국사회복지학, 66(3), 133-158.
황규호·양은주·전영국·허희옥(2001). 교실붕괴로 불리는 교사-학생 갈등 현상의 이해를 위한 질적 연구. 한국교육, 28(2), 247-276.

馮友蘭(2000). 中國哲學史. 上海: 華東師範大學出版社.
梅根悟. 김정환 · 심성보 역(1990). 세계교육사. 서울: 풀빛.
田浦武雄(1983). 教育の原理. 名古屋: 名古屋大學出版會.

Allport, G. W.(1955). *Becoming*. New Haven: Yale University Press.
Apple, M.(1977). Ivan Illich and deschooling society: The Politics of Slogan System. In *Society, State and Schooling*. edited by Young, M. and Whitty, G,. London: The Palmer Press.
Arendt, H. 이진우 · 태정호 역(1996). 인간의 조건. 서울: 한길사.
Ballmann, R. E.(1995). *The How & Why of Home Schooling*. Wheaton, Illinois: Crossway Books.
Barrow, R. 박재문 · 서영현 역(1987). 플라톤과 교육. 서울: 문음사.
Beck-Gernsheim, E. 박은주 역(2005). 가족 이후에 무엇이 오는가?. 서울: 새물결.
Berger, P. L.(1974). *Pyramids of Sacrifice: Political Ethics and Social Change*. New York: Anchor Press.
Bloom, B. S.(1956). *Taxonomy of Educational Objectives(Handbook I: Cognitive Domain)*. Chicago: David Mckay.
Bowen, J.(1975). *A History of Western Education(Vol. Two)*. London: Methuen & Co Ltd.
Bowles, S. and Gintis, H.(1976). *Schooling in Capitalist America.* New York: Basic Books.
Brent, A. 윤팔중 역(1989). 교육과정철학. 서울: 성원사.
Brubacher, J. S.(1947). *A History of the Problems of Education*. New York: McGraw-Hill Book Company.
Bruner, J. S.(1960). *The Process of Education*. Cambridge, Mass.: Harvard University Press.
Bruner, J. S.(1966). *Toward a Theory of Instruction*. New York: W. W. Norton Company.
Capps, D. 문희경 역(2001). 인간 발달과 목회적 돌봄. 서울: 이레서원.
Cartridge, P. 이은숙 역(2011). 스파르타 이야기. 서울: 어크로스.
Chafetz, M. E.(1996). *The Tyranny of Experts: Blowing the Whistle on the Cult of Expertise.* London: Madison Book.
Cho, Seewha. 심성보 · 조시화 역(2014). 비판적 페다고지는 세상을 변화시킬 수 있는가?. 서울: 살림터.
Chubb, J. E. & Moe, T. M.(1990). *Politics, Markets, and American Schools.* Washington D.C.: Brookings Institution.
Cole, M.(1988). *Bowles and Gintis Revisited: Correspondence and Contradiction in Education Theory.* London: The Falmer Press.
Collins, J. 이경현 역(2004). 하이데거와 나치. 서울: 이제이북스.
Cordasco, F.(1976). *A Brief History of Education.* New Jersey: Littlefield, Adams & Co.
Counts, G. S.(1932). *Dare the School Build a New Social Order?*. New York: John Day.
Cremin, L. A.(1970). *Horace Mann: The Republic and The School.* New York: Teachers College Columbia University.

Degenhardt, M. A. B. 성기산 역(1987). 교육과 지식의 가치. 서울: 문음사.
Derrida, J.(1978). *Writing and Difference.* London: Routledge & Kegan Paul.
Dewey, J.(1916). *Democracy and Education.* New York: The Free Press.
Dewey, J.(1938). *Experience and Education.* New York: Kappa Delta Phi.
Diamond, J. M. 김진준 역(1998). 총, 균, 쇠. 서울: 문학사상사.
Donoghue, F.(2008). *The Last Professors: The Corporate University and the Fate of the Humanities.* New York: Fordham University Press.
Eagleton, T. 이재원 역(2010). 이론 이후. 서울: 길.
Erikson, E.(1950). *Childhood and Society.* New York: Norton.
Erikson, E.(1968). *Identity, Youth and Crisis.* New York: Norton.
Flacilière, R. 심현정 역(2003). 고대 그리스의 일상생활. 서울: 우물이 있는 집.
Frankena, W. K. 손인수 · 이원재 역(1989). 교육철학. 서울: 문음사.
Freidson, E.(2001). *Professionalism: The Third Logic.* Chicago: University of Chicago Press.
Freire, P.(1972). *Pedagogy of the Oppressed.* Harmondsworth: Penguin.
Freire, P.(1973). *Education for Critical Consciousness.* New York: Seabury Press.
Freire, P. 교육문화연구회 역(2002). 희망의 교육학: 프레이리의 삶과 페다고지. 서울: 아침이슬.
Gardner, H. 문용린 · 유경재 역(2007). 다중지능. 서울: 웅진지식하우스.
Gartner, A., Greer, C. and Riessman, F.(eds.)(1973). *After Deschooling, What?.* New York: Harper and Row.
Gerring, R. J. 박권생 외 역(2004). 심리학과 삶. 서울: 시그마프레스.
Getzels, J. W. & Jackson, P. W.(1962). *Creativity and Intelligence.* New York: Wiley.
Goffman, E.(1961). *Assylum, Garden City.* New York: Anchor.
Goleman, D.(1995). *Emotional Intelligence.* New York: Bantam Books.
Green, T.(1968). A Topology of the Teaching Concept. C. J. B. Macmillan and T. W. Nelson(eds.). *Concept of Teaching.* Chicago: Rand McNally.
Hagen, E. E.(1962). *On the Theory of Social Change: How Economic Growth Begins.* New York: Feffer and Simsons.
Hamm, C. M. 조무남 · 김기수 역(2002). 교육철학탐구. 파주: 교육과학사.
Hargreaves, D. H.(1974). Deschoolers and New Romantics. In *Educability, Schools and Ideology.* edited by Flude, M. and Ahier, J. London: Helm.
Harvard Committee(1945). General Education in a Free Society. Cambridge, MA: Harvard University Press.
Harvard Committee(1978). Report on Core Curriculum. Cambridge, MA: Harvard University Press.
Harvard University FAS(2005). Report of the Committee on General Education.
Harvard University FAS(2007). Report of the Task Force on General Education.
Havighurst, R.(1948). *Developmental Tasks and Education.* New York: Longmans Green.
Henrie, M. C. 강유원 · 서민우 · 손세정 · 양유성 · 이명훈 · 지주형 역(2006). 인문학 스터디. 서울: 라티오.

Hirschi, T.(1969). *Causes of Delinquency.* Berkeley: University of California Press.
Hobsbawm, E.(2009). Socialism has Failed. Now Capitalism is Bankrupt. So What Comes Next? *The Guardian.* 10 April 2009. 33.
Holt, J.(1964). *How Children Fail.* New York: Pitman.
Homer. 천병희 역주(2007). 오딧세이아. 서울: 숲.
Huchins, R. M.(1954). *The University of Utopia.* Chicago: The University of Chicago Press.
Hunt, J. McV.(1961). *Intelligence and Experience.* New York: Ronald Press.
Illich, I.(1971). *Deschooling Society.* New York: Harper & Row.
Inkeles, A. and Smith, D. H.(1974). *Becoming Modern: Individual Change in Six Developing Countries.* Cambridge, MA: Harvard University Press.
Jackson, P. W.(1968). *Life in Classrooms.* New York: Holt, Rinehart and Winston.
Jaspers, K. 이수정 역(1997). 대학의 이념. 서울: 학지사.
Kahl, J. A.(1968). *The Measurement of Modernism.* Austin: University of Taxas Press.
Kitanaka, Junko(2008). Diagnosing Suicides of Resolve: Psychiatric Practice in Contemporary Japan. *Culture, Medicine & Psychiatry* 32. 152-176.
Klicka, C. J.(1995) *The Right Choice: The Incredible Failure of Public Education and the Rising Hope of Home Schooling.* Gresham, Oregon: Noble Publishing Associates.
Kneller, G. F. 정건영 역(1998). 교육의 철학적 기초. 서울: 교육과학사.
Lamprecht, S. P. 김태길 · 윤명로 · 최명관 역(1963). 서양철학사. 서울: 을유문화사.
Lawrence, E.(1952). *Friedrich Froebel and English Education.* London: University of London Press.
Lieberman, J. K.(1970). *The Tyranny of Experts: How Professionals Are Closing the Open Society.* New York: Walker Publishing Company.
Light, D. & Keller, S.(1979). *Sociology.* New York: Alfred A. Knopf, Inc.
Lock, M & Nguyen, V-K.(2010). *An Anthropology of Biomedicine.* London: Wiley-Blackwell.
Lucas, C. J.(1972). *Our Western Educational Heritage.* New York: Macmillan Publishing Co.
Lytton, H.(1971). *Creativity and Education.* London: Routledge & Kegan Paul.
Marx, K. & Engels, F.(1848). The Communist Manifesto. in Feuer, L. S.(ed.). *Basic Writings of Politics and Philosothy.* New York: Anchor.
Malson, L.(1972). *Wolf Children and the Problem of Human Nature.* New York: New York University Press.
Maslow, A. H.(1954). *Motivation and Personality.* New York: Harper & Bros.
Maslow, A. H.(1968). *Toward a Psychology of Being.* New Jersey: Van Nostrand.
Matson, F. W.(1973). *Without/Within: Behaviorism and Humanism.* California: Brooks/Cole Publishing Company.
May, R.(1961). *Existential Psychology.* New York: Random House.
Mayer, F.(1962). *Man, Morals, and Education.* New Haven, Connecticut: College and University Press.

McClelland, D.(1961). *The Achieving Society.* Princeton: Van Nostrand.

McCord, J.(1979). Some Child-Rearing Antecedents of Criminal Behavior in Adult Men. *Journal of Personality and Social Psychology*, *37*(9), 1477-1486.

Midgley, M.(1983). *Animals and Why They Matter.* London: Penguin Books.

Negroponte, N. 백욱인 역(1999). 디지털이다. 서울: 커뮤케이션북스.

Neill, A. S.(1960). *Summerhill: A Radical Approach to Child Rearing.* New York: Hart Publishing Company.

Nye, F. I.(1958). *Family Relationships and Delinquent Behavior.* New York: John Wiley & Sons.

Olweus, D. (1993). *Bullying at School: What We Know and What We Can Do.* Oxford: Blackwell Publishers.

Pappenheim, F.(1959). *The Alienation of Modern Man: An Interpretation Based on Marx and Tönnies.* New York: Modern Reader Paperbacks.

Patterson, G. R.(1982). *Coersive Family Process: A Social Learning Approach.* Eugene: Castalia Publishing Company.

Perkin, H.(1996). *The Third Revolution: Professional Elites in the Modern World.* New York: Routledge.

Perrone, V. & Kohl, H. R. 이현남 · 조연순 · 송용의 역(1987). 개방적 교육. 서울: 교육과학사.

Peters, R. S.(1963a). *Authority, Responsibility, and Education.* London: George Allen and Unwin.

Peters, R. S.(1963b). Reason and Habit: The Paradox of Moral Education. Niblettin, W. R.(ed.). *Moral Education in a Changing Society.* London: Faber & Faber Ltd.

Peters, R. S.(1966). *Ethics and Education.* London: George Allen and Unwin.

Peters, R. S.(1972). Education and Initiation. Archambault, R. D.(ed.). *Philosophical Analysis and Education.* London: Rouledge and Kegan Paul.

Phillips, D. C. & Soltis, J. F. 백종억 역(1990). 학습이론에 대한 견해와 논쟁. 서울: 배영사.

Piaget, J.(1970). *Science of Education and the Psychology of the Child.* New York: Orion Press.

Pitt, D.(1980). Mr Illich's Multiplier: Thc Strange 'Death' of the Bureaucratic Organization. *British Journal of Sociology*, *31*(2), 277-291.

Popper, K. R.(1959). *The Logic of Scientific Discovery.* London: Hutchinson.

Putnam, R. D.(1993). *Making Democracy Work: Civic Traditions in Modern Italy.* Princeton, N.J.: Princeton University Press.

Putnam, R. D.(1995). Bowling Alone: America's Declining Social Capital. *Journal of Democracy*, *6*, 65-78.

Putnam, R. D.(2000). *Bowling Alone: The Collapse and Revival of American Community.* New York: Simon and Schuster.

Raymont, T.(1937). *A History of the Education of Young Children.* London: Longmans, Green and Co.

Reimer, E.(1971). *School Is Dead: An Essay Alternative in Education.* New York: Doubleday & Company.

Ridley, M. 김한영 역(2004). 본성과 양육. 파주: 김영사.

Rogow, A. A.(1970). *The Psychiatrists*. New York: GP Putnam's sons.

Rosaldo, R. 권숙인 역(2000). 문화와 진리: 사회분석의 새로운 지평을 위하여. 서울: 아카넷.

Rosenthal, R. & Jacobson, L.(1968). *Pygmalion in the Classroom: Teacher Expectation and Pupil's Intellectual Development.* New York: Holt, Rinehart and Winston.

Rossi, P.(1970). 기계적 기술과 자연철학. 김영식 편(1983). 과학사개론: 과학사 주요문제들의 사실과 해석. 서울: 다산출판사.

Rousseau, J. J. 김봉수 역(1976). 에밀. 서울: 박영사.

Rousseau, J. J. 지경자 역(1994). 고독한 산보자의 꿈. 서울: 홍신문화사.

Russell, B.(1970). *An Outline of Philosophy.* London: George Allen and Unwin.

Sachs, W. 이희재 역(2010). 반자본 발전 사전. 서울: 아카이브.

Sacks, J. 서대경 역(2009). 함께 만들어가는 세상을 찾아서: 사회의 재창조. 서울: 말글빛냄.

Silberman, C. E.(1970). *Crisis in the Classroom: The Remaking of American Education.* New York: Random House.

Simpson, G.(1963). *Emile Durkheim.* New York: Thomas Y. Crowell Company.

Skinner, B. F.(1971). *Beyond Freedom and Dignity.* New York: Alfred A. Knopf.

Skinner, B. F.(1953). *Science and Human Behavior.* New York: Macmillian Company.

Smith. P. K.(1991). The Silent Nightmare: Bullying and Victimization in School Peer Groups. *Bulletin of the British Psychological Society*, *4*, 243-248.

Snow, C. P.(1959). *The Two Cultures and the Scientific Revolution.* Cambridge: Cambridge University Press.

Spranger, E. 김재만 역(1976). 천부적인 교사. 서울: 배영사.

Standing, E. M.(1962). *Maria Montessori: Her Life and Work.* New York: Mentor-Omega.

Sterne, R. S.(1964). *Delinquent Conduct and Broken Homes.* New Haven, Connecticut: College and University Press.

Tibble, J. W. 이용남 · 고형일 · 이지헌 · 이용환 역(1981). 교육학개론. 광주: 전남대학교출판부.

Tolstoy, L. 박형규 역(1977). 인생론. 서울: 동서문화사.

Watson, J. B.(1924). *Behaviorism.* New York: W. W. Norton and Co.

Watson, J. B.(1928). *Psychological Care of Infant and Child.* London: George Allen & Unwin Ltd.

Weber, M.(1958). *The Protestant Ethic and the Spirit of Capitalism.* translated by T. Parsons. New York: Charles Scribner's Sons.

Wilds, E. H.(1944). *The Foundation of Modern Education.* Washington, D. C.: The United States Armed Forces by Farrar and Rinehard.

Wilson, E. O.(1998). *Consilience: The Unity of Knowledge.* New York: Vintage Books.

Zitka, Kramarova Hezinova(2005). Who teaches others, educates himself: On the Comeniusian Project of Education. 동유럽발칸학, 7(1), 281-312.

찾아보기

인 명

내 용

ㄱ

ㄴ

ㄷ

••• ㅇ

ㅋ

ㅌ

ㅍ

ㅎ

기타

저자약력

박균섭

경북대학교 사범대학 교육학과 졸업

한국학중앙연구원 한국학대학원 졸업

철학박사(성균관대학교)

경북대학교 사범대학 교육학과 교수

교육학의 이해

1판 1쇄 발행 2011년 2월 25일
1판 2쇄 발행 2012년 8월 10일
2판 1쇄 발행 2015년 1월 25일
3판 1쇄 발행 2019년 1월 25일

저 자 박균섭
발 행 인 회장 박철용 · 대표 박세원
발 행 처 정민사
주 소 경기도 파주시 직지길 522 파주출판도시
전 화 031-955-8030
팩 스 031-955-8025
홈 페 이 지 http://www.jmpub.co.kr
이 메 일 jmpub@chol.com
출 판 등 록 1979년 1월 22일 No. 406-2004-000130호

I S B N 978-89-5809-690-0
정 가 **20,000원**